JN438853

재능개발을 위한 학교

-학교의 전반적인 개선을 위한 실제적인 계획-

Schools for Talent Development: A Practical Plan for Total School Improvement

JOSEPH S. RENZULLI 지음

이미순 옮김

박학사

Schools for Talent Development:
A Practical Plan for Total School Improvement
by Joseph S. Renzulli

Translated and Adapted for use by Korean Educators by Mi-Soon Lee

Printed in Korea
ISBN 978-89-91633-30-8

한 쪽 문이 닫힐 때 다른 쪽 문은 열린다. 그러나 대개는 너무 오랫동안 후회스러워하며 닫힌 문을 쳐다보기 때문에 우리를 위해 다른 문이 열려 있는 것을 보지 못한다.

—Alexander Graham Bell

역자 서문

1970년 초에 시행한 중학교 무시험진학과 고교평준화 제도에 따른 평등성 교육의 여파로 우수 인재양성에 소홀하다는 사회적 비판을 받게 되면서, 수월성 교육에 대한 관심이 증대되고 국가적으로 교육경쟁력을 강화하기 위해 영재교육 및 일반 학교에서의 수월성 교육을 제고하는 교육프로그램의 운영 필요성을 제기하게 되었다. 이에 교육인적자원부는(2004) "창의적 인재 양성을 위한 수월성 교육 종합대책"을 발표하였고, 2010년까지 전체 초중고생의 5%인 40만 명에 이르는 학생에게 수월성 교육을 추진할 예정임을 보고한 바 있다. 이에 우리나라도 사회 및 교육적으로 영재교육 관련 정책을 수립하고, 적극적으로 이를 추진하는 한편, 영재교육 이론과 실제에 관한 이해를 도모함으로써, 그간 영재교육이 소수의 학생만을 위한 "엘리트주의(Elitism)"라는 비난에서 벗어나 사회와 국가 발전에 이바지하는 "사회적 자본(Social Capital)"을 개발한다는 시각을 전개할 시점에 이르게 되었다.

이 책은 Renzulli(1994)의 『Schools for Talent Development: A Practical Plan for Total School Improvement』를 번역한 것이다. Renzulli 박사는 미국 코네티컷 대학의 교육심리학과 교수였으며, 미

국국립영재연구소의 소장으로 영재교육에 대한 많은 독창적인 이론을 제시하였다. 그 중 영재성의 세 고리 개념, 영재판별모형 및 삼부심화학습 등은 우리나라에 소개된 이 후 많은 영재 교수-학습 프로그램의 이론적 토대를 제시하고 있다.

기존 영재교육에 관한 책들과 비교할 때, 이 책은 학교 현장에서 실제적으로 적용할 수 있는 지침과 방향을 구체적이며 융통적으로 소개한다. 이는 Renzulli 박사 및 그의 동료들이 오랫동안 이론과 실제를 학교 현장에 도입하고 적용하는 연구를 하였기 때문이다. 그러나 이 책에서 제시한 지침 및 방향을 그대로 우리나라 여건에 적용할 수 없으므로, 우리나라 실정에 맞는 영재교육 이론과 실제를 정착시키기 위한 영재교육 실무자, 즉 행정가, 교사 및 부모들의 노력과 열정을 기대한다.

이 책은 학교전체심화모델(Schoolwide Enrichment Model)을 통해서, 학생재능발달을 지향하는 학교의 질적 향상을 강조하고, 그 구체적인 방안을 제시한다. 이 책의 주요 내용을 대략적으로 살펴보면, 1장에서는 학교를 향상하지 못한 기존의 여러 방법과 이에 상응하는 학교향상을 시작하는 방법을 소개한다. 2장, 3장 및 4장은 학교전체심화모델의 원리, 목적을 개괄적으로 소개한다. 학교전체심화모델의 서비스전달요소인 종합재능 기록표, 교육과정 수정기술과 심화학습 및 교수를 각각 5장, 6장과 7장에서 다룬다. 마지막 8장에서는 모델의 조직적인 요소를 통해서, 학교향상에 참여하는 심화교수전문가, 심화팀, 교사의 전문성 신장방법과 민주적인 학교운영계획을 소개한다.

코네티컷 대학에서 공부하는 중에 우리나라 영재교육에서 제일 필요한 사항이 무엇인지 고심하게 되었고, 교육 현장에서 영재를 지도하는 교사를 위한 자료가 부족하다는 현실을 접하게 되었다. 이상의 역자의 고심에 대해 Renzulli 박사는 흔쾌히 우리나라의 영재교육을 담당하는 교사를 위해 여러 권의 책을 우리나라 실정에 맞게 번역하고 수정할 수 있도록 배려해 주셨다. 이 자리를 빌어 Renzulli 박사의 지원과 격려에 감사드리고 싶다. 또한 끝까지 원고의 내용을 살펴주신 고려대학교 안선미 선생님, 이 책의 출판을 허락해 준 도서출판 박학사 사장님과 편집부에 진심어린 감사를 드리면서, 책에 어린 정성과 노력만큼 우리나라의 영재교육이 발전하길 기원한다.

2007년 5월
이미순

저자 서문

앞으로 전개할 내용: 체계적인 변화

학교를 변화시키고자 한 대부분의 시도는 실패하였다. 왜 학교가 그렇게 변화하기 어려운지에 대해 끊임없이 연구하였음에도 불구하고, 여러 이론가 및 정책연구자들은 결국 복잡한 체계의 단일 요소만을 고려하는 것은 실제적이고 지속적인 변화를 가져오지 못하고 겉모습만 개선할 뿐이라는 결론을 내렸다. 단일요소의 예들은 대부분 교육자에게 친숙한 것이다. 예를 들어, 교육자료를 개선하지 않고, 자료를 효과적으로 사용할 수 있는 교사 없이, 보다 엄격한 교육과정 기준만으로는 학업성취도를 향상시킬 수 없다. 교실을 변화시키고자 고안된 단일 요소(예: 위험부담이 높은 테스트) 개선으로 인해 성취가 향상된 것처럼 보일지 모르지만, 실제는 교육과정의 "침묵화"에 기여하며 학업기준을 낮추는 보충 학습모델을 사용하도록 더 많은 압력을 주게 된다. 주나 중앙정부가 학교가 더 좋은 성취결과를 얻었는지 알아보는 테스트를 사용하여 교육과정을 기술할 때, 교사권한부여, 학교실정에 맞는 운영, 연장된 학업일수와 연수 및 개정된 교사자격증은 단지 변화의 허상에 지나지 않는다.

단일요소 접근법에 대한 각성으로 인해, 체계적인 변화 혹은 체계적인 교육정책 아래(Smith & O'Day, 1990), 학교를 향상시킬 수 있는 새로운 접근법이 모색되었다. 체계적인 변화는 지엽적인 요소보다는 전체 체계에서 생기는 변화에 초점을 둔다. 모든 이들이 과거에 비해 체계적인 변화 접근법에 동조하지만 체계적인 교육 정책을 개발하고 실시하는 방법에 대해선 의견일치에 도달하지 못하고 있다. 한편에서는 교육정책을 어느 정도로 표준화하고 중앙집권화할 것인가, 다른 한편으로는 분화와 탈중앙집권화에 대한 논의가 중심이 되고 있다(Clune, 1993). 표준화/중앙집권화 접근법을 선호하는 사람들은 특히 도시에 있는 학교가 그 지역 통제로 인해 지역당국이 높은 기준과 엄격한 교육과정을 충족시키지 못하였음을 지적한다. 이들은 지역 교사나 행정가보다는 전문가가 교육과정을 결정해야 한다고 생각한다. 중앙집권적 통제를 옹호하는 사람들은 다음과 같이 주장한다:

> 기존의 학교관리 체계는 교수의 질을 향상시키지 못했다. 현 체제는 여러 교육과정-지도체계 요소별로 통제를 분산하는 것이 그 특징이다…. 중앙집권적 체계정책의 본질은 이와 같이 분산된 비조직을 국가와 정부 수준에서 응집적인 교육과정 체계로 대체하는 것이다(Clune, 1993, p. 224).

특히 우리가 미국이란 국가가 두 개의 각기 다른 학교체계를 가지고 있다는 점을 인정할 때, 표준화/중앙집권적 접근을 반대하는 주장 역시 주목하지 않을 수 없다. 경제적으로 가난한 학생이 많은 도시와 지방학교들은 기본적으로 도시 외곽의 재정적으로 안정된 학교와는 다른 문제에 직면해 있다. 전횡적인 운영절차, 참을 수없는 규제와 정치적인 중앙관료주의가 바로 도시학교의 퇴보를 가져 왔으며, 똑같은 규제들이 모든 학교에 적용되어 오고 있다. 게다가, 교육관리자의 능력은 탈집권화를 옹호하는 사람의 계속적인 비난을 받아왔다. 이들의 주장에 의하면, 비효율적이고 상상력이 결여된 행정가에게 권력을 집중시키는 것은 더 많은 규제를 가져올 뿐이라는 것이다.

분화/탈집권화 접근법은 지역요구를 우선적으로 고려하여 변화를 주도해야 한다는 것이다. 모든 학교가 준수해야 하는 지침을 정책으로 만들 경우 어떤 학교에게는 이 지침이 너무 막연한 것이 될 수 있다. 실제로, 학생수가 다르고, 재정적 · 인적 자원이 동일하지 않으며, 이데올로기도 다양하다. 두 개의 유사한 관료체제인 행정(administrations)과 조합(unions)조차도 특유의 체질을 갖고 있다. "위에서 내려오는" 위임된 사항에 대한 실제 실행자들의 반응을 예상할 수 있다. 상당한 양의 재정적 지원이나 완전한 허용이 수반되지 않는다면, 지역적 위임 통치는 최소한의 것들만 행해지거나, 교실 문이 닫히고 나면 완전히 무시될 수도 있다.

그렇다면 어떻게 효과적인 변화과정—오랫동안 실패해왔던 시도들을 극복하는—을 수립할 것인가? 변화 조치는 다음의 2가지 사고변화에 좌우된다: (1) 단 한사람 혹은 한 집단이 정답을 알고 있다. (2) 변화는 직선적이다. 표준화된/중앙집권화된 접근법과 분화된/탈집권화된 접근법 모두의 장단점을 인정하고, 실질적이고 지속적인 변화는 체계의 모든 구성요소가 변화할 때 유발된다는 것을 받아들이려고 한다면, 어떻게 이 두 접근법의 장점을 통합하는 계획을 개발할 수 있는가? 한 가지 논리적인 해결은 정책과 실제를 동시에 채택할 수 있는 과정을 개발하는 것이다. 정책을 만드는 사람과 학교에 종사하는 사람들은 바람직한 변화를 유발하기 위해 지역의 능력과 동기를 조사함으로써 모든 변화과정 중에 협력해야 한다. 따라서 정책을 만드는 사람이나 실제 종사자 누구도 학교를 개혁할 수 없다. 대신 이 둘은 함께 비전을 만들고 이 비전을 실현하고 유지하기 위해 필요한 절차를 개발해야 한다. Senge(1990)는 "visioneering"을 상호작용하는 광원으로 생기는 3차원적인 이미지인, 홀로그램에 비교하였다:

> 어떤 집단이 비전을 공유할 때, 각자는 자신의 상을 본다. 각 비전은 다른 시각에서 만들어진 전체적인 이미지를 나타낸다. 여러 홀로그램을 더할 때, 그 상은 기본적으로 달라지는 것이 아니라, 오히려 더 강하고, 더 실제 같고, 더 생생한 이미지가 된다. 이 비전은 더 이상 한 사람의 어깨에 의지하는 것이 아니라(혹은 한 집단), 모든 참여자의 열정과 참여로 공유되고 구체화되는 것이다(Senge, 1990, p. 312).

소유권과 참여가 외부 압력과 규제보다 동기를 증진하는데 훨씬 효과적이기 때문에, 우리는 경험과 상식상 Senge의 은유를 지지한다.

현재, 대부분은 교육적 변화가 단순하고, 직선적으로 움직인다고 생각한다. 이와 같은 생각은 원하는 바와 필요한 중재가 무엇인지 알고 있다는 가정을 근거로 한다. 그러나 재조직은 여러 면의 복잡한 과제로서 예측이 불가능하다; 많은 해결책들이 사전에 알려져 있지 않다. 따라서 변화는 더 이상 직선적으로 나아가는 것이 아니라 일종의 진화과정인 것이다. 이와 같은 개념은 H. L. Mencken의 말 "복잡한 문제엔 단순한 해답이 있다—그리고 그것이 잘못이라는 점이다"로 잘 나타낼 수 있다.

그러면, 변화선의 새로운 형태는 무엇인가? 첫째, 변화선은 더 이상 좁지 않다; 오히려, 넓은 길로 새로운 모험가들이 공통된 비전을 수용하고 그 결과 나온 참여와 열정을 교육적 변화의 원동력으로 사용한다. 둘째, 변화선은 더 이상 한 지점에서 다른 지점으로 직선적으로 나아가지 않는다; 대신, 형태가 알려져 있지 않고, 교육적 변화와 관련된 복잡한 문제를 해결할 때 그 형태를 나타낸다. Stacy(1990)는 분명히 교육 개혁에 대한 비전을 공유한 사람들이 나타내는 속성을 보여주고 있다. "만약 새로운 땅을 여행하고자 한다면, 항로와 행선지는 여행 그 자체를 통해서 발견해야 한다. 성공의 열쇠는 새로운 지도를 만드는 창의적인 활동에 달려 있다"(p. 3).

이 책을 쓴 이유: 또 다른 언어로 꾸는 꿈

이 책은 The center for talent development at the University of Connecticut에 있는 동료와 오랫동안 함께 가져 왔던 공통의 비전에 근거한다. 이 비전은 또한 학업 프로그램과 1970년대로 거슬러 올라가 여름 연구소에서 함께 일했던 수많은 교사와 행정가들로 인해 구체화 되었다. 단순하게 말해서, 이 비전은 학교가 바로 재능을 개발하는 곳이라는 것이다. 사실 실제로 학업성취는 이 책에서 기술할 학교향상을 위한 비전과 모델의 중요한 부분이다; 그러나 재능개발의 초점은 향상된 학업성취에 대한 필요성에서 교육적 목적에 대한 더 큰 관점으로 옮아가야 한다. 국가를 부강하게 하고 사회를 세상에서 가장 생산적으로 만드는 것은 인간 생산성의 모든 수준에서 재능개발을 발현하는 것이다. 새로운 아이디어, 생산품, 예술형태의 창조자와 발명가에서부터 제조업자, 광고, 물건을 파는 사람에 이르기까지, 생활과 생활기준의 질을 높이고 향상하는 수준은 다양하다.

재능개발을 위한 학교라는 비전은 모든 사람이 사회전체를 향상시키는데 중요한 기여를 하며, 학생들에게 기회와 자원을 제공하고 재능개발의 최고 수준에 대한 열망을 심어 준다면, 모든 사람의 역할이 증진될 수 있다는 신념에서 출발한다. 보상적인 삶은 개인의 잠재력을 생산적인 방식으로 사용하는 것과 관계가 있다. 따라서 이 책은 재능

개발이라는 비전을 실현하기 위한 실제적인 계획인 것이다. 이 책의 초점은 교육적 목적을 넘어서 정치적인 것들(활동, 정책들), 성격 및 재정적인 문제를 고려해보는 것이다. 더불어, 우리는 도시 핵심에서부터 고립되고 가난한 시골 지역에 이르는 여러 학교에서 이 같은 비전을 보아 왔다. 이 책에서 기술할 책략들은 재능개발을 위한 학교를 모색하는 데 있어 지침을 제공할 것이다.

재능개발을 추구하는 학교로 전환하는 빠르고 쉬운 공식은 없다. 그러나 경험상, 일단 학생, 부모, 교사와 행정가들이 재능개발개념에 대해 알게 되면 학교를 새로운 방향에서 보기 시작한다. 학생들은 배우는 것에 더 흥미를 갖고 참여한다; 부모는 자녀의 학습과 관련된 모든 면을 방관하는 것이 아니라 오히려 관여할 기회를 더 찾는다; 교사는 지금까지 거의 교실에서 추구하지 않은 그들 나름대로의 방식을 찾아서 여러 자료를 사용하기 시작한다. 행정가들은 긴장하기보다는 효과적으로 학습에 영향을 미치는 의사결정을 내리기 시작한다. 교사들에게 어떻게 학생과 관련되어 그렇게 눈에 띄는 변화를 이뤘는지 질문을 하면 그들은 다음과 같이 대답한다. “이제 나는 모든 것을 학생들로 하여금 자신들의 중요한 과제를 갖고 참여할 수 있는 기회, 자원, 절차로 생각하고 있습니다. 지난 밤에 나는 TV 프로그램을 녹화했고, 학생들이 완성할 각기 다른 프로젝트를 위해, 신문에서 세 개의 기사를 잘라냈습니다. 한 부모를 설득하여 6학년 학생들에게 일본어 심화학습반을 제공하게 하였습니다. … 교과서 몇 페이지를 준비하고 있는가에 대해 생각하지 않아도 되기 때문에, 나는 마치 꿈을 꾸고 있는 것 같습니다.”

이 책의 형식

중요한 문제, 지혜로운 말, 실제적 경험에 대한 내용은 따로 빼내거나 옆 공간을 이용하여 강조하였다. 모든 것을 주의 깊게 선정하고 편집하였다. 따로 빼내거나 페이지의 왼편에 보이는 공간에 써넣은 내용은 이 책의 본질적인 생각들을 나타내며, 특히 중요한 문제에 대해 생각해 볼 기회를 제공할 것이다.

또한 다음 장에 나오는 방법을 소개하기 위해 참고문헌을 적어두었다. 본 책에서 기술한 계획은 현장 검증되었으며, 15년 동안 다듬어져 온 것들이다. 실제가들이 다듬은 책략을 이용하고 이미 인쇄되어 나간 자료를 반복하지 않기 위해, 독자들은 다른 관련 서적과 기사를 참고해야 할 경우도 있다.

마지막으로, 각 장마다 "상위-목적 학습"(High-end learning)이라는 말을 사용할 것이다. 이 말은 학생을 지칭하기보다는 서비스를 강조하기 위한 것이다. 따라서 상위-목적 학습이란 말로 인해 높은 성취를 보이는 학생을 위한 책이라고 잘못 해석하지 말아야 한다. 여기서 제시하는 실제들은 모든 학생의 성취와 재능개발을 촉진하기 위해 개발된 것이다.

인사말

이 책을 만드는 데 많은 분들의 도움이 있었다. The center for talent development에서 원고와 끊임없이 초안을 살펴본 Deborah Burns, E. Jean Gubbins, Sally Reis, Karen Westberg와 Jann Leppien께 감사를 드린다. Diana Whitton, Cathy Suroviak, Karen Logan, Dee Korner, Dawn Guenther와 JoAnn Easton은 원고를 살펴보고, 참고문헌과 자료를 점검해 주었으며, 도움을 아끼지 않았다. Del Siegle와 Siamak Vahidi도 여러 모델의 각 부분을 설명하고 상호관계의 개념을 명확히 나타낼 수 있도록 그래픽을 만드는 데 도움을 주었다. 또한 Carolyn Cooper의 주의 깊은 편집에 특별히 감사를 드린다. 마지막으로 자료지침서에 있는 자료를 제공해 주었고 끊임없는 지원과 기술적인 부분에 대한 피드백을 준, 이 책의 전체적인 관리자 Jeanne Purcell에게도 감사를 드린다. 그녀의 도움이 없었다면 이 책은 일관성이 없었을 것이다.

나아가 본문과 사이드바에서 언급하였거나 포함한 활동에 참여하신 모든 분들께 감사를 드린다. 마지막으로, 북미와 해외에서 이 책의 제안들을 실시하고 있는 학교에 있는 모든 분께 감사를 드린다. 이 분들이 주신 "실제적인 조언"이 결국 책을 쓰게 된 동기가 되었다.

차 례

도표 차례

표 차례

제 1 장

반까지만 가는 다리

도 입

> 테스트 점수하락이 생활기준에 미치는 누적적인 효과는 꽤 크다. 만약 2010년까지 산출 면에서 예상되는 적자가 누적된다면, 사회적 비용이 현재(1989년) 연간 8600억 달러에 이른다. 현재 전체 테스트 점수하락으로 삭감된 비용은 3조 2000만 달러로 1987년 GNP의 4분의 3 정도이다.
>
> John H. Bishop, 1989

효과적인 학교변화 계획에 대해 이미 기술하였다. 그 계획은 학교전체 심화모델(the Schoolwide Enrichment Model, SEM)로서, 학생의 노력, 흥미 및 성취를 증가시킴은 물론이며, 상위수준의 학습경험, 사고기술을 학습과정과 학교조직 패턴에 통합하는 조직적인 책략이다. SEM은 부가적으로 학교가 해야 할 일을 만들기보다는 오히려 효과적인 교육실제를 기존학교 조직에 투입하자는 것이다. 본 계획은 일반교육을 위해 고안 되었지만 본래는 상위능력을 가진 학생을 위한 특별프로그램에서 사용한 교수방법과 교육과정 실제에 기초한다.

학교는 양질의 교육을 제공해야 한다. 학생들이 행복하고 성공적인 삶을 영유할 때 부모도 행복하다. 직장에서 유능하고, 창의적이며, 효율적인 사람과 더 높은 교육을 추구하는 사람이 있을 때 사회적으로도 유익하다. 건전한 시민과 생산적인 인구가 경제 및 양질의 생활에 기여하고, 민주주의 가치와 체제를 존중할 때 정치적으로 유익하다. 그리고 교사직이 존중받고 교육사업에 충분한 재정 지원을 한다면 모든 수준에서 교육자에게 유익하게 된다.

학교는 성공적인 현대사회를 창출 및 재창출하기 때문에 좋은 학교는 여러모로 유익하다. 산업-노동관계 뉴욕학회(NYSILR)가 실시한 테스트 점수와 국가 생산성 관계에 대한 연구에서, Bishop(1989)은 1967년 경에 시작된 유례없는 테스트 점수 하락을 조사하였다. 생산성과 테스트 점수는 동시에 하락하였다: Bishop은 결론을 내리길, "임금율과 생산성에 미치는 일반적인 지적 성취도의 영향력은 지금까지 생각해 왔던 것보다 더 크다"(p. 193). 여러 국가에서 실시한 효율적인 학교와 국가 생산성 관계에 대한 연구들에 의하면 (Flynn, 1987; Husén & Tuijnman, 1991), 학교는 현대 기술사회의 지적 · 창의적 자본을 생산해낸다; 역으로, 자본의 확대는 많은 젊은이들이 공교육으로부터 이익을 얻을 수 있게 하고, 성공적인 직장생활에 대한 전망까지 향상시킨다.

> 학교 보완책은 학교 조직, 교육자의 생활 심지어는 교실에서도 거의 제대로 작용하지 않는다. 그러므로 학교의 기본적인 문화에 단지 약간의 영향을 주는데 희망을 건다.
>
> Roland Barth, 1990

그러나 개별 학교와 각 교실마다 매일을 기준으로 볼 때, 공교육의 질과 효율성은 달라져야 한다. 대개 산업국가의 공장을 위해 고안된 학교는 더 이상 고도로 기술이 발달된 사회에서 즉, 정보와 아이디어가 석탄, 철강 및 다른 원자료를 대체하는 사회에서는 운영될 수 없다. 이 전 세대가 기계와 원자재에 투자를 했던 것처럼 경제적 성장과 모든 시민의 안녕을 위해선 양질의 교육에 투자를 해야 한다. 학교는 이미 문맹인 젊은이들을 수없이 많이 산업현장으로 배출하였다; 점점 많은 대학들이 이전 고등학교에서 가르치던 자료를 보충하는 식의 과정을 운영하고 있다; 거의 모든 분야에서 대학졸업자들은 직업을 선택하는데 어려움을 겪고 있다.

비록 학교의 질적 중요성이 강조되고 있다고 해도, 미국은 학교와 교직원에 대한 확신결여, 재정지원의 제한, 교육의 질에 대한 공개적인 반감과 불만족으로 이어지는 "학교문제"에 봉착해 있다. 빈곤가정의 부모는 교육을 통해서 빈곤의 끈을 자를 수 있다는 희망을 포기했다. 그리고 중산층은, 미국 역사상 처음으로, 사립학교에 대한 바우처(증표) 및 세금 공제제도, 홈 스쿨링, 차터 스쿨, 그리고 경쟁력 있는 대학 입학을 향상시켜 주는 여름학교 및 방과후 학교 프로그램과 같은 정부지원책들을 찾고 있다. 미국의 "학교문제"에 대해 많은 발표가 있었고 연구, 회의, 보고서 및 심지어 정부정상회의를 통해서 문제를 해결해 보려고 하였다. 그러나 수백이 아니라 수천의 회의, 위원회 모임, 수많은 보고서, 성명, 목표목록은 단 한 가지를 만들어 왔다—"학교 개혁자!"라 불리는 새로운 인종들. 이와 같은 인종들의 서식처는 고등 교육기관들이다. 정부나 주의 교육기관, 컨설턴트 허취(consultant hutches), 때로는 지역 교육청들의 중앙사무실들이 여기에 해당된다. 교육적 실제들을 수행하는 학교 내 인사들이나, 이 실제들의 대상이 되는 학생들, 아이들의 교육적 권리를 위임받고 있는 부모들이 새로운 인종인 "학교 개혁자들"에서 빠져 있다는 것에 주목할 필요가 있다. 너무 위에서 아래로 내려오는 운영에 익숙해져서 교직원 대부분이 가장 작은 일상의 교실활동에 대한 대안조차 생각하지 못한다. 새로운 개혁자들은 모두 학교를 향상시켜보고자 하는 나름대로의 생각을 갖고 있다. 학교개혁 운동에서 나온 많은 권고를 판단하기보다는, 학교는 내부로부터만이 변화할 수 있다는 기본적인 신념에 근거하기 때문에, 학교를 개혁하는데 실패한 일부 접근법에 대해 간단하게 언급하고자 한다.

> 분명히, 교육개혁정책에서 편집증과 무시의 혼합으로 빚어진 위험을 과대선전하고 있지만. 위로부터 아래로 내려오는 잘못된 지침을 만회하려는 것일 뿐이다. 만약 그렇다면, 결과는 공교육에 환멸을 가져오고, 공교육 폐지에 대한 감정을 증가시키고, 교육박탈을 옹호하는 정책을 지지하게 될 뿐이다. 현재 개혁운동의 여세를 지지할 것인지 무시하자는 쪽으로 갈 것인지가 중요한 문제이다.
>
> William Lowe Boyd, 1987

학교를 향상하지 못한 방법들

주기관, 규제, 지침, 목적과 기준목록 및 방안들은 아직 학교를 향상시키지 못했다. 최상의 환경이 주어진다 해도, 외부의 힘과 훈계, 단언은 최소한으로, 그것도 마지못해 따르는 순응만을 초래한다. 그리고 자신도 모르는 사이에 필요없는 문서업무만을 계속적으로 반복하게 한다. 호의적이지 못한 환경은 학교측과 외부기관 간의 반감, 기만적인 보고서, 교사와 교장 간의 불쾌감을 초래할 뿐이다. 그리고 최악의 상황으로는 일단 교실문이 닫히면 그 규제들이 완전히 무시될 수 있다는 것이다. 아무도 외부에서 부과된 규제들의 고상한 의도에 대해서 의심을 품지 않겠지만, 배에 달라붙어 있는 조개삿갓처럼, 그것들은 확산되고 학교향상과정을 실제적으로 더디게 하면서 학교에 달라붙어 있다.

학교와 교사에게 책임성을 부여하자는 의도로 주에서 실시하는 테스트 프로그램

> 교사들은... 종종 위임된 표준화된 테스트가 교육과정과 학습에 미치는 부정적 효과를 기술했다. 예를 들어, 주나 교육청 테스트 프로그램은 협소하거나 단편적인 교육과정으로 사고속성을 제한하고 학생들로 하여금 더 잘 많은 것을 학습하도록 강요하게 된다는 것이다. 또한 교사 인터뷰동안, 교사는 종종 테스트 준비를 하는데 주력하고 있다는 국가수준에서 실시한 설문조사결과를 확인해 주었다.
>
> George Madaus, Mary West, Mary Ellen Harmon, Richard Lomax, & Catherine Viator, 1992

은 학교를 향상시키지 못할 것이다. 늘어난 테스트로 인해 교사는 기초능력 향상에 주력해야 된다는 부담감을 갖게 된다. 획일적인 국가수준의 교육과정으로 나아가야 한다는 압력 속에서 강압적으로 형편없는 교수관행들에 참여해야 한다. "high-stakes"라는 수식어가 붙는 이 테스트 프로그램의 아이러니는 전통적으로 낮은 점수를 받아 왔던 가난한 학생들이 결국 테스트를 보기 위해 더욱 증가된 낮은 수준의 반복훈련을 받아야 한다는 것이다. 이 같은 관행은 분명히 창의적인 사고자와 문제해결자를 필요로 하는 후기 산업사회에 대한 경고와 상치된다. 보충 프로그램의 테스트 점수가 증가했다는 일부 보고도 있다. 그렇지만 자퇴율 증가, 직업준비도 결여, 상위 수준의 읽기와 수학, 과학성취를 보이는 학생비율은 보도되지 않고 있다. 실제적으로 고등교육을 받으려고 입학하는 장애 학생의 수도 증가하지 않았다(Educational Testing Service, 1991).

또한 학습장애 진단을 받았거나 특수교육이 요구되는 저성취 학생들이 사후검사에서 제외되었다는 것 역시 발표되지 않고 있다! 테스트는 학교 향상에 실패하였다; 실제로 역효과를 가져 왔다. 테스트 중심의 의사결정이 만들어낸 거의 정신병적인 정책들을 보아라. 낮은 점수를 받는 학생이 많은 학교는 보충교육 프로그램 명목으로 부가적인 기금을 받는다. 더 최악의 시나리오는 학교교육청이 기금을 더 받음으로써 빈약한 성취결과로부터 사실상 이익을 얻는다는 것이다. 반면에 최근 일부 정책들은 테스트 점수가 증가한 경우에 재정적인 보상을 제공하고 있다. 사회경제적 수준은 테스트 점수와 상관이 있는 유일한 항등요인이므로, 우리는 가난한 아이들을 처벌하는 또 다른 방식을 고안한 것일지도 모른다.

외부 고문들과 그들이 내세우는 "혁신"은 학교를 향상시키지 못한다. 미국교육을 개혁하려는 거의 모든 주요 노력은 제한적, 일시적으로 성공했을 뿐이다. 진보적인 교육, 프로그램된 교수, 발견학습, 개방교육 및 여러 "혁신"들은 오래 써서 낡은 채로, 본래 의도와는 달리 망가진 채로 교육개혁의 길을 벗어나 있다. Goodlad(1984)

와 여러 분석가들은 교육과정변화를 유발하려고 많은 노력과 돈을 들였음에도 불구하고, 현재 학교들은 금세기 초의 교육구조와 매우 유사하다고 말한다. 획일적 수업, 규정된 지시적 교육과정, 기본기술 및 최소 능력에 대한 강조는 학교를 황량한 곳으로 만들고 있다. 학교는 학교 밖 흥밋거리, 교육과정 외 활동 및 텔레비전과 경쟁조차 할 수 없게 되었다. 우리는 때때로 진전(movement)이라는 용어를 사용하고 우리 자신을 속여 엄청난 발전을 했다고 믿게 만들기도 한다. 최근 읽기와 언어과목에서 "교과서를 없애자"는 결정을 내린 교육청을 생각해 보자. 이 교육청 소속의 학교를 방문해 보면 교과서가 각 학년 별로 기술되어 있는 시중의 책으로 대체되었음을 알 수 있다. 교사는 여전히 성취도검사와 관련된 기술을 가르치도록 압력을 받고 있고 학생들은 새로운 책을 배울 때 역시 서로 다른 속도로 나아갈 수 없다.

> 부모로서, 실제 낙심스러운 교육개혁 와중에 최근에 이와 같은 것을 찾아내었다. 정말 자녀들의 교육에 참여하고자 하는 많은 부모들은 참여하지 못했다. 내가 접한 저항에 영향을 줄 만큼 부모가 할 수 있는 것이 거의 없다. 우리는 빈약한 지렛대 혹은 영향력을 가지고 있다. 왜 교사들과 교장이 부모들에게 학교정책과 실제에 대해 설명할 수 없는데도, 듣기 싫어도 듣고 있어야 하며, 왜 사립에 가고 싶고 갈 수 있는데도 이것을 접고 있어야 하는가?
>
> Mary R. Blanton, 1992

마지막으로, 가장 놀라운 것은, 부모, 학교 이사회 및 핵심행정가들이 학교를 변화시킬 수 없다는 것이다. 이들 집단은 학교 향상에 중요한 역할을 하지만 교장과 교사의 참여 없이는 외부규제 정도의 역할을 할 뿐이다. 만약 서로 협동하고 서로 상치된 의견을 조절하려고 하지 않는다면, 교장과 교사도 학교를 변화시킬 수 없다. 교직원들은 기존 현상을 유지하는 것이 학생을 위한 가장 좋은 방법일 수 없음을 안다.

교실이 변화하지 않는다면 학교는 실질적으로 향상되지 않는다. 이런 이유로 인해, 이 책은 교사, 학생 및 교육과정이 서로 여러 학습상황에서 상호작용할 때 발생하는 학습행동에 초점을 둔다. 학교는 내부에서부터만이 변화할 수 있다. 대개 학교체계는 교실이 변화하는 정도에 따라 변화할 수 있고, 교실은 각 교장과 교직원이 함께 계획을 세울 때 변화될 수 있다. 다시 말해서, 학교는 한 번에 하나씩 그것도 학교 내부인이 학생들과 서로 무엇을 하느냐에 따라 변한다. 이와 같은 이유로 인해 이 책의 주요 독자를 "핵심적 학교 구성원(nuclear school family)"으로 부를 것이다. 교장과 교직원은 학교 구성원으로서 핵심적인 역할을 하지만, 부모와 학생 또한 중요한 일원이다.

> 공교육에 대한 확대되는 관심과 에너지량은 전보다 더 훨씬 크다. '국가와 개인적으로 위협이 되는 평범 지향 풍조를 멈추기 위해선' 국가, 주 및 지역수준에서 제출한 연구계획서와 교육자, 학교 및 학생들에 대해 새롭게 설정된 기준들을 설명할 수 있어야 한다(National Commission On Excellence in Education…). 모든 것을 잘 계획하고 신중하게 제시한다. 그러나 이들 연구계획서 중 하나는 가장 기본적인 교육과정 변수를 설명할 수 있어야 한다: 교육자와 학생과의 관계 및 학생을 어느 정도 학습과정에 활동적으로 개입시킬지.
>
> Michael Sedlack, Christopher Wheeler, Diana Pullin, & Phillip Cusick, 1986

학교향상을 시작하는 방법

변화가 시작되는 여느 경우처럼, 학교에 유익할 것 같다고 생각하는 것에 흥미를 가져야 한다. 이 책을 읽는 사람들은 이 역할을 수행하길 바란다. 흥미를 갖게 되면, 다음 조치는 이 책에 있는 자료를 사용하면서 시작할 수 있다.

핵심적인 구성원인 교장과 집단 대표들은 조종위원회를 만들어야 한다. 이 책에 제시된 계획을 탐색하는 과정에 유용한 조정위원회를 위한 세 가지 지침이 있다(각 과정단계마다 의견일치가 필요하므로 탐색이라는 용어를 강조하였다). 첫째, 계획에 흥미가 있는지에 대해 논리적으로 토론하고 논쟁할 수 있도록 모든 조종위원회 구성원은 학교전체 심화모델에 대한 정보를 알고 있어야 한다. 모든 조종위원회 구성원은 자신의 의견을 표현할 권리와 기회를 똑같이 갖는다. 만약 학교지역에서 계획을 추진하자고 다수결정에 도달했다면, 모든 직원과 부모가 이에 대한 정보를 알고 있어야 한다. 고학년 학생(중간 학년과 그 이상) 또한 이 회의에 참여할 수 있다.

> "토의집단을 만들 때, 중요한 것은 부모집단, 교사집단과 행정가 집단을 따로 분리하지 않는 것이다. 역할로 집단을 구분하는 것은 학교지역의 이해와 의사소통을 방해하며, 편을 가르는 지름길이다."

둘째, 조정위원회는 학교 핵심구성원의 모든 하위집단 구성원을 포함하고 개방적인 일련의 토의집단 회의를 준비한다. 토의집단을 만들 때, 중요한 것은 부모집단, 교사집단, 행정가 집단을 분리하지 않는 것이다. 역할로 집단을 구분하는 것은 학교지역의 이해와 의사소통을 방해하며, 편을 가르는 지름길이다. 인쇄물, 핵심적인 다이어그램과 차트를 준비하여 조정위원회가 심사숙고한 결과에 토의집단은 관심을 기울일 수 있어야 한다. 토론집단은 의장과 서기를 선출하고 서로 편한 시간과 날짜를 정한다. 회의는 모든 사람들이 의견을 표현할 기회를 가질 때까지 계속되고, 그 후에, 계획을 진행할 것인지 여부를 놓고 투표를 한다. 각 토론 집단의 투표결과를 조정위원회에 보고하고 투표에 대한 보고서를 핵심 학교구성원에게 발행한다. 그 보고서는 또한 각 집단의 제안들과 관심사항을 포함한다. 최소한 투표인원의 3분의 2가 계획을 계속 진행하는데 찬성했으면, 조정위원회는 교육감 혹은 적절한 중앙직원과의 회의를 주선한다. 일단 다시, 그 모델을 설명하고, 그것이 예비연구(pilot) 혹은 실험적인 시도의 성격을 띤다는 점을 주지시킨다. 교육청이 채택하고 있는 프로그램 등을 대체하는 것이 목적이 아님을 확고히 한다. 기존의 프로그램이나 정책을 위협하면 중앙으로부터 즉각적인 거부를 받게 된다.[1] 기존 학교조직 틀에 본보기가 되는 교수-학습의 기회를 융화시키는 것이 목적임을 반복하여 강조할 필요가 있다.

> [사람들은] 이성적으로 장기간 유용한 과정에 눈을 뜨고 있어야 한다: 정보, 기술 혹은 앞으로 있을 장애에 대한 진단부족 등으로 관심을 다른 곳에 쏟게 한다. 이와 같은 것에 영향력을 행사하는 방법과 관련 있는 것이 바로 집단역동성과 조직체계의 효율성이다.
>
> Ralph Stacy, 1992

세 번째 지침은 조사과정의 각 단계에 있어서 발생하는 장애물을 극복하기 위한 책략에 대한 것이다. 반대하는 사람이나 생각과 행동을 달리하며 꺼려하는 사람들에게 학교변화 계획은 일종의 피뢰침이다. 특히 이 사람들이 지역사회에서 공식적 · 비공식적 지위를 차지하고 있어서, 쉽게 극복할 수 없는 부정적인 힘을 행사하면 문제가 된다. 이 같은 사람들에게도 민주적인 과정을 통해서 자신의 의견을 표현할 수 있는 기회를 주어야 한다. 그러나 그 모델을 채택할지 결정하는 데 있어서는 다수결의 원칙을 준수할 필요가 있다.

사고모자를 써보기

전체적인 합의를 통해 변화를 이끌어내기 위해서는, 집단의 의사결정 과정에서 종종 비롯되는 일상적인 갈등과 좌절 상황을 모면할 수 있는 방법을 안내해 주어야 한다. 집단토론과 분석을 통해 학교변화를 조사하는 가장 좋은 책략 중 하나는 Ed-

> 그림자는 아이디어와 실제 사이, 움직임과 행위 사이에 드리워진다.
> T. S. Eliot, "The Hollow Men"

ward de Bono(1985)가 개발한 것이다. de Bono는 새로운 것에 대해 생각하고 의도를 행동으로 옮길 때 발생하는 주요 어려움이 혼란이라고 보았다. "우리는 한 번에 너무 많은 것을 시도한다. 감정, 정보, 논리, 희망과 창의성 모두가 떠오른다. 한꺼번에 너무 많은 공을 만지작거리는 것과 같다"(p. 2). de Bobo의 계획은 6개 "사고모자" 은유에 기초하는데, 이것을 통해서 사람들은 지휘자가 오케스트라를 지휘하는 것과 똑같은 방법으로 SEM같은 계획을 조사해 볼 수 있다. 정보나 정서를 지휘자에 따라 선택하고, 의사결정을 위한 원리를 명확히 한다.

사고유형은 de Bono의 계획에서 각 모자의 색깔로 구분된다. 흰색 모자는 객관적인 사실과 인물; 빨간색 모자는 정서적인 관점; 노란색 모자는 낙관성; 검은색 모자는 부정적인 면; 초록색 모자는 창의성과 새로운 아이디어; 파란색 모자는 사고과정의 조직과 관련이 있다. de Bono의 계획은 문제에 접근하는 일련의 "규칙"과 문제를 해결하는데 있어 여러 사고유형을 사용해야 한다고 조언하고 있다. 정보와 아이디어, 정서에 집중하는데 도움이 되는 특수한 책략이 있다. 모자를 바꿔씀으로써, 사고를 전환시키는 과정에서 위협을 느끼지 않게 된다. 예를 들어, "자, 잠깐 검은색 모자를 벗고 흰색 모자를 써봅시다"라는 말은 "부정적인 생각을 멈추세요"라는 요청보다 덜 위협적이다. 어떤 계획이나 새로운 아이디어를 실천하는 것이 훈계나 비난을 염려해야 되는 일이 아니라, 정의된 규칙들이 있는 하나의 과정이 된다.

이 안에는 무엇이?

교사들 혹은 부모들은 역사적으로 학교 변화에 영향력을 거의 행사하지 못하였으므로, 새로운 학교변화를 시도할 때 그들의 시간, 에너지 및 활동참여의 중요성을 강조하는 것은 당연하다. SEM을 도입하고자 하는 사람들은 스스로 자문해 봐야 한다: 이 안에 있는 무엇이 나를 위한 것인가? 무엇을 해야 할 것인가? 포기해야 할 것과 포기하지 말아야 할 것은 무엇인가? 이것에서 무엇을 얻을 것인가? 정책입안자들과 행정가들은 공교육의 재정 확보에 있어서 필수적인 공적지원에 대한 눈을 가지고 이 같은 문제들을 살펴보아야만 한다. 학교에 계속적으로 쏟아지는 비난으로 공교육에 대한 지원이 삭감되고 모든 전문수준에서 의욕이 낮아지는 결과가 초래되었다. 교육은 이와 같은 비난 때문에 자아가 없는 일이 되고 있다. 다른 나라의 학교들은 계속적으로 우리 교육의 부적절성을 지적하고 있다; 한 달이 멀지 않고 교육계 리더십 위기에 대한 새로운 이야기, 기사들이 발표되고 있다. 어떤 마술적 힘이 "우리를 구할 것"이라고 생각하는 것이 멋질 수 있다. 그러나 지역 학교를 책임지고 있는 사람으로부터 좋은 학교를 위한 리더십이 나온다는 것이 현실이다.

> **발신지: Minneapolis, 1993**
>
> **학생향상을 지원한 기업체 공고**
>
> 미네아폴리스는 장기적인 계획으로 전체 교육지부를 운영하는데 사립, 이익추구회사를 고용한 최초의 공립학교 체계이다.

어느 다른 집단보다, 교사는 스스로 이와 같은 질문을 던져야 한다. 거의 모든 교사는 좋은 교수란 무엇인가에 대한 생각을 한번쯤 하게 된다. 대부분 교사들이 자신의 일과, 교실에 부과되는 규제나 규격화에 불만족하고 있다고 말해도 과장은 아니다. 교실 관행에 대한 교사반응을 다룬 최근 보고서에 의하면(McLaughlin & Talbert, 1993), 전통적인 관행들을 사용하는 교사들은 "회의적이고, 좌절감을 느끼며 지쳐 있다. 그리고 학생들도 그렇다. 대부분 학생들이 교실에서 요구되는 기대수준을 만족시키지 못한다"(p. 6). 그러나 여전히 다음의 질문을 던져야 한다: 교사들이 전통적인 관행을 변화시키려고 하는 것이 바람직한가? 만연해 있는 회의, 좌절, 피로를 피할 수 있는가? SEM은 보다 참여적인 교수관행의 적용을 통해, 교사들에게 훌륭한 "브랜드(brand)"를 가질 수 있는 기회를 제공하고자 한다.

> **발신지: Hartford, 1993**
>
> **공립학교에서 이윤추구**
>
> 사립산업체는 학교에서 이익을 추구하고 있다. 대부분 지역사회에서, 학교는 다른 어떤 것보다 많은 재정을 소비한다. 산업이 잠에서 깨어나고 있다.

그러나 여기서 중요한 것은 교사들이 "혼자 이것을 해야 한다고" 요구하는 것이 아니라는 점이다. 이 모델은 구체적인 실시책략을 분명하게 제공하

> 정부의 지원 없이도 자신의 생각이 살아남아서 다른 경쟁자보다 우위에 설 수 있다고 Whittle은 확신하였다. "지금부터 20년, 교육에 지원을 하는 3-4개의 주요 사립기관이 생길 것이다"라고 말했다. "우리는 바로 이들 주요 사립기관중 하나이다."
>
> Whittle, in Ellis, 1992

고, 모든 의사결정에 교사들을 참여시킨다. 더 나은 브랜드의 수업을 위해서 교수자료, 데이터베이스, 계획지침, 교육과정 수정을 위한 책략 및 수년 동안 개발한 자료를 포괄적으로 제시한다.

마지막으로, 부모들은 자녀들을 위해 그들이 원하고 있는 교육은 어떠한 것인지에 대한 눈을 가지고 앞서 언급한 질문들을 살펴보아야 한다. SEM은 전통적인 학업성취에 대한 학교의 초점을 변경하고자 하는 것이 아니라, 학생의 다양한 잠재성을 더 폭넓게 개발하고자 하는 것이다. 학교를 두려운 곳이 아닌 즐거운 곳으로 만들기 위해서, 부모는 단순히 "점수를 올리는" 규격화되고 반복적인 연습을 하는 곳이라는 이미지를 넘어서 교육을 이해하고 실천해야 한다. 학교는 가장 넓고 가장 풍부한 경험을 발전시키는 학생을 위한 장소이다.

> "학교는 학생들이 두려워하는 곳이 되지 말아야 한다. 학교는 학생을 위한 가장 넓고 가장 풍부한 경험을 발전시키는 장소이다."

본서를 사용하는 방법

교사와 부모는 지역, 주 및 국가적 수준에서 이 책을 다음의 두 가지 목적으로 사용할 수 있다. 첫째, 전반적인 학교개선 능력개발과 보다 높은 수준의 학교개선 책략을 추구해 왔던 전문가 집단과 부모들은 이 책을 매개물로 하여 토론을 시작할 수 있다. 다시 말해서, 실질적 · 지속적 변화에 앞서 전체적인 합의에 도달해야만 하는 몇몇 기관들에게 이 계획은 유용한 연구 계획서 역할을 할 것이다. 학교이사회가 이사회, 후원기관, 대학에 계획서를 제출하면 이 책의 사용자들은 기존 자원, 현재 실행되고 있는 학교향상 계획, 학교-대학-지역사회의 모든 장점들을 수용할 수 있는 수정안을 마련해야 할 것이다.

이 책의 두 번째 목적은 학교, 교육청, 이 계획을 채택한 기관에 이론적 · 개괄적인 근거를 제공하는 것이다. 또한 SEM 실현에 유용한 자원들을 조사하는 과정에 착수하기에 앞서 일반인들이 다시금 생각해 보아야 할 점들을 언급하는 것이다. 본 모델의 실시를 위해 이용 가능한 수많은 자원들을 내용 전체에서 언급하고 5, 6, 7, 8장의 참고자료에 수록하였다. 다음의 자료들은 일곱 개의 장으로 구성되어 있다.

- 2장은 일반학교 향상 접근법의 모델과 원리에 대한 정보이다.
- 3장은 학교전체 심화의 다섯 가지 주요 목적과 왜 이들 목적이 모델의 핵심 주제로서 선정되었는지에 관한 이론적 근거를 제시한다.
- 4장은 모델개관, 목표로 하는 학교구조에 대한 기술 및 조직과 서비스 전달 요소에 관한 간략한 기술을 제시한다.
- 5, 6, 7장은 서비스 전달요소를 상세하게 기술한다: 종합재능 기록표(Total Talent Portfolio), 교육과정 수정 기술(Curriculum Modification Techniques) 및 심화학습과 교수(Enrichment Learning and Teaching).
- 8장은 다음 일곱 가지의 조직적 요소를 기술한다: 학교전체 심화팀(Schoolwide Enrichment Team); 교사전문성개발 모델(Professional Staff Development Model); 교육과정 자료 및 자원; 학교전체 심화 교수전문가; SEM 조직망(SEM Network); 부모오리엔테이션, 교육 및 참여; 민주적인 학교 운영 계획.

> **참고문헌 형식변경**
>
> 오늘날 (조직체가) 직면한 가장 낙망스런 일은 소란스런 변화를 다루는 것보다 수준을 더 깊이 해야 한다는 불안에 있다. 안정적이고 분명한 통제형식을 갖춘, 대부분(조직체)은 성공의 역동성을 충분히 설명할 수 없다. 그러므로 실제 변화는 더 적절한 참고형식을 개발하고 … 창의적인 행위를 이해하는 것이다. 우리가 사용하는 모델은, 큰 도구나 기술상자가 아니라 아직 알 수 없는 것을 다루는 능력을 결정하는 것이다. 그러므로 이 책은 모델에 관심을 기울이고—다른 방식의 사고를 사용해서 … 앞으로 나아갈 때 미리 그 지시를 생각할 수 있게 한다.
>
> Ralph Stacy, 1992

본 저서를 준비할 때 책의 크기를 작게 하여 읽기 쉽게 하면서도 SEM에 관한, 이전에 쓰여진 여러 책들과 매뉴얼들이 많은 양의 아주 구체적인 실행 정보를 갖고 있다는 것을 알리고 싶었다. 이 모델의 초기 버전이 상위능력 학생을 위한 프로그램에서 실행되었기 때문에, 이곳에서 언급되는 책들은 상위능력을 가진 학생들이나 그들을 위한 프로그램과 관련된 용어를 사용할 것이다. 나중에, 왜 그리고 어떻게 현 모델이 전체 학교를 향상시키는 매개물로 발전되었는지 설명할 것이다.

다리를 건너서

교육변화에 대한 책들이 유례없이 많이 쏟아져 나오고 있다. 일부 책들은 학교가 가진 문제를 다루고 있고, 또 다른 책들은 어떻게 학교를 더 바람직한 곳으로 만들지에 관해 말하고 있다. 그러나 그것들 중 일부는 여전히 학교개선을 위한 구체적인 계획이나 모델이 변화해 가는 과정에 초점을 맞추고 있다. 거의 모든 책들이 교육의 질과 수월성을 성취해야 한다는 필요성에 근거한다. 수월성과 평등성을 모두 달성하는 것이 중요하다고 말해야겠지만, 사실상 하나의 사안이 특정 측면으로 편향되지 않는 경우란 매우 드물다. 양측 모두에 내포된 의미가 이처럼 복잡하기 때문에 교육계 대표들이 문제를 둘러싸고 대립하는 결과가 초래된다. 우수한 능력을 가진 학생들은 도전을 필요로 한다고 주장하는 책과 논문들은 엘리티즘(Elitism)이라는 비난을 받는다. 그리고 평등성 문제에 초점을 두게 되면 학교 프로그램이 평균 이하로 떨어졌다는 비난을 받는다. 이와 같은 논쟁을 비생산적이라고 보지 않는다. 왜냐하면 위의 문제에 대한 관심과 토의를 통해서, 수월성과 평등성에 대한 해결책을 찾을 수 있기 때문이다.

> "그러나 이 다리는 반까지만 데려다 줄 뿐이다—마지막 몇 발자국은 여러분이 혼자 걸어가야 한다."
>
> Shel Silverstein, 1981

이 책과 관련 서적에 포함되어 있는 모든 것들을 실천하고 완수하는 것은 독자들이 해야 할 두 가지 측면의 임무이기도 하다. 첫 번째 임무는 프로그램 향상을 위한 구체적이고 믿을 만한 모델 상황에서 그럴 듯한 변화과정을 제시하는 것이다. 다시 말해서, 학교가 해야 하는 것과 어떻게 할 것인가에 대한 방향을 제시하고자 노력해야 한다. 두 번째 임무는 수월성과 평등성 문제 모두를 언급하고 다루는 것이다. 이것은 어렵긴 하지만 불가능한 일은 아니다. 본 모델을 사용하는 많은 학교를 볼 때, 좋은 뜻과 공통적인 명분을 공유하는 사람은 학교를 보다 좋은 곳으로 만들 수 있다.

그러나 이 책, 그 자체로는 어떤 것도 할 수 없다. 사람들이 변화를 만들어 내는 것이다. Shel Silverstein은 아래의 시를 통해서 우리가 바로 학교를 향상시키는 중요한 역할을 한다는 점을 지적한다. 만약 여기서 제시한 계획이 가치가 있다고 믿는다면, 학교개선에 관한 한 어떤 단계들을 밟아 가느냐에 그 성공 여부가 달려 있다. 우리는 우리

> "그러나 이 책, 그 자체로는 어떤 것도 할 수 없다는 것을 깨달아야 한다. 사람들이 변화를 만들어 낼 수 있다. Shel Silverstein의 시, "This bridge"는 우리가 바로 학교를 향상시키는 중요한 역할을 한다는 점을 지적한다.

의 에너지, 창의성, 리더십, 지역자원을 사용하여 이 같은 계획을 단계에 따라 실천해 가야 한다.

This Bridge

This bridge will only take you halfway there
To those mysterious lands you long to see:
Through Gypsy camps and swirling Arab fairs
And moonlit woods where unicorns run free.
So come and walk awhile with me and share
The twisting trails and wondrous worlds I've known.
But this bridge will only take you halfway there—
The last few steps you'll have to take alone.

Shel Silverstein
A light in the Attic

1. 마지막 부분에서는 본 모델에서 변화를 위해 제시한 "gentle and evolutionary" 접근법을 논의할 것이다.

제 2 장

학교전체 심화모델의 원리

학교향상의 비밀 실험실

> 만약 항상 하던 것만 한다면, 항상 도착하던 곳만 가게 될 것이다.
>
> Adam Urbanski

거의 모든 유형의 특별 프로그램은 학교의 실험실이었다. 왜냐하면 오랫동안 지속되었던 교육문제를 해결하려고 새로운 아이디어와 실험을 실시하는 기회를 제공했기 때문이다. 미리 기술된 교육과정 지침과 전통적인 교수방법의 방해를 받지 않기 때문에, 매우 잠재력이 있는 학생을 위한 프로그램은 특히 실험을 할 수 있는 좋은 장소가 되어 왔다. 이들 프로그램의 맥락 안에서, 사고기술운동은 처음으로 미국교육의 관심을 끌었고, Benjamin Bloom, Howard Gardner와 Robert J. Sternberg 같은 이론가들이 교육계에서 관심을 얻기 시작했다. 특별프로그램에 그 근원을 두고 있는 기타 발전사항도 여러 가지 이유로 인해 연구되고 있다. 이들 발전사항은 다음과 같은 것을 포함한다: 기술학습보다 개념에 집중하기, 간학문적(Interdisciplinary) 교육과정 및 주제 중심학습, 학생 포트폴리오, 성취평가, 혼합학년 집단, 대안적인 스케줄, 그리고 가장 중요한 도전적이고 복잡한 문제에 직접 참여해서 지식과 사고기술을 적용하는 활동수행자(doer-of-exercise)로의 학습자 역할 전환 등.

여러 특별 프로그램 연구를 통해서, 본 모델(Renzulli, 1977a; Renzulli & Reis, 1985)을 개발할 수 있었다. 본 모델은 (1) 모든 학생들에게 진보된 수준의 심화경험을 폭넓게 제공할 필요성을 강조하고 있다. 또한 (2) 이 경험들이 개인 혹은 소집단

> 구조적 변화가 학습을 증진시키든지 그렇지 않든지, 학교는 교실 문 뒤를 살펴보고 학생성취를 신장할 수 있도록 교사와 학생 상호작용에 기여하는 요인을 결정해야 한다.
>
> Heckman, in Rothman, 1990

에게 제공되는 이후 활동들의 디딤돌 역할을 할 수 있도록, 다양한 방식으로 학생 반응을 이끌어내는 것을 중시한다. 본 접근법은, 수행에 기초한 판별(performance-based identification)로서 불리지만, 누가 "영재"인지 아닌지 판별하는 새로운 방식이라고는 할 수 없다. 오히려, 단계적인 필수활동과 실제활동 참여를 지원하는 기회와 자원을 어떻게 제공할지 파악하고, 학생발달가능성에 초점을 맞춤으로써 일부 학생을 "영재"로 지칭하던 전통적인 관행을 의도적으로 배제하려는 목적에서 고안되었다(그리고 그 밖의 학생은 비영재). "Gifted"라는 말은 형용사로 사용되며 심지어 발달적인 관점에서 사용되었다. 예를 들어, 학습과 표현 영역에서 영재를 어떤 고정된 상태로 보기보다는 영재행동발달을 기술하였다. 이를 통해서 많은 학생들에게 창의적이고 생산적인 면에서 높은 수준으로 발달할 수 있는 기회를 제공하였다. 그렇지 않았다면 전통적인 특별 프로그램 모델로 인해 거부되었을 것이다.

상위 능력의 학생을 위한 프로그램에 근거한다는 점은 한편으로 좋은 소식이고 다른 편으로는 나쁜 소식이다. 좋은 소식은 대개 영재프로그램과[1] 관련된 학업적 자유로 인해 모델을 시험할 때 재량권을 가질 수 있다는 점이다. 엄격하게 특별 프로그램을 통제하는 주 지침에도 불구하고, 일단 문에 들어서면 많은 학생들에게 서비스를 확대할 수 있었다. 주 지침을 잘 지키는 선에서는 규제를 가하는 관리의 허락하에 이와 같은 서비스를 실시할 수 있었다. SEM의 영재교육 뿌리에 대한 나쁜 소식은 비록 모든 학생들에게 심화서비스를 제공하는 것을 강조한다고 해도, 여전히 일부 사람들은 영재프로그램 모델로 간주한다는 점이다. 이러한 인식 때문에, 심화서비스의 혜택을 볼 수 있는 많은 학생들이 본 모델이 추천하는 학습경험에서 제외되곤 한다.

학교전체 심화모델의 가정

교육자들이 학교 향상을 모색하는 동안, 1970년 후반에 본 모델은 학교변화를 위한 계획으로서 시작되었다. 이 때 바로 상위능력을 가진 학생에게 도전적인 많은 책략들이 학교심화모델이라고 불리는 계획 내에서 만들어졌다. 본 모델의 출발점은 실용적이고 실질적으로, 학교를 정확하게 평가하는 것이다. 모델의 설명은 급진적인 개혁을 표방하고 있지 않으며, 학교목적을 길게 나열하고 있지도 않다. 오히려 완만하며 진화적인 그러나 실질적인 변화를 향한 가능성에 초점을 둔다.

이 모델이 비록 상위 성취아를 위한 프로그램에 그 뿌리를 두고 있지만, 여러 연구와 학교에서 실시한 현장검증을 통해 볼 때, 일반학교 향상계획의 일환으로 효과적으로 수정하여 적용할 수 있다는 결과를 얻었다. 수년간의 연구발전으로 계획을 행동으로 옮기기 위한 실제적인 전술과 기술을 축적할 수 있었다.

사업보충

Then:
고용인에 대한 기초문자기술훈련으로 미국 기업체가 쓴 연간지출비용은.
수백만 달러.

Now:
1980년 대 후반, 고용인에 대한 기초문자기술훈련으로 미국 기업체가 쓴 연간 지출비용은.
24억 달러에서 26억 달러.

출처: Testimony in public hearings, National Commission on Excellence in Education, Denver, September 16, 1982; *Workplace Basics: The Skills Employers Want*, American Society for Training and Developing, 1988.

학교향상을 위한 많은 아이디어와 연구계획서들이 있으므로 학교전체 심화모델이 여러 접근법과 어떻게 다른지 살펴볼 필요가 있다. 비록 각 개혁 연구계획서들이 나름대로 목적과 장점을 갖고 있지만, 현재 많은 개혁들은 다음의 세 가지 중요한 요지를 강조하지 않았다: (1) 학습의 핵심적 역할, (2) 시간적인 문제, 그리고 (3) 학교향상과정에 대한 완만하며 진화적인 접근법.

학습의 핵심적 역할

학습행동은 학교 향상과정의 핵심이다. 현장에 근거한 운영, 학교선택, 무학년 교실, 부모참여 및 연장된 학교일수와 같은 조직적이고 행정적인 체계도 고려해야 할 주요 부분이지만, 어떻게 학습행동을 향상시킬 것인가 하는 결정적인 질문에 대해선 직접적으로 답변을 못한다. 학습행동은 세 가지 주요 요소가 서로 동등하게 연소되는 방식으로 상호작용할 때 발생한다. 세 가지 요소는 학습자와 교사, 그리고 학습자료(예: 교육과정)이다. [도표 1]은 학습행동에 대한 도식적 표상이다.

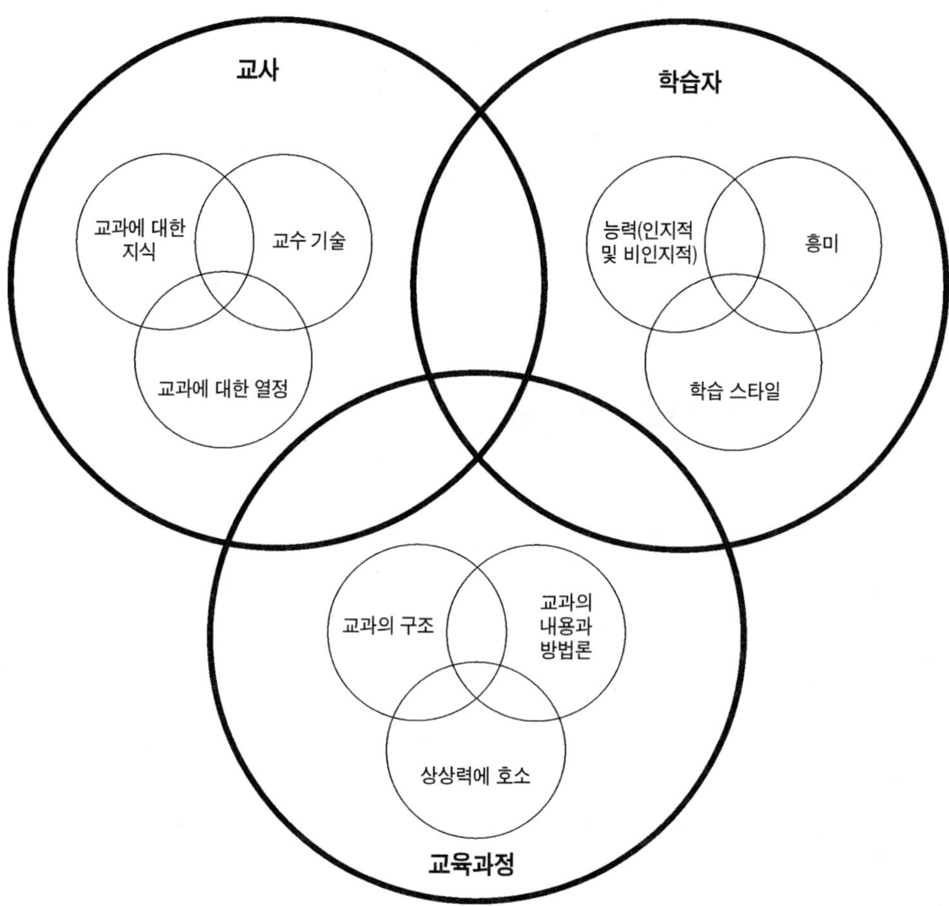

[도표 1] 학습행위 도식.

3개의 학습행동 요소 각각은 나름대로의 중요한 하위요소를 가지고 있다. 예를 들어, 학습자의 능력을 고려해서 학습영역에서 성취수준을 제공하고, 학습자의 흥미, 그 흥미를 발전시킬 수 있는 방법, 선호하는 학습스타일 등 학습 동기의 측면들을 고려한다. 유사하게, 교사는 교과지식, 교수기술과 교수자료에 대한 애착(Romance)을 가짐으로써 그

> 영감, 배고픔: 이것은 좋은 학교를 이끄는 요소이다. 교육계획자들이 할 수 있는 최선의 것은 이와 같은 요소들이 꽃피고, 그리고 자신의 길을 찾도록 [교사와 학생]을 돕는 가장 적절한 조건을 만드는 것이다.
>
> Theodore Sizer, 1984

역할을 담당한다. 마지막으로, 교육과정은 교과구조, 내용 및 교과의 방법론, 학생들의 흥미유발 정도에 따라 연구된다. [도표 1]에서 서로 교차된 부분은 요소들 간에 직선적인 상호작용보다는 오히려 역동적인 상호작용을 강조하고자 함이다. 이와 같은 학습행동의 도식은 모든 요소와 하위요소 간의 동등성을 가정하는 것이 아니다. 원은 학습상황에 따라 그 크기가 달라지며, 심지어 한 학습상황에서도 차이가 있다. 그러나 모든 학습행동은 개념적 학습과정 부분들 간의 상호작용을 유발하도록 경험을 조직할 때 극대화된다(Renzulli, 1992).

구조적에서 비구조적으로의 연속선

모든 학습과 교수는 매우 구조적인 상황에서 비구조적인 상황까지 연속선을 따라 존재한다. 연속선상에서 구조적인 쪽은 현학적인 교수방법을 주로 사용하는 사전에 기술된 자료로 구성된다. 구조화된 학습은 학생들이 내용을 완전학습했는가 하는 학생의 결과와 맞물려 있다. 비록 최근 몇 년 동안 사고기술 같은 과정에 관심을 기울이고 있지만, 아직까지 구조화된 학습 모델은 대부분 교실에서 사용하는 지배적인 교수방법이다. 학교와 교사는 "점수 올리기" 압력을 받고 있고, 학교 간, 교육지부와 주별 테스트 점수 비교로 인해 완전학습과 그 결과가 계속적으로 강조되고 있다. 이와 같은 압력은 덜 구조화된 교육과정 활동을 억지로 짜내는 결과를 가져 왔다. 비록 구조화된 학습의 가치를 반대하는 것은 아니지만, 이러한 접근법을 주로 사용하게 되면, 학교 및 교실에서 학생들이 하고 싶은 것을 할 수 있도록 배려하는 기회는 상실되고, 전형적으로 클럽활동, 교육과정 외 선택활동, 혹은 "길거리에서" 볼 수 있는 흥미 있고 도전적인 활동만을 제한적으로 조금만 제공하게 된다. 이를 뒷받침할 증거를 애써 찾을 필요가 없다. 문제가 있을 법한(at-risk) 학생의 성취향상을 위해 개발된 매우 구조적인 보상프로그램에 엄청난 재정을 쏟아부었음에도 불구하고, 테스트점수는 조금밖에 향상되지 않았고, 자퇴율 증가, 가장 최저의 SAT 성적기록이라는 결과가 나타나고 있다. 국가경시대회에서의 미국학생 성취도 역시 개발도상국 정도의 바닥 수준이거나 그 근처를 맴돌고 있다(Applebee, Langer, & Mullis, 1988; Educational Testing Service, 1991; Singal, 1991; Stevenson, Chen, & Lee, 1993; Stevenson, Lee, & Stigler, 1986).

역설적으로 이들 문제를 해결하고자 제시한 방법들은 계속적으로 구조적이고 엄격한 학습모델에 바탕을 두고 있다. 또한 저성취 학생의 교육을 향상시키고자 주 수준에서 실시하는 여러 정책으로 인해 가장 구조화된 교육과정을 성취수준이 높은 학생에게까지 강요하고 있다.

규제적, 구조화된 교육과정에 대한 한 가지 대안은 심화학습과 교수(Enrichment learning and teaching)이다. 이 학습에 대한 관점은 [도표 1]에서 볼 수 있는 바대로 수년간에 걸친 연구, 학교조직과 운영 등의 실제적인 요인을 고려하는 과정에서 발달되었다. 학교가 즐겁고, 실제생활과 관련 있고, 흥미 있는 주제를 어떻게 추구할 것인지, 무엇을 배울 것인지 결정하는 과정에서 학생들이 직접 어떤 역할을 해 볼 수 있는 장소가 될 때, 학습은 향상된다. 교사는 구조화된 교수와 덜 구조적인 경험—교실활동을 시작할 때 학생홍미와 학습스타일을 고려하기 때문에 보다 개인적인—간 균형을 이룸으로써, 효과적인 학습활동을 구성할 수 있다. 최소한 이미 기술되어 있는 교육과정이 자기-선택적, 개방적인 실제세상 문제로 대체되고, 학생들이 진짜 연구자처럼 그 역할을 수행하게 되면, 동기와 학습에 대한 즐거움은 증가한다. 교사와 교과서가 지배적인 활동을 집단 조사학습모델로 대체할 때, 학생들 간의 협동과 상호존중은 증가한다. 전통적인 학급조직과 운영절차의 대안들도(예: 혼합연령, 흥미와 공동과제집단 및 특별기간 동안의 재능개발과 창의적인 활동 등) 학업적, 개인적, 그리고 사회적 발달을 도모한다. 마지막으로, 전통적인 검사와 성적매기기에 대한 많은 대안도 있다. 결과평가, 피드백 절차, 사후-학습분석 섹션, 포트폴리오 개관 및 분석, 포트폴리오 "만들기"(예: 학생의 결과를 다음 교사, 대학입학 사무실 및 고용인이

National Assessment of Education Progress Data

읽기

9세의 16%만이 상위수준 읽기유창성을 보인다: 17세의 단지 5%가 똑같이 상위수준에서 읽기를 한다.

수학

9세의 20%도 안 되는 정도만이 상위수준에서 수학을 수행한다: 단지 7%의 17세 학생만이 상위수준에 도달한다.

과학

9세의 25% 정도만이 상위수준에서 과학을 수행한다: 단지 8%의 17세 학생들이 상위수준에서 과학을 수행한다.

Educational Testing Service, 1991

과목과 상관없이, 학생들은 서로 활동적으로 하고 싶은 것을 할 수 있어 좋았다고 보고했다. 이들 활동은 현장견학, 영화 만들기, 물건 만들기, 수집, 인터뷰하기, 프로젝트하기, 공연하기 등이다.

John Goodlad, 1984

볼 수 있을 정도의 특별한 단계를 가짐).

심화학습과 교수원리는 학교전체 심화모델의 핵심이다. 학습은 자연적인 환경(예: 학교가 아닌)에서 발생한다. 교육학을 제외한 거의 모든 분야에서, 복잡한 문제에 대한 해결책은 자연에서 발견된다. 학습은 자연스러운 현상이고 따라서 심화교수 및 학습 개념은 사람들이 어떻게 자연스럽게 학습하는지에 대한 조직적인 공감위에서 형성된다. 만약 어떤 문제를 해결하려고 한다면, 어리거나 어른이거나, 본능적으로 심화학습과 교수에 가까운 문제해결책을 모색할 것이다. 이와 같은 학습유형에 대해 알고 있는 바를 학교전체 심화모델에 접목하여 심화학습과 교수구성, 요소 및 목적을 강조함은 물론 교사훈련, 참고자료 및 조직적인 체계 같은 운영상 고려해야 할 것에 대한 방향을 제시하고자 한다.

시간문제에서 고려해야 할 두 가지 차원

학생의 시간

몇 세기 동안에 학교가 그렇게 변화하지 못한 이유를 조사해 보는 것도 흥미로운 일이겠지만, 최소한 그 이유 중 하나는 우리가 시간문제에 대해서 비판적으로 조사하려고 하지 않았다는 것이다. 소크라테스가 아테네에 있는 저자거리에서 젊은이들과 만났을 때부터 형식적인 학교가 출현할 때까지 그 어느 시기부터인가, 다수의 학생을 교육하는 어려움 때문에 "일과(schedule)"라는 형식적, 조직적인 패턴이 생기게 되었다. "적용범위(coverage)"의 세분화로 교과서가 생기고, 여러 과목마다 미리 시간을 정하는 주 규제로 인해서 금세기 전환 이래 학교생활 하루하루가 질서정연한 공식으로 묶이고 있다.

> 학교일과는 일련의 시간단위를 말한다; 종이 울린다. 기본적인 시간 단위는 50분이다. 어떤 학교는 50분을 2개 혹은 3개 정도로 나눈다. … 활동마다 시간단위가 다르며 다르게 시간이 배정된다.
>
> Theodore Sizer, 1984

비록 일과 없는 학교가 혼란스럽다지만, 이와 같은 학교조직의 일반적인 패턴으로 인해 전반적인 학습과정에서 가장 작은 변화조차 유도하지 못한다. 이 일반적인 패턴의 예로 "주요과목"(읽기, 수학, 언어과목 및 사회과학)을 정규적으로 일주일에 5일 배운다. 다른 과목들(때때로 특별과목으로 불리는), 과학,[2] 음악, 미술 및 체육은 일반적으로 일주일에 한두 번 정도 배운다. 이러한 일과에 너무 익숙해져서 약간의 변화조짐만 있어도 행정가와 교사들은 거세게 반대한다. "정규교육과정을 다룰 시간도 없는데 어떻게 특별과목을 계획에 포함시킬 수 있는가?" "다뤄야 할 새로운 것을 계속 첨가한다." 학교 일과를 아무 논쟁 없이 수용하기 때문에 대학 수준에서도, 일주일에 5일에서 3일(심지어 어떤 경우에는 2일)로 일과가 조정되는 일이 거의 없다. 그리고 시간이 많을수록 더 좋다라는 사고방식에 고착되어, 다른 면을 보여주는 연구를 고려하지 못한다. 예를 들어, 국가 간 비교연구에 의하면, 미국의 수학 성취수준을 능가하는 11개국 중에 8개국은 미국보다 수학교수에 덜 시간을 들인다(Jaeger, 1992).

개혁연구보고서에 의하면 일과변화가 필요하지만, 이들 연구보고서 대부분은 학교일수와 연수확대를 제안하고 있다. 이들 제안들은 학습의 질에 대한 일차적인 고려 없이 단지 수업시간을 늘이는 것으로 이미 다룬 방대한 양의 교육자료를 필요 없이 반복할 뿐이다.

학교 교육과정의 "침묵화"로 잘 알려진 교과서 반복에 대한 연구에서 학교일과의 적절한 변화를 시도하기 위한 특별 방법으로 학교전체 심화모델 절차가 생겼다. 대안적인 일과는 매주 심화학습과 교수를 할 수 있도록 일부 시간을 배정하는 것이다. 이러한 유형의 학습상황에 참여함으로써 교사들은 교사전문성을 발달시킬 수 있다. 경험에 의하면, 비구조적인 심화학습과 교수 그리고 이러한 상황에 영향을 주는 환경을 분석하는데 할애한 아주 작은 시간이 모든 교수활동에 영향을 미치게 된다.

> 미국고등학교는 지속적인 기관이다. 금세기 4분의 3 동안, 사회, 정치, 경제 및 기술적 변화로 특징지어지는, 고등학교는 그 기본 형식이 변하지 않은 조직체이다. 1920년이나 1980년이나 보스턴에 있는 학교든 서부의 작은 마을에 있는 고등학교든지 간에, 일반적인 패턴이 있다.
>
> 학교일과는 학급자치시간과 점심시간을 포함해서 대개 7개로 나뉜다. 평균은 영어과목이든 실업이든지 간에 45분… 강의, 질문하고 대답하기와 숙제가 주된 교수방법이다.
>
> Joseph Carroll, 1989

교사의 시간

시간차원은 학교향상에 있어서 매우 중요한 역할을 한다. 이 차원은 교사 서로가 협동적으로 일하는 시간의 양을 말한다. 학교향상에 대한 연구에 의하면, 교사의 방식은 어떤 장비, 시설 혹은 교사발달 프로그램보다 더 중요하며, "교사가 실제에 대해 논의하고, 협동적으로 교수자료를 만들고 서로 비판하고 알려주는 빈도와 정도에 따라 학교 성공여부가 결정된다"(Raywid, 1993, p. 30). Fullan과 Miles(1992)의 보고에 의하면, 지난 10년간 교사가 시간을 어떻게 사용하느냐가 모든 학교향상의 주요 문제였다. Stigler와 Stevenson (1991)이 실시한 국제연구에 의하면, 아시아의 매우 효과적인 학교의 교사는 직접 교수보다는 다른 활동에 학교시간의 30~40%를 할애한다.

교사가 협동적으로 일할 시간을 어떻게 찾는가 하는 연구에서, Raywid(1993)는 15개 특별한 방법적 예를 기술하였다. 이들 예들을 크게 3개의 범주로 나눌 수 있다: 지금 일과에서 교수와 교사발달을 위한 시간을 마련한다; 학교일수나 연수에 시간을 배정한다; 교사활용패턴을 바꾼다. Raywid가 제시한 15개 예들은 창의적이고 설득력을 갖는다. 예를 들어, 뉴욕에 있는 어느 교육청은 교사발달의 날(Staff development day)을 위한 시간을 재할당하여, 전 학년 동안 2주마다 실시되는 2시간 분량의 교사 협동섹션을 만들었다. 어떤 학교는 학생들이 지역사회 봉사활동에 참여할 때 비는 시간을 이용한다; 또 어떤 학교는 자원봉사자를 활용하여 교수시간을 줄였다. "한 뉴욕시 고등학교 장학관에 의하면, 학업일수동안 교사협동 시간을 내는 비결은 교수에 대한 주지침을 얼마나 '창의적으로 해석'하느냐에 달려 있다." 주의 시간지침은 5번째 날에는 "특별과목"을 하면서, 주당 다섯 시간보다는 네 시간으로 충족할 수 있다… 이와 같은 시간배정을 활용하여 정규적으로 교사는 협동섹션에 참여할 수 있다"(Raywid, 1993, p. 32).

교사시간을 찾을 창의적인 책략들

Bronx 소재 Mohegan 초등학교:
새로운 교육과정을 실시하는 교사들은 점심시간 및 공통준비시간 이후에 모인다.

Florida, Merritt Island 소재 Gardendale 초등학교:
1년 계획 중 4분기마다 3주 중간섹션이 있다. 이 중간섹션 동안에 교사계획을 할 수 있도록 집중적인 2, 3일 회의가 있다.

Rhode Island:
장학관은 4일 동안에 20분까지 학습시간을 늘여서, 5번째 날에는 학생들을 정오에 하교하도록 하였다. 수요일 교사 회의날을 만들고 지역교회의 양해를 얻어 수요일 오후에 종교교육 회의를 갖고, 스카우트 및 다른 활동을 한다.

Mary Anne Raywid, 1993

심지어 작은 비율이지만 교사시간을 재배열함으로써 관료주의적 규제, 집단계약 문제 및 교사일을 매우 획일화하는 방식에 도전하게 된다. 분명히 모든 사람들은 교사 협동시간에 관심이 있다. 학교일과와 근무규칙은 성스러운 것이 아니라, 수정할 수 있다. 학교에서 활용하는 시간을 다시 조직하는 것과 관련된 정보는 8장 참조지침에 수록하였다.

> **교사시간을 찾을 창의적인 책략들(계속)**
>
> **Kentucky:**
> 주 교육이사회는 필수 교수시간 5번을 교사발달 시간으로 전환할 수 있는 법안을 찾고 있다.
>
> **Manhattan 소재 Central Park East 고등학교:**
> 매주에 한번 아침에, 학생들은 지역사회봉사에 참여하고, 교사는 정오까지 회의를 갖는다.
>
> Mary Anne Raywid, 1993

학교향상을 위한 점진적 및 진화적인 접근법

본 모델에서 추천하는 변화과정은 학습의 질에 영향을 미치는 주요 요인을 먼저 조사하면서 시작된다([도표 2] 참조). 이들 요소들은 내적에서 외적요인까지 연속선을 따라 발견되며 각 요소는 서로 상호작용한다. 예를 들어, 내적요인은 만일 중앙행정부에서 교장을 지명했다면, 외적요인의 영향을 받을 것이고; 주규제 같은 외적요인은 이것을 해석하는 교사와 행정가들에 의해 내적으로 영향을 받게 될 것이다. 모든 요인은 세 가지 주된 특징이 있다. 첫째, 요인들은 거시적 혹은 미시적 변화에도 불구하고 항상 존재할 것이다! 둘째, 각 요인은 부정적인 것에서 긍정적인 것까지 연속선을 따라, 학교 내에서 발생하는 학습의 질에 영향을 미친다. 셋째, 각 요인은 바람직하든 그렇지 않든지 상관없이 항상 계속적인 변화과정을 거친다.

학교전체 심화모델의 목적은 이들 근본적인 요인을 대체하는 것이 아니라 오히려 학교생활을 대표하는 여러 요인에 모델의 책략과 서비스를 적용하는 것이다. 교과서, 표준화 검사 혹은 최근에 실시하는 이질집단 구성 혹은 다른 교육모델에 기초한 결과를 모두 없애라고 하는 것이 아니다. 그러나 [도표 2]의 요인을 수정하고 개별 학생의 흥미, 능력 및 학습스타일에 맞는 특별한 책략을 제안하고자 한다. 예를 들어, 교육과정압축(Curriculum Compacting)이라는 SEM 구성요소는 이미 기술된 학습목표를 달성한 학생을 위해서 정규교육과정을 수정하는 방법이다. 교육과정 수정은 교사와 학생들에게 보다 도전적이고 개인적으로 의미가 있는 교육자료를 제공해주는 체계적인 절차이다. 8장에서 기술할 3단계 교사발달 모델은 전통적인 워크숍이 갖고 있는 문제를 극복하고자 개발되었다. 이와 같은 과정은 체계적인 학교향상을 위한 주입접근법(Infusion approach)으로 볼 수 있으며, 변화과정의 주요 초점은

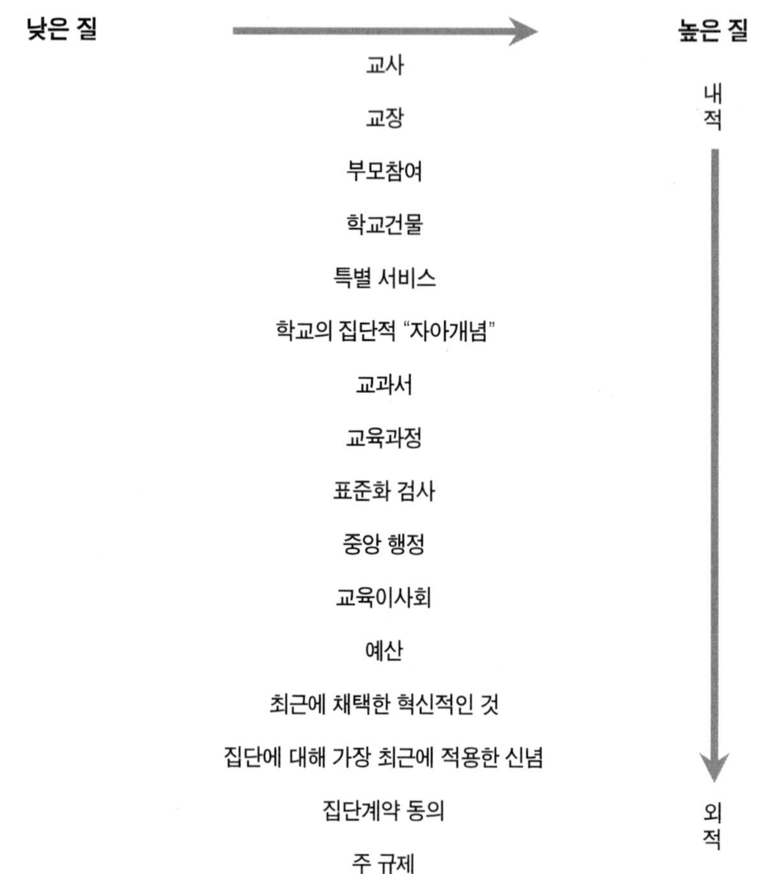

[도표 2] 학습의 질에 영향을 미치는 요인들.

학습과정에 직접적인 영향을 미치는 요인들에 맞추어진다.

[도표 2]의 요인들 중 어떤 것은 학습의 질을 결정하는데 보다 강하게 영향을 미친다. 예를 들어, 표준화 검사는 학교개혁을 고려할 때 제일 먼저 생각하게 되는 "교실 코끼리"가 되었다. 표준화 검사는 항상 학교교육에 지배적인 영향을 미칠 수 있다; 그러나 어떻게 표준화 검사를 사용하여 교육과정과 교수지도를 향상할 것인지에 대한 제안점으로는 수행에 기초한 평가 및 성취평가 같은 새로운 절차를 생각해 볼 수 있으며, 이 방식에서 SEM은 주와 지역정책만큼 강력한 영향을 미칠 수 있다.

학교향상을 위한 실질적인 접근법

상위능력을 가진 고등학교 학생들이 지각한 교육프로그램의 도전적인 정도

학생들은 학교가:

매우 도전적임 19%
약간(그러나 매우 도전적이지 않음) 79%
전혀 도전적이지 않음 2%

Who's who among American High School Students, 1991

학교는 변화계획서의 공격을 받고 있다. 연구보고서는 전체, 체계적인 계획에서부터 특별한 과목 및 교수방법을 약간만 손보는 데까지 다양하다. 때때로, 연구계획서는 의도된 목적 및 결과를 나열한 목록 그 정도이지, 이들 결과를 어떻게 달성할지에 대한 방향을 제시하지 못한다: 예를 들어, 어떤 주에서는 핵심적인 교육과정을 위임하지만 교육과정과 전혀 상관없는 일반적인 교수기술에 기초하여 교사를 평가한다. 학교는 기준을 높이도록 권고를 받지만, 학교 현지상황에 기초할 것을 옹호하는 사람들은 교사들이 더 교육과정에 활동적으로 참여할 것을 권장한다. 그러나 이와 같은 학교들은 테스트 점수에 대해서 주가 특별히 지정한 결과에 얽매이게 된다. 최근 연구들에 의하면(Madaus, West, Harmon, Lomax, & Viator, 1992), 가장 널리 사용되는 검사는 문제해결 능력을 측정하기보다는 낮은 수준의 기술과 지식을 측정하고, 교사 역시 낮은 수준의 교육자료를 중시하라는 압력을 받는다. 또한 교사들과 행정가들은 테스트 때문에 좋은 교수법에 대한 아이디어를 펼치지 못한다. 학교들은 연간 표준화 검사에 대략 5억 달러정도를 지출하며(Paris, Lawton, Turner, & Roth, 1991), 대략 100시간을 테스트를 실시하는데 할애한다(Smith, 1991). 테스트를 증가시켜야 한다는 주장은 현대의 복잡하고 빠르게 변하는 기술지향 세계를 준비시키기보다는 오히려 있지도 않은 "허드렛일"을 하도록 준비시키는 교육과정을 지지하는 것이다(McCaslin & Good, 1992).

"모든 교과서를 던져버려라!" "모든 교사를 대체하고 재교육하라" "부모가 교장을 선출하자" "세계 수업기준을 세워서 교육과정 뼈대를 개발하라" "기존 교육과정을 협동과목, 다중문화적, 주제에 기초한 단원으로 대체하라" "기술을 학교에 접목하고 학교/기업체 파트너십을 형성하라" "인종적 균형을 이루는 마그넷 학교를 설립하라" 이상의 모든 것들은 이미 과도하게 부과된 규제체계, 부적절한 기금 및 이미 만들어 놓은 홍미집단과 짝을 이루어 최근의 새로운 시도 역시 혼란을 더 가져 왔을 뿐이다. 학교향상을 "장담"하기는 쉽지만 교사발달, 교육과정 개정 및 프로젝트에 엄청난 재정을 투자하는 경우는 드물다. 몇 년 동안 이와 같은 일을 해 왔지만, 미국 대부분의 교실에서 아무런 변화가 일어나지 않고 있다. Center on Organization and Restructuring of Schools (Prager, 1992)에서 실시한 최근 연구에 의하면, 현재 학교 재구조화와 관련된 제안사항들이 폭넓게 채택되지 못하고 있다. 교육개혁을 평가하도록 교육자들에게 요청하면, 그들은 "아무 것도 없고 단지 혼란만 있다. 가장 좋은 책략은 이것들을 무시하고 문을 닫고 우리의 길로 나아가는 것이다"라고 말한다(Palaich, in Olson, 1992).

> 학교들은 연간 표준화 검사에 대략 5억 달러 정도를 지출하며, 대략 100시간을 테스트 실시에 할애한다.

이와 같은 상황에도 불구하고, 학교향상을 시작할 수 있으며 점진적이고 진보적인 책략을 통해서 변화를 강화할 수 있다. 우선 학습자, 교사, 교육과정 간 상호작용을 나타내는 학습활동에 집중해야 한다. 초기 변화과정에서, 이들 책략들은 작지만, 기존 학과, 교과서 사용과 교육과정 개발에 있어서 변화를 가져올 수 있는 특별한 방법들을 제시해야만 한다. 그리고 이들 책략들은 이미 상당 기간 동안 사용된 후에 얻어진 실제적 결과에 근거해야 한다. 개별 학교건물들은 또한 학교향상의 변화단위이다. 그리고 효과적이고 지속적인 변화는 단지 학교자체에서 변화를 시작하여 성숙되고 관리될 때 가능하다. 학교 밖의 규제나 교정안들은 거의 학생과 교사의 일상적인 행동을 바꾸지 못하며 학교 내부 문제에 대해서 효과적인 해결방안을 주지 못한다(Barth, 1999). 점진적이고 진보적인 학교 개혁과정은 행정가, 부모, 학생 및 교사의 공감, 의사결정 참여와 변화과정에 대한 동기를 출발점으로 시작되지만 또한 정책 입안자들의 "굵직한 의사결정(big decision)"도 필요하다. 본 모델에서 제시한 변화과정에 대해서는 3장(목적 5)과 8장에서 상세히 기술할 것이다.

> 중요한 학교교육의 개혁은 단지 땜질을 하는 수준이 아니라, 학교전체에 주안점을 두어야 한다. 만약 학교를 향상하고자 한다면, 학교를 이해해야 한다. 만약 학교교육을 향상하려고 한다면, 개별학교를 향상시켜야 한다.
>
> John Goodlad, 1984

체계적인 학교향상 모델의 역할

모델은 일련의 상호 연관된 아이디어와 실제들로서 공통의 목표와 결과에 대한 방향을 제시한다. 조직에서 변화를 촉진하는 데 다음의 세 가지 중요한 역할을 한다(Paine, Bellamy, & Wilcox, 1984). 첫 번째 역할은 이론적 정의, 연구 절차와 결과 간 바람직한 기능적인 관계를 세우는 것이다. 둘째, 모델은 특별한 일련의 절차들이 윤리적 · 경제적 · 조직적 · 인구학적으로 다양한 학교에서 어떠한 결과를 산출해내는지 보여주어야만 한다. 이들 결과는 모델발전과 연관이 없는 사람도 얻을 수 있는 것이어야 한다. 절차가 바람직한 결과와 통합되지 못하면, 절차는 모델로서 자격이 없다. 예를 들어, "교육향상을 위한 학교모델이 추가 기금, 교사, 대중적인 선전, '후견인(patron saint)'의 지도력이 있을 때만 성공적이라면, 이들 요인은 유사한 자원이 없는 다른 학교엔 적용되지 않는다."

> 프로그램 모델을 통해서 사회문제를 해결할 수 있으며 유사한 서비스를 적용할 수 있는 다른 상황에 본보기 및 패턴을 제시할 수 있다.
>
> Stan Paine & Thomas Bellamy, 1982

3번째 모델의 역할은 "사용자 우호적인(누구나 이해할 수 있는)" 언어를 통해서 의사소통을 촉진해야 한다. 이론과 연구는 효과적인 모델의 기초이지만 분명한 기술, 제시된 절차의 실용성, 이익가능성, 전체적인 목적 통합성을 유지하면서 지역차를 조절하는데 있어 융통성을 가져야 한다. 모델은 이 책 전반에 걸쳐서 여러 면에서 통합성을 갖는다. 예를 들어, 거의 임의적으로 워크숍 발표자를 선택하였다고 하자. 발표자가 정보를 많이 주고, 흥미 있고, 재미있어도, 주제가 더 큰 조직의 계획에 맞지 않으면 비효율적이다. 카펫과 벽의 색깔을 생각지 않고 휘장을 사는 것과 같다!

> "어떤 학교모델이 추가 기금, 교사, 대중적인 선전, 후견인의 지도력이 있을 때만 성공적이라면, 이들 요인은 대개 유사한 자원이 없는 다른 학교엔 적용되지 않는다."

학교전체심화 프로그램 개발계획은 구조적 모델과 이론적 모델이 갖는 차이를 고려하면서 시작해야 한다. 구조적 모델은 조직과 절차패턴으로 구성되어 다음과 같은 문제를 다룬다: 학생분류, 여러 활동시간을 위한 일과개발, 학교직원배정, 서비스 전달을 위한 배치 등. 한편으로, 이론적 모델은 원리들로 구성되어 교수과정을 지도하고, 내용, 사고과정 및 학습경험 결과에 대한 방향을 제시한다. 이론적 모델 주로 학습경험의 질을 결정하는데 영향을 미치는 반면, 행정적인 모델은 전반적인 학교운영, 학습활동과 전체 학교 프로그램 방식이 갖는 적합성에

"모델의 실용성을 위해서, 학교운영, 관련조직과 이론 사이의 조화로운 관계를 수립해야 한다."

관심을 기울인다. 모델의 실용성을 위해서, 학교운영, 관련조직과 이론 사이의 조화로운 관계를 수립해야 한다. 매우 훌륭한 학습경험들도 만약 기존학교일과에서 이러한 활동을 위한 여지를 찾을 수 없다면 아무런 결실이 없을 것이다. 혼합학년 집단구성같은 조직적인 변화라도 만약 새롭게 조직된 구조 내에서 가르치는 방법을 수정하지 않고는 학습향상을 가져오지 못할 것이다.

조직과 융통성의 필요성

모델은 조직과 융통성간에 존재하는 얇은 선을 중심으로 양 다리를 걸치고 있어야 한다. 조직 없이, 모델을 실시하는 것은 개인이든 집단이든 원하는 것이 무엇이든지 간에 뒤범벅을 만드는 것과 같다. 반면에, 너무 많은 조직이 있으면, 주도성, 창의성 및 주인의식을 저하시키는 결과가 초래된다.

비록 SEM을 사용하는 학교들은 본 모델에서 제시한 모든 목적을 달성하리라 생각되지만, 또한 프로그램개발 시 목적 달성을 위해 많은 융통성을 발휘해야 한다. 지역수준마다 나타나는 차이를 고려하여 문서화된 계획 및 일련의 절차를 구상할 때 융통성이 필요하다. 학교인구, 정책, 직원, 재정, 지역, 지원, 참여 및 여러 변인의 차이를 고려해야 한다. 융통성을 허용하지 않는 모델은 이들 차이가 고려되지 않아서 적용되기 어렵고 따라서 쉽게 사장된다. 일부 학교들은 보충교사가 있어, 심화프로그램을 운영하고 있다. 학군에 따라 이용 가능한 지역사회 자원이 다르다. 어떤 곳은 지리학적으로 더 고립되어 있어 박물관, 식물원, 대학교 등에 가는 것이 쉽지 않을 수 있다. 또 어떤 곳은 문화적 배경이 다른 학생의 비율이 높고 주 규제를 과도하게 받는 경우도 있다.

여기서 제안한 지침원리는 바로 학교가 자기지도성(Self-directing)을 가져야 한다는 것이다. 이와 연관된 사람들은 효과적으로 갱신 및 실험하는데 필요한 메커니즘을 설정하는 능력을 개발해야 한다.

John Goodlad, 1984

세 가지 단계가 조직과 융통성간의 조화를 이루는데 필요하다. 첫째, 학교지역사회(부모, 교사 및 행정가)는 모델을 연구하고 목표와 결과에 대해 공감을 형성해야 한다. 둘째, 읽기, 토론 및 전문가 발달활동을 통해서, 모델의 요소에 대한 공통적인 이해를 형성해야 한다. 예를 들어, 만일 "실제 문제"가 세 사람에게 서로 다른 것을 의미한다면, 이들은 서로서로 상호목적 아래에서 일을 해야 할 것이다. 셋째, 서비스 전달에 참여하는 모든 사람들은 모델요소와 목적에 맞는 활동을 실시해야 한다. 만약 모델이 이러한 유형의 지역적 형성과정을 권장하지 않으면, 기회들도 학교에게 판에 박힌 절차와 활동들을 강요하는 기존 방식의 되풀이에 지나지 않는다. 이 세 번째 것은 개인의 상상력과 역동적인 에너지를 자유롭게 하고 지역학교의 특성, 목적과 모델요소간의 통합성 모두를 성취할 수 있는 프로그램을 만들어주는 단계이다.

그리고 장애가 있다:

주정책입안자와 학교관리자들은 한 학교 및 한 지역사회가 아니라 여러 곳을 생각해야 한다. 주도성과 상상력의 주머니가 좋을지 몰라도 공공 정책은 대개 전체 체계의 향상을 지향하게 되고 따라서 방해물이 있다. 시간과 다시 주정책입안자의 기존 패턴—표준화, 강요 및 규제—은 지역차에, 불리하든 유리하든 영향을 미친다. 비록 지시와 규제가 불건전한 실제를 막는 데 도움이 될지 몰라도 학교 및 지역사회 대다수 영재를 동기유발할 것 같지 않다.

J. Myron Atkin, 1992

프로그램개발 모델이 많은 융통성을 유지해야 하는 또 다른 이유가 있다. 교육자들은 주도적, 창의적 교사투입을 허용하지 않는 "판에 박힌(Canned)" 프로그램과 모델에 빨리 흥미를 잃는다. 만약 지역적 적응과 혁신이 허용되지 않는다면 학생을 위한 새로운 방식은 억제될 것이다. 본 책은 이상의 목적과 절차를 위한 여러 일반적인 것들을 제시한다. 동시에, 프로그램을 위해서 선택하고 개발한 특별활동과 활동방식을 통해, 모델에 창의성을 더할 수 있다. 실제 제시된 서비스 내용이 프로그램과 학교직원에 의해 결정되기 때문에 자원을 활용하는 방법에 대한 지침 역시 그 안에 속한 사람에 의해 효과적으로 개발될 수 있다. 약간의 수정이 있더라도, 목적을 유지하는 한, SEM 내에서 프로그램의 통합성을 달성할 수 있다. 이와 관련하여, 오리엔테이션을 통해 다음의 두 가지 장점을 얻을 수 있다! 첫째, 지역 학교는 이 책에서 제시한 바에 따라 현장에서 검증을 실시하고, 실제적으로 적용하여 이론적 연구개발로부터 여러 효과를 얻을 수 있다. 둘째, 지역상황에서 도출된 아이디어, 자원, 혁신 등을 적용함으로써 지역요구를 충족시킬 수 있고, 지역 프로그램의 여러 실용적인 요인들을 정당화할 수 있다. 이 책을 통해서, 프로그램 개발자들은 어떠한 절차수정과 적용이든지 시도해 볼 수 있다. 그리고 프로그램 과제를 성취하기 위해 필요한 것은 무엇이든지 제안한다. 서비스 전달 요소의 각 유형의 목적 통합성과 관련하여 바람직한 결과를 성취하는 여러 방법과 대안들이 있다.

공동의 목적을 제공하고 이들 목적들을 추구하는데 있어서 폭넓게 융통성을 제공하는 것 외에. SEM은 또한 의사소통을 원활히 할 수 있도록 공통어휘를 제공한다. 즉, 핵심적인 요소를 "다룸으로써" 여러 요소들이 전반적인 모델의 틀에 어떻게 적합한지 이해를 돕는다. 어떤 의미에서, 모델의 어휘는 주요 개념을 함께 묶는 접합제이다.

SEM의 실시장점

지난 15년 동안, 미국, 캐나다 및 여러 국가에서 학교전체 심화모델에 대한 현장 검증 및 연구를 개발하고 수행하였다. 최소한 네 가지 이유로 인해, 모델 사용자들은 만족하는 것으로 나타나고 있다.

실용성과 기존의 방법

SEM이 성공적인 첫 번째 이유는 명료성, 실용성 및 융통성이다. 복잡한 언어나 장황한 수사구를 피하고 교사, 학생과 행정가의 역할 및 책임을 쉽게 기술하였다. 비록 이 모델이 소수의 공동 목적을 지향하고 있지만, 각 학교로 하여금 일반적인 목적, 지침, 방법에 대한 정보의 틀 내에서 그들 나름대로의 독특한 프로그램을 개발하도록 권장한다. 융통성은 지역적 자부심과 주인의식을 유발하며 또한 실제 참여하는 사람이 지역과 국가적으로 공유할 수 있는 모델을 정립하게 도와준다. 이와 같은 유형을 공유함으로써 네트워크 모델사용자가 사용할 수 있는 방법들이 극적으로 확대되고 전문성 발달을 위한 동기유발 자료로 사용되고 있다.

> 융통성을 제공하는 것 외에 SEM은 또한 의사소통을 원활히 할 수 있도록 돕는 공통어휘를 제공한다. 어떤 의미에서, 모델의 어휘는 전반적인 계획이 토대로 하는 주요 개념을 함께 묶는 접합제이다."

모델이 제대로 작동하기 위해서는 건전한 아이디어와 연구에 근거해야 하지만, 모든 아이디어가 실제적인 정보, 책략 및 자료의 지지를 받는 것은 아니다. 다음은 몇 년 동안 개발하고 검증한 서비스 전달요소의 목록들이다:

- 인쇄물과 비디오 교사발달 자료
- 각 모델의 주요 요소별 계획지침과 활동지
- 학생의 강점, 흥미 및 학습스타일 평가 도구
- 학교전체 심화팀을 만드는 절차
- 부모오리엔테이션을 위한 슬라이드 프레젠테이션과 스크립트
- 특별한 사고기술의 분류
- 흥미발달 센터개발을 위한 절차
- 사고기술의 영역과 계열 개발을 위한 절차
- 과목 내 그리고 과목 간 심화자료 디렉토리
- 직접적인 조사연구활동을 위한 방법론에 대한 책 디렉토리
- 부모, 학생 및 교직원용 샘플 편지, 메모 및 팸플릿
- 직원/지역사회 멘토 체계개발을 위한 지침
- 학생 "연구기초" 설립을 위한 절차
- 학생 조사과정 훈련에 대한 일련의 슬라이드와 스크립트
- 계획 활동지와 서류양식
- 지역사회 설문지와 분류체계
- 교사발달과 학생 및 부모 오리엔테이션용으로 쉽게 이해할 수 있는 차트, 다이어그램, 요약용지
- 모델의 각 주요 요소에 대한 평가양식과 도구
- 진보된 훈련과 훈련자 교육을 위한 상주 여름 교사발달연구소
- 모델을 사용하는 학군의 네트워크와 디렉토리
- 모델사용에 대해 광범위한 경험을 가진 실제 상담자 디렉토리
- 모델 타당성을 기술한 연구보고서

왜 소련연방이 붕괴되었나?

말로 대신할 수도 없고, 누구도 듣고 싶지 않은 진실에 대한 것을 (위로 향한 모든 방식), 누구도 믿지 않았다. 왜냐하면 그들은 그것을 변화시킬 수 없었고 직업을 잃어버리기 때문이다. 만약 그것이 변화한다면, 아마 그들이 변화시키는 방법을 몰랐기 때문이다.

John leCarre, 1989

기본 이론과 연구

SEM이 성공한 두 번째 이유는 모델의 기저가 되는 이론의 실용성과 모델의 여러 면을 지원하기 위해 몇 년 동안 실시한 연구들 때문이다. 기본 이론은 두 가지 차원으

로 나눌 수 있다. 첫 번째 차원은 인간잠재력과 창의적인 생산성 개념에 초점을 둔다(Gardner, 1983; Renzulli, 1977a, 1985); 두 번째 차원은 직접적으로 학습행동 향상과 관련 있는 교육적 문제에 집중한다.

교육체계 제안점들은 그 자체에 대한 간절한 요구 때문에 실시되었다. 몇 년에 걸쳐 여러 학교상황에서 모델의 효과를 연구하여(Renzulli & Reis, 1994), 부록 A에 연구결과를 요약하였다. 또한 다양한 인구학적 특징을 가진 학군에서 실시할 수 있는 프로그램 자료와 예들도 수록하였다.

여러 학교유형에 대한 관심

> "본 모델에서 볼 수 있는 이 같은 변화는 바로 지역학군에서 변화를 유도하고자 하는 사람들의 노력과 전반적인 학교의 질을 향상시키는 데 영재교육의 기술을 도입하고자 하는 국가적 관심 때문이다."

SEM이 성공한 3번째 이유는 지역 수준에서 모델을 실시하는 사람들의 자질과 그들의 참여이다. 여러 이유 중에, 본 모델이 학교가 더 효과적이고 즐거운 곳이 될 수 있다고 믿는 열정적인 교사와 행정가를 끌어들였다는 것이다. 상위 능력을 가진 학생을 위한 특별프로그램이어서, 많은 사람들이 처음에 SEM에 참여한다. 학습과 교수의 수월성뿐만 아니라 평등성에도 관심을 기울인다는 점과 모델의 융통성 및 공통적인 특징으로 인해, 우선 코네티컷 대학에서 실시하는 여름 훈련 프로그램과 자료에 매력을 느낀다. 전통적인 영재프로그램에서 혜택을 보는 학생들보다 더 많은 학생에게 혜택을 주자고 주장한다. 학교전체심화를 위한 제안점과 절차를 개발하면서, 이들 대부분의 사람들은 "우리와 길을 같이 했으며" 심지어 자신의 지역학군에서 변화를 이끌어 냈다. 해마다 실시되는 여름 연구소가 영재교사의 관심을 끄는데 비해, 지난 몇 년 동안 SEM에 참여한 대다수 사람들은 일반적인 교사와 행정가였다. 본 모델에서 볼 수 있는 이와 같은 변화는 바로 지역학군에서 변화를 유도하고자 하는 사람들의 노력과 전반적인 학교의 질을 향상시키는데 영재교육 기술을 도입하고자 하는 국가적 관심 때문이다.

문제가 있는 학생에 대한 관심

학교전체 심화모델이 대중성을 얻게 된 마지막 이유는 낮은 사회경제적 배경을 가진 학생들과 전통적인 능력 평가에서 쉽게 판별되지 않는 우수한 성취 잠재력을 보이는 학생에게 특별한 심화기회를 제공하자는 주장 때문이다. 경제적으로 낙후된 배경을 가진 학생들의 낮은 성취는 교육체계의 가장 눈에띄는 실패이다. 보상프로그램의 만족스러운 결과부족과 많은 비용지출로 전통적인 교정모델에 대한 대안을 찾아야 한다는 자각이 여러 수준에서 일어나고 있다. 이들 모델들은 가난한 학생의 잠재력을 과소평가하였으며 이들을 위해 학교교육을 향상하려고 하지 않았다!

상위능력을 가진 도시 학생들의 미성취에 대한 새로운 연구들이 나오고 있다. Ogbu(1974, 1985, 1987, 1991)의 주장에 의하면, 두 가지 유형의 소수민족—이민과 비자발적—학교교육과정이 다르다. 따라서 학생의 학업성취 또한 다르게 영향을 받는다. 결론적으로, 소수집단출신의 학생들이 학습과 성취에 있어서의 어려움을 경험하는 이유를 이해하게 될 때, "핵심적 교육과정 접근법이든 다문화적 교육접근법이든, 그들 접근법의 중재, 혁신 및 개혁으로 학교교육 성취를 향상시킬 수 있다"(Ogbu, 1992, p. 7).

> "경제적으로 낙후된 배경을 가진 학생들의 낮은 성취는 교육체계의 가장 눈에 띄는 실패이다."

이와 같은 이유로 인해, 이 책 후반부(8장)에서는 부모의 학교참여에 대한 내용을 다루고자 한다. 사회의 여백에 위치했던 부모는 자녀교육의 핵심적인 역할을 한다.

향상으로 가는 문을 열어놓는 심화

많은 교육자와 교육개혁자의 영재 특별프로그램에 대한 태도로 인해 "영재에 뿌리를 두는" 모든 것을 반대하였다. 엘리트주의라는 공개적인 비난은 역사적으로 백인 중산층이 많은 학군에서 가장 많은 지원을 받는 분야에 쏟아졌다. 이와 같은 일부 비난은 근거가 있다. 특별프로그램 기금 및 판별 지침인, 능력검사점수에 좌우되는 할

> 사회에서 가치 있는 것으로 생각되는 모든 것은 개인의 적절한 발달기회에 달려 있다.
>
> Albert Einstein

당제를 여전히 여러 주에서 사용하고 있으며, 그 분야 보수적인 지도자들은 계속 "진짜 영재"로 판별되는 학생수를 제한하자고 주장하고 있다. 보수주의자들은 또한 IQ 점수를 대신한 판별절차에 대해 회의적이며, 영재개념이 "악화"된다고 생각하기 때문에, 특히 SEM 같은 모델에 냉소를 보낸다. 보수주의 지도자들은 본 모델이 판별에 대해 너무 융통적이라고 비난한다. 왜냐하면 모든 학생의 사고능력을 개발하자는 본 모델의 주장이 과정중심 모델이 갖는 초기 "발견"의 지위를 침해한다고 생각하기 때문이다. 그러므로 본 모델이 제안한 바를 널리 사용하게 되면 가족의 보물을 넘겨주어야 한다고 생각하는 것이다.

> "문제가 있는 학생들은 반복학습 접근법의 주요 희생자이다. 이 접근법은 거의 국립학교의 공개적인 정책이 되었다. 그러므로 그들은 줄어든 심화기회로 인해 가장 심한 피해를 받는다."

이상의 모든 알력은 낮은 사회경제적 배경을 가진 학생 혹은 전통적인 능력검사로 쉽게 평가되지 않는 영역에서 우수한 성취잠재력을 가진 학생을 위해 특별 심화기회를 제공하자는데 반대적인 입장이다. 똑같은 알력이 또한 수학, 과학 및 엔지니어링 분야에서 여성의 기회를 제한한다. 더욱 복잡한 문제는 많은 주에서 강한 지지를 얻고 있는 테스트 중심, 기본기술 교육과정을 지향한다는 것이다. "점수 올리기"를 지향하게 되자 벌써부터 도서관과 미디어 프로그램, 예술프로그램, 교육과정 외 활동 및 학교를 풍부한 교육의 장으로 만들려는 시도에 대한 재정삭감이 초래되고 있다. 테스트 점수 올리기는 국가가 우선시하는 주요 사항이며 한편으로는 SEM의 목적이기도 하다. 그러나 30년 동안 보상교육에 대한 연방 및 주 지원은 무시할 정도의 적은 결과만 가져 왔다; 그러나 이와 같은 "결과"는 유사한 현학적 학습모델에서 예측된 것이었다. 문제가 있는 학생들은 반복적인 접근법의 주요 희생자이다. 이 접근법은 거의 국립학교의 공개적인 정책이 되었다. 가난한 학생은 그들의 줄어든 심화기회로 인해 가장 피해를 받는다. 이들 학생의 집은 컴퓨터 캠프, 무용레슨, 잘 꾸며진 책장, 여름 과학 프로그램, 비도전적인 학교를 대신해서 SAT 준비과정을

> 학생들이 그들의 지적능력을 완전히 펼칠 수 있도록 지식에 참여할 기회를 주지 못한다. 학생들은 상대적으로 몇 년 동안 반복적으로 듣고 수행하면서 얻은 것의 의미에 대해 생각한다. Magoun의 뇌라고 알려진 뇌의 일부분은 신기함으로 자극을 받는다. 학교에서 12년을 보낸 학생들은 신기함을 경험할 것 같지 않다. 단지 뇌의 일부분이 잠자고 있는가? 그러면?
>
> John Goodlad, 1984

제공할 수 없다.

역사적으로 영재교육에 뿌리를 두고 있는 모델은 또한 영재교육 전체에 대한 색안경 때문에 피해를 받는다. 최근 미국교육 연구협회(American Educational Research Association) 회의에서, 주도적인 개혁 옹호자는 다음과 같이 말했다. "[일반 교육의 개혁자들은] 영재교육 개혁자들이 하고 있는 모든 것을 해야 한다!" 그러나 여기서 의미하는 바는 개혁자들이 영재교육자를 피해야 하고, 따라서 교육개혁 논의시 특별교육에 대해서 관대한 입장을 갖는 교육자를 제외시키자는 것이었다. 그렇게 함으로써, 일반교육 향상을 위해 증명된 책략을 적용할 기회가 줄어들게 된다. 상위능력을 가진 학생을 위한 프로그램이 제공하는 조사와 연구에 대한 기회가 없었다면, 일반학교 향상을 위한 모델도 생각할 수 없었을 것이다. 또한 본 모델을 실시해 본 수많은 사람의 지도성과 전문적인 도움이 말해 주는 잠재성을 알 수 없었을 것이다. SEM은 영재프로그램의 뒷문을 통해서 학교로 유입되었기 때문에, 여전히 개발되고 확장되어야 할 요소가 있다. 그러나 심화교수방법 및 절차의 주요 부분은 이미 완전한 상태이다.

> A National at Risk 발행 이래 지난 10년은 미국교육에서 가장 처참한 시기였다. 미국이 향 후 10년 혹은 그 이후 거대한 정보화 시대에서 지도적인 위치를 계속 지키고자 한다면 바람직한 교육을 형성하고자 노력해야 한다. 아마 과거 했던 것보다 더 많은 진보를 이룩할 것이지만, 최소한 이 문제에 계속 정진해야 할 것이다.
>
> Terrel H. Bell, 1993

현재 많은 개혁운동이 행동보다는 말로 존재하기 때문에, 학교향상에 대한 그들의 수사학적 논쟁에도 불구하고, 개혁자들은 고립되고 있다. Educational Week(Olson, 1992)의 최근 첫 면은 "Fed up with tinkering, reformers tout 'systemic' approach to school redesign"이라는 표제로 시작한다. SEM은 학교를 향상시키는 체계적인 접근법이다. 왜냐하면 학교에서 발생하는 모든 행동을 망라하는 학습모델에 기초하기 때문이다. 만약 진정 학교를 향상시키고자 한다면, 우선 학생들이 참여하고 싶어 하는 심화학습환경을 고려해야 한다. 학교전체 심화모델은 의도적으로 도전, 노력 및 전체 교육과정 참여를 증진시키는 활동을 섞음으로써, 이상적인 환경을 만들고자 하였다. 이와 같은 유형의 활동은 몇 년 동안 특별프로그램에서 사용되어 왔던 것으로, 만약 학교 교육과정과 학교관리의 문을 활짝 연다면, 쉽게 일반학교에도 적용할 수 있다.

1. 학문적 자유가 의미하는 것은 고정 수준의 교과서와 전형적인 일반 교육과정 지침이 아닌 특별 프로그램을 말하는 것이다.

2. 흥미로운 것은 과학 점수를 향상하려는 국가적 관여에도 불구하고 대부분 초등학교와 중학교에서 주 5일까지 과학수업을 받도록 할 수 없었다.

제 3 장

학교전체 심화의 목적

> 마치 무엇인가 되어야 할 바 그대로 된 것인 양 대해 주고 무언가를 할 수 있는 존재가 되도록 돕는다.
>
> Goethe

학교전체 심화모델은 다섯 가지 주요 목적을 달성하기 위해 개발되었다. 이 장에서는, 각 목적을 기술하고 간단한 원리를 제시하여 왜 이들 목적이 더 나중에 있을 서비스와 실시책략의 핵심요소인지 지적하고자 한다.

목적 1

다음을 통해서 학생의 재능잠재력을 개발한다: (a) 체계적인 강점 평가, (b) 심화기회, 자원 및 서비스를 제공하여 모든 학생의 강점을 개발, (c) 융통적인 접근법으로 교육과정 차별화와 학교시간 활용을 시도한다.

재능개발에 초점

학교는 심화장소가 되어야 하며, 마음, 몸, 정신 및 모든 학생의 가치를 매우 즐겁고, 흥미롭고, 도전적인 환경에서 신장해야 한다. 지식획득이 의심할 여지없는 교육의 중요한 목적인 반면에, 방법, 창의성, 자기-완성, 지혜 및 성격과 같은 다른 목적도 지향해야 한다. 학교는 이미 알고 있는 것을 배우는 곳이 아니다. 오히려 이미 알고 있는 지식으로 새로운 지식을 창출하고, 해결되지 않는 문제에 해결책을 주고,

> 열심은 성취라는 초에 불을 붙이는 성냥이다.
>
> William Arthur Ward

생활을 향상시키는 방식을 발견하고, 예술적으로 생산하고 조사하는 발판을 제공하는 학습환경이 되어야 한다. 이들 목적이 현실적이고 실현가능하도록(학교 안팎에서) 다른 조직적인 학습환경을 찾아볼 필요가 있다. 그러나 이들 목적달성을 위해서, 기존에 이용가능한 학습책략을 적용하여 여러 다른 학습환경에서도 효과적인지 조사해 볼 필요가 있다. 4H 프로그램, Junior Achievement, The Foxfire 프로그램, 미래문제해결, Invent America 및 여러 교육과정 외 활동 등을 고려해 볼 때, 지식적용을 그 획득과 함께 할 경우 학교문제는 해결되거나 줄어든다. 4H 활동으로, 다음 발간할 학교신문을 서두르고 있는 학생들을 보면, 협동, 즐거움, 목적뿐 아니라 진짜 동기와 참여를 볼 수 있다. 이와 같은 것은 전통적인 학교교육에서 배제되었던 학습의 진정성(authenticity)을 보여준다. 또한 이들 활동들은 여러 연령, 사회경제적 배경, 인구학적 및 능력수준의 학생에게 적용가능하다.

목적 1은 학교심화모델에서 첫 번째 위치를 차지하는데 그 이유는 학교가 어떤 실제적인 변화를 달성하고자 하면, 항상 성취검사점수 향상과 관련된 목적을 일차적으로 조사하기 때문이다. 표준화 검사점수를 올리는 것도 중요하지만, 잘못된 길로 방향을 잡고 있다는 것이다! 완전학습모델과 성취검사점수 올리기 목적이 빚어낸 학교성취향상의 반복적인 실패를 볼 때, 지금까지의 것들은 학교향상에 잘 적용되는 변인이 아니다. 개인적으로 기술된 교수, 목적에 따른 관리, 최소경쟁 프로그램, 완전학습 및 결과위주 교육 같은 장황한 목록의 개혁 "운동"은 학습자를 문제발견자, 문제해결자 및 창의적인 생산자로서 생각하기보다는 오히려 동화자(learner-as-assimilator)로서 보는 협소한 관점에 기초한다. 최근 특수한 기준상승에 주안점을 두는 움직임들도 아직까지는 위에서 살펴본 모델과 같은 변인에 불과한 것이다. 보다 높은 기준을 평가하기 위해 개발된 검사운동도 교육과정을 제한할 뿐 아니라 또한 개혁에 역행하는 조건을 만든다.

> 위험부담이 높은 검사에서 만족스런 결과를 얻자는 압력으로 인해 교육자들은 "심리적 위기 상태"에 빠져 있다. 왜냐하면 문제에 대한 "해결책"으로 재빨리 옮겨 다녀야 하기 때문이다. 가르치는 수단을 선택할 때, 교수책략의 범위를 좁히게

된다; 학생들에게 제시할 교육자료의 내용도 좁히고 있다; 그리고 학생들에게 이용가능한 수업안도 좁히고 있다(Corbett & Wilson, 1990, p. 207).

> 학교개혁의 첫 번째 조건은 학교는 학교자체의 요구에 기초하고 교직원이 제기한 인증된 교육과정을 가진 하나의 단위라는 것이다. 만약 이것을 보장하지 못하면, 허례와 생기 없는 아이디어 똥더미에서부터 또 다른 것에 이르기까지 실패하게 된다.
>
> Alfred North Whitehead, 1929

누구도 기준(standard)을 높이자는 요구에 반대할 순 없지만, 단순히 목적과 기준목록을 언급하는 것으론 아직 준비가 안 된 학생의 성취를 높이는 데 특별한 지침을 제시하지 못한다. 완전학습, 기준높이기 및 위험부담이 있는 테스트 같은 움직임도 실상은 주규제와 예상 가능한 인구학적 결과양상을 보여주는 또 다른 표준화 검사들일 뿐이다. 배에 붙어 있는 조개삿갓처럼 이들 규제들은 실제로 발달기회를 늦추고 심지어는 전체적인 일을 쓰러뜨릴 수 있다.

학교의 질적인 변화를 위해서, 목적 1은 본 계획의 중심이 되어야 한다. 이것은 교사, 교육과정, 학급조직 및 운영과 학생역할 등 대부분 모든 것의 역할을 재개념화한다. 재개념화된 역할은 심화학습과 교수(7장)에서 요약하겠지만, 새롭거나 추상적인 것이 아니다. 역사적으로, 학습상황, 교실 및 비학교 학습상황, 교육과정 외 활동과 견습과정, 직장훈련경험에서 비롯된 것들이다. SEM을 여러 학교상황에 적용함으로써 생긴 직접적인 결과로 교사와 학생의 역할이 변화되었음을 볼 수 있었다. 이것이 바로 학교변화에서 본 모델의 장점이다. 전통적인 성취목적을 과도하게 우선시함으로써, 재능잠재력 개발에 주력한다는 목적은 교육적인 면에서 새로운 것도 아니고, 어떤 결과를 보여주지도 못하고 있다. SEM이 주안점을 두는 것을 객관화함으로써, 과거에 있었던 것－일련의 산발적이고, 무선적이며, 거의 없었던 심화학습－을 강조하고, 본 계획을 실시하는 대다수 학교에서 이것이 표준적으로 적용되는 절차로서 정립될 수 있음을 보여주고자 한다.

목적 2

정규교육과정의 전 영역에서 모든 학생의 학업성취를 향상시키고 표준화된 교육과

정 활동을 재미있고 의미 있는 학습으로 만든다.

> 교육의 질에 있어서 평등성에 대한 국가적 관심과 대치되게도 소수민족 학생의 많고 적은 학급에서 강조되는 교수지도가 심각할 정도로 다르다. 이와 같은 실제로 인해 교육과정 전문가들이 주장하는 기술발달에 할애해야 하는 교수시간을 빼앗아 테스트에서 강조하는 낮은 수준의 기술교수를 강조하게 되었다. 소수민족 학생들은, 교육의 질에 있어서 평등성에 대한 관심을 일으키는 특히 테스트와 관련된 교수실제의 영향을 받는다.
>
> George Madaus, et al., 1992

학업성취 쇠퇴의 지표와 이유

학교가 직면한 가장 분명한 문제이자 관심 대상이 되는 것은 바로 낮은 학업성취로, 특히 불리한 처지에 놓여 있는 학생의 성취이다. 비록 최근에 불리한 처지에 놓인 학생의 표준화 검사점수가 서서히 상승되고 있지만, 이들 학생의 점수는 여전히 낮으며, 고등학교와 대학 졸업률이 지난 몇 십년간 거의 증가하지 않고 있다. 불리한 처지에 있는 학생의 성취를 향상시키는 것이 학교가 직면한 가장 큰 문제지만 미국 학교엔 또 다른 문제가 있다. 조용하지만 경종을 울리는 위기는 불리한 학생의 성취증가에도 불구하고, 전반적인 국가 수준의 성취검사점수는 1960년 대 이래로 하강하고 있다는 점이다. 하강 이유는 전통적으로 높은 점수를 받던 학생의 성취가 낮아졌기 때문이다(Singal, 1991). 스탠포드 성취검사의 저자인, Herman Rudman에 의하면, 상위집단의 성취점수는 모든 연령뿐 아니라 여러 과목에서 가장 크게 낮아졌다. 국제 비교연구[1] 또한 침울한 미국 학생의 성취를 보여주고 있다. 다른 선진국과 비교할 때, 미국 학생들의 거의 모든 교육적 지수는, 학업영역에서부터 직업분야까지 가장 낮거나 그 정도 수준이다.

만약 전반적인 학교성취의 하강양상을 이해하고자 한다면, 사회경제적 집단을 망라하여 학생성취에 영향을 미치는 학교 내 요인을 조사할 필요가 있다. 체계에서 나타나는 비능률적인 관료화, 거만하여 반응하지 않는 구조적 분위기, 재정적 낭비들에는 관심을 두면서, 학급 안에 뿌리를 두고 있는 문제에 대해서는 관심을 두지 않는다. 이들 문제는 학교가 채택하고 있는 교육과정과 이들 교육과정을 학습에 적용할 때 사용하는 교수방법에 뿌리를 내리고 있다.

교과서의 침묵화

> 대부분의 교사는 교과서에 의존한다. 대개 교사가 학생들에게 전해 주는 정보는 교과서에 있는 정보들로, 복잡한 논쟁에 대해서도 단 하나의 관점과 하나의 사실만을 제공한다.
>
> Catherine Twomey Fosnot, 1993

교육과정과 교수의 조직적인 기초원리는 교과서이다. 좋든 싫든, 교과서는 학생들이 학습해야 하는 것, 교사가 가르치는 방법, 그리고 학습의 진척상항을 어떻게 그려나갈지를 지배한다. 교과서간의 유사성과 표준화된 주요 성취검사와 보상적 연관성으로 인해 국가전체에 걸쳐 동일한 교육과정이 만들어졌다. 교과서 정책과 내용 분석가인, Michael W. Apple(1992)에 의하면, "우리는 하나의 국정 교육과정을 가지고 있지만, 이것은 민주적으로 결정된 것도 교육의 핵심부서에서 결정한 것도 아니다. 교육과정은 교과서에 의해 결정되며, 교과서는—대개—미국 전역에서 똑같다"(p. 3). 미국교육계 교과서의 무한한 힘과 널리 알려져 있는 교과서의 부적절성에 대해 Tyson-Bernstein은 미국 교과서의 대실수라는 표현을 사용하고 있다.

> 한편 그 과정에 관여한 사람을 자신의 눈뿐 아니라 다른 사람의 눈에도 좋게 비치게 만들면서, 학생을 혼란시키고, 잘못 이끌고, 지루한 교과서를 만드는 정책입안자를 생각해 보자. 비록 시장에 일부 좋은 교과서가 있긴 해도, 출판업자와 편집자들은 실제 정책입안자의 강요를 받고, 학생을 혼동시키고, 잘못된 정보를 주며, 요점 없는 말로 지루한 교과서를 만든다(Tyson-Bernstein, 1988, p. 3).

교육에서, 교과서보다 집중적으로 연구되고 비난을 받는 것은 거의 없다. Chall과 Conard(1991)는 1945에서 1975년까지 지난 30년 동안 가장 많이 사용된 교과서의 난이도가 낮아지고 있음을 보고하였다. "전반적으로, 읽기능력 수준지표, 성숙수준, 질문의 난이도 및 삽화정도를 측정했을 때, 동일 학년용 교과서의 출판연도가 최근일수록, 더 쉽다"(p. 2). Kirst(1982) 역시 지난 10~15년 동안 난이도 수준이 2학년 수준 낮아졌다고 주장하였다. 최근에, 미국 교과서 학자이자 저자인 Altbach(1991) 역시 평가측정별로 평정했을 때 교과서의 난이도가 낮아졌음을 언급하였다.

> 교과서는 교육체계의 핵심적인 부분이다. 교과서는 교육과정을 정의하며 교사를 돕거나 방해할 수도 있다. "수월성 운동"(the excellence movement)은 지난 몇

> 년 동안 교과서에 관심을 쏟았다. 미국교과서들은 가장 낮은 공통분자를 위해 개발되었고 지루하다. 교과서는 "침묵화"(dumbed down)되어 내용이 희석되었고 "읽기 쉬운" 것을 강조하였다. 교과서는 지난 몇 년 동안 교육에 대한 일관성보다는 외적 압력에 따라 수집된 "산물"로 변모되었다. 비난 중 가장 중요한 것은, 교과서가 개혁과 향상의 시기에 지식의 기초를 제공하지 못한다는 점이다 (Altbach, 1991, p. 2).

> 초등 사회 교과서는 그 기초내용으로 인해 출발이 좋지 않다. 어린 학생들은 이미 알고 있는 것—음식물 사기, 가족 생활, 불로 움직이는 화력엔진 혹은 바쁜 러시아워 등—을 다루고 있기 때문에 지루해 한다.
>
> Harriet Tyson-Bernstein & Arthur Woodward, 1988

읽기 쉬운 공식과 교과서 채택 정책으로 인해 교과서가 "침묵화"되었을 때, 학생들이 직면하는 특별한 문제들이 논의되었다. Tyson-Bernstein(1989)은 현재 교과서로 인해 학생들이 직면하는 특별한 문제를 다음과 같이 요약하였다. "교과서 채택에 대한 좋은 규정이 있다고 하지만, 학군이 학년마다 어떤 주제에 대해 단 하나의 교과서를 구입한다면 문제의 소지가 생긴다. 능력이 낮은 학생도 읽을 수 있는 책을 사도록 교과서 채택위원회에 정책적인 압력을 부과하게 된다. 그 결과, 더 진보적인 수준에 있는 학생들의 요구는 희생된다"(p. 465). Chall과 Conard(1991)는 또한 상위수준 학생이 난이도가 낮은 교과서로 인해 부딪치는 특별한 문제에 대해서 언급하였다.

> 적절하게 교육받지 못하는 학생은 규준보다 2학년 혹은 그 이상의 읽기수준을 보이는 학생이다. 이들 학생의 독해 교과서는 특히, 독해수준에 맞게 학년에 배치되지 않았기 때문에, 도전적이지 못하다. 많은 학생들은 이것을 알고 있으며, 인터뷰에서 더 어려운 단어와 아이디어를 배울 수 있는 난이도 있는 책을 좋아한다고 말한다. 더 어려운 독해교과서를 쉽게 구할 수 있는데, 왜 사용하지 않는가? 2학년 혹은 그 이상 수준에서 독해할 수 있는 학생에게 해당학년 수준의 독해 교과서를 사용하는 것은 비록 여러 번 의문시되었지만, 몇 년째 변하지 않고 있다(Chall, 1967, 1983 참조). 여러 행정상의 이유로, 교사들은 학생의 학년 배정보다 높은 독해 교과서를 사용하지 않는다. 가장 자주 언급되는 이유가 정말 문제이다; 만약 3학년 교사가 4학년용 책을 사용한다면, 4학년 교사는 무엇을 해

야 하는가? (p. 111).

게다가, Chall과 Conard는 학습 능력과 교수과제 난이도간의 적합성을 강조했다. 즉 최상의 적합도는 학습자의 현재 수준보다 약간 높은 것이 되어야 한다. 학습은 적정한 수준에서 증가한다. 그러나 "만약 적합이 적절하지 않으면[예, 적합이 학생의 이해/지식수준보다 낮거나 높으면], 학습은 덜 효과적이며 발달은 지체된다"(p. 19). 분명히 대다수 학생들이 읽을 수 있는 교과서를 선정하는 현재 추세는 더 빠른 속도로 발달하는 학생에게 문제가 된다.

> 전형적인 수학 교과서는 가정하길, 새로운 것을 학습할 때 먼저 그 전 것을 개관해야 한다는 것이다. … 평균 1에서 8학년 책 처음의 반 35%는 새로운 내용이지만 나중의 반은 60%가 새로운 내용이다. … 그 결과 학년 초, 학생들이 공부하고 싶어 할 때, 전에 보았던 것을 반복하게 된다. 나중에, 충분히 지루하게 되면, 새로운 것을 보게 된다– 그 책의 마지막에 가게 되면.
>
> James Flanders, 1987

반복적인 교과서

Usiskin(1987)과 Flanders(1987)의 최근 연구에 의하면, 교과서는 그 난이도가 낮아짐은 물론 많은 비율로 반복학습을 통해 학습을 촉진하려고 한다. Usiskin에 의하면, 전형적인 7학년과 8학년용 수학 교과서의 단지 25%만이 새로운 내용이기 때문에, 평균 8학년 학생들은 다시 대수를 배워야 한다. Flanders는 3개의 대중적인 수학교과서를 조사함으로써 이와 같은 결과를 확인시켜 주고 있다. 2~5학년용 수학교과서는 대략 40~60% 정도만 새로운 내용으로, 학생들은 1년 과정 중 일주일의 2일 혹은 3일만 새로운 내용을 배우게 된다는 것이다. 8학년에 가면, 새로운 내용은 30%로 떨어져, 일주일에 하루 혹은 하루 반나절 정도만 새로운 내용을 접하게 된다. Flanders(1987)의 제안에 의하면, 이와 같은 추정들은 개관과 테스트하는 날을 분석에 포함시키지 않은 것으로 실제는 이보다 못하다는 것이다. 결론적으로; "훌륭한 학생이 지루해 하는 것이 당연하다: 매 해 똑같은 것을 공부하니까"(p. 22).

최근 연구결과에 의하면, 교과서 난이도 및 교과서 교육과정 자료의 반복과 개별 학습자의 요구가 서로 맞지 않는다. 대다수 학생들은 이미 알고 있는 기술과 학습내용을 연습하는데 시간을 보낸다. 모든 요인들이 학습의 효율성을 떨어뜨리고, 발달을 더디게 하고, 미성취를 조장하는 원인이다. 도전적이지 않은 교육과정으로 만연된 지루함을 느끼는 학생들은 학교에서 열심히 하면, 지루하고 똑같은 것을 끊임없이 반복하게 된다는 것을 일찍부터 배우게 되고 자퇴를 하거나 "옆길로 새게" 된다.

> 문제는, 잘못된 글짓기 문제처럼, 직접적으로 공공정책과 절차가 그 이유이다. 과도하게 상세한 교과서를 채택하고 있는 주들은 모든 필수항목을 고려할 수 없거나 표준화된 크기 교과서에 넣을 공간이 없다. 전형적인 교과서 선택과정에서 학생들이 이해해야 하는 정보의 분량을 고려하지 않는다.
>
> Harriet Tyson-Bernstein, 1988

대부분의 분석을 통해 볼 때, 현재 미국의 낮은 수준의 교과서의 두 가지 상호연관된 실제들의 직접적인 결과로 인해 비롯된 것이다. 첫째, "침묵화"(Dumbing down)로, 이 말은 전 미국 교육부 장관인 Terrel Bell이 1984년에 처음으로 사용한 용어이다. 침묵화는 단순히 교과서 자료가 의도적으로 쉽게 만들어져서 도전적이지 못하다는 뜻이다. 침묵화 과정에 영향을 준 두 가지 요인이 있다. 첫째, 저성취 학생의 성취를 향상시키고자 하는 국가적 관심 때문에 교과서 출판업자들이 1960년대 후반들어, 자발적으로 독해와 주제수준을 낮추어 교과서 내용을 선정하기 시작했다. 둘째, 교육계 보수주의자들이("기본적인 권리"를 지원하는) 교과서 출판업자에게 특별히 기본적인 교과서를 "채택하게 하라는 압력"을 주에 행사하였다. 기본주의자들은 새롭게 3R을 강조하고, 비판적 사고, 현 사회적 논쟁거리에 대한 깊이 있는 분석 및 창의성 발달을 추구하는 교육과정 자료를 폐지하도록 주장하고 있다.

언급(Mentioning)

현재 교과서에 영향을 미치고 있는 두 번째 실제는 "언급"(Mentioning)이다. 지식은 과거 반세기 동안 극적으로 팽창되어 왔고 교과서 시장은 점점 많은 자료를 표준화된 교과서에 포함시키고 있다. Michael Apple이 이와 같은 과정을 다음과 같이 말하고 있다: "초등학교와 고등학교 교육과정과 교과서에는 표준적인 규칙이 있다. 빼지 말고-단지 첨가하라. 그 결과, 더 길고 비싼 교과서가 나오게 되었다. 의심할 여지없이 점점 많은 정보를 포함하자는 운동이 생기게 되었다. 이로 인해, 더 분열이 생겼다"(Apple, in Lockwood, 1992, p. 3). 새로운 정보, 더 많은 양의 실제자료를 교과서에 함께 넣을 때, 피할 수 없는 결과는 바로 교과서가 매우 피상적인 수준에서 단지 주제만 언급하는 데 그친다는 것이다. 6장에서, 침묵화 및 현재 교과서가 빚어낸 문제와 교과서 채택정책에 대한 수많은 연구를 살펴볼 것이다. 이들 연구들은 다음 장에 기술할 교육과정 수정절차를 실시해야 하는 이유이기도 하다.

어떻게 침묵화와 언급으로 생긴 문제를 다룰 것인가? 미국 교과서는 변화필요성을 보여주고 있다; 교과서를 전체 대체하거나 비교과서를 대안으로 제시하기는 쉽다. 그러나 심지어 이들 변화에 대한 기대는 실행되기 어렵고 재정비용, 흥미, 정치 및 실제편법을 고려할 때 실현불가능하다. 게다가, 교과서는 계속 학교생활의 일부가 되고 있다. 앞에서 언급한 바 있는 "점진적이고 진보적인" 접근법과 함께, 목적 2를 수행하기 위한 네 가지 특수한 책략을 기술할 것이다. 첫 번째 책략은 "교육과정압축"(curriculum compacting)으로서, 교수상황에서 일반적으로 이루어지는 것보다 빠른 속도로 학습하는 학생을 위해 교육과정을 수정하는 체계적인 과정이다. 두 번째 책략은 학년수준과 과목영역별로 현재 교육과정을 책임지고 연구하는 교사팀을 구성하는 것이다. 이 교사팀은 교과서 분석 및 제거팀(textbook analysis and surgical removal team)으로 불린다. 세 번째 책략은 내용과 사고기술 활동을 혼합하는 특별한 절차와 자원에 집중한다. 네 번째 책략은 교사들에게 3단계 과정을 제공하는데, 이를 통해 복잡한 개념과 자료를 가르칠 수 있도록, 보다 도전적인 내용과 체계적 절차에 대한 섹션을 마련하여 교육과정 주제를 더 깊이 있게 소개하는 것이다. 이들 제안점들은 6장, 교육과정 수정기술에서 상세히 다룰 것이다.

> 매주 2억 5천만 학생들이 수학을 공부한다. 일부 1억 5천만의 학생들은 1995과 2000년 시기 동안에 성인세계로 들어오게 된다. 매일 수학시간으로 보낸 40분 수업시간은 대개 1940년 가게 점원에게 필요한 단순 계산기술—실제로 오늘날에는 필요치 않은—을 배우는 데 할애된다. 예측, 확률, 이자, 히스토그램, 스프레드시트 혹은 실제 문제해결—학생의 이후 생활에서 일반적인 일들—에 쓸 시간이 없다. 1억 5천만 학생들은 산수와 대수 연습을 지루하게 하는 동안, 그들의 미래는 점점 썩어가고 있다.
>
> Mathematical Sciences Education Board, 1986

목적 3

모든 교직원의 연속적, 반성적, 성장-지향적인 전문성을 신장한다.

전문가는 무엇을 의미하는가?

> 구성원들이 성공을 좌우하는 풍부한 지식에서 단절될 때, 어떻게 전문성이 살아남아, 혼자 번성할 수 있는가?
>
> Roland S. Barth, 1990

학교는 사람들이 일하는 곳이다. 이 목적은 정의하기 힘든 교사, 행정가 및 다른 교직원의 전문성을 향상시키는 일에 집중된다. 이와 같은 목적을 달성하려는 시도가 끊임없이 실패했기 때문에, 전문성 향상 목적은 이상적이지만 대개 실현 불가능한 것처럼 여겨졌다. 그러나 이 목적은 학교 향상의 핵심부분이다. 이 때문에, 실패한 전문성 향상시도와 앞으로의 접근법 모두를 연구해야 한다. 그리고 축적된 지식, 경험 및 지혜를 사용하여 학교전체 심화모델을 사용하는 학교 내 교직원의 전문성을 향상시킬 수 있는 실질적인 계획을 구상해야 한다.

전문가는 고객의 이익을 위해서 결정을 내리는, 공통의 지식과 실제 기준을 공유한 직업적 범주에 속하는 사람들이다. 교수지도가 "진정한 전문성"을 갖는지 그렇지 않는지는 학교 전문성 개발 단계에서 논의할 중대 문제가 아니다. 진정한 전문가의 일은 기계적 혹은 미리 기술된 임무를 적용하기보다는 판단과 비일상적인 활동을 정규적으로 사용하는 것이 특징이다. 진정한 전문성을 성취하기 위해서, 개인과 개인이 일하는 곳이 변화해야 한다. 많은 개혁안들은 전문성 향상의 중요성을 인식하고 있었지만, 전문성에 있어서 "기본규칙"을 중요하게 고려하지 못했다. 전문성은 어떤 능력과 윤리를 이용하고 획득하도록 요구하는 사회적인 계약이지만, 일하는 곳이 또한 능력과 윤리를 적용할 수 있도록 지원해야 한다. 일부 교육개혁안들은 개인의 향상과 기관의 변화사이의 상호작용을 연구하지 못했다. Darling-Hammond와 Goodwin은 이와 같은 딜레마를 다음과 같이 언급했다: "역설적으로, 교수를 "전문화"하려는 수많은 개혁들은 교수에 더 많은 통제와 규제를 가하였다(예: 외부에서 개발된 교육과정 위임과 테스트, 교수방법 규제와 교사준비 프로그램 교육과정의 일상적인 상술)"(1992, p. 26). 또 다른 이는 개인향상과 기관 변화사이의 상호작용을 간과한 정책으로 인해 비롯된 변화에 대해서 다음과 같이 말했다:

> 정책적으로 유발된 변화에는 더 큰 지도자, 아이디어 및 부가적인 자원의 요구가 있다. 그러나 또한 비현실적인 시간계획, 비타협적인 요구, 단순한 해결책, 잘못된 곳을 향한 노력, 비일관성 및 개혁을 유발하는 요인에 대한 과소평가가 나타난

다(Fullan, 1991, p. 27).

> 그러나 1980년대 실질적으로 행정부와 입법부에서 주도하는 학교개혁이 쏟아져 나왔다. 대개 지역학교 위원회와 장학관에게 위임하던 것이 주가 학군에 직접 위임하는 추세로 바뀌고 있다. 교육과정, 테스트, 교과서 선택, 평가와 여러 영역에서 학교향상의 주요 방법으로 학군에 위임하는 것이다. 1980년대 주 학군 예산에 대한 기금이 많아짐으로써, 학교교육에 대해 주 통제가 많아졌고 지역사항에 대한 고려도 엄청나게 축소되었다.
>
> Larry Cuban, 1990

교실에서 발생하는 학습의 질은 대개 교사의 질에 좌우된다. 그러나 교사는 "자유 행위자"(free agent)가 아니다! 대개 교사 전문성에 따른 학문적 자유와 의사결정 기회는 적다; 그러므로 학교질에 영향을 행사하는 다른 요인을 고려하지 않고서는 교사전문성을 생각할 수 없다. 비록 외적요인들이 교실 내 교수 실제에 영향을 미친다고 해도, 우호적이든 비우호적 규제든, 교과서 및 기준들이 효과적인 교수법과 지식이 없는 교사를 보상할 수는 없다. 심지어 교사가 이론적인 배경과 방법을 알고 있어도, 지식, 효과적인 교수와 기술을 실제에 적용하는 문제는 다른 이야기이다.

교사가 학생들과 상호작용하는데 효과적인 교수실제를 적용할 자유가 없으면, 좋은 교수기술을 방해하는 요인을 분석할 필요가 있다.

학교향상이 실패한 이유

실패한 이유와 여기서 무엇을 배울 수 있는지 먼저 살펴보자. 학교향상 연구에 의하면, 경험 많은 교사가 교수기술을 사용하지 않는 데는 최소한 두 가지 일반적인 이유가 있다.

외적 규제

첫째 이유는 "책임소재"라는 외적규제로서, 미묘하지만 강력하게 표준화된 테스트의 압력을 받는다. 이들 테스트는 학교향상에 있어서 "교실 코끼리"로, 그 영향력이 너무 만연해서 테스트 점수와 교사평가를 같이 연관짓게 만들었다. 본 모델에서 제안하는 변화에 대한 점진적이며 진보적인 접근법을 염두에 둘 때, 표준화검사를 제거하자고 주장하는 것이 아니다. 중요한 것은 얼마나 잘 학생들이 공통의 목적 하에서 발달하느냐이다. 하지만 교사가 의사결정과정의 일부가 되어 목표진척 사항을 평가하는데 사용하는 기준을 전범위에 걸쳐서 결정해야 한다. 전문가는 하는 일에 대해 명령을 받기보다는 의사결정을 하는 사람이다. 교사가 의지가 있고, 희망적이고, 열성적으로 학교향상활동에 참여하길 바란다면, 학교관리 모델 적용에 있어서 본질적으로 목적을 달성하는 수단이 되는 교수와 교육과정 실제뿐 아니라 목적을 결정하고 평가기준을 만들 수 있어야 한다. 진정한 교수 전문성을 이루는 첫 번째 단계는 의사결정과정 시 행정가와 동등한 파트너로 참여하는 것이다. 또한 전문성에는 의사결정 전달이 필요하다; 그러므로 교사에게 관련된 정보를 전달하는 절차를 개발할 필요가 있다. 예를 들어, 목적/평가 위원회는 학교향상문제에 대한 개요, 자료와 성취참조 평가, 교실분위기 평가기술, 학생 포트폴리오와 여러 발달상황을 측정하는 표준화된 테스트 같은 최근의 발달정보를 제공한다.

> 은퇴할 정도는 아니지만, 너무 오래되어 그만두었다. 난 아이들을 좋아한다. 그리고 일을 잘하고 싶었지만 움직일 여지가 없다. 내가 생각하고 있는 것은 중요한 것 같지 않다. 내 생각은 중요하지 않다. 누구도 무엇을 해야 하는지 어떻게 더 잘할 수 있는지 묻지 않는다. 학교 이사회는 비용을 줄이라고 압력을 행사한다. 이사회가 관심이 있는 것은 표준화 성취검사점수를 어떻게든 높이는 것이다. 중앙 관리들은 누구도 관심 없는, 감독관이 순회할 때만 제외하고, 교육과정 지침을 만든다. 조합은 교실 상황에 도움을 주기보다는 소음만 만들어 낸다. 나는 매일 학교에 갈 것이다. 내 시간을 여기에 쓰겠지만 마음은 거기에 없다.
>
> Jack Frymier, 1987

질적으로 좋은 교수실제를 제한적으로 사용하는 것은 외적규제와 책임소재 문제와 관련되지만, 행정가와 교사 간 관계에서도 나타난다. 적대적 관계는 위에서 아래로 내려오는 의사결정과 효과적인 의사소통을 방해하는 결과를 가져온다. Roland Barth는 의사소통 문제를 "주차장 징후"(the parking lot syndrome)라는 말로 표현하였다.

> 새 교장으로서, 첫 교직원회의를 주의 깊게 준비하였다. 빙 둘러 의자를 놓고 여러 교사들이 이야기 하도록 권장하였다. 그러나 회의동안에 발견한 것은 교사는 옆에 가만히 앉아 있고 대부분 내가 말을 하고 있다는 것이었다. 회의 후 몇 분 있다가 나는 창문을 통해 학교 주차장을 쳐다보았다. 그곳이 실제 교직원 회의

> 무언가 심각한 시도이다. 지도부의 관료적 성격으로 목적을 획득하려는 것 같다.
>
> Jack Frymier, 1987

> 가 열리는 장소라는 것을 깨달았다. 교사들은 활기 없고, 주제에 대해서 자신의 생각도 표현하지 않았다(Barth, 1990, p. 20).

전통적으로 학교를 향상하려는 시도에서 교사와 행정가 간에 "우리편-너희편" 태도를 볼 수 있다. 대개 특정 아이디어, 교수기술 혹은 교육과정 "패키지"에 대한 지식으로 시작하는 과정은 다음 세 가지 중 하나이다: 전문적인 읽기, 전문가 회의에 참석하고 중앙 행정부에서 직접 주기관에 하달. 경우에 따라서, 교사가 아이디어를 낼 수 있지만 아이디어를 행동으로 옮기기 위해서는 교장 혹은 학군수준의 인정을 받아야 한다. 교사주도적인 아이디어는 "마이크로 기술" 향상으로 인정받기 쉽고; 그 다음으로 "워크숍 게임"을 하게 된다. 워크숍에 사고기술, 독단적인 과목, 시간관리 및 교사와 학생이 함께 사용할 수 있는 활동같은 주제를 배정한다. 교사가 주도하는 마이크로 기술워크숍의 두드러진 특징은 그 자체로 위협이 되지 않는다. 비록 개인적인 교수기술을 향상할지는 몰라도, 학군에 대한 새로운 방향과 정책에 있어서 지속적인 효과를 거의 일으키지 못한다.

주요한 혹은 매크로 변화를 여러 가지로 시작할 수 있다. 주 수준의 지도 및 지침은 대개 체계적인 변화를 유발하며 중앙 관리 행정가들이 거의 항상 주도적인 역할을 한다. 포괄적인 학교향상과정(학군 위원회 교사로부터 압력이 있든지 없든지) 계획이 채택되면, 상이한 워크숍 시나리오가 연출되게 된다. 주제의 중요성에 따라, 학교와 학군위원회는 무언가를 고려하지만 정작 방문 연설자와 주도자들은 워크숍 상황에 대해 "잘못된 것을 생각하게 하는" 방향출구를 제시한다. 새로운 것의 실시를 기대하던 교사들은 또 다시 위에서 아래로 내려오는 교육혁신으로 부담을 느끼게 되고 시간과 자원이 부족하게 된다. 의사결정과정에서의 이질감과 제한된 지원으로 대개 마지못해 따라하며 수동적으로 참여하게 된다. 행정가들은 대개 책임소재를 들먹이며 이들 교사의 태도에 대응한다. 테스트 검사가 교사와 행정가 사이의 골을 더 넓게 한다.

> 교사의 교수에 영향을 미치는 요인과 교사 간의 관계에 대한 실질적인 자료를 수집하였다. 연구대상 교사들은 일반적으로 꽤 자발적으로 활동하는 것처럼 보이지만 자발성은 도전적인 대안에 대한 전문적인 대화보다는 고립된 맥락에서 이루어지는 것같다. 교사가 시간을 보내는 교실은 상징적이고 상대적인 고립성을 보여주는 것으로 교사의 배경과 경험을 넘어서는 아이디어를 서로 교환하지 않는다.
>
> John Goodlad, 1984

교사이질감

교수기술이 쉽게 적용되지 않는 두 번째 이유는 현 학교구조가 대부분 교사를 대학 수준의 전문성을 갖추는 것에서 배제시키기 때문이다. 물리학자, 기술자, 배관공 혹은 서비스 업계에 종사하는 전문가들은 해결책이 필요한 문제를 가지고 있으며 자신들의 경험, 지식 및 지혜를 사용하여 이들 문제의 잠재적인 방법을 생각해 낸다. 반면에, 교수 전문가는 개인적으로 뒷문과 능력을 걸어 잠근다. Barth(1990)는 교사의 일을 서로 모래상자의 반대편에서 놀고 있는 걸음마장이의 "병행놀이"(parallel play)에 비교하였다. 교사가 다른 교사가 일하는 것을 보지 못하게 하는 금기사항을 기술하고 있는 것이다. 교사와 교장 사이의 비형식적인 투표에서, Barth가 조사한 사람들은 자신의 체계보다는 다른 지역에 있는 학교를 방문한다고 대답하였다. 또한 교사가 다른 사람과 상호작용할 때, 대화는 대개 경험과 통찰에 대한 것이 아니라 대학과 행정가에 대한 비판이었다.

교사직무의 고립성과 현재 교사와 행정가 간에 존재하는 "우리편—너희편" 태도를 부수는 것이 SEM의 주요 전문성 목적이다. 이 과제에 체계적이고 비위협적인 방식으로 접근해야 하며 지금까지 교사발달에 할애하던 시간단위 및 방문연사의 정도를 넘어서야 한다. 나중에 기술할 전문성 발달모델은 다음 세 가지 과정에 기초한다: (1) 실질적인 이론, 교육 및 교육과정 지식을 조사, (2) 특정 교수방법과 교육과정 자료 사용법에 집중하는 기술 지향적 훈련, (3) 상대적 제한성이 없는 교육환경에서 지식과 방법을 적용할 기회 제공이다. 전문성 발달을 위한 계획은 또한 목적 5에서 기술할 민주적 교실관리 문제와 관계가 있다.

목적 4

윤리, 성별, 문화적 다양성, 상호존중과 이해 및 민주적 원리의 존중, 지구 자원보존을 지향하는 학습사회를 만드는 것이다.

보다 나은 사회를 위한 학교

교육자, 정책입안자 및 일반 공교육 사이에서 볼 수 있는 확신은 학교가 사회중요

> 지난 2세기 동안 주와 연방의 권위신장은 공교육이 국가적 문제를 해결할 수 있다는 깊은 신념의 표현이다. … 만약 알코올, 담배가 가정과 개인에게 해롭다면, 아이들에게 이것의 해로운 점을 가르쳐야 한다. 만약 가난이 적이면, 교사와 학생은 아이들의 지식을 확대하고 시장성 있는 기술을 만들어 줌으로써 가난에 대응해야 한다. 외국 경제경쟁이 국가를 위협하면, 국가적 방어선으로서 직업교육을 증진해야 한다.
>
> Larry Cuban, 1990

문제를 완화하는 역할을 수행한다는 것이다. 비록 학교가 본래 3R을 가르치고 과거의 축적된 지식을 전달하였지만, 빠르게 변하는 세계, 시장의 극적인 변화와 계속 증가하는 복잡한 사회문제는 학교의 역할확대를 요구하고 있다. 이들 역할은 "생활적용 교육과정"에서부터 전쟁, 평화, 가치, 특징, 성별과 약물교육에 이르기까지 수많은 현재의 교육과정 문제를 반영하고 있다. 학교교육과정에 이 문제들을 첨가하는 노력으로 인해 보수주의자와 자유주의자의 이념에 불이 붙었다. 이들 목적이 학교역할을 보다 넓히는 것을 옹호하긴 해도, 사회에서 발생하는 빠른 변화와 젊은이들의 쇠락하는 복지로 인해 SEM의 주요 관심사로 포함된 것이다.

> "교육만으로 이들 문제를 해결할 수는 없지만 학교는 지능, 끈기와 창의성을 신장하여 민주주의를 영속화하는데 필요한 사회기관을 신장하고 삶의 질을 증진시키는 역할을 담당해야 한다."

많은 사람들은 학업성취와 재능개발이 학교의 주된 책임이라는데 동의한다; 그러나 가족구조와 사회의 빠른 변화는 또한 학교에 더 많은 책임을 부과하고 있다. 심각한 청소년 비행, 약물남용, 인종부조화, 십대 임신, 편협, 낭비주의, 인간존재에 대한 경시 등의 문제들이 학업성취의 하락 외에 심리적 고통과 사회적 이질감을 경험하는 젊은 세대에서 벌어지고 있다. 학교는 이러한 문제를 다루는 곳이 아니라는 주장도 있지만 사실은 이들 문제와 그 부산물들이 학교 문에 떨어진다. 교육만이 이들 문제를 해결할 수는 없지만 학교는 지능, 끈기와 창의성을 신장하여 민주주의를 영속화하는데 필요한 사회기관을 신장시키고 삶의 질을 증진시키는 역할을 담당해야 한다.

SEM의 목적은 본 모델을 사용하는 학교에게 정치적인 신념 혹은 사회적인 가치를 부과하고자 하는 것이 아니다. 학생들이 직면하고 있는 사회전체 문제를 조사하도록 권장하긴 하지만, 교육자, 부모 및 학생들이 그들의 가치와 신념을 반영하는 주제와 이것을 다루는 교육과정접근법으로 이들 문제를 해결해야 한다고 믿고 있다. 다시 말해, 현재 문제들은 교육과정과 관련성을 지니고 현실성을 갖는 것으로 심화프로그램화 되어야 한다. 동시에, 특별히 관심 있는 주제를 선택할 때 지역의사결정이 발효되어야 한다.

본 모델은 학습행동에 초점을 두기 때문에, 학교가 선택한 주제를 더 효과적으로 다루는 교수방법에 집중하면서 이 목적을 추구하게 된다. 또한 선택한 주제와 관련된 심화경험에서 사용할 수 있는 참고 자료를 제공한다.

> 성공적으로 기업, 학교향상 지식과 전문주의를 병합하여, 학교를 재구조화하기 위해 다음의 핵심원리를 추구해야 한다: 변화를 유발하는 권위 및 자원통제권은 학습자에게 가장 가까운 사람에게 부여해야 한다.
>
> Joseph Murphy, 1991

현 문제에 대한 개관연구에서, Leming(1992)은 다음의 문제를 다루는 여러 연구를 분석하였다; 마약/약물남용교육, 자살방지프로그램, 죽음에 대한 교육, 성교육, 인종편견 줄이기, 성역할 고정관념, 전반적인 교육, 환경교육 및 평화교육. 비록 연구를 일반화하기는 어렵지만, Leming은 SEM 목적 4 실시와 관련된 추세를 보여주고 있다. 주요 발견점은, 교수방법에 집중할 때 강의와 "겁주기 방법"(scare tactic)이 위에 나열한 주제에 대한 태도를 제한할 수 있다는 것이다. 성공적인 프로그램일수록 대개 학생의 참여도가 높다. 예를 들어, 약물남용 프로그램은 "또래교수와 또래상담 및 도움이 효과적이다"(p. 120).

정보를 현학적으로 제공하는 것이 지식획득에 별 도움이 되지 않으며, Leming에 의하면, 현 문제에 대해 지식을 증지시킨다고 태도나 행동이 눈에 띄게 달라지지 않는다는 것이다. 긍정적인 태도변화는 교육과정이 또래 상호작용, 집단토론 및 협동학습책략을 사용할 때 유발된다. 심화프로그램 경험에서도 또한 학생들이 직접적으로 현 문제를 다룰 기회를 가질 때 태도와 행동이 변화한다. 예를 들어, 환경오염, 산성비, 음주운전, AIDS에 대한 십대의 태도 및 지식에 대한 연구에 참여한 학생들은 이 주제와 관련하여 "개혁운동자"가 된다. 7장에서, 직접적인 참여를 권장하는 책략과 이들 책략들이 SEM 목적에 어떻게 적용되는지 살펴볼 것이다.

목적 5

학생, 부모, 교사 및 행정가에게 적절한 의사결정 기회를 부여하는 민주적인 학교

관리절차를 실시한다.

민주적 관리의 필요성

> 우리를 형제로 묶는 운명이 있다: 누구도 혼자가 아니다; 다른 사람에게 보낸 모든 것은 우리에게 다시 돌아온다.
>
> Edwin Markham

교육 지도자들은 탈중앙 운영 절차를 주요 학교향상 요인으로 인식해 왔다. 이러한 유형의 운영은, 대개 현장 혹은 학교기준 운영(SBM)을 말하는데, 오랫동안 많은 교육조직, National Governors' Association을 포함한 사립학교에서 성공을 거두고 있는 것이다. SBM은 중앙집권적 통제를 줄이고 서비스 전달과 결과 생산에 가장 가까운 사람의 참여와 통제수준을 높인다. 이들 목적은 오랜 기간에 걸쳐 발달해 왔다고 생각하지만, 학습의 질을 실제적이고 지속적으로 변화시키는 것이 꼭 필요하다. 현 미국 교육상태를 볼 때, 과도한 규제는 학교변화 무능력에 기여하는 가장 큰 요인이며 따라서 미국 주 교육부도 학군에게 부과하던 규제를 줄이고 있다. 그러나 주 수준에서 규제를 줄이는 것은 의사결정권을 교사와 부모에게 전이하는데 관심을 두지 않고는 바람직한 결과를 가져오지 못한다. 민주적인 관리의 가장 중요한 가치를 SEM에 포함시키는 이유는 의사결정권을 가진 사람의 편견과 사전 방향설정을 막을 수 있기 때문이다. 교육과정에 책임을 지고 있는 새 부장학관은 프로그램 조절자와 권위행사의 바람이 빚어낸 갈등으로 인해 가장 성공적인 심화프로그램 중 하나를 없앴다. 교사들의 프로그램 원상복귀 노력과 지역사회 부모의 심한 비난도 단 한 사람에게 부과된 권력을 상쇄할 정도로 강하지 않았다.

> 권력부여는 문제점이 있으며 협동이 이러한 문제를 해결하기 위해 필요하다. 불평대신에 행동을 취하고, 동료를 신뢰하고, 모호함을 참고, 공동의 의사결정에도 갈등이 있다는 사실을 받아들이도록 배워야 한다. … 이와 같은 입장과 기술은 학습이 가능하지만 시간이 걸린다. 필요한 도움은 무엇이든지 사용하면서 함께 일하는 것을 배우는 집단의 조정에 달려 있다.
>
> Michael Fullan & Matthew Miles, 1992

탈중앙화에 대한 연구에 의하면, 복잡한 과제를 수행하는 기관들은 문제를 해결할 때, 단체 및 팀 접근법의 이점을 이용할 수 있다(Maeroff, 1993; Wohlstetter & Mohrman, 1993). 이들 연구들은 또한 성취향상을 극대화하기 위해선, 다음 네 가지 자원통제에 대해 탈중앙화할 것을 시사하고 있다.

1. 조직적인 실제, 정책과 방향에 영향을 미치는 의사결정력.
2. 과제수행시 필요한 기술적인 지식과 서비스, 개인 내 기술과 운영 지식 혹은 전문성을 제공하는 지식.
3. 더 넓은 정책과 경제적 환경에 대한 소득, 지출, 단원성취 및 책략 정보를 포함한 정보.
4. 조직성취와 개인기여에 따른 보상 (Wohlstetter & Mohrman, 1993, p. 1).

> 전문가에게 권력을 부여하고 탈중앙화에 성공한 학군들은 이렇게 하는데 대개 5~10년이 걸렸다.
>
> Joseph Murphy, 1991

민주적인 학교관리는 기본적이고 체계적인 조직의 변화를 말한다. 운영과 의사결정기술에 대한 훈련을 하위역할에 있는 사람에게까지 제공하고 중앙관리자들 또한 학교구조에 영향을 미치는 권력, 지식, 정보 및 기회를 공유하는 훈련을 받아야 한다. 사립과 학군의 실제 운영에서 나온 경험들은 민주적 운영절차에 대한 좋은 방법이다. 이상의 목적을 달성하기 위해서, W. Edwards Deming's Total Quality Management Approach같은 특별한 체계 외에도 여러 인쇄물과 상담자들을 활용할 수 있다. 또한 현 학교구조와 필요한 변화에 대한 부모, 학생 및 교사의 태도를 평가할 경우에도 사용할 수 있다. 8장에서 사용할 자원과 제안점을 살펴볼 것이다.

1. 심각한 사실을 보여주는 연구들을 나열하기엔 너무 많다. 미국 학생들의 상태를 나타내는 연구보고서들은 다음의 기관에서 찾아볼 수 있다: The College Board, the Twentieth Century Fund, the National Science Foundation, the Education Commission of the States, the National Commission on Excellence in Education과 the International Association for Educational Achievement.

제 4 장

학교전체 심화모델의 개관

> 잠재능력보다 낮은 수준으로 학습하는 학생들이 너무 많다는 사실은 국가적으로 죽음을 의미한다. 삶의 질과 미국의 높은 생활기준의 기초가 되는 학식, 창의성과 전문성이 침식되고 있다.
>
> United States Department of Education, 1993

학교전체 심화모델은 세 가지 부분으로 구성된다. 그 중 두 가지는 서비스 전달 구성요소(the service delivery components)와 조직 구성요소(the organizational components)이다. 3번째 부분은 학교구조로서, 위의 두 가지 요소의 표적이 된다. 본 모델을 "elegant common sense"라는 공통분모로 기술할 수 있지만, 학습이 유발되는 환경인, 학교구조간의 세 가지 상호작용 방식을 나타내기 때문에, 주의 깊게 본 계획을 기술해야 한다. [도표 3]의 3차원 도식은 상호작용을 나타낸다. SEM에서 두 가지 유형의 구성요소는 그림의 앞과 옆면에 있으며, 학교구조는 그림의 윗면에 있다. 서비스 전달구성요소는 학생을 위한 세 가지 직접적인 서비스로 이루어진다. 이들 서비스는 다음과 같다: (1) 학생의 장점을 기록할 파일인 종합재능 기록표(Total Talent Portfolio) 준비; (2) 개별 학생의 요구에 더 반응하는 정규 교육과정을 만들기 위한 교육과정 수정기술의 사용; (3) 학생이 선택한 주제에 참여, 사고하며, 높은 수준의 동기유발을 하는 심화학습과 교수기술의 사용. 조직적인 구성요소는 서비스 전달 구성요소를 사용할 수 있도록 개발된 일련의 자료와 절차들로 구성된다. 이

> 교육에서 중요한 것은 어떻게 많이 가르칠 것인가가 아니라 어떻게 학생들이 배우는가이다– 학생에게 어떤 일도 일어나지 않는다면 교육에서 아무 일도 벌어지지 않는다.
>
> Joseph Carroll, 1989

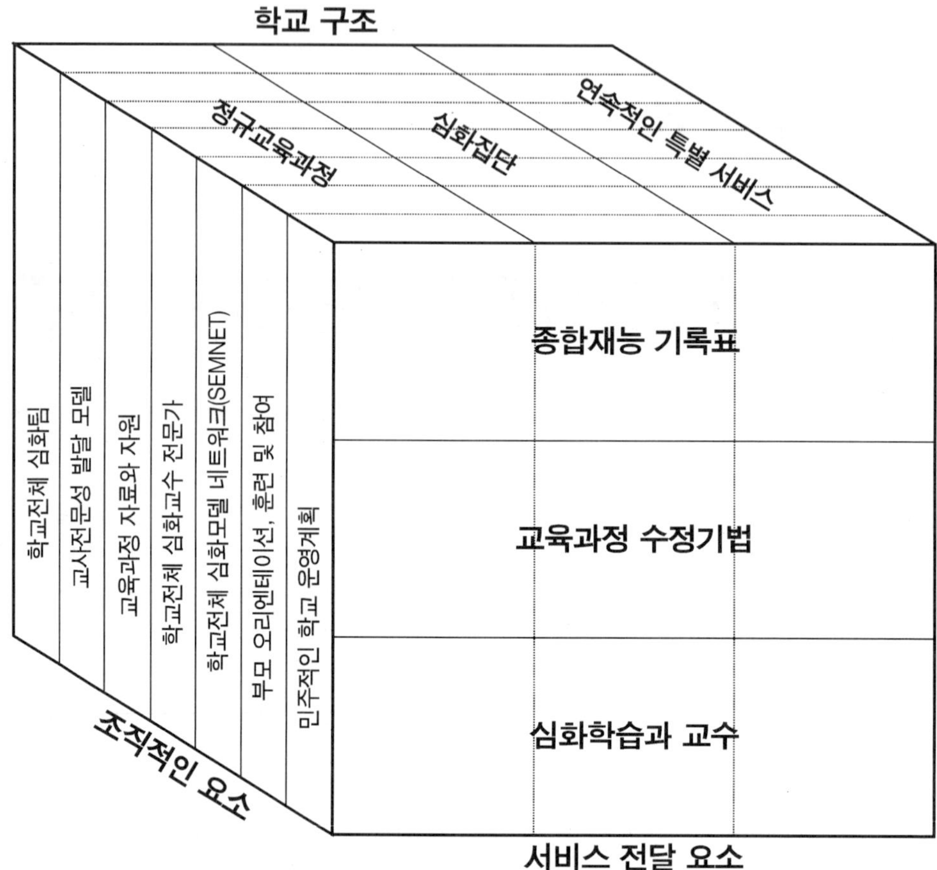

[도표 3] 학교전체 심화모델.

들 구성요소들은 [도표 3]의 왼편에 나열하였다. 서비스 전달과 조직적인 구성요소의 대상이 되는 세 가지 학교조직은 다음과 같다: 정규교육과정, 심화집단(enrichment cluster)과 연속적인 특별 서비스. 이들 구조는 다음에서 기술할 것이고 SEM의 조직적인 구성요소는 다음 장에서 다룰 것이다.

학교조직과 모델적용

정규교육과정

> 하루에 학생들에게 한 가지 레슨을 가르칠 수 있다; 그러나 만일 호기심을 유발하면서 학습하게 한다면, 살아있는 동안 학습과정을 지속할 것이다.
>
> Ancient Chinese proverb

정규교육과정은 미리 결정되어 있는 목적, 일과, 학습결과 및 학교 전달시스템 등으로 구성된다. 정규교육과정은 전통적, 혁신적 혹은 전이과정 중일 수 있지만, 지배적인 특징은 권위적인 힘(예: 정책 입안자, 학교위원회, 교과서 채택위원회, 주 조정자)이 어떤 결과를 학생학습의 "핵심"으로 결정한다는 것이다. 현재 결과에 따라 교육과정을 결정하는 것은 순조로운 발달을 강조하는 입장이다; 그러나 유능성이 낮아지고, 주로 기본기술을 학습하는 잘못된 방향으로 쉽게 끝날 수 있다. 학교가 결과참조 학습 및 주제영역 내 특별한 기준에 편승할 때, 정규교육과정은 교수체계 서비스 전달 절차 각 단원 내에 다음과 같은 것을 포함하게 된다: (1) 도전적인 학습을 위한 정규학습의 수준조절, (2) 심도 있는 학습경험의 수적 증가, (3) 여러 유형의 심화학습을 정규교육과정에 도입. SEM의 목적은 정규교육과정을 대체하는 것이 아니라, SEM 구성요소를 적용하고 관련 교사발달 활동을 통해, 전체 교육과정 내용과 교수과정에 있어서 실질적인 변화를 유발하는 것이다.

3개의 서비스 전달 구성요소 각각을 기술하기 전에, 정규교육과정이 추구하는 한 가지 구성요소를 언급할 필요가 있다. 이 구성요소는, "집단 뛰어넘기(group jumping)"로 불리는데, 집단편성(grouping)과 고정집단 편성(tracking)간의 차이 때문에 중요하다. 체계적으로 학생의 진척을 개관하고 집단 뛰어넘기를 하는데 이것은 고정집단 편성이 갖는 부정적인 효과를 방지하는 주요 방법이다. 교실 내에서 다시 집단을 구성하는 것은 교실과 교수운영에 있어서 효과적이다. 또한 그 외 실시할 수 있는 많은 집단구성방법이 있다. 이와 같은 집단배정은 흥미, 과제, 프로젝트, 기술수준 및 활동이 분배되는 상황에서 전체 결과를 만들어 내는 상보적인 기술과 재능에 따라 다르다. 집단구성에 대한 찬반과, 무학년 학교(non-grade)에 대한 새로운 관심에도 불구하고, 좋은 교사는 항상 개인차를 고려하고 하위집단 혹은 교실 내 여러 학습집단을 만듦으로써 전체학생을 한꺼번에 가르치지 않는다. 이와 같은 실제는 읽기, 수학 및 언어같은 기본 기술과목에서 일반적이다. 그러나 고정집단구성을 피하고, 학생들이 자신의 능력보다 낮은 수준의 집단에 갇히지 않도록 교수/평가과정 시 믿을만한 절차를 선정해야 한다. 대개 교수보다 교실운영의 편의를 위해 집단을 고정시킨 것이 학교교육을 몇 년 동안 보다 많이 뒤쳐지게 하였고 낮은 성취를 보이도록 만들었다. 집단구성문제에 대한 철저한 논의는 이 장 뒷부분에서 기술할 것이다.

필수과목 수준을 조절

두 가지의 서비스 전달 구성요소는 학습속도와 스타일에 따른 개인차에 더 반응할 수 있도록 정규교육과정을 수정하는 것들이다. 첫 번째 구성요소는, 교육과정압축(curriculum compacting)으로서 정규 교수과정동안에 다른 학생보다 더 빠르게 학습할 수 있는 잠재력을 가지고 있거나 학습단원을 이미 알고 있는 개인 및 소집단을 위해 개발되었다. 교육과정압축은 정규교육과정을 수정하고 간추리는 체계적인 절차로서 이미 완전학습한 내용을 반복하지 않게 해 주며, 정규교육과정의 수준을 높이고 적절한 심화 및 속진 활동을 위한 시간을 마련해 준다. 본질적으로, 그 과정들은 (1) 목적, 특별단원 혹은 교수의 결과 파악하기, (2) 학생들이 이미 어떤 특정 학습의 대부분 혹은 모두를 완전히 학습했다는 것을 결정하고 명문화하기, (3) 보다 도전적이고 학생의 시간을 생산적으로 사용할 대안을 사용하여 완전히 학습한 것을 대체하기이다. 이들 대안들은 내용속진, 개인 혹은 집단 연구프로젝트, 또래교수, 그리고 연속적인 서비스 섹션에서 논의할 교실 외 활동에 참여하기

집단구성 선택안:

교실 내 집단구성

- 흥미집단구성
- 기술-수준 집단구성
- 질문참조 집단구성

교실집단구성 외

- 혼합학년 집단구성(across-grade grouping)
- 다연령 집단구성
- 팀 재집단구성

속진

- Advanced Placement
- 조기입학
- 복수등록
- 시험을 통한 학점이수
- Grade telescoping
- 월반(Grade skipping)
- 멘토십
- 과목별 속진
- 여름 혹은 저녁코스
- 결합된 속진대안들

Karen Rogers, 1991

등을 포함한다. 이들 대안의 주된 특징은 학생들이 주제와 그 주제를 학습할 방법을 결정할 자유를 갖는다는데 있다. 교육과정압축은 구조화된 상식(organized common sense)으로 가장 잘 표현할 수 있다. 왜냐하면 교과서를 만들기 전에 교사는 개별화된 교수법을 따르는 것이 자연스런 패턴이기 때문이다. 압축은 또한 교정 절차의 "거울 이미지"로 생각할 수 있는데, 교수의 진단/처방 방법에서 항상 사용할 수 있기 때문이다. 기본적인 기술과 내용영역 면에서 교육과정압축 단계를 6장에서 기술할 것이다.

교과서에서 반복되는 부분 제거하기

정규교육과정 자료에서 조절하는 2번째 관련절차는 반복되는 부분을 제거하고, 필수 교과서의 어떤 부분을 줄일 것인지 결정하기 위해 교과서를 조사하는 것이다. 교과서는 오늘날 대다수 교실의 교육과정이지만, 학교와 교육개혁에도 불구하고, 향후 상황은 변화할 것 같지 않다. 질적으로 좋은 교과서들을 사용할 수 있을 때까지, 현 교육과정 상황을 다뤄야 한다. 이와 같은 과정을 수행하는 절차는 6장에서 기술할 것이다.

> 미국에서, 교과서 편찬은 10억 달러 상당의 사업이다. 교과서는 10,000개의 학교에서 팔리고 백만 학생이 있는 교실에서 사용된다. 대부분 학생들이 고등학교를 마칠 쯤이면, 32,000쪽에 달하는 교과서에 노출되게 된다. 읽기교수의 모든 시간과 최소한 내용의 4분의 3 정도 시간이 교과서에 투입된다.
>
> Jeanne Chall & Sue Conard, 1991

학습의 깊이 증가

교육과정에 깊이를 더하는 것은 특히 교사가 가르치는 것에 주제를 더하도록 권장받기 때문에 귀찮은 일로 여겨질 수 있다(Floden, Porter, Schmidt, Freeman, & Schwille, 1981). 주와 학군조직은 전형적으로 자료의 질에 따라 결과를 상세히 지정하고 개념적 이해와 적용보다는 오히려 내용과 과정기술을 일반적으로 강조한다(Porter, 1989). 교육과정에 깊이를 더하게 됨으로써, 이미 언급한 바 있는 시간의 문제가 생긴다. 교육과정이 인위적으로 나눠진 사실과 개념의 조각으로 가득 차 있다면, 대표적인 주제, 심도 있는 이해를 위한 핵심개념 및 폭넓은 과목상호간 주제를 깊이 연구할 시간이 거의 없게 된다. 실제 생활환경에서 학습한 것을 적용하여 직접 조사연구할 시간이 없다. 위에서 언급한 책략을 사용해서(예: 압축과 비도전적이고 반복되는 자료의 체계적인 제거), 깊이 있는 학습을 위한 문을 열 수 있다; 그러나 주제 혹은 제목을 선택하고, 깊이 있는 방식으로 자료를 다룰 계획을 고안할 필요가 있다. 심화학습과 교수에 대한 장(7장)에서, 심도 있는 학습을 증진할 특별 책략에 대해 논의할 것이다.

> 교육체계에서 어떻게 반기를 들 것인가. 우리는 두 가지 교육적 입장을 발표했다. 너무 많은 과목을 가르치지 말자 그리고 내가 가르치는 것은 철저히 가르치자. 많은 과목을 가르침으로써 서로 연결되지 않는 생각들을 수동적으로 받아들이게 된다. 아동교육에 몇 가지 중요한 아이디어를 도입하자 그리고 이들 아이이어의 모든 조합이 가능하게 하자.
>
> Alfred North Whitehead, 1929

심화 집단

SEM의 두 번째 학교조직은 일련의 흥미에 기초한 집단, 즉 심화집단이다. 심화집단에서, 학생들은 학년에 상관없이 공동의 흥미를 공유하고 특별히 지정된 시간동안 자신의 흥미를 추구할 수 있다. 본 집단에서 사용하는 학습 모델은, 7장에서 더 언급하겠지만, 심화학습과 교수이다. 전통적인 현학적 교수접근법에 비해 의미 있는 출발이다. 이들 집단은 혼합학년과 연령수준을 넘어 한 학기에서 몇 년이 걸리기도 하는 등 다양하다. 교육과정 외 활동이나 4H와 Junior Achievement같은 프로그램처럼, 주요 원리는 학생과 교사가 거기에 있고 싶어한다는 것이다. 심화집단 선택은, 그러나 무선적이거나 자발적인 과정이 아니다. 종합재능 기록표(5장)라고 하는 SEM 구성요소를 사용해서, 학생들이 참여하고 싶은 활동을 결정할 수 있다. 집단활동에 관심 있는 교사 및 다른 어른들이 사용할 수 있는 흥미평가 절차가 있다.[1] 흥미평가 절차는, 이전의 교육과정, 비학교활동에서 학생이 보여준 긍정적인 반응을 통해, 일정기간 동안 어떤 심화활동을 선택할지 결정하는 것이다.

다중 심화집단을 통한 재능개발

심화집단의 조직적인 패턴은 Gardner의 다중지능이론(Gardner, 1983)과 Renzulli(1978)의 초기 인간 잠재성 개발이론의 개념을 적용한 것이다. 집단은 [도표 4]의 왼쪽 난에 있는 여러 과목영역별로 조직된다. 그 이유는 그것들이 일반적으로 학교에서 사용되며 학생들의 특별한 흥미를 개발하는 영역이기 때문이다. 예를 들어, 학생들은 다음처럼

> 흥미 없이 정신적 발달은 있을 수 없다. 흥미는 주의집중의 필수조건이다. 자작나무 막대기를 통해서 흥미를 자극하려고 하거나 재미있는 활동을 통해서 설득하려고 할지도 모른다. 그러나 흥미 없이는 더 이상 나아가지 않는다.
>
> Alfred North Whitehead, 1929

일반적인 영역	특별한 집단의 예	
언어예술, 문학 및 인문학	• 젊은 작가의 지침 • 시인의 워크숍 • 흑인문학 학회	• 아동문학의 년 4회 간행물 개관
물리학과 생명과학	• 돌고래 학회보존 • 물리과학연구기관	• 맨스필드 환경보존기관 • 실험로보트 팀
예술	• 전기음악연구기관 • 시각예술워크숍 • 매리든 극장회사 • 비디오 만들기	• 미국 민속무용기관 • 젊은 음악가 앙상블 • 사진작가 지침
사회과학	• 히스페닉문화자각 협회 • 주니어 역사학회 • 창의적인 지도제작자 지침	• 사회과학연구팀 • 토링톤 지리학회
수학	• 수학자료발간 회사 • 수학멘토 협회 • 여성 수학자지원 그룹	• 수학경쟁리그 • *The Math Puzzle Challenge Quarterly*
컴퓨터	• 컴퓨터 그래픽 디자인팀 • 컴퓨터 게임생산회사 • 컴퓨터 문학보조 협회	• 창의적인 소프트웨어 학회 • 데스크톱 생산회사
체육	• 실험적 게임연구팀 • 스포츠 연구집단의 생리학 • 신체 균형 지원그룹	• 다문화적 오락연구를 위한 기관
산업예술/ 가사	• 창의적인 가구디자인 회사 • 학습연구 팀을 위한 건축 • 실험식단 그룹	• 미래 패션연구기관 • 아동보호지원그룹

[도표 4] 심화집단 예.

얘기한다; "우리는 논리/수학과 과제집착적인 기술을 개발하기보다는 아동학대와 장난감의 안전 연구를 하는데 흥미가 있어요." Gardner의 지능과 Renzulli의 세 가지 특징(능력, 과제집착력 및 창의성)은 개발할 수 있는 능력이고 집단조직 영역을 망라하는 요인이다. 본 접근법과 특별활동시 학생 집단을 구성하는 데 사용되었던 전통적 방법의 차이는 아래와 같다: (1) 능력보다는 흥미와 학습스타일을 집단참여시 먼저 고려한다, (2) 모든 학생이 참여하는 집단을 선택한다, (3) 또한 교사는 참여하고 싶은 집단을 선택한다(개인적으로 혹은 다른 어른과 협동적으로), (4) 형식적인 교수가 특징이 아니라 심화학습과 교수모델이 이끄는 집단이다.

[도표 4]의 오른쪽 난은 SEM을 사용하는 여러 학교를 여러 해 동안 관찰해서 얻은 심화집단 이름이다. 비록 일반과목영역에 따라 범주별로 나누었지만, 집단 이름은 여러 집단의 상호 관련성을 나타낸다. 또한 "과정," "반" 같은 학문적 성격이 있는 이름은 피한다. 유사하게 "클럽"도 피하는데 그 이유는 집단에서 추구하는 활동이 전문적인 성격을 갖기 원하기 때문이다. 위 문단에서, 학생들은 "논리/수학적 그리고 과제집착적인 기술을 개발하길 원해요" 혹은 "데스크톱 컴퓨터회사를 방문하고 싶어요"라고 말하지 않는다. 특히 이러한 종류의 심화활동을 학교에서 실시해 본 적이 없었다면, 정말 상황이 이렇다. 대부분 학생들이 학교를 보는 방식 때문에, 어떤 특정 주제에 대해 무언가를 배우고 싶다고 말하는 것 같다. 좋아하는 주제를 배우고 싶다고 흥미를 표현하는 또 다른 방법은 교육과정 외 활동과 관련하여 흥미를 표현하는 것이다. 교육과정 외 활동을 선택하는 것은 심화집단을 선택하는 방식과 매우 비슷하다; 그러나 교육과정 외 활동의 선택에 있어서도 전통적으로는 어느 정도 미리 결정된 것들이 존재한다. 나중에 다루겠지만, 학생들이 어떤 영역에, 일반적이든 특수한 것이든 흥미를 가질 수 있도록 허용하는 절차를 기술하여, 흥미 개발을 위한 결과 및 서비스-지향장비를 선택하고 적용하는 대안들을 찾아야 한다.

심화집단을 이해하는 가장 좋은 방법은 연구실험실, 작은 기업체, 예술가 지침,

4H 클럽의 목적은 무엇인가?

- 농장일 혹은 가사프로젝트를 실제 해봄으로써 "행함으로 학습"할 기회를 제공하며 학습한 것을 다른 사람에게 보여줄 수 있다.
- 연구의 가치를 가르치고 이들 결과를 농장 및 가사문제해결시 사용한다.
- 학습을 계속하도록 야망과 소망을 심어준다.

Helps for 4H Leaders, 1951

심화집단과 교실은 어떤 면에서 다른가?

- 참여할 활동종류를 선택한다
- 집단구성원들 사이에 공통적인 흥미가 있어서 서비스 혹은 생산물 만들기를 지향한다.
- 개인의 독특한 재능발달을 신장하기 위해 참가자들의 역할을 분담한다.

혹은 공공 서비스 기관을 보는 것과 똑같은 시각으로 이것을 보는 것이다. 이들 조직체들은 공통적으로 교실과 다른 어떤 것을 가지고 있다. 우선 첫째, 실험실이나 기관은 참가선택의 기회가 있다. 둘째, 집단을 함께 묶는 공동의 흥미와 목적이 있으며 서비스의 생산이나 전달에 집중한다. 셋째, 사람들은 똑같은 일을 하지 않는다. 오히려 노동이 분화되고 각자의 전문성에 따라 일을 한다. 집단은 공동의 목적에 따라 상징적인 방식으로 함께 묶이고 각자의 전문성이 지니고 있는 독특성을 존중한다. 이와 같은 실제세계의 생산성, 서비스 및 협동 개념은 심화집단의 기초이며 각 학생들이 집단에서 전문가로서 특별한 위치를 차지한다는 기본적인 신념에 근거한다.

> 많은 교육기관들은 장기간 성공 없이 프로그램을 개혁하는데 수많은 돈과 시간을 허비했다. 그러나 약간의 부가적인 비용으로, 의과학교는 학생들을 소집단으로 나누고 환자를 다룰 때 실제 접하게 되는 문제를 해결하는데 도움을 줄 수 있다. 연구자료에 의하면, 교실은 동적으로 변화하는 곳으로 학생들은 전통적인 학교만큼 배울 수 있고, 학습을 더 즐기며 인생동안 학습자의 자세로 임하게 된다. 새로운 학습과정, 주 입법의 위임 혹은 많은 예산증가 없이 실시할 수 있는 학습접근법으로서 모든 교육자들이 실시할 수 있는 모델이다.
>
> David Aspy, Cheryl Aspy, & Patricia Quinby, 1993

비록 여러 심화집단을 전통적인 지식군(families)에 따라 조직하지만, 또한 서로 겹치고 과목별로 상호연관되는 집단이 형성될 수도 있다. 예를 들어, 전기와 음악에 흥미 있는 학생들은 이 둘을 결합하여 전기음악 집단을 만들 수 있다; 여러 주제에 다양하게 흥미가 있는 학생들(예: 연기, 작문, 영화학, 의상 디자인)은 영화나 텔레비전 회사를 만들어 같이 활동할 수 있다. 이와 같은 유형의 학교조직은 불가능하지 않지만, 학년별로 보편적인 학교집단방식을 따른다면 어렵다. 2, 3 혹은 4학년 집단구성원이 만일 유사한 흥미를 가지고 있다면 상대적으로 가깝기 때문에 더 잘 활동을 한다. 심화집단 형성 시 또 다른 고려사항은 일반적인 내용영역 내에서 집단을 특수한 흥미에 따라 하위집단으로 더 나눌 수 있다는 것이다. 예를 들어, 과학집단은 물리학과 생물학 하위집단을 포함할 수 있고 심지어 물리학 집단 내에서도 역학, 전자학 및 화학 등 세부적으로 다시 하위집단을 나눌 수 있다. 이들 하위집단들은 특히 상급 학년수준으로 가면 흥미가 더 세분화되기 때문에 중요하다.

이런 유형의 배정이 교사 및 행정가의 관심을 끌게 되면, 다음과 같은 질문이 야기된다: "교사보다 더 많은 하위집단수가 생기면?" "어떤 집단은 너무 크고 또 어떤 집단은 너무 학생수가 적으면?" "좋은 아이디어같이 들리지만, 따로 활동을 준비해야 하는가?" 교사를 지시자로, 학생을 레슨 학습자로만 생각하다면 이상의 질문은 당연하다. 다음 섹션에서, 심화집단에서의 교사와 학생 간 역할 차이를 기술할 것이다.

심화집단은 심화프로그램 전체를 의미하는 것이 아니라 SEM 목적 1을 추구하는 주요 방법 중 하나이다. 심화집단은 또한 교사개발 시에도 사용할 수 있는데, 그 이유는 교사들에게 심화교수에 참여할 기회를 제공하고, 그 결과 전통적인 교수법을 분석하고 대조하게 하기 때문이다. 분석 절차는 교사의 전문성 개발을 다루는 SEM의 다른 구성요소와 연관하여 다루기로 하겠다. SEM 목적은 직접적으로 학습에 참여할 수 있는 환경을 조성함으로써 심화집단에서 개발하고 실시한 심화학습과 교수기술을 정규교육과정에 접목하려는 것이다. 이에 대해, 교사들로 하여금 정규교실 상황에 이상의 기술을 적용하도록 권장함으로써 파장 효과를 얻을 수 있다.

심화학습과 교수 개관

심화집단과 함께 사용되는 학습모델은 귀납적 접근법에 근거하여 전통적, 현학적 교수모델보다는 실제-세계 문제를 추구한다. 3부 심화모델(the Enrichment Triad Model)(Renzulli, 1977a) 접근법은 의도적으로 조성된 창의적인 환경에서 상위사고기술을 발달시키고 이들 기술을 실제로 적용해 볼 수 있는 학습환경을 창출하고자 고안되었다.

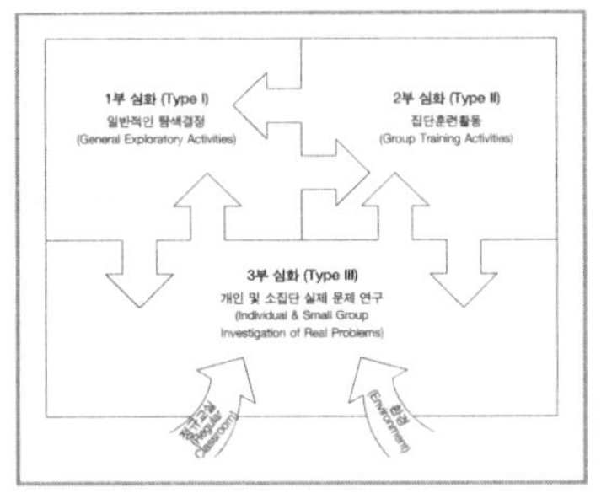

간단히 말하면, 이 모델은 세 가지 유형의 심화활동을 통해 학생의 창의적인 생산성을 증가시킨다: Type I은 일반적인 탐색활동; Type II는 집단훈련 활동; 그리고 Type III에서는 학생 자신이 선택한 실제 문제를 직접 조사해 본다. 모델의 도식을 옆 난에 제시하였으며 자세한 내용은 7장에서 계속될 것이다.

본 접근법의 기초 이론은 Jean Piaget와 Jerome Bruner 같은 구성주의자들의 것으로 그 이론을 교실실제에 적용하려는 것이다(예: Atkin & Karplus, 1962; Lampert, 1984; Lawson, 1978; Linn, Chen, & Thier, 1977). 학습에 대한 접근법에는 레

슨 혹은 단원 계획은 없고, 교사는 교육과정 지침 혹은 교과서에 의해 미리 결정된 자료를 제시하거나 기술하지 않는다. 오히려 공통적이거나 상호보완적인 흥미 영역 내에서 할 수 있는 것들과 작품 유형을 조사해 봄으로써 학습과정을 시작한다. 예를 들어, 언어와 문학에 흥미가 있는 사람은 시인, 언론가, 문학비평가 혹은 아동문학작가가 만든 작품의 유형을 조사할 수 있다. 흥미영역 내에서 작품을 찾고 집중하는 것이 출발점이며, 그 후 작품을 만들 때 필요한 과정과 자료를 덧붙인다. 교사(다른 성인)는 문제를 찾고 집중하는 것을 돕고, 복잡한 정보와 조사/창의적 방법론이 요구하는 자료를 입수하고, 피드백과 편집적인 도움을 제공하고, 개인적인 지지를 주는 역할을 한다. 학습에 대한 본 접근법에서, 교사의 기능은 지시자보다는 멘토나 코치의 역할과 유사하다. 비록 과정발달이 심화학습과 교수의 주된 결과이지만, 교사들은 과정을 일일이 지정하거나 주제나 교육과정 활동을 선택하지 않는다. 오히려, 교사들은 학생들로 하여금 프로젝트나 작품을 폭넓게 생각하고, 사람들이 흥미 있는 일을 할 때 그 일을 조직하는 방식 그대로 탐색해 보도록 도움을 준다.

인문과학/언어예술과 관련된 작품유형

전시

학습센터	조각	포스터
전시	박물관	가면
사진	에세이	

청각작품

서정시	민속음악	교향곡

리더십 이벤트

행진	소집	캠페인
기금모금	입법의안	

공연

전래역사	이야기 읽어 주기
시 읽기	안무

악기와 디자인

도구	장난감	퍼즐
미로	실험	조명 디자인
청사진		

인쇄물

만화	계보	지도
감사카드	신문	스크립트
잡지 기사	코믹책	전설
지침서	교육과정	논문
영수증	민속학	

철학

에세이	이론

7장에서는 심화학습과 교수책략 사용에 대한 절차를 기술할 것이다; 그러나 그 개념 및 심화집단과의 관계를 이해하는 가장 좋은 방법은 [도표 4]에 나열한 심화집단의 예를 조사하는 것이다. 이 도표에서 각 집단의 제목은 어떤 특정 영역 내, 그 영역이 결과물이든 서비스-지향적이든, 전문분야를 의미한다.

심화집단은 실제-세계 문제를 해결할 때 협동을 증진시키며, 자아-개념을 발달시킨다. 심화집단의 주요 가정은 어떤 특정 집단에서 전문가가 되어볼 수 있는 상황을 만들어 준다면, 모든 학생은 전문가가 될 수 있다는 것이다. 전통적으로 연령과 능력별로 그룹을 편성하는 것보다 작품개발과 관련 있는 공통 관심사와 목적으로 그룹을 편성하는 것이 훨씬 더 효과적이며, 학생들은 그 속에서 진짜 역할분담을 체험해 보게 된다. 의미 있는 실제-세계작품을 함께 만들어 보는 이와 같은 방식은 그날의 교과서 내용을 다 한 후 하는 활동지나 질문 대답하기에서의 협동학습과는 다르다.

심화집단을 언제 실시하는가?

심화집단이 학습의 질을 향상시키는 방식임에도 불구하고, 학교 일과에 어느 정도 변화가 필요하다. 기존 학교일과의 속성상, 다음과 같은 것을 질문해 봐야 한다. "학교 일과를 변화시켜 따로 시간을 내는 것보다 심화학습과 교수방법을 기존 교육과정에 적용하는 것이 바람직하지 않는가?" 특히 "업무부담과 혼란"은 SEM을 실시할 때 부딪치는 반대들 중 하나이다. 위의 질문에 간단히 대답할 수 있지만, 경험상, 만약 심화학습과 교수를 위해 따로 시간을 배정하지 않는다면, 실질적으로 교실에서 어떤 일도 발생하지 않을 것이다. 필수 정규교육과정과 폐쇄적인 교수기술은 너무 완고해서 심화교수에 기초한 일과와 모델로 완전히 바꾸기는 어렵다. 도입부에서 언급한 것처럼, "틀을 깨자"라고 장황한 연설을 늘어놓는 몇 년 동안의 시도들보다 현실적인 "점진적 · 진보적인 변화 과정"이 교육자 및 부모에게는 더 수용가능하다. 많은 교육혁신과 변화노력들은 교육향상을 위한 노력들—개별지침교육(Individually Guided Education), 프로그램화된 교수(Programmed Instruction), 발견학습(Discovery Learning), 개방교육(Open Education), 학습센터(Learning Centers)—의 겉 다리만 깨고 두드렸다. 이와 같은 이유로 인해, 점진적이고 진보적인 책략을 지향하고 학교에 조금씩 그러나 구체적으로 적용하고, 실질적으로 전체학교에 확대하고자 하였다. 구체적인 접근법을 지향함으로써 그 효과를 확인하고 외부로 확대함은 물론, 학습환경에서 도출된 피드백에 따라 발달정도를 평가하고 수정할 기회가 생긴다.

> "두 번째 원리는 현재 일반적인 교수배열을 변화시키기보다는 심화집단에서부터 시작한다는 것이다. 심화집단 활동은 학생들을 학교에 오고 싶게 만드는 효과를 일으킨다!"

두 번째 원리는 현재 일반적인 교수배열을 변화시키기보다는 심화집단에서부터 시작한다는 것이다. 심화집단 활동은 학생들을 학교에 오고 싶게 만드는 효과를 일으킨다! 아시아의 학교를 대상으로 한 연구에서, Stigler와 Stevenson(1992)은 형식적이고 엄격한 교육과정은 협동적인 태도, 사회적인 상호작용, 학교에 대한 긍정적인 태도를 증진시키는 다양한 교육과정 외 활동을 저해한다고 보고하였다. Stevenson에 의하면 학교생활의 4분의 1을 차지하는 이와 같은 활동은 직접적으로 학업 성공에 기여하는 것도 아니며, 학교를 즐거운 곳으로 만들지도 못한다고 한다. 이와 같이 함으로써, 학교에 대한 긍정적인 태도를 신장시키고 긍정적인 태도는 다시 성취를 증진시키는데 간접적으로 영향을 미친다. 미국학생들은 학교를 일반적으로 싫어한다. 자퇴율 증가는, 특히 도시 및 불리한 처지에 있는 학생들에게 학교가 지루하고, 재미없고 갈만한 곳이 못되는 장소로 비춰진다는 사실을 증명하고 있다. 한편 어떻게 "모든 학습이 흥미 있고, 재미있고, 즐거워야 하는가"와 같은 진부한 표현을 쉽게 사용할 수 있지만, 이것은 많은 학교의 현실이 아니라 오히려 목적을 회피하는 것이다. 심화집단이 자기-선택적, 작품-지향적 활동과 협동적 · 사회적 상호작용을 증진시키는 학습활동에 일차적인 가치를 부여하기 때문에, 학교에 오고 싶은 보다 많은 이유가 생기게 된다.

SEM은 교사와 학생이 심화학습과 교수 책략을 이용하고 정련할 수 있는 즐겁고, 우호적인 학습환경을 만듦으로써, 모든 교육을 향상시키는 데 그 목적이 있다. 경험상 이와 같은 환경은, 상대적으로 적은 시간으로도, 모든 교수활동에 영향을 미친다. 왜냐하면 여러 "종류"의 학습과 교수에 참여함으로써 나온 효과, 편리 및 만족에 초점을 두기 때문이다. 이에 대해, 심화집단은 학습실험실을 일반교육에 적용한 것으로 볼 수 있다. 나중에, 교사전문성 향상의 한 부분으로서 사용할 수 있는 심화집단 참여방식에 대해 기술할 것이다.

> 한편으로, 많은 교사들은 독립적인 학습자의 중요성을 계속 강조하고 있다; 다른 한편으로, 대부분은 자신들이 의사결정 과정을 통제할 필요가 있다고 생각한다. 교실은 강제적이고 강요받는 환경이다. 통제에서 벗어난 환경의 미래는 당연히 많은 교사에게 위협이 된다. 교사는 학생들이 모두 차지할까봐 두려워서 더 많은 "여지"를 주지 못하는 것 같다. 그리고 확실히 학생들은 이러한 사실을 알고 있다. 한 고등학교 학생은 다음과 같이 말했다. "우리는 새장 속의 새이다, 문은 열려 있지만 밖에는 고양이가 지키고 있다."
>
> John Goodlad, 1984

시간찾기 책략

심화집단에서 사용할 수 있는 시간 단위(time

block)를 만드는 방법은 아주 많다. 이러한 시간 단위 중에 선호하는 것은 최소한 하루 중 반 시간 정도이며 심화집단은 최소한 1주일에 한 번 만난다. 이와 같은 활동의 유형은 [도표 5]에 있다. [도표 5-a]는 대부분 학교에서 전형적으로 볼 수 있는 한 달 동안의 "5×5" 주별 일과 중 하나이다. 주요 과목 (읽기, 수학, 언어예술, 사회과목 및 과학)은 본래 주당 5일 수업을 하고, 음악, 미술 및 체육같은 과목은 주당 한 번 혹은 두 번 수업을 한다. [도표 5-b]는 일과표로서, 한 달 중 각 주요 과목별 정규수업에서 각 한 번씩의 수업을 "빌려온다." 이 절차에서는 주 당 한 번의 수업을 만들어서, 심화집단 활동을 한다. 이와 같은 접근법은 일단 일상적인 정규학교생활을 깨는 것으로, 심화집단 활동으로 인해 비롯된 불연속성과 짧은 시간단위로 인해 생기는 문제가 있다. 이와 같은 접근법을 실시한 한 중학교에서, 교사들은 시간을 "조직하고 정착하다 보니", 그 기간이 끝나버렸다고 말했다.

[도표 5-c]는 주당 반나절 접근법이다. 더 오랜 시간단위 동안 활동하는 것은 분명한 이점이 있으며 또한 학생들로 하여금 교실환경을 재배정할 시간을 허용하여, 하고 있는 활동에 더 많은 전도성을 부여한다. 예를 들어, 주마다 발간되는 신문을 만드는 심화집단 활동에 참가한 학생은 자신의 방을 "도시 방"으로 전환하여, 편집부, 그래픽 센터, 페이지 배정 섹션 및 인쇄부를 갖출 수 있다. 쉽게 움직일 수 있는 칸막이를 사용하고 여분의 컴퓨터와 그래픽 디자인 도구를 교실로 가지고 와서 전문적인 집단 분위기를 만들 수 있다.

심화학습을 조절하는 주 4일 학교*

호놀룰루에서 30마일 떨어진 Ma'ili 초등학교에서는 금요일 날 학교 종소리가 다르게 울린다. 매주 마지막 날, 교사와 지역 전문가들이 여러 대안적이고 매우 흥미 있는 심화과정을 학생들과 참가를 원하는 지역주민에게 제공한다. 최근 활동은, 예를 들어, 컴퓨터 문학, 하와이 언어, 수학연구, 심화 언어예술 및 도자기이다.

"수업을 빼먹는" 이와 같은 것이 이점이 있는가? 1학년 교사, Kropf는 약 600명 학생과 부모들이 아침 7:15분에서 2:30분까지 금요일 날 수업에 참여한다고 말한다. 실험적인 심화프로그램의 성공비결은 학생들에게 제공하는 학습기회의 종류이다. Kropf 교사에 의하면, 심화학습은 "경험하지 못하는 학습유형에 학생들을 노출시킨다."

새로운 프로그램을 시작한 지 1년 후에, 교사와 지역사회는 실험적 프로그램을 채택하자고 결정했다. 보다 융통적인 학교일과와 심화학습기회는 "더 학습하도록 유도하며 궁극적으로 인생에서 보다 많은 것을 성취할 수 있도록" 희망을 준다.

*출처: D. Dismuke, (November, 1992). Four-Day Week Comes to School. NEA Today, p. 15.

a

정규학교 일과				
월	화	수	목	금
1 읽기 수학 언어 사회 기타	2 읽기 수학 언어 사회 기타	3 읽기 수학 언어 사회 기타	4 읽기 수학 언어 사회 기타	5 읽기 수학 언어 사회 기타
8 읽기 수학 언어 사회 기타	9 읽기 수학 언어 사회 기타	10 읽기 수학 언어 사회 기타	11 읽기 수학 언어 사회 기타	12 읽기 수학 언어 사회 기타
15 읽기 수학 언어 사회 기타	16 읽기 수학 언어 사회 기타	17 읽기 수학 언어 사회 기타	18 읽기 수학 언어 사회 기타	19 읽기 수학 언어 사회 기타
22 읽기 수학 언어 사회 기타	23 읽기 수학 언어 사회 기타	24 읽기 수학 언어 사회 기타	25 읽기 수학 언어 사회 기타	26 읽기 수학 언어 사회 기타
29 읽기 수학 언어 사회 기타	30 읽기 수학 언어 사회 기타	1 읽기 수학 언어 사회 기타	2 읽기 수학 언어 사회 기타	3 읽기 수학 언어 사회 기타

b

시간을 변경한 일과				
월	화	수	목	금
1 **심화집단** 수학 언어 사회 기타	2 읽기 **심화집단** 언어 사회 기타	3 읽기 수학 **심화집단** 사회 기타	4 읽기 수학 언어 **심화집단** 기타	5 읽기 수학 언어 사회 **심화집단**
8 **심화집단** 수학 언어 사회 기타	9 읽기 **심화집단** 언어 사회 기타	10 읽기 수학 **심화집단** 사회 기타	11 읽기 수학 언어 **심화집단** 기타	12 읽기 수학 언어 사회 **심화집단**
15 **심화집단** 수학 언어 사회 기타	16 읽기 **심화집단** 언어 사회 기타	17 읽기 수학 **심화집단** 사회 기타	18 읽기 수학 언어 **심화집단** 기타	19 읽기 수학 언어 사회 **심화집단**
22 **심화집단** 수학 언어 사회 기타	23 읽기 **심화집단** 언어 사회 기타	24 읽기 수학 **심화집단** 사회 기타	25 읽기 수학 언어 **심화집단** 기타	26 읽기 수학 언어 사회 **심화집단**
29 **심화집단** 수학 언어 사회 기타	30 읽기 **심화집단** 언어 사회 기타	1 읽기 수학 **심화집단** 사회 기타	2 읽기 수학 언어 **심화집단** 기타	3 읽기 수학 언어 사회 **심화집단**

c

반나절 심화집단 일과				
월	화	수	목	금
1 읽기 수학 언어 사회 기타	2 읽기 수학 언어 사회 기타	3 **심화** **집단** 사회	4 읽기 수학 언어 사회 기타	5 읽기 수학 언어 사회 기타
8 읽기 수학 언어 사회 기타	9 읽기 수학 언어 사회 기타	10 **심화** **집단** 읽기	11 읽기 수학 언어 사회 기타	12 읽기 수학 언어 사회 기타
15 읽기 수학 언어 사회 기타	16 읽기 수학 언어 사회 기타	17 **심화** **집단** 언어	18 읽기 수학 언어 사회 기타	19 읽기 수학 언어 사회 기타
22 읽기 수학 언어 사회 기타	23 읽기 수학 언어 사회 기타	24 **심화** **집단** 수학	25 읽기 수학 언어 사회 기타	26 읽기 수학 언어 사회 기타

d

주당 한 번의 심화집단일과

정규교실활동

오전 9시 … 오후 3시

월	1	2	3	4	5	6	7
화	1	2	3	4	5	6	7
수	심화집단 활동의 날: 하루 종일 1 / 반나절 1, 반나절 2						
목	1	2	3	4	5	6	7
금	1	2	3	4	5	6	7

[도표 5] 일과계획 대안.

[도표 5-d]는 주별 일과로서 일주일 중 하루를 심화집단에 할애하는 것이다. 어떤 집단은 하루 종일 만나 활동하고 어떤 집단은 흥미 있는 2개 영역에만 참여할 수 있도록 조직하기도 한다. 옆 난에 있는 자료들은 일주일에 하루 하는 심화프로그램의 성공적인 면을 요약하고 있다.

각 학교는 어떤 것을 선호하는지 조사하여 지역요구가 수용된 일과를 개발해야 한다. 음악, 미술, 체육과 다른 특별 과목 교사를 포함하여 모든 교사들이 심화집단에 관여하므로, 상호 수용가능한 일과를 개발하기 위해선 얼마간의 조절이 필요하다. 예를 들어, 날마다 만나지 않는 과목에 대해서 공정하게 시간을 제공하기 위해 어떤 특별과목들을 서로 묶을 수 있다. 일과를 수정하는데 있어 핵심적인 문제는 실험정신과 상상력이다. "required minutes game"과 같은 문제는 전체 수학 교수 시간에서 보내는 시간을 수학 심화집단에 배분함으로써 해결될 수 있다. 현 국가적 움직임을 볼 때, 투입보다는 구체적인 결과에 관심이 있으므로, "앉아 있는 시간"보다는 효율성에 초점을 기울이자는 의견을 지지할 것이다.

행정가의 역할

때때로, SEM을 실시하자고 강하게 주장하는 교사들도, 행정적인 방해로 인해 똑같이 유보적 성향을 보일 때가 있다. 심화집단 활동에 시간을 배정하기 위해선 분명히 행정가와 교장의 참여가 필요하다. 행정가들이 하는 주된 질문은 "1주일에 2일 혹은 3일을 포기한다면 어떻게 정규교육과정을 모두 다룰 수 있는지, 금요일에 기본 과목 대신 심화집단 활동을 할 가치가 있는지, 어떻게 정해진 과목에 할애할 시간의 양을 정할 것인지 그리고 정규 과목 일부분을 심화 기회로 대체할 때 얻게 되는 이점은 무엇인지"로 끊임없는 논쟁이 빚어진다.[2] 학과목의 시간배정에 대한 정해진 이론과 원칙이 없으므로, 정규교육과정, 특히 기본 기술 영역을 단단히 죄는 절차를 통해서 실용적으로 시간문제를 해결하고자 한다. 이와 같은 절차는 목적 2와 관련하여 이미 언급하였지만, Jaeger(1992)의 연구를 참조하여 살펴볼 필요가 있다. Jaeger에 의하면, 미국 수학성취 수준을 능가하는 11개 국가 중 8개 국가는 미국 학교보다 수학을 가르치는데 시간을 덜 할애한다.

그러나 문제의 본질은 행정가가 학교변화절차를 실시하는 과정에서 당면하는 문제에 대해 권력을 충분히 행사하느냐 그렇지 않느냐에 있다. 가장 효과적이고 의식

있는 교사라도 혼자서 학교를 향상시킬 수 없다. 복잡하고 관료주의적인 학교체계를 변화시키기 위해서는 자신의 영역 내에서 참여하고 기여할 수 있는 동반자 의식이 필요하다. 교사는 목적 1과 관련된 양질의 서비스를 전달하기 위해 스스로를 확대할 필요가 있다. 교장과 중앙행정 관리들은 목적 실행에 요구되는 일과 선택안 개발에 지원과 지지를 제공해야 한다. 그리고 장학관과 학교 이사회는 (필요할 때) 학년과 과목당 교수시간을 상세히 명시한 주 규정을 포기함으로써 스스로를 확대시킬 수 있다.

> 교사들이 지도적 역할을 확대할 수 있도록 돕는 교장은 유능한 사람이다: 덜 힘을 사용하면서 다른 사람의 능력을 발휘할 수 있도록 문을 열어놓는 사람이다. The National Education Association은 미국 전역에서 1989~1990년 동안 20,000명의 지원자 중 가장 예외적인 것으로 선정된 115명의 교사를 찾아 여러 동반적인 파트너십을 형성하였다. 이들 교사들에게 어떻게 실행했는지 질문했을 때, 이구동성으로, 유능한 교장이 있었기 때문이라고 대답했다—교사들이 모험을 할 수 있도록 허용한 교장.
>
> Gene Maeroff, 1993

심화집단의 일과에 대해 "타협이 가능하지 않은" 2개가 있다. 첫째, 재능발달에 초점을 두기 위해선, 모든 학생들이 심화집단에 참여해야 한다. 저성취 학생들이 이 시간동안 교정 교수를 받게 된다면, 재능개발에 초점을 두는 것을 유보하고 또 다른 파란 새, 빨간 새, 그리고 까마귀의 환경을 만들어야 할 것이다. 둘째, 심화집단에 배정된 시간을 정규 교과목과 똑같이 존중해야 한다. 눈 때문에 휴교한 시간을 보충하고, 학교 사진촬영을 하고, 표준화된 테스트를 실시하느라고 쓴 시간을 심화집단 활동 시간으로 메우려고 한다면, 학생과 교사는 재빨리 재능발달이 학교의 전반적인 것에 비해 그다지 중요하게 여겨지지 않고 있다고 생각하게 된다.

연속적인 특별 서비스

더 넓은 범위의 보충 서비스는 모델이 주안점을 두는 세 번째 학교 구조이다. 연속적인 특별 서비스는 심화와 속진 대안들을 망라한다: (1) 정규 교실과 하나 혹은 그 이상 학년 수준의 교실에서, (2) 교실 내 특별 집단 배치, 여러 학년 수준, 방과 후 및 학교 외 프로그램을 통해, (3) 특정 교육과정 영역에서 보다 앞선 교육기회를 제공하는 마그넷 혹은 고등학교 같은 특별 학교에서, (4) 개별 학생의 대학 여름 프로그램, 인턴십 기회 및 특별 상담 서비스 배정을 통해. 연속성은 또한 일반적인 것과 특별한 학생 집단모두를 망라한다. 예를 들어, 지역 역사같은 주제에 있어서 일반적인 심화경험을 일정 학년 수준의 학생 모두에게 제시하거나 역사에 흥미가 있는 학생에게 도입부로서 제공할 수 있다. 다음 장에서, 어떻게 모든 학생을 위한 일반적인 심화가 보다 진보된 흥미주제를 발달시키는 집약된 추후활동의 주추돌 역할을 하는지 기술할 것이다.

> 정부가 주 혹은 국가적 규모로 교육을 개혁하려고 시도할 때마다 정치적인 현실이 반복된다. 교사나 행정가에게 물어보자. 최소한 세 가지 대답이 있다.. 첫째, 회의적이고 어떤 변화도 시도하지 않는다. 둘째, 외부에 무관심하려고 애쓴다. 대조적으로, 셋째, 학습조직은 환경을 다르게 본다. … 외부세계가 항상 혼란스럽고, 복잡하고 변덕스럽다는 것을 깨닫는다. 자신의 길을 골라 선택하고 행동조치를 위한 촉매로서 사건을 사용하고 강요를 기회로 바꾸고, 상식 수준에서 이해가 되지 않는 것을 둔감하게 하거나 축소한다. 이와 같은 조직의 주요 차이는 … 좋아하는 것을 하는 사업이 아니라, 무엇보다도 만족할 줄 모르고 연구하고 학습을 지향하는 것이다. 왜냐하면 이것이 복잡한 환경에서 살아남고 번창할 수 있는 유일한 길이라는 것을 알기 때문이다.
>
> Michael Fullan, 1993

연령과 학년수준 또한 특별한 서비스를 결정할 때 중요한 역할을 한다. 학생에 따라 능력, 흥미 및 학습스타일을 더 구분해야 하며 학생들이 나이가 듦에 따라 좀더 개인적인 부분에 초점을 두어야 한다. 예를 들어, 유치원 혹은 초등학년 수준에서 수학 특별반을 만드는 것은 부적절할 수 있다; 그러나 매우 수학성취가 높은 학생들의 교실 집단그룹 혹은 무학년 집단은 수학에 비상하게 높은 성취를 보이는 학생에게는 도전적인 수준을 제공하는 한 방안이다. 중학교와 고등학교 수준에서, 여러 과목에서의 성취는 더 분화되며 흥미에 더 집중하게 된다: 따라서 수학 클럽 혹은 경쟁적 수학 리그집단 같은 반 혹은 특별 서비스를 제공하는 것이 보다 바람직하다.

과목 속성과 교사가 가르치는 것을 달리하는 정도가 또한 연속적인 특별 서비스 활동에 참여하는 집단을 결정할 때 중요한 역할을 한다. 매우 조직적이고 내용에서 일직선의 계열성을 갖는 과목(예: 대수, 화학, 물리)은 속도 및 수준에 변화가 많은 과목에 비해 보다 안정적인 방식으로 가르칠 수 있다. 예를 들어, 언어 예술과 사회과목은 주제 내에서 교육자료가 복잡하여 더 세분해야 한다; 그러므로 개인차가 이질 집단에서 더 쉽게 조절될 수 있다. 그리고 물론 연령/학년 수준과 교과목도 특별서비스를 받을 학생그룹을 결정하는 데 있어 중요하다. 예를 들어, 초등 혹은 중학교 수준에서 문학 과목을 분화하는 것은 보다 쉽지만, 고등학교 수준의 상급 문학반에서는 더 상세히 제시된 선택안이 필요하다.

> "연령과 학년수준 또한 특별한 서비스를 결정할 때 중요하다. 학생에 따라 능력, 흥미 및 학습스타일을 더 구분해야 하며 학생들이 나이가 들어감에 따라 좀더 개인적인 부분에 초점을 두어야 한다. 그러므로 학생이 점차 학년이 올라감에 따라 흥미와 성취수준별로 집단을 편성하는 것이 더 바람직하다."

[도표 6]은 연속적인 특별 서비스를 나타내는 도식이다. 고등학교 수준의 여러 Advanced Placement 과정 및 대학과정 등록과 같은 특별학교 선택안은 학교, 학군크기 및 지역적 위치에 따라 다르다. 연속적 서비스는 또한 전자 매체와 원거리 학습가능성이 증가되면서 혜택이 더 많아졌다.

비록 심화집단과 SEM에 기초한 정규교육과정 수정이 개인과 집단요구를 충족시키는 서비스를 제공하지만, 전체 재능개발프로그램은 여전히 상위수준의 특별한 흥미와 능력을 가진 학생들에게 도전이 되는 보완적 서비스를 제공해야 한다. 연속적인 특별 서비스는 교정적 혹은 보상적 교육을 요구하는 학생들이 항상 이용할 수 있는 종류의 특별 서비스와 대응하는 재능개발로서 생각되어야 한다. 이들 서비스는, 본래 심화집단 및 정규교육과정에서 제공될 수 없는 것으로, 대부분의 교육자는 이것을 잘 알고 있다. 이들 서비스 중 어떤 것들은 교육과정 외 프로그램으로 일컬어지며, 특별선택안, 기존 인턴십 혹은 현장연구 프로그램의 일부로 사용되고 있다. 재능개발에 초점을 두는 연속적인 특별 서비스는 전형적으로 다음과 같다: 개인 혹은 소그룹 상담, 진보된 수준에서 활동할 수 있도록 직접적인 도움제공, 교직원 혹은 지역사회 시민과 함께 하는 멘토 프로그램, 어떤 특정 영역에서 높은 성취를 보이는 학생을 위한 학년 내, 학년 간 집단편성, 학생과 학교 외부 사람, 자료 및 기관간의 또 다른 유형의 연결. 직접적인 지원을 제공함으로써, Future Problem Solving, Odyssey of the Mind, The Model United Nations program, The International Artifact Box Exchange Network 및 주와 국가에서 실시하는 글짓기 대회, 수학과 역사 대회 같은 특별 프로그램에 학생, 교직원과 부모의 참여를 권장할 수 있다. 또한 진보적 학습기회를 제공하는 여름 프로그램, 대학 캠퍼스 과정, 특별 학교, 연극 집단, 과학 탐사여행과 견습 등 개별 학생들이 학교 외부 활동에 참여할 수 있도록 직접적인 지원을 할 수 있다.

포괄적인 연속 특별 서비스를 개발할 때 중요한 사항들은 다음과 같다: (1) 지역 안에서 여러 연령수준의 학생에게 이용가능한 프로그램과 기회를 찾는다, (2) 어떻게 학교가 이들 프로그램과 기회에 접근할 수 있는지에 대한 정보를 수집한다, (3)

초등학교	중학교	고등학교
일반학급 심화 →		
교육과정 압축 →		
개인적 혹은 소집단 상담 →		
마그넷 스쿨(Magnet School)		
수준에 따른 학급 내 집단구성 →		진보된 배정(Advanced Placement)
수준에 따른 무학년 집단구성 →		국제 학위 프로그램 (International Baccalaureate)
능력과 흥미영역에 따른 학년 내, 학년 간 풀 아웃 그룹 →		우등생반
	학년 수준 내 및 학년 수준 간 진보반	자기 스스로 디자인한 과정 및 독립연구

특별 심화 프로그램들: 학생작가 (Young Writers), 토요일 및 일요일 프로그램, 미래문제해결(Future Problem Solving), 오디세이 오브 마인드(Odyssey of the Mind), 수학 리그(Math League), 과학 경진 등

개인적 선택안: 인턴십 ---------- 견습제도 ---------- 사사제도

속진 선택안: 조기 입학 ---------- 과목 속진 ---------- 월반 ---------- 대학입학

[도표 6] 연속선상에서 본 특별 서비스.

특별 서비스 대안의 조직과 운영에 시간을 제공할 수 있는 학교 직원과 부모 자원봉사자 명단을 작성한다. 학생들이 이용가능한 많은 프로그램과 기회를 전문적인 기관 및 학회와 접촉함으로써 얻을 수 있다. The Encyclopedia of Associations(Yakes & Akey, annual)은, 대부분 대학과 큰 공공 도서관에서 이용할 수 있는데, 주제와 지리적 위치별로 수많은 기관을 소개하고 있다. 일부 기관들은 범주와 연령/학년 수준별로 특별기회를 보여주는 데이터베이스를 가지고 있다. 예를 들어, The Council of Exceptional Children은 무료인 특별 여름 프로그램 기회를 제공하는 컴퓨터 찾기를 실시하려고 한다.[3] SEMNET 데이터베이스의 한 예인, Fairs, Competitions, and Student Product Outlets을 옆 난에 제시하였다. 8장에서 학교전체 심화모델의 데이터베이스 중에서 일부분을 기술할 것이다.

학생 우주비행사 프로그램

학생 우주비행사 프로그램은 유치원, 초등학교 및 고등학교 학생을 위한 국가적 수준의 교육프로그램으로서, 과학, 수학 및 우주와 관련된 과목학습을 증진시키고자 개발되었다. 학생 우주비행사 협회는 독창적, 양질의 우주와 관련된 교육과정 자료를 개발하고 교사와 각 장 리더의 지시 하에 학교 및 지역사회에서 할 수 있는 연구활동을 배포한다. 각 자료는 NASA의 지원과 산업과 정부에서 일하는 전문가의 도움으로 교육과정 전문가들이 매년 우주에 대한 주제를 개발한다. 프로그램은 또한 대회, 회의 및 프로그램을 지원하는 언론 방송을 후원한다.

Fairs, Competitions, and Student Product Outlets, SEMNET Data Base

연속적인 특별 서비스를 조직하는 전반적인 책임은 대개 학교전체 심화팀과 협동적으로 일을 하는 학교전체 심화교수 전문가에게 있다. 중학교와 고등학교 수준에서 이들 팀은 자주 학과목별로 조직된다; 팀이 주안점을 두는 특별 서비스 유형이 학과목에 대한 개인적인 흥미에 따라 달라진다. 예를 들어, 세계 평화에 흥미 있는 사회과목 교사는 학생들을 권장하여 The United States Institute for Peace가 후원하는 대회에 글을 써 제출하게 할 수 있다. 수학 교사는 수학 리그팀 코치로서 그 역할을 담당하고 산업예술 교사는 지역 수공예 예술가와 함께 주에서 개최하는 가구 제작 전시에 흥미 있는 학생들에게 도움을 제공할 수 있다. 초등학교에서, 부모 자원봉사자들은 일련의 방과 후 심화과정을 조직, 실시하여 보다 학생의 흥미를 고려할 수 있다. 이들 과정 중 어떤 것은 너무 인기가 좋아서 심화집단을 구성할 때 기초로 사용되기도 한다.

연속적인 특별 서비스는 비용 면에서 효과적이며, 종종 등안시되었던 자원을 활용할 수 있는 좋은 방법이다. 더 많은 지역사회 학교의 참여를 권장할 뿐 아니라 문화적 기관과 개인적인 자료를 사용할 수 있도록 돕는 좋은 방안이다. 잘 계획된 특별 서비스 프로그램을 개발하는데 몇 년이 걸릴지 모르지만, 프로그램이 모든 것을 포함할 정도로 확대되면, 학생들은 SEM 구성요소 내에서 방대한 자료를 얻는다. 자기가 선택한 특별 서비스는 또한 학생들로 하여금 공통의 흥미를 가진 다른 학생들 및 어른들과 함께 배울 수 있도록 돕는다. 이와 같은 사실만으로도 자아-개념을 발달시키고, 서로를 존중하는 환경을 제공한다는 점에서, 이 집단을 인정하고 권장할 강력한 원동력이 된다. 이런 점에서, 연속적인 특별 서비스는 심화집단의 특징을 많이 공유하고 있다.

학생들과 문제해결 대회*

주별 대회에서 2등을 한 후에, Hebron 초등학교 출신의 미래문제해결팀은 코네티컷을 대표하여 국제 미래문제해결 대회에 참가할 자격을 갖게 되었다. 3명의 6학년 학생들은—Tom Lewis, Karen Hippe와 Julie Edmonds—문제해결과 다른 활동으로 4일 동안 위스콘신 대학을 여행할 것이다. 코치인, Lisa Thomas, 교장인 Francis Bilodeau와 다른 여러 부모들이 동반하였다. Hebron 팀은 전국 40개 팀에서 선정된 9팀 중 하나이다. 학사일정동안 열심히 활동하여 창의적인 문제해결 과정을 배우려고 하였으며 이것을 학생 스트레스, 기아같은 문제에 적용하였다; 해양 남용 및 약물중독. 이들 학생들은 미래—그리고 현재의 문제해결자 중 하나이다.

*출처: Press release, Hebron 초등학교, Hebron, Connecticut 6월, 1993

두 가지 주요 문제: 집단편성과 기금

집단편성과 기금은 복잡한 교육적 문제로서 서로 대립되는 경향이 있다. 이들 문제로 인해 모든 학생들에게 적절하고 의미 있는 학습활동을 제공하자는 교육목적에서 벗어나게 된다. 따라서 지금 이 문제를 생각해 보고, 재능개발에 대한 본 모델의 역할을 분명히 하며, 다음에 계속될 설명 동안에 빠지게 될 혼동을 피하는 것이 중요하다.

학생의 모든 학사일정이 아니더라도, 고정반편성은 학생들을 대부분 모든 학문 과목에서 고립시키는 비용통적인 프로그램이다.

집단편성은 학습, 흥미 및 능력을 극대화할 수 있도록 교실을 하위 부분으로 조직하고 배열하는 과정이다.

집단편성 문제

집단편성은 항상 미국 교육계에서 논란이 되어 왔으며, 공교육 실시 이래 동질집단과 이질집단 사이를 진자처럼 왔다 갔다 하였다. SEM 맥락 내에서 집단편성에 대한 제안점을 제시하기 전에, 집단편성에 대한 논쟁을 살펴보자.

월반 조치

Sara: 선생님께서 오늘 더 높은 독해반에 가라고 하셨어요.

엄마: 지난주에 A New Day를 시작하지 않았니?

Sara: 맞아요. 독해 선생님한테 가서 읽어본 후에 Garden Gates로 옮겼어요.

엄마: 얼마 동안 읽었는데?

Sara: 5분이요.

엄마: 다른 아이도 있었니?

Sara: 예. Timmy, Juanita, 그리고 Michael이요. Juanita와 Timmy는 Garden Gates로 옮겼고요, Michael은 A New Day에 그냥 있기로 했어요.

집단편성(grouping) 대 고정집단 편성(tracking)

집단편성과 고정집단 편성을 분명히 구분함으로써 집단구성 논쟁을 시작해야 한다. 고정집단 편성은 일반적이고 대개 영속적으로 학생을 반에 배정하는 것으로서, 전체 학생을 가르치는 집단 교수 모델을 사용한다. 고정집단 편성은 고등학교 수준에서 가장 많고 특히 열반에 있는 학생에게 해로운 절차가 되는 여러 특징들이 있다. 한 반에 낮은 성취를 보이는 학생을 모아 놓음으로써, 문제에 대한 교정 및 해결이 아니라 철자법 및 계산같은, 반복되는 기술 연습을 강조하는 교육과정을 실시하며 집단 내 모든 학생에 대해서 낮은 기대를 갖는다(Oakes, 1985; Slavin, 1987; Slavin, 1990). 학생들은 낮거나 "일반적인" 고정반편성 교실에 갇히게 된다; 그리고 대학 및 직업 고정편성과 달리, 고등학교 이후 교육을 지향하기보다는 막다른 곳을 지향한다. 목적의식이 부족하기 때문에 동기, 자아개념이 낮고, 미성취, 행동문제, 결석 및 자퇴가 많다. 교사는 열반을 우반교실로 옮겨갈 수 있도록 준비시키기보다는 그 자체로 끝내는 방식으로 가르친다. 경제적으로 불리한 입장에 처한 학생들은 실망스럽게도 열반에 많으며 이와 같은 현실은 형식적 교육의 가치를 제한하고 실망감을 더욱 느끼게 한다.

대조적으로, 초등학교에서 한 교실 내에서 가르치는 교수집단은 일반적이며, 교실 내 여러 성취수준을 조절하는데 있어서 중요한 목적을 갖고 있다. 그러나 본질적으로 더 진보된 집단에 갈 준비가 된 학생들을 편의상 낮은 수준의 집단에 묶어두지 않기 위해서는 고유한 검사과정이 필요하다. 이와 같은 검사과정 없이, 교수 집단은 사실상 고정집단 편성과 다름없으며, 미성취 발달을 축적할 뿐이다. 그러므로 첫 번째 제안점은 의도적으로 체계적인 월반(Group Jumping)을 실시함으로써 고정편성화되는 것을 막자는 것이다. 학교가 사용하는 집단 배정유형에 상관없이, 정규적으로 계획된 형식적 및 비형식적 평가를 실시하여 학생들이 최대한 도전을 받을 수 있는 성취수준 집단으로 나아갈 수 있어야 한다. 옆 난에서 볼 수 있는 시나리오처럼, 교사와 전문가가 몇 분만 할애하면, 몇 주 동안 낮은 수준의 책을 읽지 않아도 된다. 학생과 부모에게 월반 정책(문서로)을 알려야 하며, 집단 배정에 대한 정보를 정기적으로 부모와 학생에게 제시해야 한다.

집단 편성 정책

집단편성에 대한 주장은 오랫동안 지속되었으나, 반대 입장에서는 연구 결점을 지적하면서, 자신들의 연구에 대해서 언급하고 있다. 무장한 군인처럼, 각 집단은 자신의 입장에서 공정성을 주장하고, 심지어 반대 입장의 자료를 재해석하고 연구 해석을 첨가하는 등 똑같은 연구를 한다. 능력별 집단편성과 학업성취 관계연구는 상대적 입장마다 그들 나름의 잘 정립된 주장을 펼치고 있다(Kulik, 1992; Oakes, 1985; Rogers, 1991; Slavin, 1987, 1990). 그러나 집단편성이 사회와 태도에 미치는 부정적인 영향을 연구한 경우는 적다. The Middle School Journal에 실린 "Tracking and Grouping(고정집단 편성과 집단편성): Which way for the Middle School?"(George, 1988)에서, 저자는 질문지 결과를 통해 본 자료에서 분명히 획일화되지 않는 결과를 도출하였다. 단순히 말해서, 좋은 중학교는 학생을 집단화하지 않고, 집단화하지 않는 중학교 행정가들은 유능하고 혁신적이라고 생각된다는 것이다. 이 연구는 성취자료를 수집하거나 학교 및 행정가를 평가하는 기준에 대한 어떤 자료도 보고하지 않았다. 그러나 편집자 언급에서 볼 수 있듯이, 집단편성을 반대하는 저널 편집자에 의해 대부분 실제는 교묘히 다뤄지고 있다. National Association of Secondary School Principals에서 후원한 후속 연구는(Toepfer, 1990) 일반 독자로 하여금 실제 경우보다 연구를 믿게 하였다: 그러므로 이 보고서는 집단편성을 반대하는 쪽의 또 다른 면을 강조하고 있다. 가장 분명한 것은 "연구"를 통해서 교육적 논쟁보다 정치적 논쟁을 지원한다는 점이고 정치적 편법으로 사용되는 전유물, 그 이상이 아니라는 점이다.

> 집단편성 그 자체가 학업 증진을 유발하는 책략이 아니다; 오히려, 그 집단에서 무엇이 일어나는지가 중요한 것이다.
>
> Karen Rogers, 1991

연구를 정치적으로 해석하는 것에 대한 이와 같

은 비난을 대체할 가장 좋은 방법은 집단편성에 대한 연구가 아직 결정난 것이 아니고 중립적이라고 가정하고, 집단편성 연구를 통해서 도출된 결과를 조사해 보는 것이다. 평균 혹은 평균이하 학생들이 집단편성 연구에서 성취가 높아지지 않았다고 할 때마다, 거의 일반적인 결론은 집단편성이 잘못되었다는 것이다. 그러나 집단편성 연구분석자는 집단편성 그 자체의 효과와 그 집단에 있는 학생에게 실시한 교육과정같은 그 밖의 요소를 분명히 구분하였는지 언급해야 한다.

> 영재와 특별교육 프로그램을 일종의 능력별 집단편성으로 생각하지만, 교육과정, 교실크기, 자료와 목적에서 능력별 집단편성과 구분되는 점들이 있다. … 영재 특별프로그램 연구는 영재아에 대한 성취이점을 찾아내는 경향이 있으며 일부 연구들은 능력별 집단편성이 높은 성취학생에게는 이득이 되지만 낮은 성취학생에게는 해롭다는 점을 지적하고 있다. **그러나 영재 특별 속진 프로그램의 특징은 따로 집단을 편성한다는 그 점이 아니라, 영재프로그램의 효과를 설명하는 것 같다**… (Slavin, 1987, p. 307, 고딕 부분은 첨가)

Slavin은 다음과 같이 제시하였다. 긍정적인 성장이 교육과정 적용, 교실크기, 자료 및 목적의 결과라면, 왜 성장을 보이지 않는 경우에 똑같은 설명을 적용하지 않는가? 더 중요한 것은, 낮은 성취 학생의 성취를 증진시킬 방법을 모색하는 연구에서 나온 교육의 실제방법은 사용하지 말아야 하는가? 이상의 것들은 정확히 SEM의 원리이다. 그러나 긍정적인 학습행동을 창출하기 위해 무엇을 해야 된다는 데 주안점을 두기보다는 집단편성 논쟁을 중심무대 또는 학교향상을 위한 재빠르게 고정된 접근법으로서 생각해야 한다. 위에서 지적한 것과 똑같은 구분을 추구하는 Slavin 역시 전통적인 집단편성 형식에 대한 대안을 제시한다.

> 무학년 계획에서, 주요과목별로(특히 읽기와 수학) 교실과 연령선에 따라 융통적으로 학생을 집단화하면, 이 집단은 교사가 가르칠 기술에 있어서 동질집단이 된다. 게다가 연속적인 학년 수준에서 모든 학생을 혼합연령 집단으로 만듦으로써, 교사는 하나 혹은 2개 수준에서 읽기와 수학

고정집단 편성과 집단편성의 문제를 고수하거나 양분하지 말아야 한다. 모든 학생들이 가능한 가장 높은 수준으로 그 잠재력을 개발할 수 있도록 교육과정과 교수법을 개발하는데 집중해야 한다.

John F. Feldhusen, 1983

> 수업을 진행할 수 있다. 그러므로 더 많은 추후 수업시간을 할애할 필요가 없다 (Gutiérrez & Slavin, 1992, p. 339).

Gutiérrez와 Slavin(1992)이 요약한 연구결과에 의하면, 분명히 가르칠 기술에 따라 혼합연령으로 집단을 편성하는 것이 효과적이다. 그러나 동질 기술수준 집단에서조차, 성취수준뿐 아니라 다른 고려사항(예: 흥미, 학습스타일)에 따른 교육과정 압축과 심화집단을 시행해야 한다. 월반은 모든 집단배정의 목적이 되어야 한다. 보이스카우트와 걸스카우트 같은 프로그램의 장점처럼 목적은 기술영역에서 적정성을 보여야 한다. 그 후에, 개인은 더 높은 수준으로 옮겨간다.

무학년 교수집단편성과 교실 내에서 실시하는 심화 집단편성

SEM에서, 집단편성은 고정집단 편성이 갖는 고정집단배정보다는 훨씬 융통성(예: 덜 영속적인)을 갖는다. 비록 여러 유형의 교수법과 심화 집단편성 유형에 대한 제안점을 제공하였지만, 중요한 것은 성취수준 외에 집단편성 시 고려해야 할 많은 다른 요인이 있다는 것이다. 요인으로는 동기, 일반적인 흥미(예: 드라마)와 특별한 흥미(예: 희곡쓰기, 연기하기, 연출하기), 상보적인 기술(예: 창의적인 글짓기 집단에서 학생의 단편이야기를 일러스트해 줄 화가), 직업 및 심지어 자아개념, 자아효능감 혹은 집단조화를 증진시키는데 도움을 주는 우정 등이 포함된다. SEM 절차의 원리이자 실제세계에서 사람들을 함께 묶는 가장 중요한 이유는 그들이 공통의 목적을 추구한다는 것이다. 대부분 경우에, 집단 효율은 상호목적을 추구하는 데 있어서 여러 자산이 각각 기능한다. 집단의 주요 기준은 공통된 목적, 상호존중과 조화, 집단과 개인발달 및 즐거움과 만족이다. 이것들을 기준으로 7장에서 상세히 기술할, 심화 집단과 심화학습 및 교수책략 원리를 구성할 수 있다.

> "중요한 것은 성취수준 외에 집단편성 시 고려해야 할 많은 다른 요인이 있다는 것이다. 요인으로는 동기, 일반적인 흥미(예: 드라마)와 특별한 흥미(예: 희곡쓰기, 연기하기, 연출하기), 상보적인 기술(예: 창의적인 글짓기 집단에서 학생의 단편이야기를 일러스트해 줄 화가), 직업 및 심지어 자아개념, 자아효능감 혹은 집단조화를 증진시키는데 도움을 주는 우정 등이 포함된다."

고려해야 할 또 다른 요인은 학생의 연령수준과 가르칠 자료이다. 많은 초등학교 연령의 학생들이 뒤처지기 시작했고 낮은 수준집단에 배정되면 본래의 수준을 따라잡기가 어려워진다. 무학년 교수집단과 교실 내 심화집단은 여러 성취수준에서 기본기술을 조절하는 한편, 교수스타일을 달리하여 학생의 지식과 기술 차이를 다룬다. 아시아의 교사 연구에서, Stigler와 Stevenson (1991)은 어떻게 아시아의 교사들이 다양성을 조성하며, 이들 다양성에 따라 어떻게 교수실제를 효과적으로 조절하는지 지적하고 있다.

> [아시아의 교사들은] 전형적으로 가르칠 때 여러 접근법을 사용하여, 한 접근법으로 이해하지 못하는 학생에게는 그 자료를 다른 방법으로 제시한다. 교사는 학생들이 구체적인 자료를 다루고 문제에 대한 자신의 해결책을 생각해 보는 시간을 배정한다. 제시방법에서 계속적으로, 한 제시방법에서 다른 교수방법으로 변화가 있다(pp. 196-197).

Stigler와 Stevenson은 괄목할 만한 성공을 거둔 레슨의 우수성에 대해서 이야기하며 아시아 교사의 매우 숙련된 전문성을 높게 평가한다. 또한 아시아 교사들이 사용하는 기술은 이국적이거나 이상한 것이 아니라고 지적하고 있다. “사실, 미국 교육자들이 추천하는 것이다”(p. 198). SEM 목적 중 하나는 교사들로 하여금 자신의 교수실제를 확대할 수 있도록 전문적인 훈련을 제공하는 것이지만, 미국 학교에서 나타나는 다양한 범주의 교육전통으로 인해 학교향상과 관련된 집단편성 문제가 계속적으로 제기될 것이다.

비록 SEM의 교육과정압축과 다른 수정 기술들은 개인의 성취수준 차이를 다루는 주요 절차이긴 하나, 또한 교실 내 그리고 학년 간에 교수집단을

일본의 5학년 교실

쨍그렁거리는 유리로 가득 찬 큰 종이 가방을 들고 교사가 들어온다.. 학생들은 주의를 집중하고 있다. 도대체 가방 안에 무엇이 있지? 교사는 물주전자와 병을 집어든다. 맥주병이 소리를 내며 나온다. 교사는 곧 책상 위에 병 6개를 일렬로 세운다. 학생들은 이것의 목적이 무엇일지 서로 쳐다보면서, 계속 집중한다. 교사는 질문을 한다; “어떤 것에 가장 많은 물을 담을 수 있을까?” 손을 들고 교사는 다른 학생에게 생각할 기회를 준다; “물주전자”, “맥주병”, “차주전자”. 교사는 옆으로 비켜서서 생각한다; “어떤 사람은 이거라고, 또 어떤 사람은 저거라고 말했어요. 서로 다르게 말했어요. 그런데 누가 맞는지 찾아낼 수 있는 방법이 있어요. 어떻게 누가 맞는지 알 수 있을까요? 흥미가 고조되고 토론이 계속된다. … 마침내, 교사는 처음에 한 질문으로 돌아온다: 어떤 병이 가장 많은 물을 담을 수 있을까? 어떻게 문제를 해결할 수 있는지 개관하고 칠판 위 막대그래프에 대답을 적는다. 얼마큼 담을 수 있는지에 따라 순서적으로 책상 위에 병을 놓고 각 병에 그 순서를 적는다. … 교사는 무엇을 했는지 간단히 개요하고 수업을 마친다. 세로축, 가로축에 대한 정의도 없고, 어떻게 그래프를 만드는지 토론도 없다—이 모든 것이 레슨 과정 중에 분명하게 되고 교사는 학생들이 만든 그래프의 세로축과 가로축을 기술하는 용어를 언급하고 수업을 마친다.

James Stigler &
Harold Stevenson, 1991

형성하도록 제안하는 바이다. 이를 지지하는 연구들과(Gutiérrez & Slavin, 1992; Kulik, 1992; Rogers, 1991) 공통적인 원리를 토대로 학년 수준보다 몇 년 앞서 있는 학생을 위한 교수집단을 편성할 수 있다. 그러나 상급수준의 학생을 위해 교수집단을 편성할 때, 지침이 되는 두 가지 기준이 있다. 첫째, 집단 레벨보다는 어떤 과정인지 기술하고 그 과정을 교수법 수준과 다룰 자료의 양으로 정의해야 한다. 이와 같은 접근법으로 우수반 혹은 영재집단 등으로 불리는 것을 피할 수 있다. 수준과 자료의 양으로 우수반을 정의함으로써 미리 결정된 기준을 책임지고 충족시키게 되며, 그 과정이 악화되는 것을 막을 수 있다. 다룰 자료의 양과 속도, 읽기와 쓰기 숙제, 숙제기대 및 평가기준에 대한 자세한 기술을 제시해야 한다. 옆 난에 제시된 내용은 읽기를 잘하는 학생에게 도전이 되는 과정의 한 예로, 이 학생은 속진하여 기본적 기술을 학습하였으며 여러 문학을 조사할 수 있는 대안적인 기회에 관심을 갖게 되었다.

진보적 교수집단의 두 번째 기준은 표준화된 테스트 점수를 사용해서 집단에 포함시킬지 말지를 결정하지 말아야 한다는 것이다. 과정기술을 조사하고 교사의 기대를 이해한 후에, 만일 학생들이 등록을 희망한다면, 테스트 점수 및 전학년 성적과 무관하게 기회를 주어야 한다. 학생의 높은 동기가 교사 및 다른 어른의 보충적인 도움을 받을 때, 낮은 성취학생도 과정을 정의하는 기준 수준을 달성할 수 있다. 이 두 번째 논쟁과 관련된 중요한 사항은 학생들이 과정에 참여할 수 있도록 지원해야 한

Advanced Placement (AP): 문학과 작문*

영문학과 작문에서 AP과정은 학생들로 하여금 주의 깊게 독해하고 비판적으로 문학을 분석하게 한다. 선택한 문학작품에 대해 면밀히 읽어봄으로써, 학생들은 이해를 넓히고 문학에 대한 기쁨을 누리게 된다. 학생들은 언어조작을 통해 작가가 만들어낸 효과를 해석할 비판적인 기준을 개발하게 된다. 이들 목적을 달성하기 위해, 학생들은 개별 작품, 성격, 행동, 구조 및 언어를 연구한다. 형식과 주제같은 대규모 문학요소와 인물이 구사하는 언어, 이미지, 상징 및 어조같은 소규모 요인도 생각한다. 문학의 이런 저런 면을 분석하고 읽기에서 얻은 경험에서 의미를 유도해낸다. 역사적 맥락에서 문학작품을 고려하고 자신의 생활에 관련짓게 된다. … 작문은 AP 영문학 과정에서 통합적인 부분으로서 문학에 대한 작문에 AP시험을 부과한다. 작문과제는 비평적인 문학분석에 주안점을 두고 설명적, 분석적 및 주장적인 에세이를 포함한다. 비록 비평적 분석을 본 과정의 학생작문에서 많이 볼 수 없지만, 잘 구성된 창의적 작문과제는 학생들로 하여금 어떻게 문학작품이 쓰여지는지 볼 수 있도록 돕는다.

*출처: Advanced Placement Course Description: 영문학과 작문, 1994. The College Entrance Examination Board.

다는 점이다. Advanced Placement(AP) 과정에서 사용하는 절차를 생각해 보자. 내용, 기준 및 시험을 실시하지만 AP는 필수과정은 아니다. 일부 학생들은 AP에 매력을 느끼고 있고(그리고 AP 과정을 제공하는 교사에게), 사실상 이와 같은 과정이 갖는 이점은 불이익보다는 유인자극 및 "보너스" 측면에서 찾아볼 수 있다. AP 과정을 통과해서 학점을 얻고, 어떤 수준 이상으로 공식적인 AP 시험을 통과하게 되면 부가적인 보너스로 대학 프로그램에 참여할 수 있는 자격을 얻게 된다.

엄격한 조건들을 만족시키는 좋은 예로, 다인종 San Diego 고등학교는 상위수준 교실이 불이익을 가질 수 있는 학생에게 미치는 영향을 보여준다. 도시에 있는 학교에서 개발된 International Baccalaureate[4] 교육과정에 근거한 프로그램은 낮은 사회경제적 배경을 가진 소수민족을 대상으로 한다. 무역과정, 철학적 지식에 대한 협동과목과정, 창의성, 미학 혹은 사회서비스 활동 참여 및 독립적으로 연구하여 쓴 에세이 등을 포함한 9개 필수 학업과목에서 학생을 선정하고 있다. 학생들의 성취는 세계적 수준 및 구어적 발표, 실험보고서, 포트폴리오를 사용한 문어적, 구어적 외적 시험 및 연구보고서를 통해서 또한 평가될 수 있다. International Bac- calaureate Program를 실시한 이래, San Diego 고등학교 모든 학생의 학업성취는 극적으로 신장되었고, 3년 후에, 졸업생 85%가 대학에 입학하였다. 소수민족 출신의 학생들이 많은 이 학교는 Ivy League 대학에 학생들을 많이 입학시키는 "우수" 학교가 되었다.

미국 학교 기준을 향상시키고 전통적으로 열반에 갇혀 있던 학생들에게 보다 진보된 과정을 배울 수 있도록 하려면, 또한 낮은 수준에서 기본적인 기술성취에 집중할 필요가 있다. 그러나 이들 학생들이 동기를 가질 수 있도록 대안적이며 진보적인 과정에 등록하게 해 주어야 하고, 상위수준의 교수에서 필요한 일부 기술 역시 배울 수 있게 해야 한다. "진학준비반"과 개인적 혹은 소집단 교육은 더 진보적 과정을 준비하도록 동기부여하는 방식들이다. 그러나 이들 접근법은 과목영역에서 더 낮은 수준의 공통적인 내용을 보충하는 등 보충반 성격에 빠지는 것을 경계해야 한다. 예를 들어, 진보된 문학반을 준비하는 학생은 그 주안점을 문법이나 전통적인 읽기를 연습하는 것보다는 문학에 두어야 한다.

교실 내 심화집단 관리

교실 내 심화 집단이 고정집단 편성 혹은 전체 집단 교수보다는 향상에 도움이 되지만, 실제적으로 이 접근법은 대개 한 가지 기준에 따라 학생들이 심화에 참가하기 때문에 보기보다 덜 효과적이다. 심화 집단을 사용하는 대부분의 교실에서, 수학성취가 높은 학생이나 읽기성취가 낮은 학생 모두는 전형적으로 똑같은 집단에 속한다. 이 소집단에 속한 학생들은 어떤 한 과목 내 하위영역 및 여러 내용에서 강점과 약점이 다름에도 불구하고, 대개 똑같은 교수와 과제물을 제공받는다.

> **자퇴에서 우수로**
>
> 올해 Ivy League 대학에 입학을 많이 시킨 학교는 도시 한가운데, 다중 인종이 다니는 San Diego 고등학교이다. 전통적으로 낮은 비율의 소수집단출신의 학생을 포함하여, 1500명 학생 중 3분의 1은 매우 엄격한 기준이 요구되는, 우수반에 등록하였다. 이들 학생의 학업성취는 매우 흥미진진한 지적환경의 영향을 받았다: 1991년 반의 85%가 대학에 입학하였다.
>
> Bess M. Tittle, 1992

예를 들어, 수학 기준-참고 성취테스트 수학 하위영역 테스트에서 95%의 점수를 얻은 2명의 학생은 분수, 나눗셈, 문제해결 혹은 측정 기술에 대한 성취에 있어서 상당히 다를 것이다. 높은 성취집단에 있는 한 학생은 분수에 더 많은 도움을 필요로 하지만, 문제해결에서는 도움이 덜 필요할 수 있다. 그러나 수학 영역에서 개인적 성취를 반영할 때 "평균점수"에 따라 집단을 구분하기 때문에, 학생들마다 그리고 과목마다 서로 다른 차이를 계속 "씻어내고" 있는 셈이다. 이와 같은 일이 발생할 때, 학생의 성취를 극대화하자는 소집단 교수의 잠재적 이점은 감소된다. 왜냐하면 학생들과 각 능력집단마다 있는 차이를 언급하지 않았기 때문이다. 그 결과, 대집단에서 유사한 것을 배우는 학생들과 비교했을 때, 소집단에 속한 학생의 성취가 증가하지 않을 수 있다. 다시 말해서, 소집단 교수법 사용만으로는 학생의 성취를 보장할 수 없다(Kulik & Kulik, 1987; Slavin, 1987; Walberg, 1984).

소집단 교수법의 질은 그 심화 집단에서 무엇을 하느냐에 크게 좌우된다; 더 자세히, 이들 집단에 속한 학생들의 성취는 교사가 융통적으로 학생을 그룹짓는 능력과 교육목적, 교수전략, 모델링 활동, 실질적 매체 및 학생의 요구에 맞게 그룹활동을 조절하는 능력에 좌우된다. 융통적인 심화 집단배정은 단원 사전검사과정에서 어떤 단원의 교육목적에 대해 학생들마다 완전학습 정도가 다를 때, 집단교수에 참여하도록 허용한다. 일단 학생집단이 형성되면, 심화를 구성하는 개별 학생들의 특징에 따라 학습목적, 모델링 유형, 실질적인 자료의 유형과 양 및 속도를 기술한다.

비록 심화 집단배정과 부수적인 교수변화가 실질적인 교수에 있어서 "상식" 수준이라고 하지만, 심화 집단배정이 교실교수를 지배하지 말아야 한다. 대신, 교사는 교수목적과 여러 교육과정 목적에 대해 학생들이 어느 정도 서로 다른지를 보고 전체 교실과 심화 집단배정 간의 균형을 결정한다. 이야기 읽기, 토론, 결과보고, 교실회의, 시청각 보조, 방문, 강의와 발표 같은 대집단활동은 학생들에게 동기를 부여하고, 교육과정 단원을 소개, 확장하여 모든 학생들에게 새로운 기술과 내용을 가르칠 때 사용된다. 개별 혹은 소집단 활동은 강한 개인적인 관심을 반영하고 어떤 단원 목적의 완전학습정도가 너무 달라서, 특별한 주제를 집중적으로 탐색, 연구할 때 사용한다.

> 집단배정은 단 한 가지만 있는 것이 아니다. 오히려 여러 형태를 띠며 여러 이유로 인해 다르게 실시된다. 그러므로 집단배정에 대해 상이한 접근법이 똑같은 효과를 가질 것으로 생각하는 것은 잘못이다.
>
> James A. Kulik, 1992

교사가 소집단교수를 실시할 때, 교실관리상의 문제는 필연적으로 생긴다. "교실 내 다른 학생하고 무엇을 할 것인가?" "소집단에서 활동하는 동안 학생들이 의미심장하게 참여하는지 어떻게 알 수 있는가?" 1950년 같으면, 이 질문에 대해 소집단에 속하지 않는 학생에게는 '자리에 앉아서 하는 과제"를 부과하자고 대답했을 것이다. 많은 경우에, 학생들은 대부분의 시간을 학습지 하는데 쓴다. 자리에 앉아서 하는 과제는 비효과적이며 재미없이 반복되어, 실제 기술을 사용하고 적용하는 방식과 매우 다르다. 이와 같은 소집단 교수와 실제에 대한 연구는 한 교실에서 모든 학생을 똑같은 목적으로 가르치는 것만큼이나 비효과적이라고 해도 놀랍지 않다.

Vygotsky의 연구(1962)는 가능한 해결방안을 제시한다. 제한된 교수시간에 가장 많은 학습을 성취할 수 있으려면, 모든 학생들이 그들의 "근접발달 영역(zone of proximal development)" 내에서 학습하고 활동할 수 있어야 한다. 단순히, Vygotsky는 현재의 수준을 넘어서 최상의 학습을 달성하려고 할 때 이와 같다고 생각했다. 근접발달 영역을 조절하기 위해, Vygotsky는 제한하길, 부모와 교사가 수준을 넘어서는 어려운 학습목적을 시도할 때 학생들에게 발판(scaffolding)을 제공해야 한다고 하였다. 이론적으로, 각 학생들에게 그들에게 맞는 개인 교수를 제공할 수 있다면, 모든 학생들을 그들의 근접발달 영역에 놓을 수 있다. 교사는 학습자에

> "Vygotsky는 현재의 수준을 넘어서 최상의 학습을 달성하려고 할 때 이와 같다고 생각했다."

적합하도록 교수법과 실제활동을 조정하고 학생들이 학습할 때, 피드백 형태로, 발판, 도움과 충고를 제공할 수 있다. 이와 같은 원리는 많은 읽기 보정 학습자에게 언어예술 기술을 향상하도록 돕는 매우 성공적인 Reading Recovery Program(Clay & Cazden, 1992)과 유사하다.

그러나 교사가 25 혹은 그 이상의 학생을 책임지고 있는 교실에서 이와 같은 원리를 적용할 때 문제가 생긴다. 비록 교사가 교실 내 모든 학생들에게 개인교사로서 활동할 수는 없지만, 소집단 교수법 사용을 증가시킴으로써, 근접발달 영역에서 활동하는 시간을 늘릴 수는 있다. 교사와 연구자들은(Hoover, Sayler, & Feldhusen, 1993) 정규교실에서 융통적인 기술집단 실제를 보여주고 있다. 각 소집단에서 학생들은 교사가 주안점으로 생각하는 기술 혹은 목적을 협동적으로 연습하고 적용한다. 협동적으로 활동함으로써, 학생들은 서로 발판이 되고 옛날 "자리에 앉아서 하던" 반복적인 과제를 덜할 수 있다. 이와 같은 협동적인 집단은 교대로 교사와 만나고 활동하게 된다; 특히 교사는 하루에 2~4집단을 만나 학생의 진척사항을 평가하고, 교수나 발판을 제공하고, 집단배정의 적절성을 평가하고 이에 따라 학생을 다시 배정한다. 이와 같이 협동학습 원리를 적용함으로써, 소집단에 소속된 모든 학생들은 서로 지지하고 돕게 되며, 모든 집단 구성원에게 적절한 공동의 목적달성을 추구하게 된다.

일부 학생들은 교사-지시적인 융통적 기술집단에 참여하여 협동적으로 그들의 기술 집단에서 배운 공동의 목적을 확장, 연습 및 적용하는 한편, 여전히 다른 학생들은 홍미센터, 학습센터, 교실 도서관, 개인적인 홍미를 추구할 소프트웨어와 기술 혹은 교육과정 단원을 확장하고 심화할 수 있다. 이들 심화 대안활동을 하는 학생들은 앞으로 배울 지식을 평가했을 때 교육과정 목적을 완전히 학습한 경우이다. 심화 대안활동을 설명하고 독립적으로 학습할 학생들에게 필요한 기술을 가르치는데 교실 회의를 이용할 수 있다. 학생일지를 통해서 교사는 각 학생들이 매일 한 것에 대한 정보를 얻고 학생과 교사 간의 동의계약을 작성하여, 각 학생마다 적절하고 현실적인 심화시간을 계획한다. 물론, 교사는 심화집단 회의와 3부 심화활동시간(7장)을 사용하여 이들 학생들의 프로젝트를 관리하고 촉진할 수 있다.

집단배정에 대한 결론

모델링 관찰만으로 충분하지 않다. 학생들은 스스로 생각해 보고 자신의 사고과정에 대한 지역사회 반응과 비평을 받을 필요가 있다. 이와 같은 사회적인 근접발달 영역에 참여해 봄으로써(Vygotsky, 1962), 다른 사람이 만들어 놓은 지식을 통해서 획득하던 것을 이제는 자신이 새롭게 갖게 된 능력으로 더 그려낼 수 있다.

Roy D. Pea, 1988

집단배정이 가져오는 사회적인 결과, 다른 나라가 실시하는 집단배정 실제 및 2명 이상 되는 학생의 다양성을 조절할 때 요구되는 교사의 전문성 수준을 지적하는 것은 쉽다. 학교는 사회가 창출한 교육적 전통을 반영한다. 정말, 학교는 사회를 형성하는데 중요한 역할을 한다; 그러나 주택문제, 보건 및 동등한 직업기회 제공 같은 보다 큰 사회전체 문제에 영향을 주는데 실패해 왔다. 또한 사회전체 문제들이 "집단배정" 형식을 가지며, 학교에서 벌어지는 집단배정이 가장 공평한 형식이 되도록 노력해야 한다는 점을 동시에 언급할 필요가 있다. 학교는 다문화사회를 형성하고 향상시키는 모든 짐을 질 수 없다. 이상의 문제를 언급하고, 극적인 변화를 교육자금에서 일으키고, 교사준비수준 및 모든 학생에 대한 기준을 국가적으로 향상시킬 때 비로소, 집단 배정은 학교의 특징인 다양성을 조절하는 실질적인 방안으로 자리 잡게 되는 것이다. 집단 배정 그 자체로는 문제가 안 된다. 오히려, 문제는 어떻게 조직하는가와 무관하게 집단 내에서 무엇을 행하고, 어떻게 모든 학생의 잠재력을 극대화하고 학습을 즐겁고 가치 있는 것으로 보도록 도울 것인지에 있다. 이와 같은 이유로 인해, SEM은 학교개혁 패러다임으로서 제공되는 행정적인 배정보다는 오히려 학습행동에 주안점을 둔다. 무엇을 그리고 어떻게 가르칠 것인가에 집중함으로써, 집단배정은 전반적인 학교향상과정으로 가는 가장 쉬운 방법이 될 수 있다.

만일 학교가 '한 궤도'로 돌고 동시에 똑같은 것을 한다면, 모든 학생들에게 손해가 될 것이다.

James A. Kulik in J. O'Neil, 1992

기금문제: 학업적 성과를 얻는 곳에 투자

프로그램이 살아남고 학교에서 실질적이고 지속적인 변화를 이루기 위해선, 비용을 지출보다는 투자로 생각해야 한다. 재능발달에 주안점을 두는 프로그램에 투자하는 것은 학교향상에 대한 의도 및 책략적 계획 일뿐 아니라 예산을 들여 지지, 참여해야 한다는 점을 의미한다. 이와 같은 참여로 인한 지출은 몇 년 동안 여러 학교에서 확실히 교육시스템은 모든 학생들에게 더 많은 요구와 기대를 한다. 의심할 여지없이 일부 시스템이 다른 것보다 더 빨리 변화할 것이다. 나중에 시작한 사람에 대해서 더 많이-훨씬-더 한다. … 그러나 모든 다른 인생영역에서 거부하던 것을 교육에 적용하지 말아야 한다. 평범한 동등체제에서 얼마간의 불평등을 가져오는 우수성체제를 거부하지 말아야 한다.

Albert Shanker, 1993

볼 수 있었다. 예를 들어, 성취향상, 고조된 동기와 학생과 교직원의 학습참여, 학생의 학업적 성과를 포함해서 여러 형태로 나타났다.

비록 SEM 프로그램을 실시하는 것이 비싸지는 않지만, 경험상 학군수준에서 별도의 기금을 조성하여 성공적인 프로그램을 개발하고 지원해야 한다. 개인과 교직원 발달 및 관련 자료를 위한 기금을 확보함으로써, 프로그램이 개별적이고, 일반적인 교육프로그램 내에서 설명 가능한 것으로 자리를 차지하게 된다. 경험상 미뤄볼 때, 재능발달 프로그램에 재정적인 투자를 하지 않는 학교는 사업을 위장한 겉치레에 불과할 뿐이다. 이와 같은 학교는 대개 상위목적 학습과 재능발달을 신장하는 "좋은 것"을 실시하고 있다고 주장하지만, 눈으로 볼 수 있는 서비스는 불규칙적이고, 부조화스럽고 지속력이 짧다. 지명된 사람 없이는, "모든 사람이 책임져야 하는 것은 한 사람도 제대로 책임지지 않는다"라는 명언이 항상 맞을 수밖에 없다.

주 수준에서 조성하는 기금은 모든 학생의 재능개발과 상위목적학습에 투자하도록 학군에게 자극과 지원을 제공하게 된다. 주 기금은 특히 재정적으로 어려운 학군과 불리한 조건에 처한 학생들이 많이 다니는 학교에 있어서 중요하다. 이와 같은 학군들은 어떤 새로운 프로그램이 잠정적으로 바람직하지만 대개 "엑스트라" 프로그램으로 학군에서 제공할 수 없는 것이라고 생각하며, 다음과 같은 말로 별도의 비용에 대한 필요성을 정당화한다: "우리의 일반 프로그램은 모든 학생요구를 고려한다" 혹은 "너무 저성취 학생이 많아서 기본적인 것에 집중해야 한다." 이와 같은 말은 일반적으로 영재프로그램에 선별되지 못하는 학생의 재능발달 잠재력을 부인하는 것이며, 학교는 기본적인 기술학습 혹은 상위목적 학습 둘 중 하나만을 지향해야 한다는 잘못된 신념에 사로잡혀 있는 것이다. 좋은 학교는 이 두 가지 중요한 교육목적을 제공할 수 있고 또한 제공해야 한다.

어떻게 SEM은 영재프로그램 기금을 조성하는가?

> 의심할 여지없이, 가장 큰 아직 사용되지 않는 국가적 수준의 인간 지능과 창의성 자원은 낮은 사회경제적 수준에 있는 수많은 개인에서 찾을 수 있다. … 귀중한 천연자원은 [학생들에 대해서] 눈을 닫고 등을 돌려버린 교육시스템으로 인해 매일 낭비되고 있다. 이와 같은 낭비의 부산물은 전례 없이 도시문제, 실업 및 낮은 취업, 범죄와 비행 증가, 더 중요한 것은 표현과 창의성 방해로 인해 절망감을 가져 왔다.
>
> Joseph, S. Renzulli, 1973

학교전체 심화프로그램에 대한 가장 빈번한 질문 중 하나는 주 기금조성에 대한 것으로 특히, 영재프로그램에 대한 별도의 주-수준 상환기금 배정에 관한 것이다. 대개 재정부족과 엘리트주의에 대한 관심 및 소수민족 출신 학생의 낮은 영재 특별 프로그램 참여율 때문에 최근 여러 주 예산에서 기금이 삭감되거나 줄어들고 있다(Purcell, 1993a). 기금조성의 어려움에도 불구하고 상위 성취수준의 학생에게 미치는 영향을 미뤄볼 때, SEM의 원리를 적용하여 주 및 지역기금을 보다 삭감하고 줄일 수 있는 방안을 모색하지 않을 수 없다. 학교들은 예산문제 때문에 영재프로그램 기금을 줄이고 있으며, "학교전체 심화"로(기금이 없어서) 대체하고 있다. SEM은 전통적인 영재프로그램의 목적과 상응하는 것을 추구하지만, 보다 더 넓은 의미에서 영재개념을 정의하는 현재 연구들을 고려한다(Bloom, 1985; Gardner, 1983; Renzulli, 1978, 1986; Sternberg, 1986). 따라서 본 모델은 영재교육 프로그램 지지에 반대하는 원인을 제공하는 엘리트주의에 대한 비난을 극복한다.

전통적인 영재프로그램과 SEM 목적의 양립성은 주와 지역 수준에서 기금과 관련된 제안점을 제시한다. 이들 제안점을 다루기 전에, SEM에 대해 자주 갖는 두 가지 관련 질문을 다룰 필요가 있다.

1. SEM은 기존 영재프로그램을 대체하는가?
2. SEM 채택은 모든 학생에게 실시하는 심화프로그램과 별도의 영재프로그램을 실시한다는 의미인가?

위의 질문에 대한 대답은 절대적으로 NO! 오히려, SEM은 의도적으로 모든 학생에게 도전적이고 연속적인 서비스를 제공하고자 개발되었으며, 동시에 정치적으로 어떤 학생은 그렇고 다른 학생은 아니다라고 지명하는 문제를 피할 수 있었다. "영재"라고 명명하지 않고 재능과 영재성을 개발하는데 주안점을 둔다고 해서 일부 학생들의 상위수준 성취, 달성, 진보적 수준으로의 발달 잠재성을 부인하는 것은 아니다. 종합재능 기록표 (the Total Talent Portfolio, 5장)를 사용해서, 특별한 학습장점에 초점을 두고 이것을 키워준다. 또한 학교는 이와 같은 서비스를 받는 학생을 명명하기보다는 상위목적 학습을 신장시키고자 개발된 서비스를 명명해야 한다. 개별 학생의 장점을 판명하여 키워야 한다. 학생이 아니라 서비스를 명명할 때, 다음 학교구조에서 하나 그 이상의 적용이 가능하다: (1) 정규교육과정, (2) 심화집단 및 (3) 재능개발을 위한 연속적인 서비스(4장 참조). 다음의 예를 통해 설명하고자 한다.

> 학교전체 심화모델은 상위능력을 가진 학생을 위한 기존 프로그램을 대체하는 것이 아니다.
>
> 게다가, 학교전체 심화모델을 채택하는 것은 모든 학생에게 실시하는 심화프로그램과 "영재"를 위한 별도의 프로그램을 요구하는 것도 아니다.

예일대 장학생인 안나는 1학년 때 SEM 프로그램에 참여하기 시작했다. 독해와 언어예술에서 보인 높은 성취로 초등학교 내내 교육과정압축을 받았다. 시작문에 대한 흥미와 재능으로 초등학교와 중학교에서 시와 창의적인 작문을 위한 혼합학년 집단심화에 참여하였다. 5학년을 마칠 쯤 해서, 안나는 180편 이상 되는 시를 담고 있는 책을 쓰고, 삽화를 그려넣었다. 일대일로 사사 받을 수 있도록 시간을 배정 받았으며, 심화교수 전문가가 조직한 주와 국가 작문경시대회에 참여하였으며, 몇 년째 학교 미래문제해결 팀(future problem solving)에서 활동하고 있다. 고등학교 때는 물론 중학교 재능반에서, Advanced Placement와 우등생반에 등록하였으며 AP 문학반 교사는 지역 작가협회에 가입하도록 도와주었다. 고등학교 졸업 전에, 15편의 시를 잡지에 출판하였으며, 고등학교 SEM 코디네이터의 권고로 예일대학 조기입학과 장학금을 받고자 자신의 포트폴리오를 사용하였다. 안나는 집에서 대학에 간 첫 번째 사람이었다. 비록 SAT 성적이 높았지만, 예일대의 입학평균기준보다 낮았다. 안나의 포트폴리오를 영문학 입학허가를 사정하는 곳에 보냈을 때 다음과 같은 답변이 왔다, "확실히 입

> The leaves fall
> At the mercy of the wind.
> Their stems cracked,
> They glide away from the tree,
> Softly landing on the ground
> Among others,
> Who experienced their fate.
>
> Anna, 8살 때

학을 허가함. 안나 양이 미국 계관시인이 되었을 때, 그녀 이름 뒤에 하버드나 프린스턴이 적혀 있는 것을 보고 싶지 않군요!"

위의 예는 종합재능 기록표를 사용해서 어떻게 능력은 물론 흥미, 영재성과 재능을 개발하고, 학습스타일을 포함한 특별한 잠재적인 차원을 확인하는지, 어떻게 연속적인 서비스가 재능개발에 그 역할을 하는지 보여주고 있다. 안나의 부모는 안나가 "영재!" 인지 아닌지 물어본 적이 없다. 오히려 그들은 안나에게 필요한 서비스에 대한 정보를 제공받았다. 교육과정압축에 대한 정보를 통해, 부모는 왜 안나가 정규교실에서 활동지를 하지 않는지 이유를 납득할 수 있었다; 부모 오리엔테이션 프로그램에서 학생들에게 제공하는 학교와 지역사회의 재능개발에 대한 진보된 수준의 개념을 소개하였다; 또한 대학재정지원서를 작성하도록 도움을 제공하였다.

따라서 SEM은 기존 영재프로그램을 대체하는 것이 아니며, "영재"로 선별되지 않은 학생과 "영재"로 선별된 학생을 구분지어 별도의 심화서비스를 제공하는 것도 아니다. 대신, SEM은 전통적으로 높은 능력을 가진 학생에게 초점을 두던 것들을 포함해서 모든 학습 경험을 연속적인 서비스에 통합시킨다. SEM은 일종의 우산으로 많은 전통적인 영재프로그램 서비스를 포괄한다. 게다가 잠재적 차원에 주안점을 두고 특별 서비스에 대한 원리를 개발하기 때문에 진정한 차별화를 이룰 수 있다.

> "학교전체 심화모델은 일종의 우산으로 모든 학습활동을, 전통적으로 상위능력을 가진 학생들에게 주안점을 두던 것을 포함해서, 연속적인 서비스로 통합한다."

만약 서비스가 학생들보다 명명에만 신경을 쓴다면 판별된 영재학생당 예산을 배정하는 전통적인 "머리수 세기" 기금조성과 다르지 않을 것이다. 이와 같은 접근법은 "비융통적인" 판별과정을 낳게 되어(학생들이 영재냐 아니냐), 특별프로그램을 받을 학생을 선별하는데 단 한 가지 테스트 점수기준이 사용되기에 이르렀다. 비융통적인 판별과는 달리 "학교전체 심화모델은 일종의 우산으로 모든 학습활동을, 전통적으로 상위능력을 가진 학생들에게 주안점을 두던 것을 포함해서, 연속적인 서비스로 통합한다."

대부분의 주에서, 학생의 보다 높은 테스트 점수가 학군의 결과로 나타나기 때문에 주가 상환 받는 돈은 학군을 부유하게 하는 데로 들어간다. 자신의 자녀를 입학시키고자 하는 부모로부터 이례적인 압력을 받아, "점수 사재기"를 하는 예들이 사설 심리학자가 실시한 IQ 테스트를 갖고 영재프로그램을 지원하는 일부 주들에서 보고되고 있다. 비융통적인 판별은 거의 항상 판별된 학생의 비융통적인 분리와 불평등, 엘리트주의 및 불공평한 자원배분이라는 피할 수 없는 비난을 초래한다.

Einstein은 기금조성문제에 대한 해결방안을 제안하였다, "문제는 문제를 빚어낸 똑같은 의식수준에선 해결되지 않는다." 새로운 의식수준에서 어떻게 학교전체 심화모델과 같은 기금조성 프로그램을 운영할지 실질적인 문제를 생각해야 한다. 머리수 세기와 관련된 모든 기금조성 문제들을 피하는 가장 좋은 방법은 주 기금을 전체 학군 등록에 기초해서 배정하는 것이다. 많은 주들이 이미 다른 주보조기금을 할당하는데 전체 등록 형식을 사용하고 있다.

> "머리수 세기와 관련된 기금조성 문제들을 피하는 가장 좋은 방법은 주 기금을 전체 학군 등록에 기초해서 배정하는 것이다."

전체학군 등록에 기초한 재능개발 프로그램 기금조성은 그 자체로 잠재적 함정이 있다. 예산이 상위목적 학습과 재능개발 서비스에 중점적으로 편성되기보다 쉽게 일반교육 프로그램에 흡수될 수 있다. 혹은 예산이 견학, 밴드 유니폼 혹은 수학실험실, 컴퓨터 같은 활동비 명목으로 학교 및 학군의 "부정 자금"이 될 수도 있다. 이와 같은 이유로 인해 프로그램에 대한 주지침과 사전 허가과정을 추천하는 바이다. 이들 지침에 따라 개별 그리고 직원개발에 보다 많은 비용을 지출할 것을 제안한다. 장비와 교육매체 또한 비용지출이 될 범주이지만 이것 또한 특별한 재능개발 활동과 관련이 있다. 예를 들어, 컴퓨터는 데스크톱 발행 서비스를 제공하는 심화집단에서 필요하지만, 학교에서 일반적으로 필요한 컴퓨터 장비를 구매하는 데 재능개발 기금을 사용하거나 이를 위해 기금을 증가시켜서는 안 된다. 유사하게, 견학은 특별한 목적, 즉 재능개발목적이 있다면 합당하다; 그러나 심화프로그램에 할당된 기금을 견학에 학군이 배정한 기금으로 대체하지 말아야 한다. 만약 재능개발에 할당된 기금을 표시하고 확보할 수 없다면, 재정적으로 어려움에 빠진 학교들은 항상 다른 목적을 갖고 재능개발을 위한 예산을 사용할 "창의적인" 방법을 모색할 것이다. 재능개발위원회의 선의와 감시 하에 이와 같은 기금이 적절하게 지출될 필요가 있다.

학교프로그램에 예산을 배정할 때, 비록 많은 요인을 고려해야 하지만, 전체 학군 등록에 기초한 프로그램 예산과 학생당 $100로 계산할 것을 제안하는 바이다. 따라서 1,000명의 학생이 있는 학군은 $100,000을 할당받게 된다. 옆 난에서 예산통제 방안을 볼 수 있다.

학교전체 심화모델실시를 위한 예산안

항목	비율
인원 (연금을 포함해서)	70%
직원개발 (컴퍼런스 비용, 컴퍼런스와 방문지 여행료)	10%
교육자료 장비 및 학용품	15%
교직원과 학생들 여행	5%

예산책정을 할 때, 자원할당 문제에 대한 마술적 공식이나 쉬운 대답은 없다. 학교와 학군마다 다르며, 주마다 보충기금의 유용성과 기금을 사용하는 방식에 변수가 있으며, 학군의 우선 사항은 항상 정치적 압력으로부터 자유로울 수 없다. SEM같은 프로그램을 우선시하는 학군에 위에서 제안한 것처럼 재정지원을 한다면, 그 결과는 비용 면에서 효율적일 것이다. 8장에서, 모델의 조직적 구성요소 측면에서 그리고 비용 면에서 어떻게 인원들, 즉 학교전체 심화팀과 심화프로그램의 전체 직원 참여가 효율적인 목적 달성에 도달할 수 있는지 기술할 것이다.

1. "촉진"은 교육기고자들이 자주 사용하는 모호한 용어 중 하나이다! 여기서는 "teach"라는 동사 대신 "촉진"을 사용하였다. 다음 장에서, 심화 집단에서 학생들과 활동할 때, 교사들의 역할에 대해 다룰 것이다.
2. 흥미롭게도 단순 반복에(우회적으로 "과제시간"으로 불리는) 할애되는 엄청난 양의 시간증가에도 불구하고 불리한 입장에 처한 학생의 성취를 향상시키지 못하였다. 그리고 고등학교에서 대학교에 가면, 주당 3번(혹은 2번)의 수업시간으로 그 시간이 바뀌는데 이것에 대해 의구심을 갖지 않는다. 대학에서는 교육자료가 더 어렵고 요구조건이 많다는 것을 암시적으로 가정하는 것이다.
3. 이 서비스에 대한 정보가 더 필요하다면 The Council for Exceptional Children, 1920 Association Drive, Reston, VA 22091에 연락하면 된다.
4. International Baccalaureate 프로그램에 대한 정보는 아래에 연락요망: International Baccalaureate North America, 200 Madison Avenue, New York, NY 10016.

제 5 장

종합재능 기록표

모든 학습자는 장점 및 잠재적인 강점을 가지고 있어서 효과적인 학습과 창의적인 결과를 만든다. 학교전체 심화모델은 이들 장점을 이용하여 능력, 흥미 및 학습스타일 영역에서 학생이 갖고 있는 재능들을 기록할 수 있도록 하였다. 종합재능개발을 위한 모델은 전통적으로 교육적 의사결정에 사용하던 인지능력 외에 흥미와 학습스타일을 똑같이 고려할 것을 제안한다. 학습 및 특성과 관련된 이들 세 가지를 개별 학생의 재능기록표에 기록하게 된다; 이들 정보는 정규교육과정과 SEM을 사용하려는 학교에서 심화기회 결정을 내릴 때 사용하게 된다.

비록 형식적 평가에서 얻은 정보가 학생 재능기록표의 일부는 될 수 있겠지만, 부가적인 정보, 즉 비형식적, 성취기초 평가에서 얻은 정보 또한 똑같이 재능기록표에 기록되어야 한다. 학생의 성취를 사용하는 가장 좋은 방법으로는 다음의 것들이 있다: (1) 흥미영역 안팎의 보다 넓은 범위의 활동에 참여할 기회 제공, (2) 성취, 만족 및 열정을 관찰

Dateline: Rhode Island, 1993

Rhode Island 출신의 여학생이 국제 EPA 상을 받다

Kate W. McCalmont가 태평양 거북이들이 한밤중에 알을 낳는 광경을 봤을 때 로맨스는 시작되었다. 학교로 돌아와서, 지역사회 멸종위기에 처한 거북이에 대한 프로젝트를 하기로 결심했다. 이 프로젝트는 1년에 걸친 캠페인에 불을 지펴서 거북이를 구하고 사람들로 하여금 오염이 Rhode Island의 수천 에이커에 해당하는 서식지로 알려진 곳을 파괴하는 실상을 보고하였다.

이번 주, Kate McCalmont의 거북 프로젝트와 대중자각 캠페인은 해마다 EPA에서 10명의 학생에게 수여하는 대통령 환경 학생상을 받게 되었다. 프로젝트에서 쓴 에세이에서, Kate는 "식용거북에 대한 감시관을 세우고 싶어요. 개인적으로 할 수 없다는 것을 알아요. 그래서 전체 마을이 이상적이라고 생각했어요"라고 말했다.

기록, (3) 이전 경험에 대한 긍정적인 반응에 편승할 후속 활동 결정. 재능기록표는 학생의 강점에 따라, 교직원, 부모와 학생들이 적절한 추후활동을 결정하고 미래의 성취평가환경을 개발할 때 사용될 수 있다. 중심이 되는 세 가지 학교조직은 다음과 같다: 정규교육과정, 심화집단(enrichment cluster)과 연속적인 특별 서비스. 이들 구조는 다음에서 기술할 것이고 SEM의 조직적인 구성요소는 다음 장에서 다룰 것이다. 반면에 진단-기술적인 전통적 학습모델은 학생의 약점을 교정하는데 초점을 두지만, 본 접근법은 "긍정적인 면에 주안점을 둔다." 왜냐하면 학습경험에 대한 긍정적인 반응을 사용하여 기본적인 기술학습의 약점을 공략하기 때문이다. 예를 들어, 돌고래에 흥미가 있는 학생이 읽기와 기본적인 언어기술에 문제가 있는 경우, 돌고래에 대한 흥미를 바탕으로 할 때, 문어적, 구어적 언어기술을 향상시키고 배경자료를 더 잘 읽는다. 기본적 기술학습에서부터 더 높은 수준의 사고와 창의적인 결과에 이르기까지 인지행동은 어느 연속선상에 있든지, 학습행동에서 나타나는 흥미정도에 따라 증가되거나 감소될 수 있다. 이런 이유로 인해, SEM은 기본적인 기술은 물론 학생흥미 맥락 안에서 성취-기준 평가를 사용한다.

의식적으로 계획된 학습활동은 학생의 흥미를 권장한다.

- 무기소재통제: 이 문제에 대한 전문가 토론
- 어느 핫도그가 최고인가: 시식
- 텔레비전 폭력물: 그 영향이 무엇인가?
- 겨울의 밤하늘: 별보기 파티
- Iditarod 경주에 대한 사기꾼의 한 마디
- 재즈 시대 음악, 미술 및 문학: 흥미센터 듣기 및 보기
- 3, 2, 1, 이륙: 21세기 우주참사 새로운 방향에 대한 전문가 설명
- 공룡이 어떻게 생겼는지 어떻게 알 수 있을까?: 골격 만들기

본 장은 세 부분으로 나눌 수 있다. 첫 번째 섹션은 종합재능 기록표(Total Talent Portfolio)를 구성하는 일곱 가지 범주의 정보를 기술한다. 두 번째는 종합재능 기록표를 사용하는 실질적인 책략에 대한 것이고, 세 번째, 자료 지침(Resource Guide)은 학급과 학교에서 종합재능 기록표를 실시하는데 도움이 되는 정보와 자료에 관한 것이다.

종합재능 기록표의 일반적인 특징

종합재능 기록표는 체계적으로 학생의 능력, 흥미 및 학습스타일에 대한 정보를 수집하고 기록하는 방법이다. 재능기록표의 주요차원과 각 차원에서 자료를 수집하는 지침이 되는 특별 항목은 [도표 7] 이다.

종합재능 기록표 사용 및 관련 추후활동은 흥미 발달을 조장하는 학습경험을 창출하자는 것이다. 위의 예에서 말한 돌고래에 대한 흥미가 어떻게 후속 활동을 시작하는 원동력이 되는가? 흥미는 Interest-A-Lyzer라고 하는 도구의 각 항목에 대한 반응을 살펴보는 형식적인 평가와 본 모델의 일부인 의도적으로 개발된 흥미개발활동의 결과를 통해 발견될 수 있다. 그러나 형식적 혹은 성취-기초 활동을 보고 흥미를 파악하는 것은 단지 첫 단계이다. 본 모델의 다른 책략들은 흥미를 키워주는 방식과, 학생들이 흥미를 추구하는 방식을 조사하고 학생결과물 수준을 높이기 위해 필요한 교사지침과 자료를 제공하는 등 특별한 단계를 다루고 있다. 지난 몇 년 동안, 적절한 추후활동을 제공하고 학생의 강점을 파악하는 방법론들을 축적해 왔다. 학생의 재능기록표와 성취-기초 평가에 대한 연구들은 프로그램 평가 절차를 향상시키는데 집중했지만, 이 같은 방법이 또한 학생의 강점을 키워주는 교육과정 경험 개발에 적용될 수 있다. 종합재능 기록표의 두 가지 독특한 특징은 나중에 기술하기로 한다.

현재상태 정보

현재상태 정보(status information)는 우리가 알고 있는 것 혹은 교수과정 이전의 학습자 특징을 알려주고 기록할 수 있는 정보를 말한다:

Terry의 읽기는 지난 몇 년 동안 계속 높았다. 부가적으로 가장 최근에 실시한 Reading Mastery Tests에서 좋은 점수를 얻었다.

행동정보

행동정보(Action Information)는 교수과정 중에 생기는 사건에 주석을 달아 기록하는 양식이다.

Terry는 자신이 쓴 Haiku시에 대해서 더 어린 학생을 가르치는데 열정을 보였다.

현재상태와 행동정보

재능기록표는 현재상태 정보와 행동정보 이 둘로 구성된다. 현재상태 정보는 우리가 알고 있는 것 혹은 교수과정 이전의 학습자 특징을 알려주고 기록할 수 있는 정

Joseph S. Renzulli

능 력	흥 미	선호하는 스타일			
최고 성취 지표들	흥미영역	선호하는 교수스타일	선호하는 학습환경	선호하는 사고스타일	선호하는 표현스타일
검사	순수예술	상술과 훈련	**개인 간/개인 내**	분석적	문어적
•표준화된 검사	공예	또래 교수	•자기-지향적	(school smart)	구어적
•교사가 만든	문학	강의	•또래-지향적		조작적
학점	역사	강의/토론	•성인-지향적	합성적/창의적	토론
교사평정	수학적/논리적	토론	•결합된	(창의적, 발명적)	전시
	물리과학	지침이 있는 독립연구*			드라마화
산출물 평가	생명과학	학습/흥미센터	**물리적**	실질적/맥락적	예술적
•문어적	정치학/사법	시뮬레이션, 역할놀이, 드라마화,	•소리	(Street smart)	그래픽
•구어적	운동/레크리에이션	지침이 있는 상상	•열		상업적
•시각적	시장/비지니스	학습 게임	•빛	입법적	서비스
•음악적	드라마/무용	모사한 연구 혹은 프로젝트*	•디자인		
•구조적	음악공연	연구보고서 혹은 프로젝트*	•유동성	행정적	
(주의: 부과된 것과	음악작곡	지침이 없는 독립연구*	•시간대		
자기가 선택한 산출물	경영/비지니스	인턴십*	•음식섭취	사법적	
간의 차이)	사진학	견습과정*	•좌석		
	영화/비디오				
학습활동참여 수준	컴퓨터	* 멘토의 유무			
다른 사람과 상호작용	기타(특수한 것)				
정도					
참고: 일반적 검사와 측정 문학	**참고**: Renzulli, 1977b	**참고**: Renzulli & Smith, 1978	**참고**: Amabile, 1983; Dunn, Dunn, & Price, 1975; Gardner, 1983	**참고**: Sternberg, 1984, 1988, in press	**참고**: Renzulli & Reis, 1985

[도표 7] 종합재능 기록표.

보를 말한다. 예를 들어, 현재상태 정보에는 테스트 점수, 학점, 여러 행동에 대한 교사평정 및 형식적, 비형식적 흥미와 학습스타일에 대한 평가가 속한다. 지난 몇 년 동안 여러 평가도구와 기술을 개발하고 축적해 왔으며, 특히 현재상태를 기록하며, 가장 효과적으로 이들 정보를 사용하도록 돕는 교사훈련 활동을 고안하는 데 도움을 제공할 수 있었다.

행동정보(Action Information)는 교수과정 중에 생기는 사건에 주석을 달아 기록하는 양식이다. 행동정보는 정의상, 미리 기록할 수 없다. 왜냐하면 형식적인 학습상황 밖에서 발생하는 경험뿐 아니라 여러 학습경험에 대해서 학생들이 반응하는 방식을 기록하고자 고안되었기 때문이다. 행동정보 메시지(Action Information Message, [도표 8])의 사용과 관련된 교직원 개발 같은 서류화 절차는 학습상황과 비상한 관심 및 이례적인 통찰력을 보여주는 에피소드를 기록하는 것에 초점을 맞춘다. 행동정보 메시지에 "순간을 파악하고" 기록함으로써, 교사와 학생들은 무엇이 높은 수준의 추후 활동 출발점이 될 지 알 수 있다. 행동정보는 또한 완성한 과제와 성취-기초 관찰과 평가 및 주석을 단 활동 예들로 구성된다. 이들 주석들은 비형식적 기록과 학생 산출물 평가양식(the Student Product Assessment Form, Reis, 1981, 7장에서 다룸)같이 형식적으로 평가할 수 있는 더 구조화된 학생작업분석까지 포함한다. 이들 연구에 기초한 도구들을 통해서 학생들에게 산출물의 질에 대한 특별한 피드백을 제공하게 된다.

학생강점에 초점

> "재능기록표를 기록하는" 과정을 통해서, 연속적으로 긍정적인 성취 예들을 수집하고, 정규적으로 살펴봐서 후속 재능발달 활동을 결정할 때 사용할 수 있다."

종합재능 기록표의 두 번째 특징은 강점과 "상위-목적 학습" 행동에 주안점을 둔다는 것이다. 교육적 전통으로 인해 학생기록은 주로 결점을 집어내는 데 사용되었다. 치료모델을 고수함으로써(예: 진단-처방) 거의 항상 부정적인 방향에 초점을 두었다: "무언가 잘못된 것을 찾아서 고쳐라!" 종합재능 평가는 각 학생의 학습행동에서 가장 긍정적인 면을 파악하도록 강조한다.

[도표 7]에서 볼 수 있는 범주를 사용하여 기록함으로써 재능기록표에는 더 진보

행동정보 메시지

일반적인 교육과정 영역 ____________________

활동 및 주제 ____________________

아래 빈 공간에, 개별학생 및 소집단 학생들이 보이는
높은 수준의 과제집착력과 창의성을 관찰할 수 있었던
사건이나 상황을 간단히 기술해 주십시오.
학생들이 연구자처럼 자신의 흥미에 몰두할
수 있도록 학습자료 및 방법을 갖춘 상위수준의 추후활동에
대한 여러분의 생각을 적어주십시오.

____

____

____

____

____

____

수령한 날 ____________________

학생 인터뷰날 ____________________

서비스를
실시한 날 ____________________

____________에게
____________부터
날짜: ____________
□ 연락요망
□ 미팅을 위해 연락을 취할 것임
배정된 회의

J.S.R. '81

[도표 8] 행동정보 메시지.

적인 학습 활동의 주춧돌로 사용할 수 있는 학업적 강점 외에도 흥미, 선호하는 학습스타일 및 높은 동기수준, 창의력 및 리더십과 관련된 모든 정보들을 기입할 수 있다.

재능기록표의 유형은 어디에 사용하느냐 만큼이나 중요하다. 한 예로 재능기록표는 성취-기초평가로서 많은 관심을 받고 있다: 재능기록표가 표준화 테스트같은 전통적인 평가절차를 보완 및 대치하는 것으로 생각되고 있다. 종합재능 기록표에 기록된 정보를 프로그램 평가목적으로 사용할 수 있다고 해도, SEM 맥락 안에서 재능기록표를 사용하는 일차적인 목적은 개별 학생 혹은 비슷한 능력, 공통적인 흥미 및 학습스타일을 보이는 소집단 학생들을 위해서 교육적인 프로그램을 결정하는 것이다. "재능기록표를 기록하는" 과정을 통해서, 연속적으로 긍정적인 성취 예들을 수집하고, 정규적으로 살펴봐서 후속 재능발달 활동을 결정할 때 사용할 수 있다. 이들 의사결정은 심화 집단, 교실 내 특별 프로젝트, 교육과정압축, 월반, 연속적인 특별 서비스의 일부인 독립학습기회 선택 시 사용된다. 재능기록표는 또한 교사 및 전문가 집단에서 컨퍼런스를 실시하거나 부모면담 및 다음 학년 선생님, 대학입학사정위원과 미래 고용인에게 학생강점에 대한 정보를 전달할 때 사용될 수 있다. 종합재능 기록표의 "주제"는 다음의 두 가지 질문으로 가장 잘 요약할 수 있다: 학생에 대해 알고 있는 것 중에서 가장 좋은 것은 무엇이며 어떤 것을 기록할 수 있는가? 이 정보를 이용하기 위해서 할 수 있는 가장 좋은 것은 무엇인가? 학생능력, 흥미 및 학습스타일을 다루는 다음 섹션에서 첫 번째 질문을 그리고 본 책 나머지 부분에서 두 번째 질문을 다룰 것이다.

"종합재능 기록표의 '주제'는 다음의 두 가지 질문으로 가장 잘 요약할 수 있다:

• 학생에 대해 알고 있는 것 중에서 가장 좋은 것은 무엇이며 기록할 수 있는가?
• 이 정보를 이용하기 위해서 할 수 있는 가장 좋은 것은 무엇인가?"

능 력

능력 혹은 최고성취 지표들은, 심리측정서에서 기술하는 것처럼, 가장 높은 수준에서 특정영역의 태도 및 학문적 성취달성을 보여준다. 학교 성취차원은 전통적으로 테스트나 학점으로 평가되었다. [도표 7]의 첫 번째 난은 관례적인 평가를 포함하고 있지만 또한 많은 부가적인 절차를 포함하여 최고 성취수준을 조사한다는 것을 보여준다. 이들 절차들은 전통적인 테스트만큼 신뢰롭거나 객관적이지 않을 수 있지만, 더 복잡한 과제와 외부에서 부과한 학습활동 및 학생 자신이 선택한 학습활동에 어떻게 지식적용을 하는지 보여준다. 형식적 테스트 대 대안적인 평가 형식의 장점은 여러 이론서에서 광범위하게 논쟁이 되고 있으며, 이들 논쟁을 재조사하거나 이것이 저것보다 낳다고 하는 것은 목적이 될 수 없다. 정보원이 만일 미래 성취 잠재성에 대한 이해를 향상시키고 미래 성취를 증가시키는 방향을 제시한다면 어떤 것이든 중요한 것이다. 그러나 대안적 형식의 평가는 형식적 평가만큼 중요하며 대안적 평가 정보를 수록하지 않는 종합재능 기록표는 SEM 구성요소의 목적을 심각하게 제한하게 될 것이다.

> 학생의 활동을 지시하고, 그들의 미래를 결정할 때, 사회의 미래가 결정된다. 학생들이 더 나중에 그 시대의 사회를 구성할 것이므로, 더 나중은 대개 학생에게 이전에 주었던 활동 방향에 따라 좌우될 것이다. 그러므로 미래는 능력에 따른 학생의 성장, 즉 성장하는 힘에 좌우된다.
>
> John Dewey, 1916

능력에 대한 정보를 수집하고 기록하기

표준화된 테스트와 교사가 만든 테스트

능력은 최고성취를 통해서 측정된 유능성을 말한다. 전통적으로 “능력”이란 용어는, 최소한 교육분야에서, 거의 항상 표준화된 테스트 점수와 관련되어, 연령 혹은 학년 수준에서 다른 학생의 점수와 비교되어 규준 혹은 비교 형식으로 표현되었다. 표준화 테스트에 대한 논쟁은 이 도구가 교육분야에서 사용된 이래 계속되어 오고 있으므로, 이 오래된 논쟁에서 어느 쪽 편을 들고자 하는 것은 본 책의 의도가 아니다. 또한 여러 테스트 도구 범주, 성취검사, 기준-참조 검사, 태도검사, 교육과정-참조 검사, 과정 검사 혹은 어떤 이름으로든 지금까지 나와 있는 이 같은 검사들을 구별하자고 하는 것도 아니다. 이들은 대개 똑같은 것을 측정한다! 표준화된 테스트는 학교의 현실이며, 테스트가 신뢰도, 타당도, 객관성 및 대상적합성을 충족하고, SEM 맥락 안에서 적절하게 사용된다면 유용한 정보를 제공할 수 있다. 진부함에 빠질 위험부담이 있음에도 불구하고, 테스트가 사용되고 있는 만큼 그렇게 많은 문제를 갖고 있지는 않다.

> 중요하다고 해서 모두 측정될 수는 없다. 또한 측정될 수 있는 모든 것을 중요하다고 볼 수도 없다.
>
> Einstein

비록 표준화된 테스트 점수를 종합재능 기록표에 수록하고 기술한다고 해도, 중요한 것은 이들 점수들이 단지 학생능력에 대한 하나의 정보일 뿐이라는 점이다. 상업적으로 발간된 테스트에 대한 예쁜 장신구와 통계적 소품들이 [도표 7]의 첫 번째 난에 기록하는 학생 능력에 대한 다른 정보보다 더 중요하다고 할 수 없다. 표준화 검사는 단지 학생의 가장 큰 장점이 되는 일반적인 영역을 파악할 뿐이다. 학생의 점수를 의도적으로 퍼센터일, 국가적 혹은 지역비교에 근거한 규준정보와 비교하는 것을 피해야 한다. 중요한 것은, 어느 교육과정 영역 혹은 태도에서 이들 학생들이 가장 큰 장점을 보이는가이다.

> **표준화된 테스트:**
>
> - 학생의 강점에 초점
> - 객관성에 주된 관심
> - 지식의 일부 영역에 대한 정확한 측정 가능성
> - 비용 효율성
> - 효과성

교사가 만든 테스트는 대개 가르칠 특정 단원의 완전학습정도를 평가하고 전 과정 혹은 부분을 얼마나 잘 알고 있나 평가할 때 사용된다. 교사가 만든 객관적인 테스트(예: 사지선다, 짝짓기, 단답식)는 지식획득, 기본기술의 완전학습도 및 경우에 따라서는 문제해결 책략에 대한 정보를 준다. 이들 정보는 일반적으로 유창성 수준을 결정하지만 종합재능 기록표의 목적과 관련되어 가장 중요한 평가는 개방식 질문에 대한 확장된 반응을 유발하는 것이다. 이들 유형의 반응을 통해 교사는 복잡한 학생의 능력, 예를 들어, 구조적이고 설득적인 주장, 문어적 혹은 구어적 표현법 사용, 관련 가설 설정, 복잡한 문제에 창의적인 해결책 적용과 깊은 이해 수준 보이기 같은 능력을 통찰할 수 있다. 개방식 질문에 대한 반응은 또한 학생들이 예술과 과학적 창의성, 일반화 및 평가 같은 능력을 보여줄 좋은 기회가 된다. 교사가 만든 테스트가 보다 복잡한 학생의 학습능력을 보여주는 결과를 가져올 때마다, 이 테스트를 복사해서, 주석을 달고, 학생의 재능기록표에 넣어두어야 한다.

개방식 질문과 확장된 반응을 유도하는 질문을 함께 사용해야 하는 이유는 교실 상황에서 사용되는 질문들의 빈도수 때문이다. 교사가 만든 평가의 대부분은 대개 단답식, 재인 혹은 회상하는 식이다. 이와 같은 이유로 인해, 교사들로 하여금 더 복잡한 반응을 이끌어 내는 질문을 만들고 평가할 수 있도록 지침을 제공할 필요가 있다. 다행히, 주로 성취-기준 평가 영역에서 볼 수 있는 발전의 결과로서, 많은 새로운 기술들이 사용가능하게 되었다. 이 섹션 내 자원지침은 개방식 질문과 확장된 반응을 유도하는 질문을 개발하고 평가하는데 도움이 되는 여러 예를 수록하고 있다.

교사가 만든 평가

- 학생 강점의 극대화에 초점
- 임의적인 시간제한에 좌우되지 않음
- 실제 실시 대상의 참여
- 항상 단 하나의 점수로 평가하지 않음
- 과목 내 있는 도전성을 대표함
- 학생들 간 비교를 최소화함

학 점

전에 받은 학점은 또한 학생의 특별한 강점을 보여주는 정보이다. 학점은 교사가 만든 평가와 덜 구조화된 상황에서 볼 수 있는 다른 성취 모두를 반영할 때, 테스트 점수만으로 학생의 능력을 파악하는 것보다 보다 포괄적인 정보를 얻을 수 있다. 학점이 갖는 좋은 점과 나쁜 점에 대해선 검사와 측정 영역에서 잘 명시하였으며 교사들은 학점을 매기는 과정과 그 이점 등에 대해서 잘 알고 있다. 종합재능 기록표에 기록한 학점은 표준화되고 교사가 만든 평가와 유사한 가치를 갖으며, 이들 모두를 통해서, 일반영역에서의 학생강점이 빨리 파악되고 정규교육과정 수정, 심화집단 배치 혹은 연속적인 특별서비스 기회가 결정될 수 있다. 예를 들어, 일관적으로 학점이 낮고 과학을 제외한 모든 과목에 흥미 없어하는 6학년 생 Mark를 과학 심화 집단에 배정하였다고 하자. 이와 같은 배정은 분명해 보이지만, SEM 프로그램 실시 전에는, Mark의 결점과 관련하여 단지 보충 서비스를 실시했다. Mark는 다른 교육과정 영역에서 "점수가 높지" 않았기 때문에, 실제로 특별 과학 프로그램의 기회가 Mark에게 가능하지 않았다. 또한 심화프로그램은 교육과정 수정의 촉매였다. Mark의 중학교 교사회의가 내린 결정으로 언어와 창의적 글짓기 숙제는 허구 및 과학소설 읽기로 대체되

"종합재능 기록표에 기록한 학점은 표준화되고 교사가 만든 평가와 유사한 가치를 갖으며, 이들 모두를 통해서, 일반영역에서의 학생강점을 빨리 살펴보고 정규교육과정 수정, 심화집단 배치 혹은 연속적인 특별서비스 기회를 결정할 수 있다."

었고 과학적 흥미에 집중할 수 있는 기회가 Mark에게 제공되었다. 사회과학 교사는 또한 과학자와 그들이 연구한 나라에서 일어난 사건에 대한 보고서로 정규적인 숙제를 대체하였고, Mark를 위해 심화전문가를 배정, 컴퓨터 전문가를 도와서 고장난 것을 고쳐볼 수 있도록 배려하였다.

교사평정

SEM에서 가장 오랫동안 사용한 도구 중의 하나는 우수한 학습 잠재력을 반영하는 행동특성을 파악하는 일련의 평정도구이다. The Scales for Rating the Behavioral Characteristics of Superior Students(SRBCSS, Renzulli, Smith, White, Challahan, & Hartman, 1977)는 특별 프로그램 평정을 위해 폭넓게 사용되어왔다; 그러나 누가 영재인지 아닌지 구분할 목적으로 사용된 것은 아니다. 오히려, 이 척도의 목적은, 재능기록표 다른 항목처럼, 학생강점에 대한 포괄적인 정보를 얻는데 있다. The SRBCSS는 다음 10개의 하위척도로 구성되어 있으며, 각 하위척도는 측정하고자 하는 특별한 능력에 따라 이름이 붙여졌다: 학습, 동기, 창의성, 리더십, 음악, 미술, 드라마, 의사소통(정확성), 의사소통(표현력)과 계획. 각 척도는 10개의 영역 내 우수한 능력을 보여주는 연구문헌에서 도출된 항목들로 구성된다. 10개 하위척도 중 5개 영역에서 볼 수 있는 예들을 옆 난에 실었다. 교사는 각 항목을 주의 깊게 읽고 얼마나 자주 명시된 특성을 관찰할 수 있는지, (1) 거의 혹은 결코, (2) 경우에 따

SRBCSS 항목 예

학습특징

- 나이나 학년에 비해 높은 수준의 어휘를 사용한다; 의미 있는 방식으로 용어를 사용한다; 언어를 사용하는데 있어서 표현이 풍부하다.
- 사실적인 정보 학습과 회상을 빨리 한다.

동기적 특징

- 어떤 주제나 문제에 집중하여 몰두한다; 과제를 달성할 때까지 끈기를 보인다.
- 과제를 수행하는데 외부로부터의 동기유발이 필요하지 않다.

리더십 특징

- 책임감 있게 잘 수행한다.
- 또래 집단 및 성인과 함께 활동할 때 자기-확신이 있다; 교실에서 다른 학생들 앞에서 발표할 때 편안해 보인다.

미술적 특징

- 미술 활동에 참여하는 것을 좋아한다.
- 많은 요소를 통합하여 미술작품을 만든다; 주제와 결과물의 내용이 다양하다.

의사소통 특징

- 생동감 있게 목소리를 조절한다.
- 몸짓, 표정 및 몸동작을 사용하여 비언어적으로 정보를 전달한다.

라서, (3) 상당히, 그리고 (4) 거의 항상으로 반응한다.

SRBCSS를 사용할 때, 중요한 것은 각 척도마다 따로 학생의 평정을 분석하는 것이다. 도구의 10개 차원은 상대적으로 다른 행동특성을 나타내므로, 하위점수를 더해서 전체 점수를 산출하지 말아야 한다. 학생 인구마다 분산되어 있고, 학교마다 사용가능한 학습기회 범위와 자료 유형이 다르므로, 이 척도에 대해서 "우수하다고 생각되는 점수"를 미리 결정해 놓는 것은 불가능하다. SRBCSS의 가장 좋은 "규준" 혹은 참고방향은 개별 학생인 것이다. SRBCSS 하위척도에 대한 교사훈련 활동과 유사한 부모용 평가척도인, Things My Child Likes to Do는 본 장 자료지침에서 기술할 것이다.

종합재능 기록표의 다른 정보처럼, SRBCSS 척도는 학생의 강점을 파악하기 위해 포괄적인 체계의 한 부분으로서 다른 정보와 함께 사용되어야 한다. 개별학생의 장점을 개발하는 학습경험을 고안하기 위해 이것을 파악하고자 노력을 기울여야 한다. 예를 들어, 동기척도에서 높은 평정을 받은 학생에게는 아마도 자기가 주도적으로 할 수 있는 기회와 독립조사 학습 경험을 제공하는 것이 바람직할 것이다. 리더십 특징 척도에서 높은 평정을 받은 학생에게는 활동을 조직하고 프로젝트 계획을 세울 때, 교사와 학급 친구들을 돕는 기회를 제공한다. 따라서 평정척도를 주의 깊게 분석해서 교사는 개별학생과 공통적인 강점을 갖는 소집단 학생들에게 더 개별화된 학습경험을 발달시킬 수 있도록 노력을 기울여야 한다.

학생 산출물 성취에 대한 평가

최근 교육평가분야의 발달로 인해 학생 산출물을 평가할 때 필요한 여러 방법론이 제공되고 있다. 이들 발달은 작문대회, 과학경진대회, 미술대회 같은 특별 유형의 평가상황에서 개발된 기술덕분이다. 대부분의 경우에, 초기 기술들은 학업적 혹은 미술대회와 관련이 있었고 학과목 영역 내에서 전문가의 의견에 주로 좌우되었다. 보다 최근에는 성취평가 발달로 인해, 교사가 작품의 질을 나타내는 핵심이 있고 없고를 결정할 때, 체크리스트와 평정척도 형식으로 분석절차를 조직하려고 시도하고 있다. 예를 들어, The National Center for Research on Evaluation, Standards, and Student Testing(CRESST: Gearhart, Herman, Baker, & Whittaker, 1992)은 해설적,

기술적, 그리고 설득적인 작문의 질을 평가할 수 있는 척도를 개발하였다. 이 도구는 일반적 능력, 초점/조직, 정교성 및 메카닉스를 평가하는 4개 6점 척도로 구성된다. 이들 4개의 일반영역 내에서 각 항목의 숙달 정도에 대해, 특별한 기준을 제시하여 교사는 좋은 작문에서 볼 수 있는 특징의 유무를 결정할 수 있다. 이와 같은 평가기술을 교육받은 교사는 실험연구에서 이 도구를 호의적으로 사용하였다.

유사한 접근법들이 다른 센터나 기관에서 개발되었다. Vermont 주는, 예를 들어, 여러 분석적 평가 지침을 개발하고 이에 근거하여 작품의 질을 평가하였다. Vermont Writing Assessment는 목적, 조직, 상세함, 어조/톤 사용, 메카닉스와 문법을 조사하는데 기술적인 특징과 5점 척도를 사용하였다(Vermont Department of Education, 1991a). Vermont 교육부는 또한 수학 성취를 평가하는 자료도서(1991b)와 교사지침(1991c)을 개발하였다. Connecticut 교육부 또한 과학과 다른 영역에서 성취를 평가하는 전략을 개발하였다(Baron, Carlyon, Greig, & Lomask, 1992). 유사한 절차가 대인기술, 수공과 정보체계 사용 같은 일반영역 및 여러 과목의 척도 개발에 사용되고 있다. Michigan 대학교 Meisles(1993)와 그의 동료들은 Work Sampling System(본 장 마지막 자료지침 참고)을 개발하여 유아원에서 3학년까지 사용할 수 있게 하였다. 본 체계는 발달적 체크리스트, 재능기록과 보고서 요약으로 구성되어 교사들이 7개 내용 영역에서 성취에 기초한 정보를 수집하고 기록할 수 있다: 대인 및 사회성 발달, 언어와 문학, 수학적 사고, 과학적 사고, 사회연구, 미술과 신체발달.

학생산출물 예

청각 테이프
콜라주
조형적 견적
논쟁
발표
드라마
편집
독립조사연구
인터뷰
편집자에게 편지쓰기
지도
마케팅전략
수학적 모델
영화스크립트
신문투고
여론조사
그림
사진 에세이
시
정치적 캠페인
과학적 도구
조각
단편 이야기
슬라이드 쇼
연설
질문조사
비디오테이프

CRESST와 여러 평가센터는 프로그램 평가에 주안점을 두고 표준화된 테스트 대신 사용할 수 있는 점수 산출 기록표를 개발하였다. 다시 말해서, 재능기록표는 가르치는 과정과 단원의 결과에서 교수 효율성을 평가하는데 주안점을 두어야 한다. 성취평가 기술을 통해 오랫동안 짐스러웠던 교수 효율성을 평가할 수 있게 되었다. 성취평가 역시 종합재능 기록표를 사용해서 달성하려고 하는 목적에 부합된다. 교수 지도서의 "맨 앞장 밑"에 있는 학생결과를 조사함으로써, 도전적인 과제를 제공할 학생이 강점을 보이는 영역에서 확인할 수 있고 이들 영역에서 기술을 발달시키는 출발지로 삼을 수 있다. 예를 들어, 만약 과학과 창의적인 작문에 관심이 있다면 과학주제로 과학공상 및 모험이야기를 쓸 수 있는 기회를 줘서 흥미와 능력을 발달시킬 수 있다. 학생들의 작문을 평가할 때 분석적인 지침을 제공함으로써, 교사들로 하여금 재능발달의 출발점이 되는 학생강점 영역을 보다 통찰력 있게 판단할 수 있게 해 준다. 그리고 위와 옆 난에서 이미 언급한 효과적인 척도별 작문 특징을 사용해서 향상시켜야 할 특별영역에 대해서 학생에게 피드백을 줄 수 있다.

이야기 구조원리 예

도입

4= 상황을 잘 기술, 적절한 시간적 배경을 묘사하고 주요 인물과 그와 관련된 사람을 논리적인 방식으로 풍부하게 묘사함.

3= 시간과 장소에 대해서 얼마간 기술; 주요인물과 그 외 인물을 포함.

2= 주요 인물을 포함하고 시간과 장소에 대해 간단히 기술.

1= 단 하나의 인물이 있거나 시대와 상황에 대한 정보가 거의 없음.

0= 인물, 시간 및 상황에 대한 정보가 없음.

갈등

4= 주인공과 그의 문제에 대해 자세히 기술; 또한 경쟁자에 대해서도 정교하게 묘사함….

해결

4= 종결을 완전히 기술하고 이야기 맥락 상 이해가 됨.

성취평가 시 이와 같은 평가가 갖는 또 다른 이점은 교원 발달 활동에서 사용할 수 있다는 것이다. 대부분 교사들은 더 복잡한 과제를 평가하는데 있어 기본적인 평가기술을 채택하고 학점을 준다; 그러나 최근 개발된 척도와 성취평가 연구에서 그 특징을 조사하여 부가적인 지침을 얻을 수 있어야 한다. 본 장에 수록된 자료지침을 통해서 학생 능력과 강점영역을 파악할 때 사용할 수 있는 자료정보를 얻을 수 있다.

흥 미

> 흥미와 학과목이 서로 연결되어 있다고 굳이 말할 필요 없다. 부모와 교사들은 종종 자녀들이 듣고 싶어 하지 않고 이해하려고 하지 않는다고 불평을 한다. 학과목은 학생들에게 아무런 느낌도 주지 못하기 때문에 학과목에 대해 생각하지 않는다; 관심도 없다. 이것이 바로 고쳐야 할 것이지만, 무관심과 반감을 증가시키는 방법을 사용하여 교정하는 것이 아니다.
>
> John Dewey, 1916

종합재능 기록표의 2번째 차원은 학생의 흥미이다. SEM 전반적인 구조에 근본원리가 있다면 바로 학생의 흥미에 토대를 두었다는 것이다. 기본적 기술 학습에서부터 높은 수준의 개념화와 창의적인 결과까지 그 연속선상 어디든지 간에, 모든 인지 행동은 학습행동에서 나타나는 흥미도에 따라 향상된다. 흥미와 학습 간의 상관관계는 의심할 여지없이 지구상 첫 인류에서도 찾아볼 수 있지만, 19세기 철학자들이 흥미와 학습의 밀접한 관계를 확인한 이래, 과학적인 연구 주제로 자리잡게 되었다(Herbart, 1806, 1841; James, 1890). Dewey(1913)와 Thorndike(1935)는 흥미가 모든 형태의 학습에서 중요한 역할을 한다는 점에 관심을 기울였다. 또한 그들은 학습자 개인특성뿐 아니라 과제 및 대상[1]에 대한 흥미도를 중시하였다. Piaget(1981)의 주장에 의하면, 모든 지적기능은 흥미 같은 에너지를 넣어주는 정서과정의 역할로 좌우된다. 또한 그는 정보처리 과정 차원을 기술하는데 "energetic"이라는 용어를 사용하였다. 수많은 실증연구가 또한 개인흥미가 학습에 지대한 영향을 미친다는 것을 보여주고 있다(Krapp, 1989; Rennin- ger, 1989, 1990; Schiefele, 1989). 발달 이론가들 또한 흥미의 중요성에 대해 인식하고 있다. Albert와 Runco(1986)는 보다 "개인적이고 '창의적인' 성격요소를 형성하는 일차적인 영역은 바로 깊은 개인적 흥미이다"(p. 343)라고 언급하였다. Gruber(1986)는 특출난 자아-구조의 주된 원동력이 개인 자신의 활동과 흥미라고 말했다. 심화-기초 프로그램 참여의 장기 효과조사 연구들에 의하면, 대학 전공과 직업선택을 예측하는 지표는 어릴 적 흥미에 기초하여 집중적으로 연구했던 프로젝트이다(Hébert, 1993). 5년 그 이상동안 SEM 프로그램에 참여하고 또래보다 더 높은 수준의 창의적 산출물을 보였던 학생들에 대한 연구들 또한 이들이 초기 지속적이고 집중적인 흥미를 보였음을 나타내고 있다(Reis & Renzulli, 1994).

흥미에 대한 정보수집과 기록

The Interest-A-Lyzer

학생흥미에 따라 교육적 경험을 구성하는 것은 심화실제를 학교에 도입할 수 있도록 보장하는 가장 효과적인 방법 중 하나이다. 발달정도를 평가하고 수정할 기회가 생긴다. 많은 SEM 프로그램 평가연구에서 볼 때, 학생들이 가장 좋아하는 활동은 항상 자신이 하고 싶은 것을 선택할 자유가 많은 것이다. 학생의 현재와 잠정적인 흥미를 조사하는 계획적인 책략은 Interest-A-Lyzer라고 하는 도구이다(옆 난 참고). 이 도구는 4학년에서 9학년까지의 학생에게 실시될 수 있으며, 더 어린 학생(McGreevy, 1982)은 물론 고등학생(Renzulli, Hébert, & Sorenson, 1993) 및 성인(Renzulli, 1977a)에게도 조정 후 사용가능하다. 학생들이 하고 싶은 것에 대한 여러 실제 및 가상적 상황으로 구성되어 있다. Interest-A-Lyzer의 주 목적은 학생 내부, 학생과 교사 간의 의사소통을 "여는" 것이다. 또한 진보된 수준에서 연구하고 싶은 영역을 찾도록 도와주고 유사한 흥미를 갖고 있는 학생집단끼리의 토론을 촉진하는데 사용할 수 있다.

고등학생용 Interest-A-Lyzer 예

- 고등학교에서 제공하는 과정에 싫증이 났다. 교장선생님은 똑같은 흥미를 가진 사람을 위해 어떤 과정을 개발할 것을 요구하였다. 무슨 과정을 만들어서 가르칠 것인가?
- 단체로 견학 가는 대신, 교육이사회는 학생들이 선택한 곳으로 견학을 가는데 무제한적으로 기금을 지원하기로 결정하였다! 방문하고 싶은 장소 세 곳과 그 곳에 방문한 동안 무엇을 할지 설명하라.
- 너의 첫 번째 책을 쓰고 있다. 제목은 무엇인가? 무엇에 관한 것인가?
- 지역사회 청소년에게 미래의 세대를 위해서 개인시간 캡슐을 준비하도록 하였다. 열 가지 개인적인 것을 선택할 수 있다. 무엇을 그리고 왜 선택할 것인가?

Interest-A-Lyzer 현장검증에서 본 도구를 개별 학생상담 혹은 집단토론의 기초로서 사용할 수 있다. 또한 현장검증에서 흥미의 자아-분석을 서두르지 말고 계속 진행하여 집단을 따라하거나 고정개념에 따라 반응하지 않고, 또래 압력을 받지 않도록 특별한 단계를 취해야 한다. 일련의 도구 실시 지침을 개발함으로써 이상의 문제를 극복하고자 하였다; 그러나 중요한 것은 교사가 학생들이 자신의 반응에 대해서 어떠한 결정을 내리고 누구와 의논하고 싶은지 선택할 수 있도록 최대한의 자유를 허용해야 한다는 점이다.

Interest-A-Lyzer 현장검증에서 나온 또 다른 문제는 어린 학생들은 자주 어떤 주제에 노출되어 본 적이 없으며 잘 모를 수 있다는 점이다. 항목 10은, 예를 들어, 신문의 여러 분야에서 어떤 일을 하고 싶은지 질문하는 가상적 상황을 다루고 있다. 현장검증에 참여한 대부분의 학생들은 신문의 여러 분야에 익숙하지 않았으므로, 브레인스토밍 활동을 통해 학생들이 여러 다른 신문의 부분을 오려서 알 수 있도록 하였다. 오려낸 신문을 게시판에 붙이고 집단토론을 실시하여 각 신문분야의 속성과 기능에 관심을 기울이게 한다. 이와 같은 활동을 통해서, 학생들은 더 의미 있는 방식으로 질문지 항목에 반응을 할 수 있다. 본 도구를 사용할 사람은 이 도구를 실시할 학생의 연령 및 성숙수준과 관련하여 각 항목을 고려해 보고, 학생들이 반응항목 내용을 잘 알고 있는지 살펴본 뒤, 여기서 기술한 것과 같은 활동들을 조직한다. 또한 교사들은 도구에 자신의 항목을 더하거나 수정할 수 있다. 특히 매우 어린 학생이나 문화적으로 다양한 배경을 가진 학생인 경우에는 이 같은 작업이 더욱 요구된다.

Interest-A-Lyzer는 점수를 수치화하는 도구유형이 아니라 패턴 분석을 하는 방식으로 개발되었다. 도구의 주요 패턴과 요소들은 다음과 같다:

> 흥미가 있으면 거기에 집중하게 되고, 사로잡히게 되고, 그것을 하게 된다. 흥미를 가지게 되면 민첩하게 되고 관심을 쏟고, 주의를 기울이게 된다. 어떤 것에 흥미를 갖는 사람은 자신을 그 일로 잊어버리고 그 일에서 자신을 찾는다. 이 말은 바로 그 주제에 자신을 빼앗겨 버렸다는 것이다.
>
> John Dewey, 1916

1. 순수예술과 공예
2. 과학과 기술
3. 창의적인 작문과 저널리즘
4. 입법, 정치와 사법
5. 수학
6. 경영
7. 역사
8. 운동과 밖에서 하는 것에 관련된 활동
9. 공연예술
10. 비지니스
11. 소비자 운동 및 환경과 관련된 활동

기억해야 할 것은 (1) 위의 요소들은 일반적인 영역 혹은 흥미들을 나타내며, (2) 여러 방식으로 특정분야에 관심을 가질 수 있다는 점이다. 따라서 일반적인 패턴을 파악하는 것은 흥미분석의 첫 단계에 불과하다. 일반적인 흥미를 재정의하고 집중해서 학생들은 사실 일반영역 혹은 그 연결 분야에서 특별한 문제를 찾아낼 수 있을 것이다. Interest-A-Lyzer에 기초하여 찾아봐야 하는 부과적인 것은 다음과 같다:

- 정확과 정밀성을 요하는 활동(예: 편집, 과학실험, 관찰, 음악연구)
- 사람을 만나고 다루는 활동(예: 교수, "환경정화운동" 캠페인 조직)
- 사람을 돕는 활동(예: 유아원, 유치원 자원봉사자, 의사, 치과의사 및 수의사)
- 색깔, 물질, "눈에 호소하는" 예술적 산출물과 관련된 활동과 디자인(예: 의복, 의상연출세트, 정원관리, 보석, 금속공예)
- 기계, 도구 및 정확성을 요하는 장비를 다루는 활동(예: 사진, 배경설치, 가구배치)
- 음악, 작문, 그림 혹은 율동을 통해 창의적으로 표현하는 활동(예: 만화, 희곡쓰기, 작곡, 무용학)
- 리더십, 금융 및 "운영"과 관련된 활동(예: 연극 디렉터, 사업경영, 조직 관리)
- 법, 도덕 혹은 철학적 문제와 관심(예: 동물 서식지 보호시 보호 청원, 스포츠 활동에 여성의 동등한 참여를 위한 캠페인)
- 컴퓨터와 수치 문제를 다루는 활동(예: 계산기 사용, 컴퓨터와 슬라이드 규칙, 수학게임 혹은 퍼즐발명, "머리쓰기"에 관련된 것)
- 바깥에서 하는 것과 관련된 활동(예: 동식물 키우기, 캠핑, 야생생활 연구)

> 현명한 사람 중에서 가장 현명한 사람은 더 많은 해결책을 아는 사람–박식한–이 아니라 새롭고 풍부한 체계를 부과하고 공략할 정도만 아는 사람이며 그렇게 할 도덕적인 용기를 가진 사람이다.
>
> M. Bunge, 1967

위의 예들은 상호관계를 맺고 있고 서로 겹치는 영역을 갖고 있다; 예술을 "잘 가르치려면" 더 집중적으로 추후활동을 할 수 있는 흥미를 발견해야 한다. 학생흥미를 분석해서 얻은 결론과 정보는 Interest-A-Lyzer나 유사한 서류에 기록하고 종합재능 기록표에 넣어 둔다.

선호하는 스타일

개별화와 학습스타일의 역할

> 많은 연구에도 불구하고, 학교는 계속 교수-학습과정 "암흑기"에 허덕이고 있다. 여러 자료들에 의하면, 학생들 간의 개인차가 있으며—개인차가 너무 커서 이상적인 방법, 자료 및 집단배정 절차들이 다수의 학생들의 학습을 방해하거나 막을 수 있다.
>
> Rita Dunn & Kenneth Dunn, 1978

대부분 개인과 소집단 교수배치는 기술 혹은 능력 수준에 집중되어왔다. 많은 연구들도 지능, 성취 및 태도에서 개인차를 측정하는 테스트의 지속적인 개발에 방향을 맞춰 왔다. 비록 이들 테스트들이 집단을 배정하고, 교정과 속도 차 측정에 있어서 분명히 이점을 갖고 있다고 하지만, 몇 년 동안 많은 교육자들은 교사에게 실질적이고 특별한 프로그램 지침을 제공하는데 있어서 이들 도구들이 갖는 가치를 의심해 왔다. 보다 최근에, 자기-선택적 교육과정 외 활동에서 흥미 및 동기가 학습에 중요한 역할을 한다는 점이 부각되었다. 따라서 계속적으로 많은 형식적 도구와 비형식적인 기술들이 개인적, 직업적 및 주제별 관심을 조사하는데 사용되었다. 이들 흥미검사도구, 질문지 및 비형식적 평가를 통해서, 학생들이 특별한 흥미를 가질 것으로 보이는 내용 영역을 찾아내려고 많은 노력을 기울이고 있다. 대부분 학교들이 이제 이 중요한 학습자 차원에 심각하게 관심을 기울이기 시작했다. 학생 흥미에 대한 관심확대로 인해 유사하게 개별화개념도 확대되었다. 다시 말해서, 학업적 강점과 약점에 기초하던 학습경험을 개정하는 대신, 더 의미 있는 교수법을 만드는데 관심을 갖고 있던 사람들이 또한 학생들이 하고 싶어 하는 주제와 연구 영역에 주목하게 된 것이다.

SEM 기저에 있는 주요 가정 중 하나는 개별 학습자를 존중하자는 의미에서, 학습율과 특별한 주제 혹은 학습영역에 대한 흥미 뿐 아니라 어떻게 학생들이 특별한 활동을 추구하고 싶어 하는지 고려해야 한다는 것이다. 이것은 완전한 선택의 자유를 모든 교육활동에 부여할 수 있고 부여해야 한다고 말하는 것이 아니다. 반대로, 다른 것보다 더 적절하게 배울 수 있는 어떤 기본 기술영역이 있다는 것이다. 그러나 이러한 경우는 현재 실제가 제시하는 것보다 더 제한적이며 학습스타일에 대한 개인차가 요구하는 부수적인 단계가 있다.

> 성인: 선생님이 학교에서 하라고 주신 것 중에서, 가장 하고 싶은 것은 무엇이고 왜 그렇지?
>
> Tommy: 글쎄요. 사회과학이 가장 좋아요. 다른 사람이 세계의 다른 부분에서 어떻게 사는지 배우는 것이 좋아요. 또한 많은 프로젝트를 할 수 있어서 재미도 있고요. 자신에 대한 것을 배울 수 있어서 프로젝트하는 것을 좋아해요. 전 프로젝트를 열심히 해요 그리고 좋은 생각이 떠오르면, 기분이 좋아요. 생각한 것과 흥미 있는 것을 할 때, 더 재미가 있어요.
>
> Beth Hennessey & Theresa Amabile, 1988

현재 이용가능한 연구들은 몇 년 동안 교육자들이 알고 있던 학습개념을 지지한다. 대개 학생들은 자신이 좋아하는 학습스타일과 일치되는 방식으로 배울 때 더 쉽고 즐겁게 학습한다. 선호도는 내용과 주제에 대한 흥미에 따라 개인마다 다르다; 그러나 만일 이들 선호도를 파악하고 조절해 보려는 시도가 없다면 학생성취와 학습에 대한 즐거움을 증진할 귀중한 기회가 상실될 것이다. Torrance (1965)가 지적했듯이, "민첩한 교사는 항상 교수방법을 바꿀 때, 어떤 학생들이 느리게 학습하는지 심지어 잘 못하던 학생이 잘하게 된 것까지 인식한다"(p. 253).

많은 연구들이 결론내리길, 여러 학습환경과 학생의 적합도는 인지적 성장과 학습과정의 만족도에 영향을 미친다(Brophy & Good, 1974; Hunt, 1971; Kagan, 1966; Smith, 1976). 전반적으로, 이들 조사 결과에 의하면, 학생의 학습스타일 선호에 따라 교수책략을 맞추려는 노력은 바람직하다. 학습스타일 적합도 접근법은 학생들에게 교육적 경험을 계획하는데 참여할 기회를 제공할 뿐 아니라, 또한 주제문제에 대한 태도를 증진하고 어떤 경우엔, 단원말 시험점수 향상에 도움을 준다. 학습스타일에 대한 긍정적인 결과들로 인해 능력과 흥미 외에 스타일 평가와 분석에 관심을 기울이게 되었다. 이들 관심들은 심지어 오늘날 더 적합한데 그 이유는 학교에서 볼 수 있는 다문화 차이에 더 많은 관심을 기울여 학습경험을 조직하려고 노력하고 있기 때문이다.

따라서 종합재능 기록표의 세 번째 차원은 학생들의 학습선호를 나타내는 일련의 지표들이다. 이들 지표들은 선호하는 교수스타일, 학습환경, 사고스타일 및 여러 산출물 스타일과 그 양식에 대한 선호로 구성된다. 이들 지표들은 개별 학생들이 다양한 학습상황에서 하고 싶은 것이 무엇인지 그 정보를 제공한다. 성취지표와 흥미가 특별한 태도와 내용영역을 나타낸다면, 성취에 대한 선호도는 내용영역, 대인관계 및 학교가 학습을 조직하는 여러 방식을 망라한다. 선호는 여러 학습상황에서 일어

> 학생들이 모든 것을 완전히 이해하지 못하는 것은 학생의 결점이 아니라 교사자신의 교수에서 빚어진 결점임을 받아들이고 새로운 방법(교수)을 찾아내는 능력을 개발하고자 노력해야 한다.
> Leo Tolstoy, 1967

나는 것을 채택하고 조직하는 특징적인 방식을 말한다. 예를 들어, 돌고래에 관심이 있는 학생은 강의/토론 혹은 시뮬레이션 형식보다는 집단프로젝트 혹은 수족관 인턴십을 하여 이 흥미를 추구하고 싶어 할 것이다. 비록 이들 좋아하는 것을 정규교실 상황에서 모두 수용하는 것은 불가능할지 몰라도, 최소한 학생들이 보여주는 것 즉 선호하는 것에 익숙해짐으로써 심화경험을 도입할 때 이들 기회를 증진할 수 있다. 그리고 심지어 심화집단과 연속적인 특별 서비스 같은 보다 융통적인 학교 구조 내에서조차도 [도표 7]에서 볼 수 있는 네 가지 유형의 개인적인 선호 차이를 모두 수용하기는 불가능할 것이다. 그럼에도 불구하고, 가능할 때마다, 이러한 정보를 많이 사용하는 것을 모든 학습 상황의 주요 목적으로 추구해야 한다. 이와 같은 정보를 사용함으로써, 학교를 비우호적인 장소로, 학습이 중요하지 않다고 생각하게 만드는 비개인적인 장애를 뚫을 수 있다.

선호하는 교수 스타일

[도표 7]의 3번째 난은 대부분 교사에게 친숙한 교수기술들에 관한 것이다. 어떤 경우에, 이들 교수기술 혹은 스타일은 또한 "학습스타일"이란 주제에서 찾아볼 수 있다. 비록 교수스타일에 대한 여러 정의를 교육 및 심리학 문헌(Smith, 1976)에서 찾아볼 수 있다고 해도, 여기서 정의하는 바는 (1) 개인 혹은 여러 집단 학습을 파악하고 조직하는 기술, (2) 교수기술에 내재된 조직정도이다. 본 정의와 대안적인 교수스타일의 관련 기술을 통해서 학습스타일 개념에 대해 갖고 있는 의구심을 제거할 수 있다. 교사에게 친숙한 교수실제에 초점을 맞춤으로써, 심리적 개념(예: 추상적-무작위 학습자)을 어떻게 학습상황에서 적용하는지 두 번 추측하는 "심리적 매개인"으로서의 결점을 극복하였다. 교육실제에 영향을 미칠 수 있는 추후연구를 자극한다는 점에서 대안적인 개념이 가치가 있는 반면, 이론적으로 탄탄하고 실질적인 접근에 관심을 기울여 이를 직접적이고 즉각적으로 교실실제에 적용하는데 관심이 있다.

[도표 7]의 세 번째 난을 조사함으로써 여러 교수스타일이 연속적이라는 것을 알 수 있다. 즉 매우 구조화된 접근법에서 출발하여 덜 구조화된 학습상황으로 점진한다. 책 전체가 여러 교수기술연구에 할애되지만, 이 내용을 포괄적으로 분석하고 제시하는 것은 이 책 영역 밖이다. 그렇지만, 다음에 살펴볼 공통의 참고내용을 제공할 목적으로, 구조화된 것에서부터 덜 구조화된 그 기술까지 내용을 간단히 적도록 하겠다.

상술과 훈련

> 모든 교수의 90%는 강의와 질문하고 대답하는 방식이다. 그리고 단지 10명 중 2이나 4명의 학생만이 듣는다.
> Rita Dunn & Kenneth Dunn, 1978

전통적으로 폭넓게 사용되는 이 접근법은 교사가 질문하고 학생들은 적절하게 질문에 대답하는 것을 말한다. 학생들이 사실 간의 관계에 대해서 생각해 보는 토론과는 대조적으로, 상술은 전형적으로 사실을 대답함으로써 질문을 끝낸다. 질문에 대한 대답은 사실에 대한 정확도로 평가된다. 상술은 대개 학생에게 주제와 기계적인 학습을 부과한다.

프로그램화된 교수

특별한 개념을 가르치기 위해 계열화된 자료를 가지고 활동하는 것을 말한다. 자료는 특징적으로 빈칸을 채우는 문제의 단답식으로 구성된다. 내용을 전자매체나 혹은 교과서, 활동책 양식으로 제시한다. 프로그램화된 교수의 다른 특징으로 즉각적인 피드백에 대한 규정, 학생고유의 속도에 대한 결정, 매우 조직화된 내용과 낮은 학생오류율 등이 있다. 많은 컴퓨터 소프트웨어가 최근에 개발되었으며, 세 가지 중요한 형식을 취한다: 개인지도, 여기서 컴퓨터는 새로운 정보를 제공한다; 교정을 위해 컴퓨터를 사용하는 훈련과 연습; 학습자로 하여금 상대적으로 복잡한 문제해결에 참여하게 하는 시뮬레이션.

또래 교수

이 기술은 학생을 다른 학생의 교사로서 사용하는 것을 말한다. 이 상황은 매우 구조화될 수 있다. 예를 들어, 교사는 어떤 학생에게 튜터를 붙여주고 다룰 내용을 정해 줄 수 있으며 또한 상대적으로 비구조적으로, 학생들로 하여금 자신의 튜터를 정하고 다룰 내용을 결정하게 할 수 있다. 또래 교수는 상급학년 학생이 어린 학생을 가르치는 것과 관련이 있는 반면, 실제 교실에서는 대개 협동학습으로 제한된다.

강의

강의는 어휘로 하는 프레젠테이션으로 교사 혹은 다른 사람들은 특별 영역 전문가의 생각과 개념을 듣고 얻는다. 강의 방법에는 대개 토론 혹은 교사와 학생 간 상호교환이 거의 없다; 교사는 학생에게 "말한다." 강의자는 그가 좋아하는 계열과 스타일로 자료를 조직하고 제시한다.

토론

토론은 교사와 학생 혹은 다른 학생들 간에 양방향으로 상호작용이 있다는 것이 특징이다. "직접적인 강의"와 반대되게, 집단토론시 학생들은 더 많이 활동적으로 참여할 수 있다. 이상적으로, 토론 기술은 학생들로 하여금 사실과 개념 간 관계에 대해 생각하게 하며, 사실과 개념의 중요성에 대한 생각, 결정적인 분석을 이끌어낸다. 여러 다양한 교사 지도정도를 볼 수 있으며, 교사는 비지시적인 역할을 하는 예에서 대부분 질문을 하고 다음의 절차나 안건을 제시하는 중개자까지 다양한 역할을 한다.

마야

초기 11세기 마야 문명 시뮬레이션

위대한 마야 문명의 지도자의 생활을 시뮬레이션하였다. 어린 인디안 지도자는 자신들의 역사적 도시를 건설하기 위해 Yucatan의 무더운 정글로 돌아온다. 학생들은 빨리 성공적으로 마야 제국이 발달하려면 이들 도시들 간에 협조가 필요하다는 것을 이해하게 된다.

5-8년 학생용으로 Interact에서 개발한 시뮬레이션

교수게임과 시뮬레이션

교수게임은 학생들이 참여하길 좋아하며 동시에 교사가 원하는 학습내용에 학생을 관여시키는 활동이다. 교수게임이 현실적이라고 해서 꼭 효과적인 것은 아니다. 전체 교실에서 할 수도 있고 개별 학생 혹은 소집단 학생에게 실시할 수도 있다. 시뮬레이션은, 반면에, 실제-세계를 근거로 만들어진 상황의 역할놀이를 통해서 내용과 기술을 가르치는 것이다. 일반적으로 특별한 개념, 문제 혹은 사회적 과정들을 대강 기술하고 학생들로 하여금 그 맥락 안에서 역할놀이를 하게 한다. 학생 역할자는 "현장에서" 의사결정을 내려야 한다. 이들 결정은, 다른 역할자의 다음 행동에 영향

을 미친다. 이와 같은 맥락에서 교사의 기능은 제시된 행동을 조화롭게 하는 것이다. 시뮬레이션을 개발하는 일차적인 관심은 바로 현실성이다. 시뮬레이션이 "실제 세계" 환경을 더 반영할수록, 학습경험은 보다 성공적일 수 있다. 최근 몇 년째 증가하고 있는 교육과정에 보다 현실성을 도입해야 한다는 관심으로 인해 이 시뮬레이션 기술은 인기를 얻게 되었고 시뮬레이션 자료의 유용성 또한 증가되었다. Interact 회사(7장의 자료지침 참고)는 모든 학년과 과목 영역에서 여러 주제와 개념을 다루는 주된 시뮬레이션 출판업계이다. 상호작용하는 컴퓨터 소프트웨어 또한 시뮬레이션을 사용하여 새로운 문제해결의 기회를 더해 주고 있다.

동물원

동물원 시뮬레이션

이 시뮬레이션에서 학생들은 Zooland에 있는 작고, 도시적인 동물원의 일상활동에 참여한다. 시장과 도시회의 위원들은 1년 내에 Zooland를 닫기로 결정했을 때, 학생들은 이에 대응하여 동물원을 보존하기로 하였다. 학생들은 Zooland 교실모형을 만드는 것에서 시작하였다. 그리고 나서 이 모형을 사용하여 어떻게 동물원을 보호할지 배울 수 있었다. 첫째, 동물원 규칙과 보호관의 책임을 알게 되었다. 다음으로 동물을 어떻게 돌보는지 알게 되었다. 간단히 동물 보호관 시험을 통과한 후에, 학생들은 Zooland를 신축하는 활동을 시작했다. 현대적인 울타리가 없는 우리를 디자인하고 실제 동물을 전시할 방법을 배웠다. 마지막으로, 학생들은 옛날 다 쓰러져가는 동물원을 최근 보수하여 현대적인 동물원으로 전환하는데 지식을 사용하였다.

3-8학년 학생용으로 Interact에서 만든 학습활동

독립조사연구

독립조사연구는 전체 교실활동과 별도로 혹은 함께 진행할 수 있는 것으로, 주제를 독립적으로 선택할 수 있다. 독립조사연구는 매우 구조화될 수 있고(과정지침, 과제와 능숙도 테스트가 미리 기술되어 있는 경우에), 덜 구조화되어 학생들이 자신이 선택한 주제나 영역을 연구하게 할 수도 있다. 덜 구조화된 독립조사연구는 계속적인 감독이 없다는 특징이 있지만 필요할 때에는 다른 사람과 상호작용을 할 수 있다. 전형적으로, 학생들은 조사할 영역을 선택하고 정보를 수집할 자신의 접근법을 개발하고 일종의 산출물(문어적이든 연구페이퍼든지)을 만든다. 만약 학생이 정규과정 혹은 단원을 독립조사연구로 감당할 수 있으면, 전통적인 절차에 따라 그 과정을 이수한 학생처럼 똑같은 평가기준을 적용할 수 있다. 지침이 있는 것과 지침이 없는 독립조사연구를 조합해서 학습하게 하는 것이 개별 혹은 소집단 학생들이 일반적으로 교실에서 하는 것보다 빨리 자료를 감당하게 하는 좋은

방법이다. 자기-지시, 효과적인 시간 관리 기술과 다른 사람과 협동적으로 활동하는 능력은 이와 같은 학습스타일을 좋아하는 사람들의 특징이다.

프로젝트

프로젝트 방법 또한 집단조사모델로 문헌에 기술되어 왔는데, 지침 없는 독립조사연구와 여러 특징이 비슷하다. 이 방법은 7장의 3부 심화에서 다루겠지만 보다 활동기간이 길다. 프로젝트 방법은 개인이 하는 활동이 될 수도 있고 혹은 학생집단이 함께 할 수도 있다. 어떤 경우에, 프로젝트는 과제의 요구조건을 충족해야 하며 학생들은 자주 실제적용이 가능한 결과물을 만들기 위해서 본래 요구사항을 넘어서 활동을 확장한다. 다른 경우에, 프로젝트는 학생이 착상을 한다. 프로젝트는 모든 경우에 있어서 마지막 결과나 서비스를 다른 학생들과 공유할 수 있게 한다. 교사나 다른 성인의 다양한 정도의 지시를 받지만, 전형적으로 프로젝트 관리의 주된 책임은 학생에게 있다.

인턴십, 견습과정과 멘토십

본 범주에 속하는 학습경험은 대개 개인 혹은 소집단 학생을 특별 영역에서 매우 높은 수준의 전문성을 가진 성인의 지식 하에 활동할 수 있도록 작업장에 배정하는 것이다. 이와 같은 접근법은 형식적인 교육을 시작한 고대시대에 그 뿌리를 가지고 있다. 이들 상황 내 구조화 정도는 정확히 학생들과 활동하는 성인이 행사하는 통제의 양에 따라 다양하다; 그러나 인턴십, 견습과정 및 멘토십의 사용은 형식적 교실 상황에 잘 적응하지 못하는 학생과 매우 높은 수준의 흥미, 동기, 성취수준을 이미 갖고 있는 학생에게는 성공적인 방법이 될 수 있다.

학습 스타일 검사도구: 학생이 선호하는 교수기술 측정

학생이 선호하는 교수기술에 대한 정보를 얻을 때 사용하는 접근법 중 하나는 Learning Styles Inventory(Renzulli & Smith, 1978)라고 하는 도구이다. 본 연구에 기초한 도구는 교실 내에서 학생이 선호하는 스타일을 고려하여 학습경험을 계획할 수 있도록 하기 위해 개발되었다. 본 도구는 대략 30분 정도 소요되며 학생들이 선호하는 교수기술에 대해서 정보를 기술한다. 옆 난에서 볼 수 있듯이, 도구는 교실

학습 경험을 나타내는 일련의 항목으로 이루어진다. 주의 깊게 학생들은 항목을 읽고 각 항목에 얼마나 기꺼이 참여할지 반응한다. Learning Styles Inventory (LSI)는 전통적인 용어로 말할 때 테스트가 아니라 개별 학생들이 여러 다양한 교육경험을 추구하는 방식을 파악하고자 하는 도구이다. 학생들의 반응에는 "정답" 혹은 "오답"이 없어서 이 도구에서 얻어진 정보를 사용해서 앞으로 교실활동을 계획하는데 사용할 것이라고 학생들에게 말한다.

이 도구의 혁신적인 요소 중 하나는 각 학생자료가 수반되는 교사양식이다. 이 양식은 교실에서 사용하는 교수책략을 한눈에 볼 수 있도록 만들어졌다. 이 양식에 포함되는 항목은 학생양식의 것과 유사하지만, 이 경우에, 교사는 얼마나 자주 교실에서 교수실제를 적용하는지 각 항목에 반응한다. 이와 같은 절차에서 나온 교수스타일 프로파일은 개별 학생이 좋아하는 스타일과 비교될 수 있고, 교사의 교수 스타일과 학생이 선호하는 것 사이의 조화를 이루는 데 도움을 주게 된다.

> **학습스타일 검사도구 항목 예**
>
> 아래에 있는 각각의 교실활동에 얼마나 참여하고 싶은지를 결정하세요:
>
> A= 매우 하기 싫다
> B= 약간 하기 싫다
> C = 싫지도 좋지도 않다
> D = 약간 하고 싶다
> E = 매우 하고 싶다
>
> - 교실에서 발표하는 주제에 대해 잘 알고 있는 다른 학생들이 있다.
> - 새로운 자료를 혼자 공부한다.
> - 친구의 도움을 받아서 이해하기 어려운 것을 배운다.
> - 학교 과목 중 어떤 것을 연습하는데 도움이 되는 보드게임을 한다.
>
> Joseph S. Renzulli & Linda Smith, 1978

모든 LSI 양식은 광학적으로 스캔할 수 있는 용지로 되어 있어 컴퓨터로 점수화가 가능하다. 컴퓨터 분석은 쉽게 해석될 수 있는 여러 교실보고서로 만들어질 수 있다. 도구의 9개 차원에서 각 학생의 원점수를 산출한다. 점수는 1에서 5까지이며, 1은 주어진 학습스타일 차원에서 강한 부정적인 태도를 의미하며 5는 특정 스타일에 대한 강한 선호를 나타낸다. 학생들이 선호하는 학습스타일은 또한 2개 가장 높은 것과 2개 가장 낮은 점수를 받는 학습스타일 차원을 나타낸다. 이와 같은 분석은 여러 교수기술에 대한 학생의 태도를 요약해 준다. 학습스타일 요약페이지에서 볼 수 있는 2개의 가장 높은 점수와 2개의 가장 낮은 점수는 색깔이 다르다. 종합재능 기록표에 본 요약페이지를 넣어둘 수 있다. 많은 요약페이지를 개관할 때, 색으로 구분하는 이와 같은 접근법은 특정 학생에게 실시할 가장 적절한 교수법을 수정할 때 유용하다.

> "개별 학생마다 선호하는 학습스타일은 … 종합재능 기록표의 요약페이지에 포함할 수 있다."

LSI를 구분해서 분석함으로써 가장 그리고 가장 덜 선호하는 스타일에 따라 학생을 집단으로 구분한다. 이와 같은 정보는 교실 내에서 하위집단을 만들 기회가 있을 적마다 매우 유용하게 사용될 수 있다. 학생자료 분석은 또한 개별 그리고 집단 그래프로 나타낼 수 있다. 게다가, 교사반응양식을 제공한다. 교사는 각 교수스타일을 어느 정도 사용하고 개별 학생들이 선호하는 학습스타일 정도를 비교, 조사하여 책략을 조절한다. 서로 크게 다를 경우에, 교사는 자신이 일반적으로 강조하는 교수법을 변화시키고 학생들이 선호하는 학습을 고려하여 개인 혹은 소집단 활동을 계획해야 한다.

학습스타일 도구 사용시 문제

학습스타일에서 다음의 사항을 고려해야 한다. 첫째, 지능 수준에 따라 학생을 명명하지 않아야 하는 것처럼 학습스타일로 학생을 "낙인찍지" 않도록 노력해야 한다. 비록, 독립 조사연구같은 단 한 가지 방법으로 학습하길 좋아하는 경우가 드물다고 해도, 연령과 학과목마다 선호하는 교수기술이 다를 것이다. 그러므로 학생들의 변화하는 선호 및 경향을 기록하고 보다 적절하게 조정하기 위해서 시간 간격을 두고 LSI을 실시해야 한다.

두 번째 논란은 연령과 관련되어 학습스타일 평가의 적절성 문제이다. LSI는 4학년 이상 학생용으로 개발되었다. 본 도구를 사용하고자 하는 저학년 교사들은 다음의 두 가지를 실시절차에서 수정함으로써 사용할 수 있다. 첫째, 항목 내용을 분명히 이해하지 못할 때 학생들에게 항목을 읽어주고 해석해 준다. 둘째, 한 번에 실시하기보다는 어린 학생의 짧은 주의집중시간을 고려하여 두 섹션에 걸쳐서 실시할 수 있다. 또한 저학년 학생들이 특정 교수스타일/ 학습스타일에 노출되는 수가 제한적이라는 점을 고려해야 한다. 독립조사 연구, 시뮬레이션과 프로그램화된 교수같은 접근법을 통합한 경험에 참여하게 하여, 본 도구의 항목에 대해서 의미 있는 반응을 보일 수 있도록 돕는다.

> "세 번째 그리고 마지막 논란은 학습스타일 적합도를 어느 정도 추천할 것인가와 관계가 있다. 교사가 모든 학생의 선호하는 학습스타일을 조정하는 것은 불가능하다."

세 번째 그리고 마지막 논란은 학습스타일 적합

도를 어느 정도 추천할 것인가와 관계가 있다. 교사가 모든 학생의 선호하는 학습스타일을 조정하는 것은 불가능하다. 시간과 에너지가 많이 필요하고 과도한 업무가 부과된다. 실제적으로, 다른 것보다 특정 접근법을 이용하면 보다 효과적으로 전이될 수 있는 여러 기본적인 기술이 있다. 특정 수학 주제는 강의 혹은 프로그램화된 교수로 가장 잘 가르칠 수 있으며, 시뮬레이션 혹은 토론 접근법으로는 효과적으로 가르치기 어렵다.

그러나 대부분 교실의 현 상황에서는 교육프로그램을 계획할 때, 학생이 선호하는 학습스타일을 거의 고려하지 않는다. 교수는 단지 선호하는 학습스타일의 지침을 받아야 한다고 제안하는 것이 아니라, 교사가 이러한 학습스타일 차이를 통합할 수 있는 영역 혹은 단원에 대한 비형식화된 결정을 내릴 수 있어야 한다는 것이다. 교수기술을 고려하는 등 학교 교원 발달 필요성을 조사하는 진단 도구로서 LSI를 생각해야 한다. 예를 들어, 많은 교원이 거의 시뮬레이션 기술을 사용하지 않는다면, 이와 같은 정보가 교수방법에 대한 워크숍을 제공하고 시뮬레이션 사용시 유용한 특별한 자료를 만들 수 있는 좋은 원칙을 제시하게 되는 것이다.

선호하는 학습환경

선호하는 환경은 선호하는 교수스타일만큼 연구되지는 않았지만, 사회적 심리적 환경이 여러 종류의 학교 성취에 영향을 미친다는 일부 연구들이 있다. Amabile (1983)은 사회적 환경적 요소가 창의성에 미치는 영향에 대한 연구를 개관하였다. 사람들이 조작하는 사회적 맥락은 다른 사람과의 친밀성과 상호작용 선호를 반영한다. 선택의 자유를 주었을 때, 집단가입을 하는 정도는 거의 항상 선호하는 사회적 스타일을 나타낸다. 어떤 학생들은 소집단 혹은 또래집단 상황을 좋아하고, 또 어떤 학생은 단 한명의 짝과 하는 활동을 좋아하기도 하고 혼자서 혹은 성인과 하는 것을 좋아할 수도 있다. 위에서 기술한 선호하는 교수스타일처럼 선호하는 환경은 가

> 동기와 창의성 간에는 강하고 긍정적인 관계가 있다는 것을 알았다. 그리고 많은 부분에서, 확실히 어떤 사회적인 환경은 이들 관계를 결정한다: 일차적으로 흥미, 즐거움, 만족과 활동 그 자체에서 도전적으로 동기부여가 될 때 창의성을 발휘하게 된다—외부 압력에 의해서가 아니라.
>
> Beth Hennessey & Theresa Amabile, 1988

르치는 자료와 달성해야 하는 과제 속성, 학생집단에 이미 존재하고 있는 사회적 관계에 따라 다르다. 현 교실 학습환경에 따라 다르겠지만, 이들 차이는 대개 학생들에게 한 번에 하나만 선택하게 허용한다. 다시 말해서, 교사는 학생자리, 협동학습집단과 조용히 책읽기 같은 조직된 배치 중에서 한 가지를 변화시키려고 한다; 그러나 대개 학생들은 교사가 선택한 조직적 배정을 벗어나서 선택할 수 없다. 비록 교실통제와 효율성을 위해서 주요 조직적인 배정이 필요하지만, 우리가 제안하는 것은 학습환경을 바꿔서 학생에게 유익할 것이 확실하면 수정 혹은 "포기"를 고려해야 한다는 것이다.

Dunn과 Dunn(1978, 1992, 1993)은 네 가지 일반적인 범주에서 학습자에게 영향을 미치는 요인을 연구하였다. 첫 번째 범주는 소리, 빛, 온도 및 학습환경의 신체적, 환경적 영향으로 구성된다. 두 번째 범주는 정서적 요인으로 동기, 지구력, 책임 및 학습상황의 구조화 정도로 이루어진다. 세 번째 범주는 학습자의 사회적 요구에 초점을 두고 학습집단 배정에 대한 선호에 근거한다(예: 자신, 짝, 소집단, 대집단, 성인의 유무). 네 번째 범주는 선호하는 지각양식같은 신체적 환경과 관련된 요소(예: 청각적, 시각적, 촉각적 및 역학적), 음식섭취, 시간대, 이동의 양과 관련된 요소로 구성된다. Learning Style Inventory(Dunn, Dunn, & Price, 1975)는 문항이 100개로, 위에서 기술한 4개 범주 각각에 대해서 요인점수와 프로파일을 제공하며 저자가 여러 실제적인 제안점을 줘서 개인 학습스타일의 이점을 최대한 수용하는 교육환경을 디자인하는 데 도움이 된다.

"선호하는 사고스타일은 능력과 성격을 연계하는 다리로서 생각할 수 있다."

Henderson과 Conrath(1991)가 개발한 도구는 컴퓨터화된 평가 형식으로 학생들이 선호하는 형식(시각, 청각, 신체-역학적), 집단선호(개인, 집단), 표현 스타일(문어적, 구어적) 및 직선적인 계열이 있는 혹은 무작위 직관적인 활동 선호에 대해서 개별 프로파일을 만들 수 있다. 활동 실시 지침(Henderson, Hartnett, & Wair, 1982)은 다양한 교실 상황에서 여러 학습스타일을 조절할 수 있도록 돕는다. 학습환경 평가에 대한 이들 체계와 관련 있는 정보는 본 장 마지막 자료지침에서 볼 수 있다.

선호하는 사고스타일

종합재능 기록표의 다섯 번째 차원은 학습자가 자신의 능력과 태도를 사용할 때 좋아하는 방식에 대한 정보이다. 선호하는 사고스타일은 능력과 성격을 연결하는 다리로서 생각할 수 있다; 이러한 학습자 차원에 대한 정보는 문제언급시 좋아하는 방식에 대한 방향을 제공한다. 다음의 내용은 Robert J. Sternberg의 자기-통제이론(self-government)(1988)에 기초한다. Sternberg는 "아무리 정신적 과정과 지능 기저의 표상에 대해서 이해한다고 해도, 그것이 어떻게 일상 세상에 적용되는지 이해하지 못한다면 완전히 지능을 이해했다고 할 수 없다"(1988, pp. 199-200)고 하였다. 정신적 자기-통제이론의 가정은 자기 자신이 일상활동을 통제하고, 가능할 때마다, 가장 편안해 하는 스타일을 선택해서 일상생활을 통제한다는 것이다.

Sternberg는 정신적 자기-통제이론에 대해 비유적으로 미국 정부 세 가지 부서를 사용하였다. 정신의 입법적 기능(legislative function)은 만들기, 형성하기 및 계획하기와 관계가 있다. 입법적 스타일을 가진 사람은 자신의 규칙과 방법 만드는 것을 좋아하고 덜 구조화된 문제와 독자적인 작문, 물건 만들기와 새로운 프로젝트나 기업을 디자인하는 것같은 구성적, 계획하는 활동을 선호한다. 이런 스타일을 가진 사람들은 창의적인 작가, 과학자, 미술가, 투자가, 정책입안자와 건축가같은 직업을 갖는다. 행정적 기능(executive function)은 다른 사람이 시작한 계획 혹은 아이디어를 수행, 실시하는 것과 관계가 있다. 행정적 스타일을 가진 사람은 규칙을 따르고, 이를 진행하는 방법을 찾아내는 것을 좋아하고, 사전에 구조화된 문제와 기존 구조 내에서 일하는 것을 선호한다. 행정적 스타일은 법조인, 건설업자, 의사, 경찰, 운영자 및 행정가들의 학습스타일이다. 사법적 기능(judicial function)은 아이디어와 결과물에 대해 관리차원의 문제 및 법처리와 관련된다. 사법적 스타일을 가진 사람은 규칙, 절차 및 기존 구조를 평가하는 것을 좋아하며, 비평을 쓰고, 의견을 주고, 사람과 그들의 일을 판단하는 것을 좋아한다. 이들 스타일은 판사, 비평가, 구조 분석가, 입학사정가 및 품질관리 전문가 같은 직업에서 볼 수 있다(Sternberg, 1988).

> 나는 항상 배울 준비가 되어 있지만… 항상 가르침을 받는 것을 좋아하지 않는다.
>
> Winston Churchill

Sternberg 정부은유의 부가적인 차원으로는 정신적 자기-통제의 형식, 수준, 계열과 학습이 있다. "형식"은 절대군주, 위계적, 과두정치와 무정부주의가 있다. 절대군주(monarchic) 형식은 단 하나의 목적, 활동 혹은 지배방식을 말하는 반면, 위계적(hierarchic) 형식은 우선 순위가 매겨진 대안 중에 여러 목적이 있다. 과두정치(oligarchic)는 각 목적과 활동에 동등한 중요성을 부과한다. 그리고 무정부주의(anarchic)는 목적과 문제를 추구하는데 있어서 모든 규칙, 지침 및 기준 절차를 거부하는 형식을 말한다. 수준은 포괄적(global)이고 국소적(local)이며 다룰 문제의 크기, 복잡성 및 추상성을 말한다. 문제의 내적(internal) 혹은 외적(external) 속성은 "계열(sequence)"을 말하고 학습할 때, 보수(conservative)에서 융통적인 것까지 연속선상 어디에 떨어질지를 말한다. Sternberg의 주장에 의하면, 단순히 지능과 성격만을 통해서 학업과 직장 성취를 이해하려고 시도하면, 지능과 성격 간의 "missing link"인 사고스타일이 고려되지 않았기 때문에 성공적일 수 없다.

Sternberg와 Wagner(1991)는 Mental Self-Government Thinking Styles Inventory라고 하는 도구를 개발하여 사용하였다. 128개 문항의 리커르트 척도로 되어 있는 질문지는 다음 13개 하위항목 각각에 대해서 요인점수로 산출된다. 각 하위척도의 예제는 하위척도 질문유형의 특징을 나타낸다.

- 입법적: 스스로 무엇을 어떻게 할지 결정하는 일에 대해 더 행복감을 느낀다.
- 행정적: 나의 역할과 방식이 분명히 정의되어 있는 상황을 좋아한다.
- 사법적: 반대되는 생각에 부닥쳤을 때, 무언가 올바른 것을 결정하는 것을 좋아한다.
- 포괄적: 특수한 것보다 일반적인 논란에 중점을 둘 수 있는 상황을 좋아한다.
- 국소적: 어떤 주제를 토론하고 기술할 때, 전반적인 것보다 보다 세심하게 중요한 사실을 자세히 생각한다.
- 진보적: 옛날 생각이나 일을 하는 방식을 변화시키고 더 낳은 것을 추구하길 좋아한다.

> 생각과 행위에서 지능을 활용하는 방식이 바로 사고스타일이다.
>
> Robert J. Sternberg, 1988

- 보수적: 일을 끝마치기 위해서 따라야 할 고정된 규칙이 있는 과제와 문제를 좋아한다.
- 위계적: 프로젝트를 시작하기 전에, 무엇을 어떤 순서로 할지 알고 있는 것을 좋아한다.
- 과두정치적: 해야 할 여러 중요한 것이 있을 때, 내 또래집단에게 가장 중요한 것을 선택한다.
- 무정부주의적: 쉽게 한 과제에서 다른 과제로 옮겨갈 수 있다. 왜냐하면 모든 과제는 나에게 똑같이 중요하기 때문이다.
- 내적: 다른 사람에게 의지하지 않고 내 스스로 아이디어를 수행하는 상황을 선호한다.
- 외적: 만약 더 정보가 있다면, 그것을 읽어보고, 다른 사람과 이야기 나누기를 좋아한다.

종합재능 기록표에 대한 Sternberg의 정신적 자기-통제 이론의 적용

- 학생들은 단 하나의 사고스타일만을 가지고 있는 것이 아니라, 여러 개 중에서, 한두 개 선호하는 것이 있다.
- 학생뿐 아니라 교사역시 선호하는 사고스타일을 갖는다.
- 교사와 학생들은 교실학습환경과 심화집단 환경을 수정하는데 사고스타일에 대한 지각과 지식을 사용할 수 있다. 이와 같은 수정은 학교의 핵심적인 구성원의 잠재력을 극대화할 수 있다.

Sternberg의 정신적 자기-통제이론은 SEM이 추천하는 교육실제뿐 아니라 종합재능 기록표에 사용될 때 여러 면에서 시사점을 갖는다. 첫째, 그에 의하면, "사람들이 한 스타일만 배타적으로 갖고 있는 것이 아니라-오히려 다른 사람보다 어떤 사람에게서 전문화되는 경향이 있다"는 것이다(1988, p. 204). 또한 Sternberg는 학생뿐 아니라 교사도 선호하는 스타일을 가지고 있고; 학생들이 선호하는 스타일과 양립하는 교수나 활동을 추구할 것이다; 그러므로 여러 다양한 스타일로 주제를 배울 수 있다고 하였다(Sternberg, 1990). Sternberg의 견해에 따르면 사람들이 자신의 스타일을 수정하여 학교과제나 일이 요구하는 바에 맞출 수 있도록 도움을 제공하는 프로그램을 개발하고 가급적 학생들로 하여금 그들이 선호하는 스타일을 이용할 기회를 허용해야 한다. 교사와 학생은 구조화된 정규교육과정 상황에서 과제수정을 하고, 교수집단을 조직하고, 집단에서 활동영역을 나누는데 각 사람의 사고스타일 지식을 사용할 수 있다. 심화집단같은 비교적 덜 구조화된 상황, 즉 공동의 흥미가 집단구성원의 원리가 되는 곳에서는, 집단을 대표하는 사고스타일을 이해하는 것이, 집단 활동을 조직하고 하위집단을 만드는데 도움이 된다. 정규교육과정과 심화집단 둘 다 사후-학습 분석은 학생들로 하여금 종합재능 기록표 네 가지 모든 차원에 걸쳐 개인적으로 선호하는 것을 이해하고, 그들 스타일 레퍼토리를 확대하고, 스타일을 사용하여 여러 학습상황의 효과를 극대화할 수 있도록 돕는다.

선호하는 표현스타일

종합재능 기록표 마지막 범주는 자신을 표현할 때 좋아하는 방법에 관한 것이다. 대부분 교실활동을 문어 그리고 구어적으로 표현한다; 미술과 신체교육같은 특별한 학과목은 나름대로 갖고 있는 표현스타일이 있다. 선호하는 표현스타일에 대한 지식을 통해서 교사는 개별 혹은 소집단 학생들이 자신을 표현하는 방식을 보다 확장해 줄 수 있고 학습 선택을 넓혀줄 수 있다. 예를 들어, 신체 무용으로 제한하는 것이 아니라 운동에 대한 흥미를 스포츠에 대한 글쓰기, 사진 혹은 팀 매니저 같은 관련활동에 활용할 수 있다. 유사하게, 문어적 과제에 어려움이 있는 학생은 구어적인 발표를 통해서 언어기술을 발달시키고 학과목에 대한 유능감을 보일 수 있다; 논쟁, 드라마, 영화, 비디오, 슬라이드 쇼 만들기 혹은 문어적 의사소통보다는 구어적인 시뮬레이션에 참여하기.

어떤 표현 스타일은 결과물 지향적이기보다는 참여와 리더십 지향으로 갈 수 있다. 클럽과 비지니스의 시작, 프로젝트 혹은 팀리더가 되고 지역사

인류가 자신을 표현하는 방식에 대한 예

광고	보드게임
책표지	건물
석탄스케치	동전수집
몸짓	데모/행진
디오라마	옷 입는 패턴
편집	자수
실험	요정이야기
가계도	하이쿠
하이퍼카드 스택	정원관리
강의	레슨계획
연애편지	지도
벽화	뉴스리포트
상품 포장	
문진(paperweight)	
사진에세이	그림책
기복지도(relief map)	
러그	모래성
조각	싯인즈(sit-ins)
노래	소네트
테라리움	교과서
OHP 필름	여행담
비디오 게임	수채화

회 서비스 활동같은 조직적 관리 및 서비스 활동들을 전통적인 문어적 · 구어적 형식에 대한 대안으로서 생각해 봐야 한다. 이들 대안들은 특히 영어가 유창하지 않는 학생이거나 기준작문 혹은 형식적 발표기술에 어려움이 있는 학생에게 유용한다. 예를 들어, 읽기와 작문에 학습문제가 있지만 물리학에 이례적인 태도와 흥미를 보이는 학생이 사진에세이와 컴퓨터로 만든 다이어그램으로 별의 분광에 대한 연구결과를 제출하여 과학경진대회에서 입상한 사례가 있다. 학생들이 선호하는 표현스타일을 알게 되면 협동적인 학습과 프로젝트 그룹을 만들 때 유용하다. 표현스타일마다 책임을 다르게 해 줌으로써, 활동분담을 무작위로 하지 않고 기능적으로 할 수 있고, 보다 독특한 강점영역에 기여할 기회를 더 많이 줄 수 있다. 이 책과 비교되는 책 중 하나에서(Renzulli & Reis, 1985, pp.413-422), 교사와 학생들이 폭넓게 표현양식을 탐색해 볼 수 있도록 12개의 "판로 전달수단"을 제시하였다. 이와 같은 영역을 알아보는 또 다른 방법은 "How Human Beings Express Themselves"라는 주제로 게시판을 만드는 것이다. 학생들이 개인 혹은 집단에서 만들 수 있는 결과물의 예들을 되도록 많이 수집하도록 권장한다. 과거경험에 대해 토론하게 하고 학생들이 하고 싶은 미래 표현스타일에 대해 생각해 보도록 함으로써 학생과 교사 모두 표현스타일을 더 잘 이해할 수 있다.

종합재능 기록표 사용

재능기록표를 사용하는 주요목적은 각 학생의 강점에 대한 정보를 능력, 흥미와 스타일 영역에서 포괄적으로 제공하는데 있다. 재능기록표를 사용하는 가장 쉬운 방법은 각 학생용 화일을 준비한 뒤 [도표 7]을 복사해서 이 화일에 넣어두는 것이다. 이 도표에서 강점영역을 나타내는 항목은 여러 학습상황에서 사용할 수 있는 포괄적인 정보를 제공한다. 파일에 학생활동의 예를 넣어서 "보관해야"한다. 빈 페이지의 왼쪽 옆난에 [도표 7]의 6번째 난을 붙여넣어서 더 자세한 프로파일을 준비할 수 있으며 각 페이지 나머지 부분을 이용하여 일화, 관찰 및 참고가 될 활동 예들을 재능기록표에 포함시킬 수 있다. 난에서 볼 수 있는 범주는 단지 어떤 종류의 정보를 기록하는 지침일 뿐이다. 부가적인 유능성 정보는 학교나 교실 내에서 발견되는 특

> "학생강점 영역을 반영하는 항목을 종합재능 기록표 각 난에 주기적으로 바꿔줌으로써 여러 학습상황에서 개발할 학생의 강점을 포괄적으로 파악할 수 있다."

정 학습경험결과로서 포함시킬 수 있다. 왜냐하면 [도표 7]의 범주나 항목을 벗어난 행동적 강점을 학생들이 보일 수 있기 때문이다. 이 도표는 학생특징을 기록하기 위해 개발되었고, 재능기록표에는 모든 전반적인 정보를 수록하여, 프로그램을 결정할 때, 기초로 사용할 수 있다. 교사와 학생들이 선택한 학생활동을 재능기록표에 넣어두어야 하며, 활동에서 특히 강점을 보였던 예들을 기록하고 여백이나 종이를 덧붙여 교사와 학생이 이에 대해서 언급을 해 주어야 한다. 최소한 1년에 4번 교사팀은 재능기록표를 개관해야 하며, 재능기록표를 부모 면담시 사용한다. 재능기록표 표지는 SEM이 목표로 삼는 각 학교구조 안에서의 특정 성취에 대한 간략한 주석을 달아놓는다. 학년이 바뀔 때마다, 재능기록표도 학생을 따라 움직이고 다음 학년 교사가 개별 학생의 강점과 성취에 대해서 간단히 살펴보는 기본 자료가 된다.

종합재능 기록표가 최대한 효과를 거두기 위해서는, 학생성취에 대한 정보를 수집하고 기록하는데 있어서 다른 체계들이 빠지는 세 가지 함정을 피해야 한다. 이들 함정은 다음과 같다: (1) 필요 없는 업무 증가, (2) 학생기록에서 항목들을 따로 따로 분리해서 보는 경향, (3) 학교 기록보관이 그렇듯이 학생의 결점에 초점을 두기.

교사들에게 있어서 학생에 관한 정보를 기록하는 과정은 쉽게 "잡일을 늘이는 공포"로 변모될 수 있다. 이와 같은 상황이 발생하게 되면, 긍정적인 방식으로 정보를 사용하고자 하는 교사의 입장에서도, 재능기록표의 본질적인 내용에 집중하기보다는 거부감을 갖게 된다. 재능기록표를 또 다른 일련의 표, 체크리스트, 수치화 혹은 퍼센터일 척도로 전환하지 않음으로써 이와 같은 함정을 피할 수 있다. 심지어 심리측정적 검사를 수치화하는 도구에서 얻어진 정보라 할지라도 이러한 정보를 너무 심각하게 받아들이지 말아야 한다! 대부분 심리측정적 검사보고서는 어떤 범주 내(예를 들어, 연령, 학년, 성별, 사회경제적 지위 등)의 학생집단을 비교하기 위한 규준 척도에 기초한다. 종합재능 기록표의 취지는 개별학생을 비교 없이 바라보는데 있다. 어떤 학생이 다른 학생에 비해 얼마나 "뛰어난지" 알아보는 것이 아니다. 오히려, 학생 그 자신 내부에 어떤 특별한 능력이 있고, 학생이 흥미가 있으며, 어떤 스타일을 보이는지 파악하는데 있다; 그리고 이와 같은 것을 여러 다양한 방식으로 알아보고자 한다. "리사가 가장 잘하는 과목은 수학이다"를 통해서 이 강점을 키워줄 수 있는 교육적 결정을 내릴 수 있다. 우리는 교육적 결정을 내리기 위해서 복잡하고, 비교하는 통계적인 방법을 필요로 하지 않는다.

> **종합재능 기록표의 목적:**
>
> • 전체 학생을 대상으로 한다.
> • 개별 학생의 강점에 초점을 두고 학생들 간에 비교하는 것을 최소화한다.
> • 빠르고 쉽게 주석을 단다.

두 번째 함정은, 항목들을 별개로 따로 생각하는 것으로서, 학생 성취와 잠재력을 포괄적으로 보여주는 재능기록표의 여러 항목 간 상호작용을 언급한다면 이 부분에 있어서는 피해 갈 수 있다. "리사가 가장 잘하는 과목은 수학이고 가장 좋아하는 것은 과학과 컴퓨터이며, 그림그리기도 좋아한다"와 같은 진술은 개별적인 각 진술이 주는 정보를 넘어서 보다 풍부한 자료를 제공한다. 교사는 학생의 강점, 흥미와 선호하는 것들 모두를 매번 고려하고 조절할 수 없을지 모른다. 그렇지만 최소한 이것들을 조절하려고도 하지 않는다면, 리사와 같은 학습자 특징을 북돋울 수 있는 예외적인 기회를 상실하게 된다. 각 학생 고유의 특징을 조절해 보려고 할 때 생기는 결과는 보다 나은 성취 외에도 학습에 대한 즐거움과 높은 동기가 있다.

결점에 집중하는 것은 학생기록 체계가 갖는 가장 심각한 함정이다. 종합재능 기록표는 그 안에 담고 있는 정보뿐만 아니라 재능기록표 사용과 "심리적" 기초 측면에서 전통적인 "영구기록화일"과 다르다. 능력별로 반배정할 때나 학급 내에서 학생들의 실력수준을 나눌 때 대부분 영구기록들을 사용한다. 또한 영구기록들은 학습결점, 성격적, 사회적 혹은 가정 문제에 대한 관심을 기울이고자 할 때 사용된다. 학기 중에 영구기록화일을 꺼내는 경우는, 거의 현재 혹은 당면문제와 관련된 경우가 대부분이다. 우리가 바라는 것은 이들 "심리적 결점과 회복"을 종합재능 기록표에 만들어 넣는 것이 아니다; 그러므로 종합재능 기록표는 전통적인 영구기록화일의 일부가 아니다. 그렇다고 기존의 기록을 대체하자고 제안하는 것도 아니다. 학생에 대한 부정적인 정보가 항상 지배적인 힘을 갖기 때문

> 서로 다른 두 명은 본질적으로 똑같을 수 없다. 결과적으로 모든 사람은 개인적인 기초 위에서 신중하게 평가되어야 마땅하다.
>
> 개인들이 창의적인 출구를 지향할수록 우리는 미래를 바라볼 수 있다. 우리의 책임은 개개인이 보다 건설적으로 성장을 추구하도록 기회를 만들어 주는 것이다.
>
> Deborah E. Burns, 1994

에, 여기서 초점이 맞춰진 긍정적인 속성은 문제와 결점에 대한 정보와 혼합되지 말아야 되고, 재능기록표가 강조하고자 하는 긍정적인 면이 기술되어야 한다. 재능기록표를 개관하고 토론할 때 기본 규칙은 이것이 학생의 강점 영역인 특별하고 긍정적인 행위에 대해서 의사결정을 내릴 때만 사용되어야 한다는 것이다.

누구도 앞으로 학교가 외부에 의해 좌우되는 집단 지향적인 교육과정 의사결정과정에서 종합재능 기록표의 특징에 맞게 재단된 교육과정으로 전환될 것이라고 믿지 않는다. 교육체계의 복잡성과 "전문적인" 교사 부족으로 광범위하게 개별 학습자의 능력, 흥미와 스타일을 조절하기란 어렵다. 그러나 일반적으로 학교 내에 팽배한 불만족들을 볼 때, 보다 개별 학습자의 독특성을 고려하는 방향으로 나아갈 때가 도래했음을 알 수 있다. 학습자 그리고 교육과정 간 상호작용이 있는 교실에서 일련의 규정과 기준 및 결과물 목록들을 통해 체계적으로 교육개혁을 시작해야 한다. 종합재능 기록표는 학습활동에서 나타나는 상호작용에 주의를 기울일 수 있도록 도움을 주는 방법이다.

> 국가적으로 교육계 진보보다 더 빠른 진보는 없다.
>
> John Fitzgerald Kennedy

1. 과제와 대상 흥미도는 사람의 속성이라기보다는 오히려 과제와 대상의 속성이다. 그렇지만, 흥미도는 학습자의 개인적인 흥미를 신장하는 힘을 가지고 있다.

참고 자료

다음의 자료들을 크게 두 개의 범주로 나눌 수 있다: 평가자료, 질문지 및 검사도구. 첫 번째 범주에는 책, 아티클, 전문적인 보고서, 저널, 신문 및 재능기록표 고안과 원칙에 대한 정보를 제공하는 네트워크 등이 있다. 종합재능 기록표를 사용할 실제가들은 본 자료에서 제공하는 많은 책략들을 조절해 볼 수 있다. 실제가들을 돕기 위해서, 일부 평가자료들을 선택할 내용영역별로 나열하였다. 부가적으로 전문적인 지원이 필요한 독자를 위해 학생평가와 관련된 상담 서비스를 제공하는 기관을 목록으로 제시하였다. 사정과 평가에 대한 상담 서비스를 제공하는 기관을 먼저 수록하였다. 그 후에 여러 교육적 문제, 즉 사정과 평가를 포함한, 전문적인 지원을 제공하는 기관들에 대해서 영역별로 소개하였다.

두 번째 범주인, 평가도구와 검사도구들은 학생의 재능을 파악할 때 사용하는 도구의 예들이다. [도표 2]에 있는 방식에 따라(예: 능력, 흥미, 선호하는 스타일), 유형별로 도구를 배열하였다.

평가자료

책/ 아티클

배경 정보

제목: Authentic assessment: What it means and how it can help schools

저자: Archbald, D.

기술: Authentic assessement: What it means and how it can help schools은 30쪽 분량으로 두 부분으로 구성된다. 첫째, 표준화 검사와 관련된 기초 정보: 특히, 표준화 검사의 목적과 제한점에 관한 내용이다. 그리고 나서 진정성 있는 평가가 학생에 대해 보여줄 수 있는 것들을 다룬다. 둘째, 현 교육과정과 교수를 향상시킬 진정성 있는 평가가 갖는 잠재성에 대해 진술한다. 마지막 결론적으로 진정성 있는 평가를 고안하고 실시하는 가능성에 대해 언급한다.

출처: The University of Wisconsin-Madison, Wisconsin Center for Educational Research, 1025 West Johnson Street, Suite 685, Madison, WI 53706, (608)263-4730.

제목: Performance assessment: Blurring the edges among assessment, curriculum, and instruction

저자: Baron, J. B.

기술: 미국 성취평가에 대한 간략한 역사로부터 시작한다. 그 후에 성취평가를 표준화된 검

사의 한 대안책으로 사용하는 이유를 설명한다. 코네티컷 주에서 제작된 수학과 과학 성취평가 방법을 분석하고 그 다음에 인지와 동기심리학에 근거하여 교실에서 이와 같은 평가를 사용하는 원리를 제시한다. 교사들이 말하는 성취평가의 장, 단점과 관련된 것을 탐색하면서 결론을 짓는다.

출처: Dr. Joan Boykoff Baron, Connecticut State Department of Education, Room 340, Box 2219, Hartford, CT 06145.

제목: Strategies for the development of effective performance exercises

저자: Baron, J. B.

기술: 본 아티클은 4 부분으로 이루어진다. 첫 부분은 평가에 내재된 가치를 조사하고 두 번째와 세 번째 부분은 주요 평가과제의 효과적인 속성과 필요성에 관한 내용이다. 교육자들이 사용할만한 효과적인 성취평가 부재를 인식하고 Baron은 마지막에 심도 있는 내용과 과정기술에 대한 이해를 반영하는 과제를 개발할 수 있도록 몇 가지 것을 제안한다.

출처: Dr. Joan Boykoff Baron, Connecticut State Department of Education, Room 340, Box 2219, Hartford, CT 06145.

영어/언어 과목

제목: Assessment and evaluation in whole language programs

저자: Harp, B.

기술: 250쪽 분량의 책으로 통합적 언어를 지지하는 이론적 기초 외에도 학생평가, 평정과 관련된 실질적이고 당혹스런 문제점에 대한 실용적인 제안점을 제공한다. 1장에서 5장까지는 통합적 언어원리를 다루고 과거 평가와 평정 실제들을 개관한다. 6장에서 9장까지는 초, 중등 학년 및 특정상황, 즉 이중언어, 다중문화 및 특별교실 교육에서 사용할 수 있는 효과적인 통합적 언어 평가와 평정을 중점적으로 다룬다. 10장은 기록보관에 대한 책략에 대한 부분이며 11장과 12장은 각각 미래 평가에 대한 주요 관점과 관망에 대한 내용이다.

출처: Christopher-Gordon Publishers, Inc., 480 Washington Street, Norwood, MA 06062.

Portfolio assessment: Getting started (DeFina, 1992), Portfolio assessment in the reading-writing classroom (Tierney, Carter, & Desai, 1991), and Portfolio and beyond: Collaborative assessment in reading and writing (Glazer & Brown, 1993)은 교육자들로 하여금 교실에서 재능기록 평가를 시작할 수 있도록 돕는다. 장마다 재능기록 평가 원리, 재능기록을 시작하고, 지속하고, 기록하고, 평가하는 원리를 포함한다. 부가적으로, 매 장마다 학생들의 확장된 반응을 유도하는 개방식 평가질문과 평가에 대한 많은 예들을 수록

하고 있다.

Portfolio assessment: Getting started
Scholastic, Inc.
2931 East McCarthy Street
Jefferson City, MO 65102.

Portfolio assessment in the reading -writing classroom
Christopher-Gordon Publishers
Norwood, MA 06062.

Portfolio and beyond: Collaborative assessment in reading and writing
Christopher-Gordon Publishers
Norwood, MA 06062.

제목: Student assessment: Keys to improving student success
저자: Montana State Department of Education
기술: 이 브로셔는 교사들이 평가책략과 학습결과(학생결과와 성취물들) 간의 보다 낳은 적합점을 발전시킬 수 있도록 돕는다. 적합도를 향상시키기 위해서, 62쪽에 걸쳐서 학생성취와 진척사항을 평가할 방법을 개발할 때 선택할 여러 평가책략을 제시한다.
정보: Nancy Keenan, Superintendent, State Capitol, Helena, MT 59620.

과학/수학

제목: What do our students know? Assessing students' ability to think and act like scientists through performance assessment
저자: Baron, J. B, Carlyon, E., Greig, J., & Lomask, M.
기술: 코네티컷 주 학습 평가 프로젝트 핵심 부서(Connecticut's Common Core of Learning Assessment Project)는 수학과 과학에서 고등학교 학생들이 알고 있는 바가 무엇인지 알아볼 때 교사들이 사용할 수 있는 성취-기초 평가를 개발하고자 하였다. 이 책은 학생들이 자신의 학습을 스스로 이끌어 낼 기회를 제공하는 "교육과정"을 기술한다: 특히, 각 수행과제에서는 과학, 수학에서 중요한 개념을 이해하고 또한 그 개념을 실제 생활에 적용해야 한다. 코네티컷 주 과학학습 평가 핵심 부서 목적, 기초 기술과 능력(예: 분명한 의사소통, 질문기술, 의사소통 기술, 여러 자료에서 지식을 합성하기) 및 여러 속성, 수행평가와 수행평가 과제 기준에 따라 집단과 개별 점수를 산출하고 수행평가 과제에 대한 학생과 교사의 반응을 알아볼 수 있다.

출처: Dr. Joan Boykoff Baron, Connecticut State Department of Education, Room 340, Box 2219, Hartfort, CT 060145.

역사

제목: CRESST performance assessment models: Assessing content area explanations
저자: Baker, E., Aschbacher, P., Niemi, D., & Sato, E.
기술: CRESST performance assessment models: Assessing content area explanations, 이 책은 교육과정 내용을 이해하는지 평가하는 수행-기초 접근법을 소개하는 핸드북이다. 5년에 걸친 연구결과를 보여주는 자료들은 역사과목에서 대안적인 평가를 개발 사용하고자 한다. 점수기준을 개발할 때 전문 역사가들의 글을 사용함으로써, 역사에 대한 깊은 이해를 측정하고 정확하게 점수를 매길 수 있는 기술을 설명한다.
출처: The National Center for Research on Evaluation, Standards, and Student Testing (CRESST), Graduate School of Education, University of California, Los Angeles, Los Angeles, CA 90024-1522, (310) 206-1532.

전문 보고서

국립 평가, 기준 및 학생검사 센터(The National Center for Research on Evaluation, Standards, and Student Testing—CRESST)는 교육관련 평가문제와 150편이 넘는 기술보고서를 발표하였다. 다음 세 가지 예에서 일반적인 보고서 특징을 알 수 있다. 기술보고서 348(15쪽), Accountability and alternative assessment: Research and development issues는 전통적인 평가모델에 대한 의문을 제기하고 좋은 평가측정에 대한 현 연구 노력을 보여주고 알 수 있는 방법을 조사한다. 기술보고서 337(45쪽), Writing portfolio at the elementary level: A study of methods for writing assessment는 한 초등학교에서 시범적으로 글짓기 진척사항을 알아보기 위해 사용한 재능기록표를 기술한다. The Vermont portfolio assessment program: Interim report on implementation and impact, 1991-1992 School Year는 여러 가지 버몬트 주의 새로운 평가에 대해서 기술한다. Performance assessment handbook(92쪽)은 CRESST의 가장 잘 팔리는 보고서로서, 성공적인 CRESST 자료와 수행평가를 점수화하는 방식 및 유용한 여러 보고서 예들과 간단하게 대안 모델을 소개한다. 다른 보고서와 마찬가지로 이 보고서도 구할 수 있다: The National Center for Research on Evaluation, Standards, and Student Testing (CRESST), Graduate School of Evaluation, University of California, Los Angeles, Los Angeles, CA 90024-1522, (310) 206-1532.

저널

Educational Assessment란 이름의 저널은 1년에 4회 발행되며, 교육평가와 평정에 관한 아티클을 수록한다. 최근 발행된 아티클 중에는 "Assessment, testing, measurement: What's the difference?", "A national testing system: Manna from above"와 "Large scale testing and classroom portfolio assessment of student writing" 등이다.

구독신청: Lawrence Erlbaum Associates, Inc., Journal Subscription Department, 365 Broadway, Hillsdale, NJ 07642, Fax (201) 666-2394.

뉴스레터

CRESST Line은 국립 평가, 기준 및 학생검사 센터(The National Center for Research on Evaluation, Standards, and Student Testing)에서 발행되며, 실제 평가와 관련된 연구 아티클을 다룬다. 본 연구 협의 연구 국장들 중에서 한 명이 각 발행되는 권수를 담당하며, 새로운 평가관련 정책 결정에 대한 사항을 언급한다. 부가적으로, 발행권수들은 특정 주안점들이 있다: 1992 가을에 발행된 것은 예를 들어, 재능기록표 평가에 관한 것이다. 출판을 기재할 때 지불하는 것은 없다. 구독신청자들은 또한 부가적으로 반년마다 발행되는, Evaluation Comment 라고 하는 최근 전문 보고서 리스트뿐 아니라 또한 최근 시작된 연구들을 기술하는 아티클도 수록한다.

연락: The National Center for Research on Evaluation, Standards, and Student Testing (CRESST), Graduate School of Education, University of California, Los Angeles, Los Angeles, CA 90024-1522, (310) 206-1532.

The FairTest Examiner라는 뉴스레터도 4분기마다 National Center for Fair and Open Testing에서 발행한다. 뉴스레터 기고자들은 이 조직의 회원이 될 수 있으며 회원제에 FairTest Examiner 무료 구독이 포함된다.

연락: 회원제 선택사항에 대한 정보: FairTest, 342, Cambridge, MA 02139, (617) 864-4810.

네트워크

The Association for Supervision and Curriculum Development's Network on Authentic Assessment는 교육자들이 수행-기초 평가를 서로 공유, 계획, 실시 및 평정할 수 있는 통로를 제공한다. 보다 많은 정보나 네트워크에 참여하고자 하면, Kathleen Busick, Pacific Region Educational Lab, 1164 Bishop St., Suite 1409, Honolulu, HI 96813, (808) 532-1900 혹은 Judith Dorsch Backes, Carroll County Public Schools, 55 N. Court street, Westminister, MD 21157, (410) 876-2208로 연락.

수행평가 체제

The Working Sampling System은 수행평가 패키지로서 유치원부터 초등 3학년 학생의 표준화된 성취검사에 대안을 제시한다. 본 체제는 다음 두 가지 가정에 기초한다: (1) 수행과 결과물은 아동의 사회, 신체 및 학업적 상태를 문서화하는 하나의 대안적인 방법이다. (2) 평가는 필연적으로 계속 진행되는 과정이다. 따라서 The Work Sampling System은 학년 수준과 내용 영역(예: 언어와 읽고 쓰는 능력)을 기준참조 수행기준으로 삼는 발달적 체크리스트들, 양식(예: 재능결과물을 평가하는 체크리스트, 1년에 3번 아동의 수행 정도를 문서화하는 요약 양식)과 The Work Sampling System 요소들을 기술하는 자료지침서로 구성되어 본 체계를 실시할 때 관련된 정보를 제공한다.

연락: The Work Sampling System; P.O. Box 1746, Ann Arbor, MI 48106-1746.

평가와 관련된 전문적인 도움을 제공하는 기관들

전문적인 도움이 필요한 사람은 아래기관에 연락할 수 있다:

The National Center for Research on Evaluation,
Standards, and Student Testing (CRESST)
Graduate School of Education
University of California, Los Angeles
Los Angeles, CA 90024-1522
(310) 206-1532
담당자: Ron Dietel.

CRESST는 모든 교육수준에서 보다 낳은 평가접근법을 연구하고 개발하는 연구팀이다. 본 조직은 다음의 연구원들로 구성된다: The UCLA Center for the Study of Evaluation, the University of Colorado, the RAND Corporation, the Univesrity of Chicago, the University of Pittsburgh, the University of Santa Barbara와 the University of Southern California. CRESST는 5개 주요 목적이 있다:

1. 국가, 주 및 지역수준에서 정책과 실제 평가를 향상할 수 있는 지도력을 제공한다.
2. 학생 수행평가의 질, 민감성 및 공정성을 향상한다.
3. 학교의 질을 평가하는 분명한 모델과 지표를 창출한다.
4. 학교 실제에서 발생하는 바 그대로 평가를 개발하고, 실시하고, 그 효과 이해를 신장한다.
5. 교육향상을 위해 평가정책과 그 기여점에 대한 이해를 증진한다.

다음의 지역 교육연구소들 역시 여러 교육적 문제에 대한 전문적인 도움을 제공한다.

Appalachian Region

Appalachian Educational Laboratory

P.O. Box 1348

Charleston, WV 25325

(304) 347-0400

Kentucky, Tennessee, Virginia, West Virginia

Central Region

Mid-Continent Regional Educational Laboratory

2550 South Parker road, Suite 500

Aurora, CO 80014

(303) 337-0990

Colorado, Kansas, Missouri, Nebraska, North Dakota, South Dakota, Wyoming

Mid-Atlantic Region

Research for Better Schools

444 North Third Street

Philadelphia, PA 19123

(215) 574-9300

Delaware, District of Columbia, Maryland, New Jersey, Pennsylvania

Midwest Region

North Central Regional Educational Laboratory

1990 Spring Road, Suite 300

Oak Brook, IL 60521

(708) 571-4700

Illinois, Indiana, Iowa, Michigan, Minnesota, Ohio, Wisconsin

Northeast Region

The Regional Laboratory for Educational Improvement of the Northeast and Islands

300 Brickstone Square, suite 900

Andover, MA 01810

(508) 470-0098

Connecticut, Maine, Massachusetts, New Hampshire, New York, Puerto Rico, Rhode Island, Vermont, Virgin Islands

Northwest Region

Northwest Region Educational Laboratory
101 S. W. Main Avenue, Suite 500
Portland, OR 97204
(503) 275-9500
연락: Susan Smoyer 혹은 Allan Olson 박사
Alaska, Idaho, Montana, Oregon, Washington

Pacific Region

Pacific Region Educational Laboratory
1164 Bishop Street Suite 1409
Honolulu, HI 96813
(808) 532-1900
American Somoa, Commonwealth of the Northern Mariana Islands, Federated States of Micronesia, Guam, Hawaii, Republic of the Marshall Islands, Republic of Palua

Southeast Region

Southeast Region Vision for Education
P.O. Box 5367
Greensboro, NC 27412
(919) 334-3211
Alabama, Florida, Georgia, Mississippi, North Carolina, South Carolina

Southwest Region

Southwest Educational Development Laboratory
211 East Seventh Street
Austin, TX 78701
(512) 476-6861
Arkansas, Louisiana, New Mexico, Oklahoma, Texas

Western Region

Far West Laboratory for Educational Research and Development

730 Harrison Street

San Francisco, CA 94107

(415) 565-3000

Arizona, California, Nevada, Utah

학생강점과 선호도를 파악할 수 있는 검사 도구들

능력

재능차원

제목: Creative Products Scales

저자: Detroit Public Schools

연령대상: 아동, 청소년, 성인

목적: 결과물을 재검토하여 예술적 재능을 평가한다.

기술: 미술, 음악작곡, 음악연주, 드라마, 시, 단편이야기/소설, 웅변, 무용(싱글과 집단)들을 포함한 9개의 다른 유형의 창의적인 결과물들을 개관한다. 각 예술형태마다 기준을 제공하여 각 기준수준에 미치는 수행정도를 평가하는데 평정척도 같은 양식을 제시한다. 척도들은 미묘하여 재능영역에서 판단시 전문성을 요한다.

점수화: 평정자

출판: Detroit 주 교육부

제목: Scales for Rating the Behavioral Charateristics of Superior Students(SRBCSS)

저자: Renzulli, J. S., Smith, L. H., White, A. J., Callahan, C. M., & Hartman, R. K.

연령대상: 아동, 청소년

목적: 10개 재능차원과 관련된 행동특성을 평가한다.

기술: 본래 높은 능력을 가진 학생을 파악하기 위해 개발된 지필식 검사도구이다(95개 항목). 또한 모든 학생의 강점을 파악하는데 사용할 수 있다. 다음의 10개 차원은 학습, 동기, 리더십, 미술, 음악, 드라마, 계획, 정확한 의사소통 및 표현적 의사소통이다. 교사 혹은 부모가 학생행동을 4점 척도 "거의 드물다" 에서 "거의 항상 그렇다" 중에서 평가한다. 차원들은 개별 척도들로서, 전체 점수를 산출하지 말아야 한다.

점수: 검사자

출판: Creative Learning Press, Inc.

제목: Talent Beyond Words: Identifying and developing potential through music and dance in economically disadvantaged, bilingual, and handicapped children
연령대상: 초등 2–5
목적: 초등학생의 음악과 무용 잠재력을 개발한다.
기술: The Talent Beyond Words는 관찰 체크리스트를 사용하여 여러 관찰자들이 음악과 무용과 관련하여 학생 행동을 평정한다. 학생들이 교실에서 일반적으로 재능이라고 생각되는 여러 활동에 참여할 때 관찰을 실시한다. 체크리스트는 잠재력을 파악하는데 전문성이 필요하지 않다.
세부 정보: Barry Oreck, Director, ArtsConnection, Murry Bergtraum H. S. Midtown Campus, 120 West 46th Street, New York, NY 10036, (212) 302–7433, Fax: (212) 302–1132

성취

제목: California Achievement Tests: Forms E and F
연령대상: 유치원–고3
목적: 학생성취를 측정; 교육프로그램을 평가하기 위해 사용한다.
기술: 다음의 영역에서 학생의 지식을 평가한다; 독해, 언어, 스펠링, 수학, 연구기술, 과학과 사회과학
점수화: 수작업: 컴퓨터 점수화가능
출판사: CTB/McGraw–Hill

제목: Iowa Tests of Basic Skills: Forms G and H
연령대상: 유치원–중 3
목적: 기본적 기술습득을 평가한다. 학생의 강점과 약점을 파악한다; 교수 효율성을 평가한다.
기술: 사지선다, 아래 영역에서 지필식 평가를 실시: 어휘, 독해, 언어, 웍 스타디, 수학, 과학과 사회과학
점수화: 컴퓨터
출판사: The Riverside Publishing Company

태도

제목: Otis–Lennon Mental Ability Test
저자: Otis, A. S., & Lennon, R. T.
연령대상: 유치원–고 3

목적: 학업 태도 평가
기술: 인지능력을 다루는 다항목 평가
점수화: 수작업: 컴퓨터 점수화가능
출판사: The Psychological Corporation

제목: Raven's Advanced Progressive Matrices
저자: Raven, J. C.
연령대상: 사춘기, 성인
목적: 비언어적 유추과제를 통해서 지적 능력의 효율성과 관찰 및 분명한 사고 능력을 평가한다.
기술: 2개 부분의 지필식 평가(48개 항목). 첫째는 두 번째 부분을 위한 연습용이다. 피험자에게 빠진 부분이 있는 패턴 혹은 그림을 제시하고 6개 가능한 대답 중에서 정확한 부분을 선택하게 한다.
점수화: 수작업
출판사: H. K. Lewis & Co., Ltd. 미국 내에서는 Psychological Corporation이 배포.

제목: The Standard Progressive Matrices
저자: Raven, J. C.
연령대상: 8–65세
목적: 지적 능력을 평가한다.
기술: 지필식, 비언어적 평가(60개 항목). 5개 부분으로 각 12개 문제로 구성된다. 피험자는 빠진 부분의 패턴 혹은 그림을 제시하고 6개 가능한 대답 중에서 정확한 것을 선택한다.
점수화: 수동 혹은 기계
출판사: H. K. Lewis & Co., Ltd. 미국 내에서는 Psychological Corporation이 배포.

제목: Wechsler Intelligence Scale for Children–Revised
저자: Wechsler, D.
연령대상: 6–16세
목적: 지적 능력을 평가한다.
기술: 본 평가는 2개 주요 점수를 산출한다: 언어와 수행. 언어 점수는 다음 하위검사에서 산출한다: 일반 정보, 일반 이해, 산수, 유사성, 어휘 및 Digit Span. 수행부분은 그림 완성, 그림 배열, 블럭 디자인, 대상조립, 코딩과 미로의 하위검사로 구성된다.
점수화: 검사자
출판사: The Psychological Corporation.

창의성

제목: Thinking Creatively with Sounds and Words (TCSW)

저자: Torrance, E. P., Khatena, J., & Cunnington, B. F.

연령대상: 초등 3-성인

목적: 추상적인 소리와 구어적 단어를 사용하여 자극되는 독창적인 생각을 측정함으로써 창의성을 평가한다.

기술: 추상적인 소리와 구어적 의성어를 사용하여 독창적인 생각을 측정함으로써 창의성을 측정하는 2개 검사도구이다. 2개의 장기적인 기록을 통해서 각 수준에서 자극을 제공한다.

점수화: 주 검사자

출판사: Scholastic Testing Service, Inc.

제목: Torrance Tests of Creative Thinking (TTCT)

저자: Torrance, E. P.

연령대상: 유치원-성인

목적: 개인 창의성 즉, 4개의 정신적 특징들, 유창성, 융통성, 독창성 및 정교성을 측정하는 여러 과제와 지필식 검사이다. 언어와 모양 2개 간행판이 있다. 유치원에서 초등 3학년에서는 구두적으로 사용할 수 있다.

점수화: 검사자

출판사: Scholastic Testing Service

제목: The Williams Scale

저자: Williams, F.

연령대상: 유치원-고 3

목적: 부모와 교사의 관점에서 학생의 창의성을 평가한다.

기술: 교사와 부모가 학생 창의성을 평가할 수 있는 3점 척도이다. 8개 요인에서 평가된다: 유창성, 융통성, 독창성, 정교성, 호기심, 상상력, 복잡성과 위험감수. 합성 점수를 산출하며, 4개의 질적 질문이 포함되어, 부모에게 왜 그들의 자녀가 창의적이라고 생각하는지 질문한다.

점수화: 검사자

출판사: PRO-ED

흥미

제목: Interest-A-Lyzer

저자: Renzulli, J. S.

연령대상: 아동, 사춘기

목적: 흥미, 현재 그리고 잠재력을 평가한다.

기술: Interest-A-Lyzer를 3개의 형태, 초등, 중고등 및 성인에게 사용할 수 있는 지필식 검사로 학생의 흥미패턴을 파악한다.

점수화: 검사자

출판사: Creative Learning Press, Inc.

제목: My Book of Things and Stuff

저자: McGreevy, A.

연령대상: 초등

목적: 아동의 흥미를 평가한다.

기술: 아동의 특정영역에 대한 흥미를 평가하는 흥미 질문지이다. 이 질문지는 4에서 11세 아동의 특정 흥미와 학습 스타일에 집중된 40개 그림이 있는 질문으로 구성된다. 또한 교사를 위한 섹션, 흥미 프로파일 양식 및 흥미에 관련된 책과 잡지목록도 수록한다.

점수화: 검사자

출판사: Creative Learning Press, Inc.

직업에 대한 흥미

제목: Kuder General Interest Survey, Form E

저자: Kuder, F.

연령대상: 초등 6-고 3

목적: 여러 직업영역과 관련된 활동에 대한 선호도를 평가한다.

기술: 10개 직업 영역: 밖에서 하는 일, 기술, 과학, 컴퓨터, 설득하는 일, 미술, 문학, 음악, 사회과학과 사무직에 대한 선호도를 측정하는 지필식 도구이다(168 항목).

점수화: 수동; 컴퓨터 점수화가능

출판사: Science Research Associates, Inc.

제목: Kuder Occupational Interest Survey, Form DD

저자: Kuder, F.

연령대상: 사춘기, 성인

목적: 여러 직업영역에서 성공한 사람과 개인 흥미를 비교한다.

기술: 직업 및 대학 전공과 관련 있는 흥미를 지필식으로 평가한다 (100 항목).
점수화: 컴퓨터
출판사: Science Research Associates, Inc.

제목: Strong-Campbell Interest Inventory
저자: Strong, E. K., Jr. Hansen, J. -I. C., & Campbell, D. P.
연령대상: 중 2 이상
목적: 직업에 대한 흥미를 평가한다.
기술: 피험자에게 여러 다른 주제와 직업, 예를 들어, 학교주제, 활동과 사람유형에 대한 반응을 묻는 지필식 도구이다(325 항목). 흥미 프로파일은 각 주제별로 산출한다.
점수화: 컴퓨터
출판사: Stanford University Press. Consulting Psychologists Press, Inc.에서 배포

선호하는 스타일-선호하는 교수 스타일

제목: Learning Styles Inventory: A Measure of Student Preference for Instructional Techniques
저자: Renzulli, J. S., & Smith, L.
연령대상: 초등 4-고 3
목적: 학생들이 학습할 때 선호하는 방법을 평가한다.
기술: 9개 교수책략에 대한 학생의 태도를 평가하는 지필식 도구이다(65 항목): 프로젝트, 상술과 연습, 토론, 또래 교수, 교수 게임, 독립조사, 프로그램화된 교수, 강의와 시뮬레이션. 교사양식도 있어서 위의 9개 책략에 대해 교사가 사용하는 빈도수를 평가한다. 교사프로파일과 학생 선호도를 비교할 수 있다.
점수화: 검사자
출판사: Creative Learning Press, Inc.

선호하는 스타일-선호하는 학습환경

제목: Class Activities Questionnaire Class Set
저자: Steele, J. M.
목적: 교사와 학생 관점에서 교실 교수 분위기를 평가한다.
기술: 교실 특징을 사고과정(Bloom의 분류학)과 정의적 요인(개방성, 독립성, 확산 및 학년)의 수준을 평가한다. 30개 교실 세트를 포함한 검사양식을 통해서 어떻게 학생들이 사고과정과 정의적 특징을 지각하는지 알아본다. 다른 양식은 교사로 하여금 교실에서 교사가 강조하는 바를 묻고 학생들이 뭐라 말할지 예상하도록 한다. 이와 같은 이중 관점을 통

해서, 학생들이 지각하는 목적과 학생에 대해 기대하고 있다고 믿는 바를 비교할 수 있다.
점수화: 컴퓨터
출판사: Creative Learning Press, Inc.

제목: Classroom Environment Scale
저자: Moos, R. H., & Trickett, E. J.
연령대상: 중 1-고 3
목적: 교과 내용, 교수 방법, 교사 성격과 교실 구성을 평정하기 위해서 교실 교수분위기를 평가한다.
기술: 교실 분위기를 9개 차원에서 지필식 검사로 평가한다(90 항목): 참여, 가입, 교수 지원, 과제 지향성, 경쟁, 규칙의 명확성, 질서, 조직 및 혁신. 자료는 다음의 4개 양식을 포함한다: The Real Form(Form R)은 학생이 지각한 교실 분위기를 측정한다; The Ideal Form (I)는 이상적인 교실 분위기에 대한 학생의 개념을 측정한다; Expectations Form(Form E)은 새로운 교실에 대한 기대를 측정한다. Form I 와 E는 발행되지 않았다; 반복적인 지시가 Form R 매뉴얼 항목에 포함되어 있다.
점수화: 검사자
발행자: Consulting Psychologists Press, Inc.

제목: Learning Style Identification Scale (LSIS)-Inter/Intra Personal
저자: Malcom, P. J., Lutz, W. C., Gerken, M. A., & Hoeltke, G. M.
연령대상: 아동
목적: 학생이 선호하는 학습방식을 평가한다.
기술: 교실 행동을 평가할 때, 사용할 수 있는 지필식 관찰 도구이다(24 항목). 척도는 학생이 내부 정보 자료(감정, 신념, 그리고 태도)와 외부 정보 자료(타인, 사건, 사회적 상호작용)에 의존하는 정도를 측정한다. 또한 문제해결시 선호하는 방식에 기초하여 5개 학습스타일을 파악한다.
점수화: 검사자
발행자: CTB/McGraw -Hill

제목: Learning Styles Inventory (LSI)-Physical Surroundings
저자: Dunn, R., Dunn, K., & Price, G. E.
연령대상: 초등 3-고 3
목적: 학생이 선호하는 학습 환경을 파악한다.
기술: 학생들이 선호하는 물리적 학습환경을 평가하는 지필식 도구이다(104 항목). 선호도

는 다음 영역에서 측정한다: 즉각적인 환경(예: 소리, 열, 조명 디자인); 정서(동기, 지구력, 구조); 신체 욕구(지각적 선호, 음식 섭취, 시간, 유동성); 및 사회적 욕구(자기-지향적, 또래 지향적, 복합적).
점수화: 검사자
발행자: Price Systems, Inc.

제목: Student Opinion Inventory
저자: National Study of School Evaluation Staff
연령대상: 고 2 이상
목적: 학교와 프로그램에 대한 학생, 부모 및 교사의 의견을 평가한다.
기술: 학교에 대한 의견과 태도를 3개(학생, 부모와 교사) 유형에서 측정하는 지필식 검사이다. 학생 양식은 2개 부분으로 되어 있다: 첫 부분은 다중 선택을 할 수 있는 항목들이고 두 번째 부분은 개방식 질문으로 학교에 대해서 조언을 할 수 있다. 학생 양식은 6개 하위척도로 구성되어 있다: 학생-교사, 학생-상담자, 학생-행정가, 학생-교육과정과 교수, 학생-참여 및 학생-학교 이미지. 학생 양식은 개별적 혹은 교사와 부모 양식과 함께 더 포괄적인 분석의 부분으로 실시할 수 있다.
점수화: 검사자 혹은 기계
발행자: National Study of School Evaluation

선호하는 사고 스타일

제목: Cap-Sol
저자: CAP Associates
연령대상: 초등학생-성인
목적: 학생이 선호하는 학습 스타일을 평가한다.
기술: 9개 학습 스타일에 대한 학생의 선호도를 평가하는 지필식 도구이다(45 항목): 시각적, 청각적 언어, 신체 역학적, 개별 학습, 집단 학습, 구어적 표현, 문어적 표현, 계열적, 포괄적.
검수화: 검사자
발행자: Process Associates

출판사 주소

Consulting Psychologists Press, Inc.

577 College Avenue
P.O. Box 60070
Palo Alto, CA 94306
(415) 857-1444

Creative Learning Press, Inc.

P.O. Box 320
Mansfield Center, CT 06250
(203) 429-8118

CTB/McGraw-Hill

Publishers Test Service
Del Monte Research Park
2500 Garden Park Road
Monterey, CA 93940
(800) 538-9547

Detroit Board of Education

Research Evaluation and Testing
5057 Woodward Avenue, Rm. 101, School Center Annex
Detroit, MI 48202
(313) 494-2022
Contact: Linda Leddick 박사

National Study of School Evaluation

5201 Leesburg Pike
Falls Church, VA 22041
(703) 820-2727

Price Systems, Inc.

P.O. Box 3067

Lawrence, KS 66044
(913) 843-7892

PRO-ED
5341 Industrial Oaks Boulevard
Austin, TX 78735
(512) 892-3142

Process Associates
3360 Olivesburg Road
Mansfield, OH 44903
(419) 522-4644

Scholastic Testing Service, Inc.
480 Warner Avenue, Suite 301
Fountain Valley, CA 92708
(312) 766-7150

The Psychological Corporation
Harcourt Brace Jovanovich, Inc.
555 Academic Court
San Antonio, TX 78204
(512) 299-1061

The Riverside Publishing Company
8420 Bryn Mawr Avenue
Chicago, IL 60631
(800) 323-9540

Science Research Associates, Inc.
155 North Wacker Drive
Chicago, IL 60606
(800) 621-0664

제 6 장

교육과정 수정 기술

> 학교에 가는 것과 교육을 받는 것은 서로 다른 것이다; 그리고 항상 동시에 이루어지는 것이 아니다.
>
> Dr. Rosa Minoka Hill, First Native American Physician in the United States

학교전체 심화모델의 주요 서비스 전달은 교육과정 수정 시 필요한 절차 및 제안들과 관련이 있다. 이들 절차와 제안점들은 2개의 일반적인 범주로 나뉜다. 첫 번째 범주는 기존 교육과정을 수정하는데 필요한 단계적 절차로 구성된다. 이 절차는, 교육과정압축으로서, 교육과정을 보다 개별 학습자에게 적합하도록 만드는 것을 돕는 체계이다. 어떤 과목이든지 어떤 학년이든지 사용할 수 있으며, 또한 교사가 개발한 교육과정 활동 수정에서도 사용할 수 있다.

교육과정 수정기술의 두 번째 범주는 교육과정 기술자와 교사를 위한 지침으로서 사용할 수 있는 3개 모델로 구성되어 있으며 교수 단위나 일련의 통합 교육활동을 만들 때 사용된다. 이들 모델들은 다음과 같다: Renzulli의 다중메뉴모델(Multiple Menu Model, 1988), Kaplan의 Grid(1986)와 Hayes-Jacobs의 간학문적 개념 모델(Interdisciplinary Concept Model, 1989). 이들 모델들을 제안한 이유는 이들이 교육과정을 개발하는 전통적인 접근법과 다르기 때문이다. 왜냐하면 이들 모델들은 내용과 과정을 서로 혼합하는데 더 많은 주안점을 두고, 학습자의 역할을 단원-학습자 보다는 오히려 직접적인 연구자로 규정하고 있다. 그리고 과목 간 상호연결성과 지식 구조를 다루기 위해 여러 제안점을 포함한다.

교육과정 수정에 대한 절차와 제안점들을 기술하기 전에, 교과서가 얼마나 도전적인 수준을 제공하는지에 대한 간단한 분석부터 살펴볼 것이다. 본 분석은 앞으로 기술할 다른 교육과정 수정뿐 아니라 교육과정압축의 원리가 된다.

교육과정 수정의 이론적 근거

> 일단 아동이 4 더하기 2가 6인 것을 알게 되면, 수천 번을 반복시켜도 새로운 정보를 얻지는 않을 것이며, 계속 그 방법에 묶이게 하여 시간을 낭비한다.
>
> J. M. Greenwood, 1988

교육과정압축과정을 시작하기 전에, 보다 중요한 것은 본 교수 실제를 사용해야 하는 이론적 근거를 설명, 제시하는 것이다. 압축에 대해 교사와 행정가는 다음과 같은 이유를 들어 대부분의 교실에서 실시해야 한다고 지지한다.

1. 학생들은 배우기도 전에 교과서 내용의 많은 부분을 이미 알고 있다.
2. 교과서는 그 역할을 상실하고 있다.
3. 교과서가 질적으로 향상되지 못하고 있다.
4. 학급 내 상위능력을 가진 학생의 요구가 충족되지 못하고 있다. 교육과정 수정을 통해 보다 도전적인 학습경험을 위한 시간을 마련한다.

다음 섹션에서, 교육과정압축의 여러 이론적 근거를 보여주는 연구들을 요약해서 제시할 것이다. 교육실제자들, 정책입안자 및 부모들이 교육과정 수정의 필요성에 대해서 인식하고 지지할 수 있도록 하는데 이들 정보를 사용할 수 있다.

이유 1: 학생들은 배우기도 전에 교과서 내용의 많은 부분을 이미 알고 있다

학생이 직면한 주요 문제는 정규 교실에서 하는 학습이 어렵지 않다는 것이다. 일단 미국 교실에 들어와 보면 학생들이 하는 과제들이 너무 쉽다는 것을 깨닫게 된다. 연구 또한 이와 같은 주장을 뒷받침한다. 최근 평균 및 그 이상의 독해 능력을 보이는 학생에 대한 연구에서, Taylor와 Frye(1988)는 78~88%의 초등 5, 6학년 평균학생들이 배우기도 전에 기초 이해 기술을 측정하는 사전검사를 통과한다는 점을 발견하였다.

내용반복이 가장 많은 과목은 수학교과서이다. A National at Risk(1983)는 교과서 난이도 하락이 학습에 부정적인 효과를 가져올 수 있다는 생각을 대두시켰다. 발표 이래, 미국 교육계에서 학생들이 문제해결과 상위 사고기능 측면의 적절한 성취수준을 보이지 못한다는 비판이 있어 왔다. 예를 들어, 수학에 대한 International Association for the Evaluation of Educational Achievement(IEA)의 두 번째 연구는 1981-1982 학기말에 중 2 학생들을 대상으로 실시한 성취 평가에서 미국 학생들이 계산 수학에서는 국제 평균을 약간 상회하지만, 문제해결에서는 국제 평균 이하임을 보여주었다 (McKnight, Crosswhite, Dossey, Kifer, Swafford, Travers, & Cooney, 1987). 미국 중 2 학생의 기하학 성취는 참여 국가 중 하위 25%를 차지하였고, 참여 국가 중 거의 20%는 제3세계 국가였다.

> 훌륭한 학생들이 수학을 지겨워하는 이유를 거의 고려하지 않고 있다: 해마다 같은 내용을 학습한다. 평균 혹은 평균보다 느린 학생들의 경우도 마찬가지로 만족스런 수학과목을 위해서 누구를 탓하겠는가? 만약 지금 학습하지 않는다면 내년에 다시 배울 것이라는 것을 학생들은 알고 있다.
>
> James Flanders, 1987

이와 같은 국제적 비교에서 보여진 불미스런 결과에 대해 가능한 해석은 미국 초등학교 교수법에서 무엇을 강조하고 있는지와 관련이 있다(Porter, 1989).

또 다른 초등학교 수학의 두드러진 특징은 학년 진급에 비해 내용 변화가 늦다는 점이다. 학년 말에 시작한 주제들이 다음 학년 초까지 계속되기 때문에 학년 간 내용이 중복된다. 어느 정도까지는 주제를 반복해, 보다 심도 있는 이해를 추구할 수도 있다(Porter, 1989). Flanders(1987)는 서로 다른 수학교과서를 연구하여 얼마나 새로운 내용이 매년 소개되는지 조사하였다. 그의 주된 발견은 상대적으로 중 2이상부터는 매년 새로 소개되는 내용이, 새로 배우는 내용의 3분의 1도 안 될 정도로, 계속적으로 줄어든다는 점이다. 전반적으로, 초등 2에서 5학년 학생들은 대략 40%~65%까지 새로운 내용을 접하게 되는데 이것은 일주일에 하루나 이틀만 새로운 내용을 학습한다는 뜻이다. 중 2학년이 되면, 이와 같은 양은 30%까지 떨어지게 되어, 일주일에 하루나 반나절만 새로운 내용을 접하게 된다. Flanders는 어떤 교과서에서든지 새로운 내용의 대부분은 교과서 후반부에서 소개된다는 것을 발견하였다. 전체 새로운 내용이 가장 적은 중 1과 중 2학년에서는, 교과서 전반부에 나오는 새로운 내용은 28%도 안 된다. Flanders의 연구는 어떤 수학교과서든지 대부분 예전에 배운 내용을 개관하고 있다는 것을 보여준다. Flanders는 학년 초, 학생들이 보다 학습하고자 하는 시기에 전에 보던 것을 반복하게 된다는 것이다. 그 후에, 충분히 지루하게 되면, 새로운 내용을 접하게 된다—교과서 후반부에 가면(p. 22).

Usiskin(1987)은 교과서 난이도가 낮아지고 있음은 물론, 또한 학습을 촉진한다는 이름 하에 반복되는 부분을 많이 포함시키게 되었다고 지적한다. Usiskin의 주장에 의하면, 중 1과 2학년 수학교과서 페이지의 단지 25%만이 새로운 내용을 수록하고 있으므로 이와 같은 내용의 다수를 학습해야 한다. Usiskin은 똑같은 내용을 학년 초기에 많은 시간을 들여서 개관하는 것은 비효율적이라고 지적하고 있다. 학습한 내용을 모르는 학생은 잘 못한 부분을 단순히 반복해서 살펴볼 뿐이다. 학생들이 모르는 것에 대해서는 주는 바가 거의 없다는 것을 알게 되었다. 이것은 나선형적으로 위로 상승해 나가는 접근법이 아니다; 똑같은 곳을 왔다갔다하는 원형적 접근법인 것이다(p. 432).

> 우리의 연구에 의하면 도전적인 교육과정을 찾아내는 것은 매우 힘들다. 포괄적인 교육과정 자료에 관한한, 우리가 찾아낸 것은 한 가지 예가 될 만한 수학교육과정인, Real Math by Open Court로서, 이것은 18년 된 것이다. 포괄적인 수학교육과정은 Canadian publication, Science Plus이다. 분명히, 학교를 향상시키는데 교육과정자료의 중요성을 과소평가하고 있다.
>
> Stanley Pogrow, 1993

이유 2: 교과서의 역할 상실

위에서 언급한 바와 같이, 평균 또는 그 이상이 되는 상당수 학생들이 2, 3년도 안 되서, 정규교과서 교육과정을 완전학습할 수 있다. Dumbed down이라는 용어는 미국 교육부 비서관인 Terrel Bell이 만든 것으로, 교과서 난이도가 낮아지고 있는 현상을 묘사하는 것이다.

연구자들은 1920년대 말을, 교과서가 바보스럽게 전락하는 시작으로 본다. 그 당시 이래, 출간된 읽기 교과서의 어휘수가 계속 줄어들었다. 비교 연구에 의하면 새로운 단어는 그 수가 점점 줄어들고 반복이 많아졌다(Chall, 1967). 10년 동안에, 2학년 평균 단어수는 1,147에서 913개로 줄어들었다(Hockett, 1938). 똑같은 시기에 1학년에 소개되는 새로운 단어들은 644에서 462개로 줄어줄고 그 후 10년 사이에

338개로 줄어들었다. 독해교과서 어휘수 간소화는 1950년대는 물론 1960대까지 계속 되었으며, 그 동안에 1학년의 새로운 단어는 평균 6번에서 10번까지 반복되어 소개되었다(Willows, Borwick, & Hayvren, 1981). 초등 고학년 독해 교과서 또한 더 쉬워졌다. 6학년 어휘수는 1947년에서 1967년까지 계속적으로 줄어들었고, Gates (1961)의 기술에 따르면 1960년대 초에 발행된 4학년 기초 어휘는 평균 3학년 학생에게 적절할 정도이다.

> 좋든 나쁘든, 교과서는 학생들이 학습하는 바를 결정한다. 교육과정과 대부분 과목에서 배울 내용들을 지정한다. 많은 학생들은 교과서를 통해서 처음으로 책과 읽기에 노출된다. 일반사람들은 교과서가 권위 있고, 정확하고, 필요한 것이라 생각한다. 그리고 교사들은 레슨과 과목의 구조를 조직하는데 교과서에 의존한다. 그러나 현 교과서 체계는 트로이 목마로 학교를 메우고 있다 —국가의 장래인 학생들의 마음을 틀어막고 학습을 적대시하도록 종이로 된 장애를 씌우는.
>
> A. Graham Down in Tyson-Bernstein, 1988

1920년대에 시작된 과목별 교과서 난이도 변화는 독해교과서에서 볼 수 있는 바와 유사하다. Horn(1937)은 1930년대 초기에 사회과목 교과서의 난이도가 낮아지는 추세를 파악하였고, Chall, Conard와 Harris(1981)는 이와 같은 추세가 거의 30년 동안 계속되었다고 말했다. 1960년대 들어서, 미국 교육체계가 소련에게 뒤쳐지게 되면서, 교과서 난이도에 대한 교육적 견해들이 달라지게 되었다(Elliott & Woodward, 1990). 출판사들이 이에 반응을 보여 1960년 중반부터 쉬운 교과서의 추세가 바뀌기 시작하였다. Willows, Borwick과 Hayvren(1981)은 1962년에서 1972년까지 초등 1학년에 소개된 어휘수 비율이 5배 증가하였다고 하였고 Chall, Conard와 Harris(1981)에 의하면, 1967년에서 1975년까지 초등 6학년 독해 난이도 또한 높아졌다. 그러나 1970년대 말까지 모든 학생을 위해서 교과서 수준을 높이자는 이와 같은 주장은 낮은 성취검사점수를 받는 학생의 점수를 올리자는 압도적인 관심으로 대체되게 되었다. 정책입안자들은 낮은 성취학생들의 점수를 높이기 위해서는 낮은 수준의 기술을 반복하고 연습하는 시간을 증가시켜야 한다고 생각하였고, 교과서 출판사들은 이러한 추세에 맞춰서 도전적인 내용을 반복적인 연습으로 대체하였다. 교육자들과 저널리스트들은 교과서가 바보스럽게 전락되고 있다고 기술하였다. 출판사들은 교과서를 단순화시키는 것은 낮아지고 있는 학업기준 때문이라고 말하고 있다(Chall & Conard, 1991).

Chall과 Conard(1991)의 연구에 의하면, 미국에서 출판된 과목별 교과서는 분석 대상인 각 학년에서 오히려 협소한 난이도를 보이고 있다—학생들이 보여주는 독해 능력 범위보다 오히려 협소한. Chall과 Conard가 지적하길, 이와 같은 범위는 또한 표준화된 검사에서 볼 수 있는 범위보다도 더 협소한 것이다. 비록 출판사가 그들의 교과서가 '폭넓은 사용', '보다 잘하는' 혹은 '보다 못하는' 학생들을 위해서 개발된 것이라고 말하지만, 분석에 따르면 교과서는 각 학년에서 중간 정도의 성취범위에 맞는 것이었다. 실질적으로 교과서 내용 어느 것도 독해에서 가장 낮은 퍼센터일에 속하는 학생을 위해 씌여진 것같지 않다. 게다가, 출판사들이 보다 못하는 독해자들을 위한 것이라고 한 책들도 좀 잘하는 독해자들을 위한 책보다 어려운 것도 있다 (p. 111).

> 한편 동시에 성인의 눈뿐 아니라 다른 사람의 눈에도 좋게 비치게 하면서, 정책체계가 고안한 교과서가 얼마나 혼란스럽고, 제대로 이끌어 내지 못하고 지루하다는 것을 상상해 보자. 비록 일부 좋은 교과서가 있긴 하지만, 출판사나 편집자들은 정책입안자와 실제자의 압력 때문에 학생들에게 혼란스럽고, 잘못된 정보로 유도하고 요점 없는 무미건조함으로 지루하게 한다.
>
> Harriet Tyson-Bernstein, 1988

너무 쉬운 교과서는 전역에서 주요 교과내용 연구자들의 지적을 받고 있다. 미래 수학자에 대한 보고서에서 St. Olaf College 수학과 교수인 Lynn Arthur Steen는 너무 쉬운 수학교과서와 관련된 문제들을 적절하게 요약하였다: 실제, 비록 법적으로는 아니지만, 수학교육에 있어서 국립 교육과정이 있다. 그러나 거의 같은 활동범위의 나선을 도는 '저성취' 교육과정으로, 새로운 학습이 거의 이루어지지 않고 과거에 학습한 많은 부분을 매년 다시 개관한다(1989, p. 45).

Ohanian(1987)은 기초 읽기를 일컬어 읽는 방법과 음절에 따라 정교하게 편집된 획일적이고 무단 삭제된 교과서라고 언급했다(p. 20). Ohanian은 또 다른 침묵화의 예를 보여주고 있다. Jeff Brown의 Flat Stanley 이야기를 보면 교과서 출판회사가 어떻게 아동 문학을 왜곡하는지 알 수 있다. Stanley는 그 자신이 납작해져서 납작해진 소년이 할 수 있는 특별한 것, 편지로 전국을 여행하는 것 등을 이야기한다. Brown은 Stanley의 경험에 대해 이렇게 쓰고 있다.

그 봉투는 Stanley에게 매우 잘 맞고도 약간의 여유가 있었다. Lamchop 부인은 얇은 빵으로 만든 달걀샐러드 샌드위치와 우유로 채운 납작한 담배 갑을 넣고도 약간의 공간이 남는다는 것을 발견했다.

그들은 항공우편과 보험료를 지불하기 위해 편지봉투 위에 많은 우표를 붙여야만 했다. 그러나 이것은 California행 열차나 비행기표에 비하면 훨씬 싼 편이었다.

교과서 내용은 다음과 같다.

편지봉투는 Stanley에게 잘 맞는다. 샌드위치를 위해 남겨진 여분의 공간이 있었다(p. 20).

> 가장 널리 사용되는 초등학교 사회과목 교과서는 획일적이고, 사실들을 요약집성한 것이다. 교과서는 가능한 것 이상으로 많은 주제를 다루려고 하며, 오히려 주된 개념과 관련된 정보를 조직하는 것이 아니라, 서로 별개의 사실들을 나열하고 있다. … 심지어 중요한 주제들도 피상적으로 다루며, 보다 중요하고 덜 중요한 개념 간에 구분을 분명히 하지 않는다. … 비록 이와 같은 것이 모두 잘못된 것은 아니지만, 교육자료들은 무미건조하고 활기가 없는 것이다.
>
> Gerald Bracey, 1993

교과서 사용에 대해 글을 썼던 Harriet Tyson-Bernstein(1985)에 의하면 교과서 편찬자들은 주 혹은 지역사회가 요구하는 식으로 읽기 쉽게 교과서를 바꾸었다. 그녀는 이와 같은 방식이 바로 한 주제에서 다음 주제로 넘어가는 '수박 겉핥기'(mentioning)식의 교과서를 초래한다고 하였다. Tyson-Bernstein(1988)은 사회과목 교과서에서 볼 수 있는 수박 겉핥기를 조사하고 보고하길 "30년 전쟁을 한 문장으로; 닉슨의 재임기간을 두 문장으로 요약한 것에서 볼 수 있다." … 그럼에도 불구하고 사지선다에나 나옴직한 개념들은 색인에 모두 있는데 그 이유는 교과서 채택위원회가 색인을 보고 교과목과 시험이 일치하는지 확인하기 때문이다(p. 30). Gagnon(1988) 역시 미국 역사교과서 5종을 분석한 후에, 교과서들이 마치 옛날 시대는 중요하지 않은 것처럼 그 내용을 생략해버리고 있다는 것을 발견했다. 중세 시대는 어둡고 침체되어 있으며 사람들은 생각이나 호기심조차 없고 오로지 사후의 삶에만 관심이 있는 것으로 적혀 있다. 그 때 갑자기 마치 '유럽이 깨어나는 것'처럼 문예 부흥이 시작된다. 사람들은 스스로 사고하기 시작하고 새로운 지평선을 찾는다. 그래서 미국 대륙이 발견되었다(p. 49). Sewall(1988)에 의한 초등학생용 역사 교과서 분석에서, Abraham Lincoln은 Molly Pitcher보다 약간 많은

2 문단으로, Valley Forge는 언급조차 되지 않고, 2차 세계대전은 Dawes Act나 단풍나무 시럽 생산보다 조금 많게, 2쪽 분량으로 다루어지고 있었다. 1816년 James Monroe는 대통령으로 선출되었고 이 시대는 선의의 시대로 불릴 만큼 모든 것이 순조롭게 진행되었다(p. 555). 이런 식으로 간단한 설명도 때론 없다.

Sewall(1988)은 읽기 쉬운 교과서를 다음과 같이 비평하였다.

> 이처럼 확고하고, 기계적이고, 부조리한 시스템에 의해 평가된 교과서는 동질화되고 무디어졌다. 훌륭한 글은 인간의 목소리를 가지고 있으며 적절한 동사, 생생한 인용, 그리고 다른 문학적인 기법을 모두 갖고 있다. 만일 학생들이 감상할 수 있고 기억할 수 있는 독특한 스타일과 극적인 효과를 갖고 있다면 교과서 구입자들은 복잡한 문장이나 어려운 어휘일지라도 환영해야 한다. 분명한 해설문은 비록 낮은 능력을 가진 학생일지라도 흥미 및 이해를 북돋우며, 문학 감상 능력을 증대시킨다(p. 557).

Bernstein은 현행 교과서가 영재 학생들에게 일으키는 문제를 적절하게 보여준다: 비록 교과서 난이도처럼 민감한 문제는 먼저 고려해야 할 원칙이 있긴 하지만, 대개 '학년수준'에서 모든 학생용으로 쓸 교과서를 한 권만 구입하는 것은 문제가 있다. 이와 같은 교과서 구입 정책은 교과서 선택 위원회에 압력을 가해 최소한의 읽기능력으로도 읽을 수 있는 책을 사게 한다. 그 결과 보다 뛰어난 학생들의 요구는 희생된다(p. 465).

많은 우수한 학생들이 그들보다 최소 1~2년 낮은 수준의 교과서를 사용하고 있다. 이러한 상황 속에서 학생들은 학습에 대한 무감각과 나쁜 태도 그리고 그냥 학교에서 살아남기 위해 필요한 것 정도만 하게 된다. 학습능력을 충족시킬 도전적 학습환경이 제공되지 않으므로, 학생들은 학교 공부를 지나치게 쉬운 것으로 인식하게 되고, 새롭고 어려운 기술이나 개념을 배울 때 경험하는 좌절감을 어떻게 다루어야 하는지 배울 수 있는 기회마저 잃기 쉽다.

이유 3: 교과서가 질적으로 향상되지 못하고 있다.

A Nation at Risk의 발간 이래 교육 및 학교개혁에 관한 보고서들은 교과서의 질을

향상시키는 데 초점을 두는 대신 학생의 성취부진, 낮은 성취기대와 교육과정에 초점을 두었다(Tyson-Bernstein & Woodward, 1989). 그리고 여전히 개혁 논쟁에서 간과되는 부분이 있는데 바로 교과서가 교과과정, 범위, 계열 및 교수 방법을 정의한다는 점이다.

> 만일 공식적, 헌법의 규정에 의거하여 방법, 과목, 교수, 교육과정, 교과서 등에 대해 의문을 제기할 수 있는 단 하나의 공립학교라도 미국 내에 있다면, 실제 교수와 관련된 것을 논의한다는 사실은 관심 밖에 있게 된다.
>
> Margaret Haley, in Fraser, 1989

초등, 중등학교 교과서는 신랄한 비난을 받고 있다. 1983년 국가 우수 교육위원회(National Commission on Excellence in Education; NCEE)는 교과서들이 쉽게 쓰여졌다고 결론 내리고 학습과 교수에 관한 모든 사항을 향상시킬 것을 제안하였다. 또한 주와 각 학군이 이를 위해 교과서와 여러 학습자료를 평가할 것을 권하고 있다(p. 28).

그러나 A Nation at Risk에서의 NCEE 제안은—교과서가 보다 논리적으로 타당해져야 하고 많은 것이 첨가되어야 한다—이루어지지 않을 것처럼 보인다. Chall과 Conard(1991)가 실시한 조사에 의하면, 출판사들이 보다 어려운 교과서를 개발해야 한다는 NCEE 보고서의 수용을 지지하지 않는다. 읽기능력 수준은 1979년과 1989년판 사이에 하나도 변하지 않았다. 비록 변화가 있다고 해도 보다 높은 난이도가 아닌, 쉬운 방향으로 변화되고 있다(Chall & Conard, 1991, p. 2).

Kantor, Anderson과 Armbruster(1983)와 Armbruster와 Anderson(1984)이 실시한 초기연구를 볼 때, 교과서가 부실하고, 장황하고, 일관성이 없고, 연결성이 없어 충분히 고려한 후 쓰여진 것이 아님을 알 수 있다(p. 61). 결론적으로 학생들은 교과서 내용을 이해하지 못한다. Armbruster(1984)는 성인들로 하여금 몇몇 6학년 교과서의 20문단을 읽고 주요 개념에 밑줄을 긋고 진술하게 하는 연구를 실시했다. 성인들조차 연결 고리가 없는 내용 때문에 주요개념을 짚어낼 수 없었다. 오늘날 교과서 위원회는 교과서가 간단하고 지루해지지 않도록 힘쓰고 있다. Downey(1980)는 또한 교과서 질을 저하시킨 또 다른 이유로 학자들이 더 이상 교과서 편찬에 어떤 역할이나 관심을 갖지 않기 때문이라고 말하고 있다.

Tyson-Bernstein과 Woodward(1989)에 의하면, 지난 10년간 교육자 자신들은 교과내용을 빈약하게 만드는데 기여해 왔다. 그들은 이렇게 말하고 있다. 학교가 예산을 투자할 만한 곳임을 증명하기 위해 교육자들은 표준화된 시험에서 높은 점수를 받으려 한다. 그래서 교육과정, 교과서, 그리고 시험을 함께 묶어 생각한다. 즉 공부한 것을 시험 보면 더 높은 점수를 받는다는 논쟁의 연지가 없는 자명의 논리를 펼치고 있는 것이다. 이 논리에 따라 주정부는 어떤 사실이나 용어 등을 세부적으로 교과서에 실으려고 한다(p. 6).

따라서 학생의 시험성적에 점점 신경을 곤두세우기 때문에 교과서 편찬자들 역시 이들의 요구에 힘입어 시험을 잘 볼 수 있는 초등학교 읽기 교과서에 관심을 갖는 것이다(Tyson-Bernstein, 1988). Tyson-Bernstein의 설명에 의하면, 이들은 주제 혹은 상상력 보다 표준화된 시험의 내용과 시간을 중심적으로 고려한다(p. 26). Mehlinger(1989)는 이런 사실을 더욱 강조하여 교사들은 교과서 수준이 모든 학생들이 현 수준이나 그 이하의 수준에 있기를 원한다고 말하고 있다. 교과서에는 표준화된 시험에 나올 내용이 있어야 한다. 대부분 그러한 시험들은 사지선택 혹은 단답식이기 때문에 학생들이 시험을 잘 보려면 시험에 나옴직한 모든 주제들을 교과서에 실어야 한다.

좋은 교과서에 대한 자각:

내용이 여러분을 사로잡는가? 그렇지 않다면, 그 책은 대개 학생을 사로잡지 못한다. 또한 그릇된 정보와 잘못된 것을 참작할 시간을 점검해 봐야 한다. 잘못된 서술, 잘못된 정보. 그 어떤 것도 좋은 교과서에서는 볼 수 없다.

Jean Osborne, Director of the Center for the Study of Reading

좋은 교과서는 학생의 마음을 사로잡아서 그 속으로 빠지게 한다. 책은 단순히 그 안에 담고 있는 것에 대한 것이 아니라, 새로운 사고와 반응을 창출하는 것이다.

Michael Hartoonian, Supervisor of Social Studies Curriculum, Wisconsin Department of Public Instruction

효과적인 수학 교과서는 기계적인 연습보다는 보다 사고와 문제해결을 지향해야 한다. 단순한 숫자와 예들이 아닌 그 속에 빠져야 한다. 실제 문제상황에 기초한 교과서는 실제 자료를 사용하므로, 학생들에게 동기를 부여하게 된다.

Charles Hamberg, Recipient of a Presidential Award for Excellence in Teaching Mathematics in S. Conn, 1988

이유 4 : 학급 내 우수한 학생의 요구가 충족되지 못한다

The National Research Center on the Gifted and Talented가 실시한 최근의 두 연구에 의하면, 초등교사들은 상위능력 학생의 요구를 충족시키기 위해 주요 교과를 수정하는 일을 하지 않고 있다. 교실학습 실태조사(The Classroom Practices Survey: Archambault et al., 1992)라는 제목의 연구는 영재아가 교실에서

> 교실에서 매우 지겨워하고 있다는 것을 알게 되었다. 난 오염 문제를 해결하느라고 교실에서 과학공부를 할 수 없어요라고 그는 말했다. 그런 그에게 우린 그럼 학급을 위해 공부를 할래라고 물어보았다. 그렇지만 그의 머릿속은 하라고 한 공부보다는 온실효과와 오존층에 대한 생각과 그 문제해결책으로 꽉 차 있었다.
>
> Parent of a fifth-grade student, in Purcell, 1993b

얼마나 다른 학생과 구분되는 교육을 받는지 조사하였다. 연구를 위해 공, 사립학교 그리고 소수민족을 위한 네 가지 교과내용을 제공하는 학교에 재직 중인 약 7,300명의 3, 4학년 교사들을 무작위로 선발하였다. 이 연구에 의하면 교사들은 영재아의 요구를 충족시키기 위해서 약간만 교과수정을 한다는 것이다.

후속 연구로서 교실 학습실태 관찰연구(The Classroom Practices Observational Study: Westberg, Archambault, Dobyns, & Salvin, 1992)를 실시하여 위에서 언급한 조사 결과를 입증하고자 하였다. 과연 교사들이 정규교실에서 영재아의 요구를 충족시키고 있는지 보기 위해서 미국 전역에 걸쳐 46개의 3, 4학년 학급을 체계적으로 관찰하였다. 상위능력학생과 평균능력학생 각 1명씩 관찰하였다. 교실학습실태 기록(Classroom Practices Record; CPR)을 통해 영재아를 위한 학습활동 및 교과목 조정 그리고 교사 대 학생의 언어적 상호작용을 빈도수와 유형으로 기록한 후 기술 통계와 chi-square 기법을 사용하여 분석하였다. 그 결과는 그룹 배정과 언어적 상호작용을 포함한 교수 및 교육과정 실제는 다른 학생들의 경우와 다르지 않았다. 5개의 주제 영역에 걸쳐 92일 동안 관찰했을 때 영재아들은 동질능력그룹에서 21% 정도의 시간동안 공부하였다. 더욱 놀랍게도 관찰된 영재아 및 상위능력 학생들은 수업 중 84% 정도를 다른 학생과 동일한 학습지도를 받고 있었다.

이 연구결과는 중, 고등학교 이전에 많은 학생들이 지겹고 반복적인 환경에 부정적인 반응을 보이게 되고, 학습의욕을 상실한다는 것을 말해 주고 있다. John Feldhusen의 말처럼 학교가 도전적인 교육과정을 제공하지 못하기 때문에 문제아나, 중퇴자가 생기고 혹은 체계적으로 동기 유발이 되지 않을 수 있다(1989, p. 58). 학생들은 능력에 맞지 않는 교육과정 때문에 점점 배우는 것을 싫어하게 될 것이다. 학생들은 선생님이 요구한 더도 덜도 아닌 정도만 하면서 수업시간을 때울 뿐이다. 교육자들은 상위능력을 가진 학생이 수업 시간 때우기 그 이상을 하도록 해야 한다. 공부하길 좋아하게 만들고 스스로 학습하는 습관을 향상시키기 위해선 급격한 변화가 필요하다.

> 학교는 귀찮은 일로 가득해서, 하고 싶은 어떤 동기가 없다. 내 두 아이 모두 학교를 싫어한다. 아이들은 공부를 먼저 시작하는 법이 없다. 한 아들은 정말 공부를 잘 못한다. … 학교에서 가장 똑똑한 아이중 하나지만 낙제를 하였다.
>
> Parent of a capable student, in Purcell, 1993b

교육과정압축 개관

도전성이 결여된 교과서와 교육과정을 해결하는 한 가지 방법은 새로운 교과서를 만드는 것이지만, 새로운 교과서를 만들고, 출판해서 사용하는 데는 몇 년이 걸린다. 새로운 교과서를 사용할 수 있을 때가 되면, 교육과정압축이라는 체계를 사용하여 학생의 능력과 그들의 새로운 학습경험이 서로 잘 조화를 이룰 수 있도록 교육과정을 수정할 수 있다. 교육과정 압축은 정규교육과정 속에서 학생들이 이미 알고 있는 선수학습 내용을 제거하거나 간추리는 것을 말한다. 보다 도전적인 학습환경을 조성하는 것 외에, 교육과정압축을 통해서, 교사들은 기본적인 교육과정을 숙달시키고 보다 적절한 심화나 속진 활동을 할 시간을 마련해 준다. 교육과정을 압축시킴으로써 생긴 시간은 "압축된 시간(compacted time)"이라고 한다.

이미 많은 교사들이 일상적인 업무 중의 일부로서 교육과정압축을 실시하고 있다. 학생들이 한두 번 개관하고 나면 이해하고, 완전학습할 수 있는 활동지는 보다 도전적인 학습으로 대체된다. 본 장에서는 교육과정압축 3단계 실시에 대해서 설명하고자 한다.

교육과정압축과정

단계 1: 목적 및 결과 정의하기

교육과정압축의 1단계는 단원, 교수의 목적 및 결과를 정의하는 것이다. 특별한 목적과 결과들은 대개 교사 매뉴얼, 교육과정 지침 및 범위와 계열 도표, 새로운 교육과정에 수록되어 있기 때문에, 대부분 과목에서 이것을 쉽게 사용할 수 있다. 교사들은 이전에 가르쳤던 내용을 개관하는 대신 새로

> 새로운 교과서를 사용할 수 있을 때쯤 되면 교육과정압축이라는 체계를 사용하여 학생의 능력과 그들의 새로운 학습경험이 서로 잘 조화를 이룰 수 있도록 교육과정을 수정할 수 있다.

운 내용과 사고기술 획득을 나타내는 목적들을 조사해야 한다. 출판사가 만든 범위와 계열, 일련의 내용을 도표로 나타낸 것을 비교함으로써 새로운 내용과 반복되는 내용을 쉽게 볼 수 있다. 이 1단계 교육과정압축과정의 주요 목적은 교사들로 하여금 개별적인 프로그램 결정을 내릴 수 있도록 돕는데 있다; 더 넓게 전문성을 개발하고자 하는 목적을 통해서 교사들은 교과서 내용을 더 잘 분석하게 되고 교육과정을 기술하게 된다.

단계 2: 교육과정압축을 실시할 학생파악

2단계는 앞으로 배울 단원이나 교수 목적을 이미 알고 있는 학생을 파악하는 것이다. 2단계에서 처음으로 해야 하는 것은 정상적인 속도보다 빨리 새로운 내용을 학습할 잠재력을 가진 학생을 파악하는 것이다. 물론, 학생을 아는 것이 평가과정을 시작하는 가장 좋은 방법이다. 사전검사 점수, 숙제와 교실 참여정도가 교육과정압축을 실시할 학생을 찾는 가장 좋은 방법이다. 표준화된 성취검사도 이 단계에서는 좋은 일반적인 방법이 될 수 있다. 왜냐하면 학생이름을 어떤 특정 과목별로 한 학년 혹은 그보다 더 윗수준인지 나열할 수 있기 때문이다.

압축대상자로 선정되었다는 말은 반드시 앞으로 다룰 내용을 알고 있어야 된다는 뜻이 아니다. 그러므로 대상자를 파악한 다음 순서는 특별한 학습영역을 평가할 때 사용할 수 있는 적절한 검사나 평가기술을 찾고 개발하는 것이다. 특히, 기본기술을 평가할 때, 단원 사전검사나 단원말 검사를 사전검사로서 실시할 수 있다. 사전검사 분석을 통해서 기본기술의 유창성 정도를 알아볼 수 있고 얼마간 부수적으로 강화가 필요한 교수활동 및 실제 자료를 선택할 수 있다.

쉽게 평가할 수 없는 기본 기술이나 아직 완전히 학습하지 않은 내용에 대해서는 약간만 교육과정을 압축하게 되지만 빨리 학습할 수 있는 학생인지 판단을 해봐야 한다. 첫째, 학생은 대체과정의 속성을 포함하여 압축을 하는 목적과 절차를 철저히

교수 이전에 학생의 완전학습정도를 알아볼 수 있는 사전평가방법들

- 학점
- 교실에서의 학습
- 학생인터뷰
- 전학년 교사 인터뷰
- 부모 인터뷰
- 상담교사 추천
- 표준화된 검사점수
- 수행 혹은 진정성 있는 평가
- 포트폴리오

이해해야 한다. 학생과 함께 정해진 일부 교육내용(예: 사회과학 교과서 몇 장에 걸쳐서 다룰 단원)과 상위 수준에서 볼 수 있는 완전학습을 알아볼 수 있는 절차에 대해서 이야기를 나눠야 한다. 이들 절차로는 장과 관련된 질문, 에세이 쓰기 혹은 표준 단원말 검사 등이 있다. 단원을 끝마치는 시간의 양을 정해야 하며 교사가 개관할 주기적인 과정 보고서나 일지 같은 절차에 동의를 받아야 한다. 그리고 물론, 잠재적인 속진 혹은 심화 대체활동에 대한 조사도 이 토론과정에서 이루어진다.

다른 대안으로는 새로운 단원이나 주제를 도입할 때 교실에서 모든 학생을 평가하거나 사전검사하는 것이다. 비록 교사에게 부담스러운 일이지만, 모든 학생의 장점과 선수학습 정도를 알아보는 기회가 된다. 학습목적 매트릭스를 사용해서 교사들은 검사를 적고 기술교수와 대체 활동시 융통적인 소집단 및 임시집단을 만들 수 있다.

단계 3: 속진과 심화 대안 제공

압축과정의 마지막 단계는 교사와 학생 모두의 협동적이고 창의적인 의사결정에 기초한 가장 흥미진진한 교수 중 하나라고 할 수 있다. 교사, 도서관 사서, 매체 전문가와 내용영역 혹은 영재교육 전문가로부터 심화자료를 수집하는 노력이 필요하다. 이들 자료들로는 자기-주도적 학습활동, 특정 사고기술에 집중된 교수자료, 실제 연구조사기술을 신장할 수 있는 개별 및 집단 프로젝트 활동 등이 있다. 압축과정을 통해서 생긴 시간으로 인해 소집단, 학생, 지역사회 주민, 견습과정, 멘토십, 또래 교수상황, 지역서비스 활동참여 및 자기 주도적 미니 과정을 번갈아 가면서 할 수 있는 기회가 생긴다.

어떤 대체활동을 할지에 대한 결정은 항상 시간, 공간 및 인적, 물적 자료의 유용성 같은 것들과 관련된다. 실질적으로 생각했을 때, 대체활동에 대한 궁극적인 기준은 개별학생의 요구를 충족시킬 수 있는 학문적 도전성과 그 정도이다. 똑같은 학습지

Thora

Thora는 고등학교 저학년생으로 영어와 문학에서 계속 높은 점수를 받았다. Thora는 느리게 진도가 나가는 역사시간을 싫어했고 역사 선생님과 상담을 한 이후에, 역사시간에 장마다 사전검사를 받게 되었다. Thora에게 많은 시간이 생기게 되었고 중학교 학생들 및 사사와 함께 문학 잡지를 만들기로 하였다. Thora는 일주일에 두 번 중학교 학생을 소집단으로 만나게 되었고 학기 말쯤에 Thora와 다른 학생들은 삽화가 있는 시와 Echoes 책을 만들어 중학교 1학년에서 3학년까지 모든 학생에게 배포하였다.

나 무분별하게 선택한 학습자료, 게임과 퍼즐 보다는 학생강점과 홍미를 나타내는 활동과 경험이 필요하다! 이와 같은 교육과정압축은 또한 일종의 창의적인 기회로서 상호협동하여 폭넓은 심화경험을 조직하고 시작하는 것으로 비춰져야 한다. 교직원들이 항상 가르치기 원하는 미니-과정이나 자기가 좋아하는 주제와 관련하여 한두 명의 학생을 지도하는 멘토과정은 학생들에게 유익할 뿐 아니라 교사에게도 흥미를 더해 준다. 교육과정압축을 통해서 또 다른 흥미로운 것을 볼 수 있다. 총명하지만 미성취를 보이던 학생들도 정규적으로 하던 과제에서 시간을 빼내 자기가 선택한 홍미 추구의 시간을 얻을 때 정규과제에 대한 홍미를 나타내었다.

교육과정압축을 개관하는 가장 좋은 방법은 이 과정을 사용할 때 지침이 되는 실제 운영양식을 조사해 보는 것이다. 완성한 운영양식은 [도표 9]에 제시한 바대로 컴팩터(Compactor)라고 하는데, 자료를 조직하고 기록 보관하는 도구이다. 교사는 학생별로 한 양식을 기입하거나 유사한 교육과정 강점을 보이는 학생집단에 대해 한 양식을 작성할 수 있다. 완성한 컴팩터는 학생 학업파일에 보관하며 정규적으로 수정 보완한다. 또한 대략 같은 수준에 있는(예: 읽기나 수학반) 소집단 학생에게도 이 양식을 사용할 수 있다.

컴팩터는 다음의 3부분으로 나눠진다:

> 한 국가의 발달 수준은 상당부분 그 나라 국민의 지적 발달수준에 달려 있다.
> Luis Alberto Machado

- 첫 번째 난에는 학습목적, 학생의 강점영역에 대한 정보를 적는다. 교사는 학습단원 목적을 나열하고 학생이 달성할 목적을 보여 줄 수 있다.
- 두 번째 난에는 교사가 선정한 사전검사와 결과를 상세히 적는다. 사전검사에는 지필식 검사 같은 형식적 검사는 물론 교실참여 관찰이나 숙제 같은 비형식적인 방법도 포함시킨다. 구체적으로 기록하는 것이 중요하다. 예를 들어, 10개 목적 중에서 전반적으로 85% 점수를 받은 것으로 기록되었다면, 이중 상위수준에서 완전학습되지 않은 목적이 있을 수 있으므로, 일부 교육내용을 압축할 수 없을지 모른다.
- 세 번째 난은 속진 혹은 심화 선택활동에 대한 정보를 기록할 때 사용한다. 이들 선택활동을 선정할 때, 학생의 개별 흥미와 학습스타일을 완전히 알

개별 교육프로그램 작성 지침
컴팩터(Compactor)

Joseph S. Renzulli
Linda M. Smith

이름: 엘린 나이: 10 교사: 컨닝햄	학교: 카인 초등학교 학년: 5 부모: 컬란	개별면담날짜와 IEP 계획에 참여한 사람 1992년 10월 10일 MC JD EF JC
교육과정압축을 고려하는 영역 컴팩터 작성 동안에 다룰 기본적인 내용에 대한 간략한 기술과 압축이 필요하다고 생각하는 평가정보 및 증거	기본내용 압축과정 기본 교육과정 영역에서 유창성을 보여줄 만한 활동을 기술	속진과(혹은) 심화 활동 각 정규교육과정 영역에서 심도 있는 수준의 학습경험을 제공하는 활동을 기술
언어과목: Holt 14; 단원 2–6 사전검사 단원 2–6 독해/부호화 기술 언어 기술	Holt 언어과목에서 단원과 수준 테스트. 엘린은 다음을 제외하고는 교실에서 실시하는 모든 언어과목 활동에 참여할 것이다: 독해/부호화 기술과 선수학습한 언어기술 및 자리에 앉아서 하는 반복적인 학습.	상위 수준의 언어과목: 문학에 대한 기초를 풍부하게 할 목적으로 전기문을 읽고 인간 가치가 어떻게 엘린이 선택한 것에 적용되는지 살펴본다: 목적 달성을 위해 필요한 결의와 용기
CTBS 점수: 어휘 6.5 언어역학 9.9 이해 9.5 언어표현 9.9 총점 읽기 7.9 총점 언어 9.8	여기서 얻어진 시간을 사용하여 엘린에게 상위 수준의 언어과목을 소개할 것이다.	Amelia Earhart Phillis Wheatley Harriet Beecher Stowe Anne Bradstreet Mahalia Jackson Dolly Madison Abigail Adams
		또한 엘린은 어휘와 프롯구조, 도입, 복잡성, 절정과 결말을 보다 더 깊이 이해하기 위해 Newbury 수상 소설들을 선택하였다. 상위 수준의 과학: 컴퓨터, 산수, Chronobiology와 기상분야에서 확장, 차별화 및 집중적인 교수를 받을 수 있는 지역과학 센터 8곳을 견학. 자료실: 주당 5시간. 창의적인 사고, 비판적 사고, 창의적이고 비판적인 문제해결을 개발하는 1부, 2부와 3부 활동들.

❑ 부가적인 정보기록이 필요하면 여기에 표시하고 뒷면에 기록

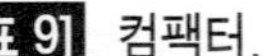

[도표 9] 컴팩터.

고 있어야 한다. 두 가지 도구를 사용해서 학생들이 선호하는 대체활동을 선정할 수 있다. Interest-A-Lyzer와 Learning Styles Inventory(Renzulli & Smith, 1979)를 사용해서 학생들이 흥미로워하는 일반적인 범주와 학생 흥미에 따른 학습활동 유형을 알 수 있다.

엘린: 컴팩터 예

엘린은 사회경제적 지위가 낮은 도시에 위치한 소규모 학교에 다니는 5학년생이다. 엘린이 읽기와 언어 점수에서 학년수준보다 2~5년 정도 높은 반면, 반학생 29명 중 대부분은 1~2년 낮은 읽기 수준을 갖고 있다. 엘린의 교사는 많은 다른 교사들이 직면한 문제에 봉착해 있다: 엘린을 가르칠 수 있는 가장 좋은 방법은 무엇인가? 엘린의 교사는 교육과정압축에 동의하였다. 가능한 가장 쉬운 접근법으로, 학년수준별 기초 언어과목 프로그램 내 모든 단원학습 시험을 보게 하여, 85% 이상의 능숙도를 보이면 활동이나 학습지를 하지 않아도 되게 하였다. 만일 하나 혹은 두 개의 질문사항을 놓쳤다면 교사는 놓친 항목의 경향을 즉시 점검해서 어떤 실수유형이 있을 경우 개념학습을 지도하였다.

> 학습에 영향을 미치는 한 가지 가장 중요한 요인은 학습자가 알고 있는 바이다. 이것을 확인하고 그에 따라 학생들을 가르쳐라.
>
> D. P. Ausubel, 1968

엘린은 보통 주당 1일내지 2일 동안 국어지도를 받았고, 시간균형을 맞춰서 선택한 대체프로젝트를 하였다. 이 방법으로 일주일에 6~8 시간의 언어과목 시간을 절약하게 되었다. 사전검사 결과에서 완전히 학습하지 못한 것으로 나타나면 그룹지도를 받았다. 절약된 시간에 많은 심화활동을 하였다. 첫째, 엘린은 평균이상의 능력을 가진 학생을 위한 자료실에서 주 5시간 정도를 보냈다. 교사는 엘린을 위해 대체안을 찾을 필요가 없었고 엘린은 기본학습을 놓치지 않고 있었기 때문에 학급에 다시 왔을 때 보충수업을 받지 않아도 되었다.

엘린은 또한 과학에 많은 관심이 있는 다른 학생들과 함께 지역과학센터를 방문했다. 과학은 엘린이 두 번째로 잘하는 과목이다. Interest-A-Lyzer 결과를 볼 때 유명여성에 관심이 있었다. 교사와 함께 엘린은, 과학영역에 공헌한 7명의 여성에 관한 전기를 선택했다. 이들 책 모두는 대개 도전적이고 근처에서 구할 수 있는 것들이었고, 이 중 세 권은 성인을 위한 책이었지만, 읽는데 문제가 없었다. 엘린의 컴팩터는 한 학기동안 실시되고 일월 말에 갱신되었다. 엘린의 교사는 교육과정압축을 통해 불필요하게 주었던 과제물을 수정하느라고 보냈던 시간들을 포함해서 많은 시간이 절약되었다는 확신을 갖게 되었다. 또한 엘린에 대한 컴팩터 과정으로 교사는 그 과정을 계속할 수 있다는 확신을 갖게 되었다. 그리고 엘린의 언어과목 성취수준과 과학에 대한 흥미에 기초하여 엘린의 부모에게 설명할 때 컴팩터를 사용하였다. 컴팩터를 또한 복사하여 엘린의 6학년 담임교사에게 인계하였고, 5, 6학년 교사 및 자료실 교사와의 회의를 통해서 그들이 엘린의 특별한 요구를 계속적으로 배려할 수 있도록 도움을 주었다.

다중메뉴모델: 심도 있는 학습과 교수 지침

> 지적 활동은 어느 곳이나 같다: 최첨단 지식이든, 3학년 교실에서든지.
>
> Jerome Bruner, 1960

본 책에서 다룰 두 번째 절차는 교수단원을 만들 때 사용할 수 있는 세 가지 교육과정 모델로 구성된다. 이들 모델은 1) 내용과 과정, 2) 일차 연구자로서의 학생, 3) 지식들간의 상호연계를 보다 많이 강조한다는 점에서 전통적인 접근법과 다르다. 다중메뉴모델(Renzulli, 1988)은 일종의 지침으로서 교사나 교육과정 개발자들이 심도 있는 교육과정 단원을 개발할 때 사용할 수 있다. Ausubel(1968), Bandura(1977), Bloom(1954), Bruner(1960, 1966), Gagné와 Briggs(1979), Kaplan(1986), Passow (1982), Phenix(1964)와 Ward(1961) 등을 포함하여 여러 교육과정과 교수이론가들의 연구에 기초한다. 다중메뉴모델은 교육과정 개발자들이 학습단원을 만들 때 선택할 수 있는 각 옵션들을 담고 있기 때문에, 상호연관된 메뉴라고 하는 6개의 요소들로 이루어진다([도표 10] 참조). 6개 요소들은 다음과 같다: 지식 메뉴, 교수목적과 학생활동 메뉴, 교수책략 메뉴, 교수계열메뉴, 예술적 수정메뉴와 2개 상호연관된 메뉴, 즉 구체적인 산출물과 추상적인 산출물로 구성된 교수산출물 메뉴이다. 첫 번째 메뉴인 지식 메뉴(Knowledge of Menu)는 가장 정교한 것으로 특정 교과분야에 대한 것이다(예: 신화, 천문학, 안무, 기하학). 두 번째에서 다섯 번째 메뉴는 교육학 및 교수기술에 관

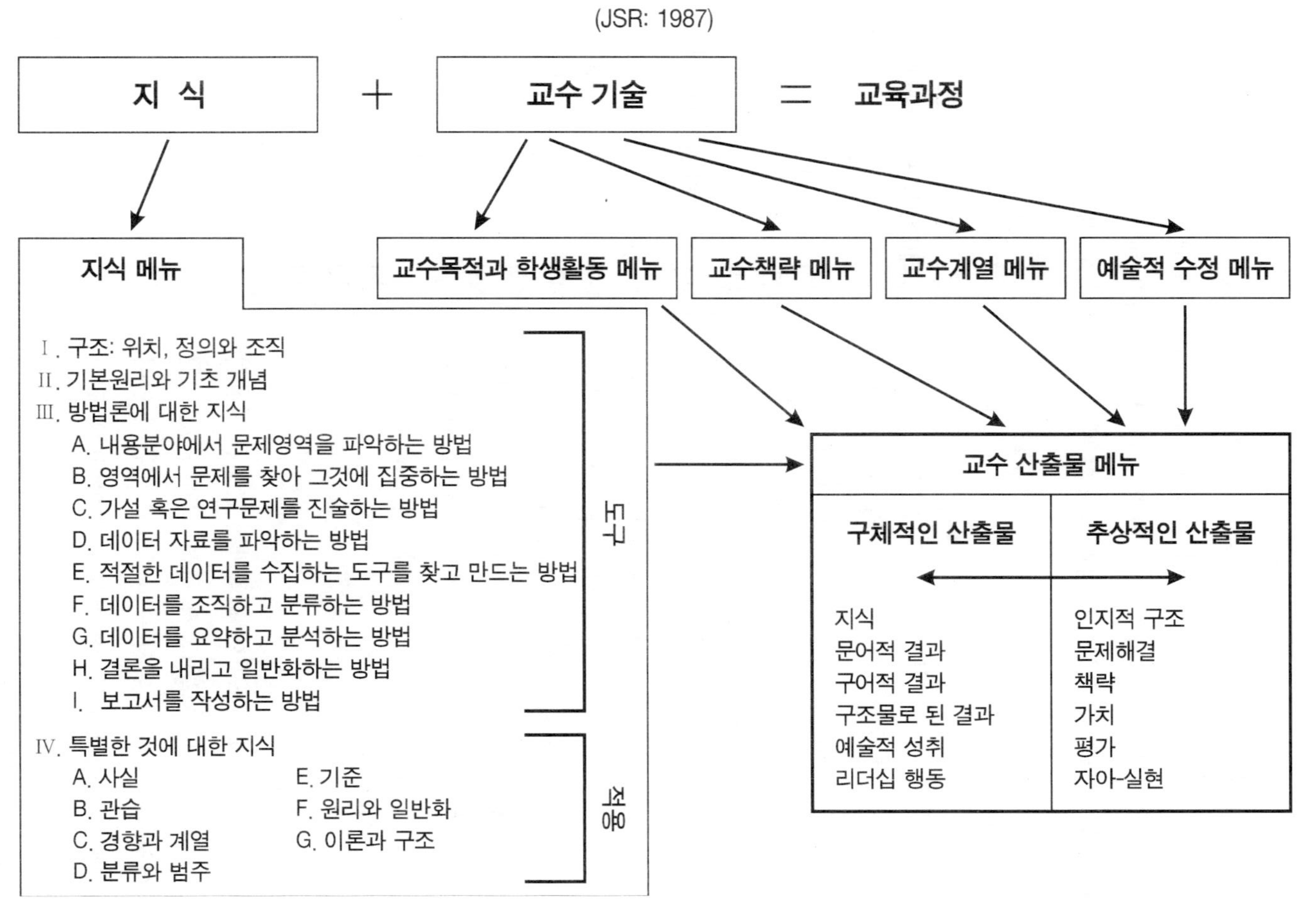

[도표 10] 차별화된 교육과정 개발을 위한 다중메뉴모델.

한 것이다. 마지막 메뉴인, 교수산출물(Instructional Products)은 한 영역이나 교과간 개념에 대한 지식 및 연구자들이 사용하는 방법에 대한 지식과 상호작용한 결과로 나오는 산출물의 유형과 관련이 있다. 비록 다중메뉴모델이 상위능력을 가진 학생을 위한 차별화 교육과정의 한 방편으로 개발되었지만, 교사들은 학생들의 연구자로서의 태도와 창의성을 권장하고자 할 때 쉽게 사용할 수 있다.

지식 메뉴

지식 메뉴의 가장 중요한 가정은 (1) 어떤 교과에서든지 중요한 것을 모두 가르치고자 하는 것은 효과가 없다는 것, (2) 조사연구의 필요성 이 두 가지이다. 교과의 결론에 초점을 두기보다 오히려, 다중메뉴모델은 조사 그 자체에 초점을 두고, 교육과정 개발자들로 하여금 학생에게 가르칠 가장 중요한 개념을 선택하게 한다. 따라서 메뉴 중에 가장 첫 번째인, 지식 메뉴를 통해서 교육과정 개발자들은 다음의 네 가지 관점을 가지고 교과를 조사해 볼 수 있다: 보다 큰 지식맥락에서 교과가 차지하는 목적과 위치, 교과의 기본개념과 원리, 가장 중요한 대표 주제 및 보편적인 지식과 지혜에 대한 기여점, 방법론들.

대표적인 개념과 아이디어 예

	문학	
폭력	괴물	죽음
사랑	애국주의	탄생
충성	갈등	여행
영웅	영웅에 반대되는 세력	

	과학	
변화	안정성	평형
환경	시스템	상호작용
진화	에너지	건강
질병		

	역사	
변화	문화	거주
전쟁	이주	법률
혁명	형평성	경제
종교		

	수학	
측정	시간	공간
패턴	시스템	숫자
확률	변화	무한대

교과 위치찾기

다중메뉴모델에 기초하여 교육과정 단원을 사용하는 교사는 우선 가르치고자 하는 교과가 보다 큰 지식영역에서 어떤 위치를 차지하고 있는지 알아야 한다(예: 소설은 문학영역의 한 분야이다). 교사와 학생은 지식나무를 만들어서 선택한 지식분야가 보다 큰 지식 영역에 얼마나 적합한지 볼 수 있다. 다음에 그 교과와 하위교과의 특징을 조사하여 왜 사람들이 어떤 특정분야의 지식을 연구하며 그것이 인간이해를 위해 어떤 기여를 하게 되는지를 알게 된다. 예를 들어, 이와 같은 지식 메뉴의 첫 번째 차원을 통해서 학생들은 사회학의 정의와 사회학자가 연구하는 것은 무엇이고 왜 하는지, 다른 교과, 심리학이나 인류학과 어떻게 유사하고 다른지, 그러면 사회심리학이나 사회인류학은 무엇인지, 어떻게 각각의 교과가 보다 큰 사회과학의 목적과 분야에 포함되는지에 대해서 연구를 할 수 있게 된다. 이와 같은 교과구조에 대한 질문으로 인해 학생들은 교과가 어느 곳에 위치하는지 뿐 아니라, 다른 교과와의 관계에 대해서도 이해하게 된다.

개념과 아이디어 선택하기

다음은 지식 메뉴의 두 번째 관점, 즉 교사는 가르칠 기본적인 원리와 개념을 파악한다. 어떤 학문분야를 정의하는 테마, 패턴, 주요 특징, 계열, 조직적인 원리와 구조는 대표적인 개념과 아이디어로 이루어진다. 과학을 예로 들어 보면, 조직적인 원리와 구조는 변화, 안정성, 시스템, 상호작용, 에너지, 화학적 성분, 부피, 빛과 색깔 등을 포함한다. 소설과 관련되어 모든 문학작품을 망라하는 대표적인 요소는 플롯, 배경, 등장인물, 테마 등이다. 물론 더 큰 개념들이 이들 각 요소들로 구성된다. 예를 들어, 광대와 비극적인 영웅은 시대를 초월하여 문학작품에 등장한다. 이것은 정확하게 이들 개념과 아이디어가 시간을 초월하여 간학문적 단원의 기초로서 사용될 수 있기 때문이다. 따라서 교육과정 개발자들은 가르칠 교과를 가장 분명하게 정의내리는 대표적인 개념을 선택해야 한다.

> 또 다른 분명한 시사점은, 비록 단지 소수의 사람만이 심각하게 받아들이기 시작했지만, 학교에서 적은 것으로 많은 것을 할 수 있게 되었다는 점이다. 이해의 가장 큰 적은 적용범위이다. 모든 것을 다뤄야 한다고 고집하는 한, 실제 대부분 학생들은 이해하지 못한다는 사실을 직면하게 된다. 학생들이 무엇인가 다른 방식으로 생각해 보고 그것을 적용해 볼 수 있게 충분한 시간을 주자. … 미국 교육계에서 지금은 이것이 가장 혁명적인 생각이지만—왜냐하면 일부 사람들은 무엇인가를 남겨둔다는 그 생각을 감수할 수 없기 때문이다. … 그러나 확실히 현재 방법이 작용하지 않는다는 것을 알고 그 밖에 다른 것을 시도해야 한다.
>
> Howard Gardner, in Brandt, 1993

대표적인 주제를 선택하기

세 번째, 교사는 기본적인 원리와 대표적인 개념을 보여주는 교육과정 주제를 선택한다. 어떤 면에서, 이 선택과정은 과거에 교사가 사용했던 과정과 유사하다; 즉, 연령, 성숙도, 선수학습과 학생의 경험 배경을 고려하여 교과내용을 선정한다는 점에 있어서 크게 다르지 않다. 그러나 연령, 학년, 성숙수준 및 경험을 넘어서 다중메뉴모델의 선택과정은 다르다. 교사가 학기나 학년 말까지 전체 교과서를 다뤄야 하는 전통적인 교수와 달리, 다중메뉴모델에서는 가르치는 분야의 가능한 모든 부분을 대표되는 몇 가지 원리와 개념으로 선별한다. 내용을 선택할 때는, 집단학습과 개별학습상황은 물론 집중적인 적용범위와 포괄적인 적용범위 간 상호작용을 고려한 3단계 접근이 바람직하다. 다음의 예들을 통해서 문학과목에서 이상의 절차를 어떻게 사용하는지 살펴보자.

단계 1. 단계 1(집중적/집단)에서는, 비극적 영웅의 종류와 같은 문학의 대표적인 개념을 세 가지 원형적인 예를 집중적으로 조사함으로써 다뤄볼 수 있다(예: The Merchant of Venice, Joan of Arc와 The Autobiography of Malcolm X). 하나 이상의 개념을 선택함으로써 보다 깊이 있게 작가의 스타일을 비교 및 대조 분석할 기회를 제공한다. 역사적인 관점, 인종, 성과 문화적 차이 등 단 하나의 선택으로 볼 수 없는 여러 다른 요인들 간의 비교가 가능하다. 사전 교수/학습분석을 통해서 개념을 개관하고 왜 이것을 공부해야 하는지 다뤄볼 수 있다. 주요 목적 중 하나가 비극적 영웅을 어떻게 연구할 것인지 배우는 것이므로, 누구를 연구해야 할 것인지는(예: 어떤 비극적인 영웅) 영웅이 대표적인 종류인 한, 덜 중요하다. 누구보다는 어떻게에 강조점을 두는 것은 또한 학생이 할 역할을 정당화해 준다. 최종 학습전이 결과를 위해 비극적 영웅의 대표적인 개념을 정의하는 요인들에 초점을 맞춘 심도 있는 사후 학습분석이 수반된다(예: 특징적인 테마, 패턴 등). 사후 학습분석의 목적은 선별된 몇 편의 문학작품을 심도 있게 연구함으로써 개발된 인지적인 구조와[1] 분석패턴을 공고히 하도록 돕는 것이다.

단계 2. 단계 2(포괄적/집단)는 유사한 인지적 구조와 패턴 분석을 적용할 수 있는 비극적 영웅에 대한 문학작품을 많이 숙독하는 것으로 구성된다. 예를 들어, 소규모 홍미집단에 참여하는 학생들은 특별히 흥미로운 영역 내에서 비극적 영웅의 목록

> **Cliff Notes**
>
> **독자를 위한 조언**
>
> 이 노트의 의도는 학생들을 위한 보완적인 도움으로 사용되기 위함이다. 학생들은 주의를 산만하게 하는 노트필기에서 벗어나 선생님과 다른 학생들이 말하는 것과 학습에 대해서 듣고 생각할 수 있도록 하는 것이다. Cliff Notes는 학생들에게 선택적으로 노트를 하고 그 학습을 기본적으로 이해하고 있음을 확신할 기회를 제공한다.

과 요약을 범주화하여 자료를 수집할 수 있다. 따라서 스포츠, 정치, 과학, 시민운동, 종교, 여성운동, 예술과 오락 및 다른 흥미가 있는 영역에서 비극적인 영웅에 초점을 맞춘 집단들을 찾는다. 범주 내에서 비극적인 영웅을 파악하고 간단히 요약함으로써 집단 토론과 구두 발표 시 필요한 의사소통 기술은 물론 연구조사와 작문 기술을 개발할 수 있다. 이 단계의 핵심적인 특징은 학생들이 만든 목록에 수록된 사람들에 대한 책을 모두 읽어야 한다는 것이 아니다. 교과서 혹은 백과사전에서 찾은 것들로 실제 인물에 대한 요약을 할 수 있으며 Master Plots 혹은 Cliff Notes에서 찾을 수 있는 자료를 통해 요약할 수도 있다. 많은 책을 숙독하는 것이 바람직하지만, 흥미가 있는 개인 혹은 소집단 별로 추후 활동을 자극하는 쪽으로 조정해야 한다.

단계 3. 단계 3(집약적/ 개인 혹은 소집단)에서는 단계 2에서 도출된 개별 학생들의 선호에 따라 책을 선택하여 심도 있는 추후활동을 한다. 단계 3은 여러 방식으로 실시된다. 예를 들어, Great Books 혹은 Junior Great Books 연구집단에서 사용하는 절차 그대로 형식적인 연구활동을 하거나, 흥미집단별로 선택한 비극적 영웅에 대한 비형식적인 토론 및 비극적 영웅에 대한 탐색과 생애에 대한 연극 또는 영화감상, 그리고 단순히 즐기기 위한 책 읽기 등이 가능하다. 일부 추후활동은 즉각적으로 할 수 있고 어떤 경우엔, 유사한 다른 것을 실시할 때까지 늦출 수도 있다. 물론, 개인적 수준에 따라 앞으로 어느 때든지 할 수 있다. 일단 학생들이 특별한 종류의 것을 어떻게 분석하는지 배우고, 그것에 대한 대표적인 범주를 탐색한 후에는, 이들 기술을 앞으로 할 과제에 적용할 수 있다.

> 자료선택에서 가장 주목받는 원리는 일상적인 경험보다는 특별한 것에서 찾아볼 수 있다. 즉 일상적인 것을 확고히 하기보다는 전이하는데 있다. 자신의 연구에서 학생들은 실제 생활의 공통부분에서 다른 세계에 서 있는 자신을 찾아내야 한다.
>
> Philip Phenix, 1964

위에서 기술한 세 가지 단계에서 교사들에게 필요한 것은 핵심 아이디어, 대표적인 주제, 통합적 테마 및 여러 교과를 망라하는 지식 분야를 정의하는 내적 구조에 대한 이해이다. 교육과정을 결정할 때 전통적으로 교과서에 의존하는 교사에겐 쉬운 일이 아니다. 그렇지만, 도움이 되는 좋은 자료들이 있다. Dictionary of the History of Ideas(Wiener, 1968) 같은 책은 모든 주요 과목을 망라하는 글을 수록하고 있지만 이들 글은 간학문적, 비교 문화적 관계에 중점을 둔다. 여러 다른 영역에서 어떻게 유사한 아이디어를 다루는지 볼 수 있도록 여러 아티클의 참고자료를 수록하고 있다. 교사를 위한 유사한 자료로 Syntopicon(Adler & Hutchins, 1952) 같은 책은 서방 세계의 위대한 생각들이 갖고 있는 조직적인 구조를 보여준다.

새로운 교육과정 자료 역시 깊이 있는 학습단원을 개발하는데 도움을 준다. 최근 모든 학생의 잠재적인 우수성에 대한 관심으로 인해 새 수학과 과학기준 같은, 새로운 내용영역 기준 개발이 자극되고 역으로 이들 기준개발이 교육과정 자료를 평가하는데 도움을 주고 있다. 일부 주도적인 교육과정들은 다중메뉴모델 핵심개념과 같은 입지를 보이는 기준을 사용하고 있다. 특히, William and Mary 대학의 영재교육센터는 과학자료를 개관하였다. 용이성 수준과 교과서에 수록해야 되는 사실적 자료의 양에 초점을 두던 전통적인 개관기준과 달리, 이들 새로운 기준은 예를 들어, 과학적인 연구과정에서 필요한 많은 실제적인 것과 중요한 개념에 중점을 둔다. 본 장 마지막 부분, 정보지침에 관련 정보를 수록하였다.

최종 고려사항: 상상력에 호소하기

> 상상력에 호소한다는 것은 우리가 사는 생활에 새로운 질서를 부여해 보고, 그에 따라 일상적인 존재성을 변형해 봄으로써, 존재의 깊이에 대해 생각하는 교육과정 내용과 관계가 있다.
>
> Philip Phenix, 1964

심도 있는 교수와 학습맥락 내에서, 여전히 부가적으로 고려할 사항이 있다. Phenix(1964)는 이 개념을 상상력에 호소하기로 명명하고 학생들에게 새로운 경험과 의미 수준을 제공할 주제선택의 중요성을 주장한다. 특별한 것을 다루는 교육내용은 학생들로 하여금 "… 더 깊이 보고, 더 자세히 느끼고 더 완벽하게 이해하도록 한다"(p. 346). Phenix는 다음의 세 가지 조건을 들어서 이 개념과 상상력을 촉진하는 교수법을 추구할 때의 교사역할과 관련된 지침을 제시한다. 첫째, 상상력을 자극하는 방법은 개인마다, 즉 성숙수준 및 문화적인 맥락에 따라 다르다. 둘째, 상상력이 풍부한 질적인 사고를 개발하기 위하여 교사는 모델이 되어야 한다. 마지막으로, 상상력이 풍부한 교수법은 학습과정에서 직면하게 될 여러 장애에도 불구하고 모든 학생의 상상력을 일깨울 수 있다는 믿음이 있어야 한다.

확실히, 상상력에 호소하는 내용을 선택하는 방법에 관해서도 여러 관점이 있다.

상상력 호소에 초점을 두는 주제는 쉽게 매력적이고, 비법인양 보이고, 센세이션을 일으키는 자료의 먹이가 된다. 매력적인 자료가 깊이 있는 연구에 꼭 부적절한 것은 아니다. 매력적인 자료는 초기 흥미를 자극하고 Whitehead(1929)가 주제 및 연구 분야에 대한 로맨스 단계라고 명명한 것을 유발할 때 중요한 기능을 한다. 그렇지만, 만약 매력과 센세이션을 유발하는 주제가 상위수준의 이해를 촉진하는 수단이 아니라 그 자체로 목적이 된다면, 우리는 상상력에 호소한다는 것을 낭만주의나 홍행술과 맞바꾸게 되는 것이다.

그러면 어떻게 상상력에 호소하면서도 센세이셔널리즘에 토대를 두지 않는 교육과정 내용을 선택할 수 있는가? 강력하면서도 논쟁이 되는 기본적인 아이디어와 개념을 주제로 선택하자는 것에서 일부 답을 찾을 수 있다. 예를 들어, 충성과 배반 개념을 정치학, 문학, 군대 혹은 가족 관점에서, 집중적으로 논쟁하고 개인적으로 애착을 갖고 참여할 수 있는 방식으로 조사하고 비교할 수 있다. 아이디어와 개념에 대한 반대접근(예: 충성과 배반)을 통해 또한 여러 교육과정 주제들 중에서 지식의 기본 요소인 대립개념(confrontation with knowledge)을 제시할 수 있다. 어떤 의미에선, 기존 생각과 개념에 반대했던 사람들과 기존 정보를 대위적으로 사용하여 지식을 발달시키는 데 기여한 사람들의 일대기를 창의적으로 적어볼 수 있다. 이들 상충점을 다룬 예들은 바로 상상력을 자극한다. 그러므로 심도 있게 주제를 다루고자 하는 교육과정은 상상력에 호소할 수 있다.

> **The Leatherman: Recalling a Legend**
>
> 100년 전에, 한 전설적인 방랑자인 Leatherman은 동굴에서 자고 거의 말을 하지 않으면서, 코네티컷과 뉴욕을 가로질러 끊임없는 길을 걷고 있었다. Steve Grant라는 한 리포터는 Leatherman이란 사람이 누구이고 어딜 돌아다니고 왜 그랬는지 알아보려고 그가 돌아다닌 자취를 따라가 보기로 하였다. Steve는 Leatherman에 대한 어떤 정보에도 관심이 있었다. 만약 편지, 사진, 지도, 역사적인 자료가 있어 도움을 줄 수 있다면, Hartford Courant로 연락을 바랍니다.
>
> The Hartford Courant, 1993

교과의 방법론 조사하기

단원 학습에서, 교사는 지식 메뉴 방법론 차원에서 정의된 대로 연구조사과정을 설명, 예시하고, 학생을 참여시킨다(예: 비극적 영웅연구에서 문제영역을 확인하고 그 문제에 집중하고 가설을 진술하고 자료를 찾고, 분류, 조직, 요약하고, 결론을 도출해 내고 결과를 보고한다). 지식 획득과 관련된 상이한 절차들—일반적으로 과정 혹은 사고기술로서 표현되는 학습차원—그 자체를 내용의 한 형식으로 생각해야 한다. 이들 보다 지속적인 기술들이 가장 큰 전이학습의 가치를 갖는 인지 구조와 문제해결 책략을 형성한다. 과정을 내용으로 생각할 때, 인위적인 이분법과 내용 혹은 과정 중 어떤 것이 학습의 주요 목적이 되어야 하는가에 대한 끊임없는 논쟁을 피할 수 있다. 내용과 과정을 연합함으로써 이것을 따로 합한 것보다 더 큰 목적을 달성하게 된다. 간단히 말해서, 조직적이고 체계적으로 정보를 획득, 조절하고 창출하는 도식을 획득하는데 그 목적이 있다.

지식 메뉴에서 학습한 도구와 연구 분야의 방법론에 보다 성숙한 이해를 가질수록, 학생들은 더 이상 수동적으로 정보를 받아들이는 것이 아니라 그 분야에서 지식 창출 과정을 시작할 수 있다. 비극적 영웅 단원에서, 학생들은 오늘날 비극적 영웅을 정의하는 여러 특징에 대해서 현 작가들을 인터뷰하고자 할 수 있다.

> 적은 개념을 잘 학습하고 그것을 어떻게 적용하는지 배우는 것이 정보회수를 위해서 주구장장 긴 주제를 망라하는 것보다 바람직하다.
>
> John Goodlad, 1984

교수기술 메뉴

모델의 두 번째에서 다섯 번째까지 메뉴는 교육학 혹은 교수와 관련된다. 특히, 이들 메뉴들을 통해서 교육과정 개발자들은 선택한 원리와 개념에 근거하여 학습활동을 제시하는 방법과 관련된 여러 선택안들을 얻을 수 있다. 교수목적과 학생활동 메뉴는 학습자의 사고와 정서과정에 초점을 둔다(예: 적용, 분석, 합성). 교육과정 개발자들은 여러 균형적인 사고와 정서과정을 통합하는 학습활동을 고안하는 것이 중요한다. 새로운 정보, 개념과 원리학습과 관계있는 일련의 부호화 및 해독활동을 균형적으로 제공하는 것이다. 다음 메뉴인, 교수책략 메뉴(Instructional Strategies Menu)는 특별한 교수 방법에 관한 것으로(예: 토론, 드라마, 독립연구), 교사들이 새로운 내용을 제시할 때 사용한다. 이들 메뉴에서 여러 교수책략을 주의 깊게 선택함으로써 학생들에게 지식과 관련 있고, 그들의 지적 능력과 학습스타일을 사용할 수 있는 여러 방식을 지시할 수 있다. 교사와 교육과정 개발자들은 그 다음 구성요

> 교실(상황)에 대한 연구에서 가장 난해한 점은 교사가 사용하는 교수실제가 협소하다는 점이다 교사들은 강의하고 좌석을 조절하고 단지 반복학습 만을 요구하는 활동을 실시한다.
>
> John Goodlad, 1984

소인, 교수계열 메뉴(Instructional Sequences Menu)를 통해서 상대적으로 고정된 사건순서가 있는 교수정보를 지원받는다. 예를 들어, 교사들은 학생의 주의를 끌고, 이전에 다뤘던 내용과 현재 레슨을 연관짓고, 다른 적용점들을 소개함으로써 레슨을 시작한다. 따라서 교수계열 메뉴는 일종의 준거기준(rubric)으로 교수 및 교육학적 책략을 수용(accommodate)할 수 있다. 마지막으로 예술적 수정 메뉴(Artistic Modification Menu)는 사건, 주제 및 개념에 대한 개인적인 일화, 관찰, 취미 및 신념을 학생과 공유함으로써 레슨을 소개하는 것을 말한다. 따라서 어떤 교수 계열이나 교수책략에서도 사용할 수 있다. 이와 같은 방식으로 레슨을 개별화함으로써 학생의 흥미를 유발하게 된다.

교수 산출물 메뉴

교수 산출물 메뉴는 교육과정 내용과 교육을 통해서 교사가 제시하는 학습경험 결과에 관한 것이다; 그러나 결과는 결과-기초 교육 연구에서 전형적으로 볼 수 있는 기본기술보다는 훨씬 더 복잡한 학습행동이다. 두 가지 산출물, 구체적인 것과 추상적인 것이 있다. 구체적인 산출물은 물리적인 구조로써 학습자가 지식, 원리 및 개념과 상호작용을 함으로써 생긴다. 이들 물리적인 구조에는 예를 들어, 연설, 에세이, 드라마화 및 실험 등이 포함된다. 추상적 산출물은 어떤 문제와 관련된 리더십 활동, 자기 확신을 증진하는 활동 및 인터뷰 기술 같은 새로운 방법론 획득 등을 포함한다. 중요한 것은 이 두 가지 종류의 결과물이 상호 강화를 한다는 점이다. 학생들이 새로운 구체적 산출물을 만들어내면, 또한 방법론적 기술과 자기-확신 같은 새로운 추상적 산출물을 얻는다. 자기-확신과 리더십 기회가 증가할수록, 부가적으로 물리적 산출물이 또한 나타날 소지가 많다.

교과서 분석과 비도전적이고 의도적으로 중복된 내용 제거하기

다중메뉴모델과 심도 있는 교수 내에서 전통적인 교과서를 사용할 여지가 있는가?

만약 교사가 교과서를 단원 내에서 사용하기 전에 면밀히 조사한다면 대답은 예이다. 이와 같은 조사는 일명 교과서 분석과 의도적인 제거로 불린다. 교과서 분석과 의도적인 제거를 실시하는 절차는 내용을 선택할 때 적을수록 더 좋다는 주장에 근거를 두지만, 어떤 내용을 더 깊이 있게 다룰지 결정할 때 현명한 결정을 내려야 한다. 선결조건은 교육과정 전문가와 함께 작업하는 교사집단이 학습단원 목적과 내용 및 어떤 내용을 기존 내용에 포함할 것인지에 대해 확고한 이해를 가지고 있어야 한다는 것이다.

> 한편 교과서-기초 교육과정이 꼭 좋다고 생각하지 않지만, 교과서가 개선되길 원한다. 왜냐하면 교과서를 멀리한다는 것이 비현실적이기 때문이다. 교과서는 싫거나 좋거나 간에 공립학교의 교육과정이다.
>
> Michael W. Apple, in Lockwood, 1992

첫 번째 과정은 교과서 등급매기기(Textbook Triage)로 가장 잘 기술될 수 있다. 각 교수단원을 아래 부분에서 조사한다. (1) 어떤 내용이 이전에 다룬 기술과 개념을 불필요하게 반복하고 있는가, (2) 어떤 내용을 개관할 필요가 있는가, (3) 어떤 내용이 조사하고 더 깊이 다뤄야 할 정도로 중요한가. 이들 결정을 내리기 위해선, 분명히 교육과정 수정 결정을 내릴 때 사용할 기준에 대한 이해와 교육과정 내용과 목적에 대한 이해가 선행되어야 한다. 효과적인 교육과정압축을 실시할 때 필요한 기술과 비견되는 과정에 대한 연구가 많이 진행되고 있다(예를 들어, Conn, 1988; Osborne, Jones, & Stein, 1985). 다음은 다중메뉴모델에 근거하여 구성한 학습단원 자료로서 교과서가 적합한지 결정을 내릴 때 고려할 다섯 가지 요소이다.

1. **내용**(content). 내용표를 조사한다.

- 내용이 정확한가?
- 교과의 대표적인 테마, 개념, 원리 및 구조인가?
- 개념설명 시 제시되는 예/발췌가 충분하고 정교한가?
- 내용이 다른 교육과정 영역들의 상호관계에 초점을 두는가?

2. **조직**(organization). 내용표와 장을 조사한다.

- 장과 단원들이 한 가지 개념 혹은 테마에 대한 것인가?
- 레슨과 장들 간에 아이디어가 통합되는가?
- 내용 제시(예: 단순한 나열, 테마구조, 일시적 계열, 문제/해결 형식)를 통제하는 진보적인 조직이 있는가?
- 교과에 적당한 조직인가?

3. **질문**(questions). 장과 단원 질문을 개관한다.

- 장 및 단원내용과 관련된 질문인가?
- 사고 및 정서과정 수준과 균형을 이루는가? (예: 지식, 이해, 적용, 분석, 합성, 평가)

> 예를 들어, 평균 수학교과서는 대략적으로 220-250개 레슨을 수록한다. 교사계약기간은 180일이다. 만약 이들 250개 레슨 중에서 가르칠 것을 파악하고 의도적으로 취하지 않으면, 교과서 전체를 가르치는 것으로 끝날 것이다!
>
> Kenneth Komoski, in Lockwood, 1992

4. **자료**(resources). 교사와 학생용으로 제시된 책과 자료를 조사한다.

- 장의 내용과 관련된 자료인가?
- 관련된 학습활동을 숙달하기에 충분한 숫자이며 종류가 다른 교과와의 연관성을 충분히 제공하는가?
- 독립조사연구를 촉진하는가?

5. **적합성**(adaptability).

학생

- 연령, 성숙 수준, 경험적 배경과 지식을 고려한 내용인가?
- 학생의 연령 수준에 적합한 내용인가?
- 다양한 학생 흥미와 학습선호에 맞는 내용인가?
- 학생의 창의성에 호소하는 내용인가?
- 집단활동 또는 개별적으로 사용할 수 있는 자료인가?

교사

- 교사의 주도성과 적합성을 자극하는 내용인가?
- 교사의 상상력에 호소하는 내용인가?

그리고 나서 죽은 사고를 만들어 내고 있는지 질문해야 된다. 만약 우리가 교육장의 타이틀을 정치적 혹은 윤리적 위임으로—수용한다면 대답이 무엇인지 알고 있다고 생각한다.

Michael W. Apple, in Lockwood, 1992

다중메뉴모델의 독특한 점은 교과들의 방법론과 깊은 관련성이 있다는 점이다. 다른 모델은 교과와 관련 있는 내용의 양과 속도를 늘이거나 학습자가 학습자료(교재)와 상호 소통하는 가운데서 출현하게 되는 결과물들을 다양하게 하여 교육과정을 풍부하게 하는 방법을 제시한다. 다중메뉴모델은 교사와 학생을 교과의 가장 중심에 놓고 정보영역에서 교과가 차지하는 위치를 조사하고 그 분야의 전문가들이 사용하는 방법론을 이해하게 한다. 따라서 이 모델을 통해서 학습자들은 정보 소비자로서의 경험보다는 오히려 직접 연구자가 되어보고, 정보를 창출해 보고, 보다 집중적, 생산적으로 학교상황에 참여하게 된다.

교사가 가르치는 것은 매우 핵심적인 전문적 유능성을 보여주는 것이다. 교과서 분석을 거쳐 불필요한 부분을 제거하는 과정은 교사라는 전문집단의 모임을 요구한다. 이들은 각자 맡고 있는 학년이나 과목영역 내에서 또는 그것을 자유롭게 벗어나서 구체적인 과업들을 협의할 수 있다. 교사집단 활동에서 효과적으로 이 과정을 사용함으로써 가르칠 내용의 확실한 숙지는 물론 개별 교사의 성장이 가능해진다. 또한 이 접근법은 상담, 다른 전문가와의 지식 및 경험 공유라는 부가적인 이점이 있다. 이 과정을 실시하기 위해선, 그러나 학교 지도자들에게 이용가능한 시간과 자료가 필요하며 교사들은 기꺼이 가외 교수시간을 이 과정에 할애해야 한다. 또한 교육과정 수정이 갖는 창의적인 기여점을 8장에서 제시할 SEM 교사개발모델의 일부분인 전문성 보상조직에서 제시할 것이다.

간학문적 모델

Kaplan의 Grid

Kaplan(Renzulli, 1986)는 그리드(Grid)라고 하는 교육과정 단원구조를 이끌어 내는 모델을 개발하였다([도표 11] 참조). 이것은 비록 상위능력을 가진 학생을 위한 차별화 교수 모델로서 기술되었지만, 모든 학생의 재능을 개발할 수 있는 모델로서

내용(contents)	과정(processes)	산출물(products)	정서적(affective)
교육과정으로 선택되는 주제는 학생의 요구와 흥미에 따른 개념과 지식 수준으로, 학생들이 학습하도록 위임된 바를 반영한다.	기본적, 초보적인 혹은 생산적(논리적, 비판적, 창의적 문제해결) 사고기술, 연구기술 및 정보를 찾고, 해석, 요약, 보고하는 등의—그러나 이것에만 국한되지 않는—학습할 때 기대하는 기술과 능력이다.	학생들이 동화한 지식과 기술을 전달하고 전달하기 위해서는 (1) 가장 최근의 기술양식을 포함한 여러 매체, (2) 자료를 갖고 발달시킨 과제를 적절하고 정확하게 만드는 경험이 필요하다.	학생에게 도입할 태도, 감상 및 가치는 교육과정에 부속된다기보다는 오히려 통합적인 특징을 띤다. 학습과 산출물에 가치를 부여하고, 지도자의 역할과 책임을 인식하는 개인과 기여자로서의 학생에 대한 이해는 교육과정에 포함할 일종의 정서적인 학습이다.

Sandra N. Kaplan

[도표 11] 교육과정 개발 모델: Grid.

사용될 수 있다. 특히, 그리드는 교육과정 개발자로 하여금 학습경험을 창출하기 위한 테마, 기본적인 교육과정 요소 및 양식에 대해 의사결정을 내릴 수 있도록 도움을 준다.

Kaplan에 의하면, 교육과정 기술자들은 힘, 유머, 소멸, 예기치 않음 및 여행과 같은 테마나 개념을 파악함으로써 단원개발을 시작해야 한다. 앞에서 살펴본 비극적 영웅 개념처럼 이들 테마는 시간과 과목을 망라하는 원리로, 정확히 간학문적 단원의 중심이 된다. Kaplan은 개념선택을 위한 다음의 네 가지 질문을 소개하고 있다:

테마가 과목과 관련이 있는가?
테마가 학문영역에서 중요한 것인가?
테마가 연령이나 시간에 따라 좌우되지 않는가?
연구를 위해 여러 교사와 학생의 선택안을 허용하는가?

테마는 학교에서 공부하는 과목들 사이의 의미 있는 연계성을 제공함으로써, 개별 학습단원을 조직하고 연결하는 방식인 것이다.

일단 교육과정 기술자들이 일정 기간 동안 테마를 파악하고 나면, 그들은 단원 내용, 과정과 산출물에 초점을 둔다. 내용은 가르칠 주제나 지식을 말한다. 내용 선정은 가장 어려운 교육과정 개발로서, Kaplan은 내용 선정을 위한 특별한 규칙을 제시한다. 내용은 (1) 테마와의 관련성, (2) 다교과적(다른 교과에 확장가능), (3) 학습자의 요구와 일치, (4) 과거, 현재 및 미래와 관련되는 시간 지향성을 제시해야 한다. 과정은 주제와 관련된 기술이나 능력으로(예: 노트필기, 해석, 분석), 학생들이 이들을 학습한다. Kaplan은 교사가 교육과정을 기술하는 과정 동안에 활용할 수 있는 여러 분류학을 언급하고 학생들이 학습할 과정기술들이 더 넓은 범위와 계열의 일부분임을 밝히고 있다. 산출물은 학생들이 동화된 지식을 전달하기 위해 배워야 하는 의사소통 양식을 말한다(예: 에세이, 논쟁, 드라마화, 컴퓨터 소프트웨어 적용). Kaplan에 의하면, 산출물은 두 가지 가치를 갖는데, 하나는 발생한 학습을 확인할 수 있다는 점이고, 다른 하나는 반복해서 사용할 수 있는 수단이라는 점이다.

교육과정 통합: 미술과 화학

워싱턴에 있는 Duke Ellington 미술 고등학교 교사팀은 미술과 화학을 결합하여 미술품 보관상의 문제를 살펴보았다. 문제 시나리오에 의하면, 아직 가치가 확실하지 않은 한 그림을 다락에서 발견하였다. 그 그림은 Harlem Renaissance 시대 흑인 미술가의 작품으로 추정된다. 학생들은 그 그림을 평가하는 고용 전문가의 역할을 한다. 학생들은 미술사 연구, 그 그림을 미학적으로 기술하는 에세이와 실체–가능하다면 미술가, 시대와 가치를 연구해야 한다.

Shepherd 과학 교사는 "전에 동기부여가 안 되었던 것을 다시 한 번 동기를 부여하려고 한다"라고 말했다. Sue Eddins, 수학교사는 "만약 학생들이 흥미를 얻는 방법을 찾아낼 수 있다면, 오래된 흥미를 포기할 정도로 흥미로운 일이다"라고 말했다.

Scott Willis, 1993

간학문적 개념 모델(Interdisciplinary Concept Model): 통합단원 개발을 위한 단계적 접근

Hayes-Jacobs(1989) 또한 교육과정 단원 개발을 위한 간학문적 접근법을 고안하였고, Kaplan처럼 교육과정 기술자들이 테마를 선택함으로써 단원을 시작해야 한다고 제안하였다. Hayes-Jacobs의 제안에 의하면, 이 첫 번째 단계는 교사와 학생 상호협조 하에 완성되어야 한다. 일단 주제를 선택하면, 그 테마를 모든 교과에서 탐색해야 한다. 이러한 탐색을 촉진하기 위해서, 일종의 도식을 제시하였다: 6개 축이

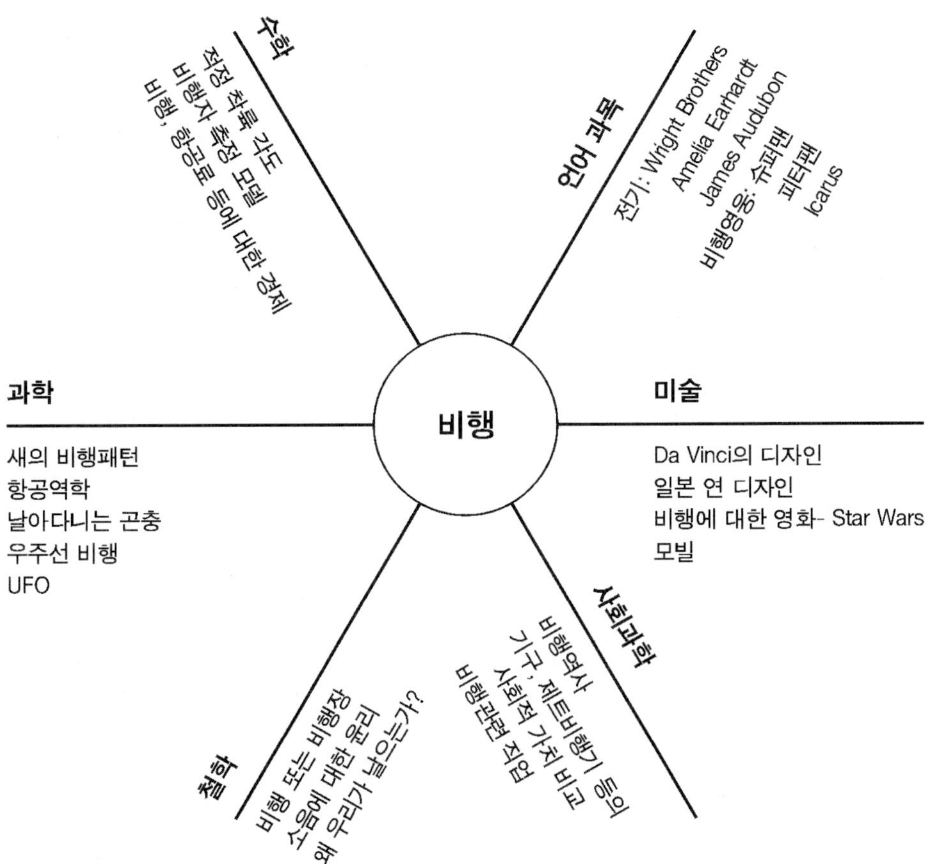

[도표 12] 간학문적 개념 모델, 비행에 대한 단원: 단계 1과 2.

있는 바퀴([도표 12] 참조). 학생과 교사는 브레인스토밍을 사용해서 교과와 특별히 관련이 있는 질문, 주제 및 문제를 찾아낸다.

Hayes-Jacobs는 Bloom의 분류학을 사용하여 그 다음 단계의 교육과정 개발을 제시하였다: Hayes-Jacobs은 각 활동을 Bloom의 분류학 범주 하에(예: 지식, 이해, 적용, 분석, 합성, 평가) 차트로 그려볼 것을 제안하였다. 처음에는, 활동 내용-과정 매트릭스를 통해서 교육과정 기술자들은 전반적인 학습경험을 고안한다. 마지막 단계는 평가를 포함하는데 특정한 또는 구체적인 행동 목적들을 교육과정 활동에 끼워 넣는다면, 성공적으로 수행평가를 할 수 있다.

Kaplan과 Hayes-Jacobs의 모델은 유사하다. 특히 두 모델 모두 학생들로 하여금 서로 연관 있는 테마와 개념 파악을 통해 지식에 대한 큰 숲을 볼 수 있도록 한다. 부가적으로, 이 두 모델은 교육과정 기술자들에게 내용과 과정을 선택하는 방법을 제시한다. 마지막으로, Kaplan과 Hayes-Jacobs의 모델을 사용하여 고안한 교육과정 단원은 다음 두 가지 이점이 있다. 첫째, 테마적 접근으로 인하여 학생들은 지식 영역들 간에 중요한 의미를 부여할 수 있는 풍부한 기초를 얻게 된다. 학습자들이 지식과 교류하고 상호작용하는 방법을 많이 얻게 될 때, 흥미가 도출되고, 북돋워진다. 둘째, 각 모델에서 나온 교육과정은 학생의 학습스타일, 흥미 및 능력수준에 맞게 개별적으로 조절될 수 있다. 개별학생의 산출물 유형뿐 아니라 지식의 추상성과 과정기술 수준까지 조절함으로써, 학습자와 교육과정 간의 적합성을 얻게 된다.

두 모델의 차이는 간학문적 주제를 선택하고 선택한 과정기술을 제시하는 분류학 지침에서 찾을 수 있다. Kaplan은 테마선택을 교육과정 기술자에게 남겨두었고 선택과정의 지침이 되는 핵심 질문을 제시하였다; Hayes-Jacobs은 교사와 학생이 협동하여 노력을 해야 한다고 언급하였다. 유사하게, Kaplan은 교사에게 내용 고안을 위한 지침을 제공한다; Hayes-Jacobs은 학생과 교사가 특별한 내용을 개발할 수 있도록 개방적 형식의 6개 축이 있는 바퀴 모양의 조직표를 제공한다. 마지막으로, Kaplan은 여러 분류학을 사용해서 교육과정 단원에서 과정 기술을 명확히 하고 더 큰 계열과 범위에서 통합할 것을 제안한다. 이에 비해 Hayes-Jacobs는 한 가지 분류학, Bloom의 것을 사용해서, 과정 기술의 적절한 균형을 이룰 것을 제안한다.

> 물리학 보존개념의 각 행동은 같은 그리고 역작용을 유발한다—똑같은 원리를 인간 심리학, 사회작용, 경제학, 전체 행성 체계에 적용할 수 있다는 점을 학생들에게 인식시키지 않고 마치 단지 당구공에만 적용되는 것인 양 가르친다. 실제 더 이상 존재하지 않는 문화 속에서 자신의 위치를 찾도록 하는 데까지 학생을 안내한다. 학생들이 배우는 기본적인 기술은 미래 살아가는데 관계가 거의 없는 것이다. 각 학과목을 마치 서로 따로 존재하는 것인 듯 제시한다. … 그러나 만약 물리학을 윤리학과 별개로, 분자생물학에 대한 아무런 공감도 없이 계속 가르친다면, 실패가능성은 증가할 것이다. 이와 같은 가능성을 피하기 위해선, 원인과 결과의 실제 연관성을 심각하게 받아들일 수 있는 통합적이고 전반적인 교육에 대해 생각하기 시작해야 한다.
>
> Mihaly Csikszentmihalyi, 1993

요약컨대, 앞에서 기술한 교과서 사용과 수정 책략을 사용하여 교과서 출판업자는 교과서를 개선해야 한다. 만약 교육자들이 현 교과서 수준에 대해 더 신경을 쓰고 현 교과서를 대체하고 개선하고

> 나는 유일하지만, 여전히 보통사람 중 하나이다. 나는 모든 것을 할 수 없다. 그러나 여전히 무언가를 할 수 있다: 그리고 내가 모든 것을 할 수 없기 때문에, 내가 할 수 있는 무언가를 안하려고 거부하지는 않는다.
>
> Edward E. Hale

자 하는 특별한 단계를 취한다면, 교과서 소비시장도 교과서 질에 대한 문제에 반응을 하게 될 것이다. 한편 방관하고 아무 것도 하지 않는다면, 교과서는 계속 학교 교육과정에서 지배적인 영향력을 행사하게 될 것이다. 사용하는 교과서에 변화를 주고, 위임된 교과서 내용을 깊이 있는 내용으로 대체하는 것은 교사와 행정가 입장에서 노력이 필요한 일이다. 첫째, 교사는 교과서 내용분석을 하고 가르치는 내용에 대한 보다 깊은 이해를 갖도록 전문가로 성장해야 한다. 교사가 만약 비극적 영웅에 대해 깊이 있게 이해를 못했다면 그 장르에 대해 깊이 있게 준비하거나 가르칠 수 없다. 둘째, 학교와 각 교과부서별로 내용과 과정에 대한 방법적 지식은 물론 교육개선 목적을 지향하는 팀을 조직해야 한다. 전문성 개선 과정유형과 특별한 목적을 갖는 팀의 역할과 기능에 대해서는 교원개발(8장)에서 논의할 것이다. 마지막으로, 행정가와 학교 지도자들은 교육과정 수정에 필요한 시간과 교원개발을 위한 자원을 제공해야 하며, 가장 중요한 것은 그 과정에 대한 진정한 신념이 있어야 한다는 것이다.

1. 인지적 구조는 물리적 · 사회적 세계를 보는 방식이다. 이 방식으로 사람들은 사실, 개념, 신념 및 기대를 조직한다; 그리고 부분/전체 관계들의 상호작용 패턴을 형성한다. 인지적 구조는 정신적 형상, 즉 친근하거나 밀접하게 관련이 있는 문제를 언급할 때 사용하려고 뇌에 저장하는 일련의 청사진이나 계획서로서 생각할 수 있다.

참고 자료

6장의 참고 자료는 2 부분으로 나뉜다. 첫 번째 섹션은 교육과정 수정책략과 관련 있는 책, 아티클, 예제 프로그램을 수록한다. 두 번째 섹션은 교육과정 프로그램으로 선택한 예들, 단원 및 과목, 내용과 과정기술을 통합한 보완 자료를 수록하여 학생들에게 직접 연구조사자가 되어 보는 기회를 제공한다.

교육과정 수정책략과 관련 있는 책, 아티클과 프로그램

책

교육과정압축

제목: Curriculum compacting

저자: Reis, S. M., Burns, D. E., & Renzulli, J. S.

기술: 본 책은 170쪽 분량의 책으로 불필요하게 반복되는 교육과정 내용을 제거함으로써 학생의 교실학습 시간을 자유롭게 조절하고 동시에 교육적 책무성을 증진한다. 본 책은 4장으로 구성되어, 압축 역사와 원리; 교육과정압축 개관; 자료기록보관과 심화 선택안; 도전들, 제안점들과 문제점, 교육과정압축과정을 단계적으로 지시해 주고 있으며 많은 예들, 핵심양식과 자료를 수록하고 있다.

출처: Creative Learning Press, P. O. Box 320, Mansfield Center, CT 06250, (203) 429-8118.

제목: It's about time

저자: Starko, A.

기술: 본 책은 압축절차를 기술하는 방법론과 이 주제와 관련된 직접적인 책략에 대한 지침을 제시한다. 시뮬레이션과 교육과정압축에 대해 자주하는 질문들을 수록하고 있다.

출처: Creative Learning Press, P. O. Box 320, Mansfield Center, CT 06250, (203) 429-8118.

간학문적 교육과정

제목: Interdisciplinary curriculum design and implementation

저자: Hayes-Jacobs, H.

기술: 이 연감은 Supervision and Curriculum Development 협회에서 발간한다. 저자들은 간학문 교수 원리, 간학문적 내용 선정과 개발에 대한 지침 및 교사와 교육과정 기술자를

도와서 과정 기술을 간학문적 내용에 통합할 수 있도록 여러 질문을 제시한다.
출처: Association for Supervision and Curriculum Development, 1250 N. Pitt Street, Alexandria, VA, 22314, (703) 549-9111, Fax: (703) 549-3891.

아티클

제목: Civil war reenactments—A real and complete image
저자: RaCocca, C.
요약: 남북전쟁 연구집단은 124차 뉴욕 주 자원봉사자로서, 1982년 오렌지 카운티에서 소집된 역사적인 군대를 주축으로 설립되었다(Orange Blossoms라는 명성으로 불렸다). 여러 지역 고등학생들이 진짜 군복과 그 당시 옷을 입고, 학교와 지역사회를 위해서 직접 연구를 하고 프로그램 발표에 참여한다.
출처: *Educational Leadership*, *50*(7), pp. 42-44.

제목: Courting controversy: How to build interdisciplinary units
저자: Williams, J., & Reynolds, T. D.
요약: 오염된 강에 초점을 주고 지역 테네시 타운을 방문해서, 지방 Asheville, North Carolina 출신 6학년 학생들이 부모와 교사보다도 오염에 대한 논쟁에 대해서 많이 배운다. 유사한 간학문적 테마 단원을 만드는 단계를 기술하고, 아울러 팀으로 하는 교수와 경험학습의 장점을 소개한다.
출처: *Educational Leadership*, *50*(7), pp. 13-15.

제목: Global issues in the 6th grade? Yes!
저자: Doane, C.
요약: 시골 시카고 중학교 교사들이 통합적이고 협동적인 학습책략을 촉진하고자 한 달에 걸려 단원을 고안하였다. 교사는 브레인스토밍 활동을 시작하고 흥미별로 학생을 그룹짓고 연구 조사자, 정보를 주는 작가, 연설자, 청중 및 비판적 사고자가 되는 방법을 보여준다.
출처: *Educational Leadership*, *50*(7), pp. 19-21.

제목: Learning history by doing history
저자: Kobrin, D., Abbott, E., Ellinwood, J., & Horton, D.
요약: 역사를 학습하는 전통적인 방법에서는 거의 역사가들이 수행하는 과제를 해 보지 않기 때문에 학생들에게 호소력이 없다: 기본적 질문 정의, 유용한 정보분류, 주제 결정, 결론 도출하기. Rhode Island 고등학교에서는 학생들에게 역사를 해석하고 만들어 볼 수 있

는 기술과 자원을 제공한다.
출처: *Educational Leadership*, *50*(7), pp. 39-41.

제목: Problem-based learning : As authentic as it gets
저자: Stepien, W., & Gallagher, S.
요약: 3년 동안, 일리노이 수학과 과학 아카데미 문제-기초 학습 센터는 유치원에서 고 3용으로 혁신적인 프로그램을 개발해 왔다. 학생들은 교수를 받기 전에, 잘못된 구조에서 빗어진 문제(예: 토륨 처리)를 접한다. 교사는 코치나 튜터로서 해결책, 가설 및 결론을 조사하고; 학생이 모델을 필요로 하면 교사는 같이 생각을 공유하고; 사고과정에 대한 토론시간을 갖는다.
출처: *Educational Leadership*, *50*(7), pp. 25-28.

제목: Tackling society's problems in English class
저자: Burke, J.
요약: 사회문제에 대한 영어 교사의 즉흥적인 단원은 학생들에게 지역사회 개념을 확대하는 한편, 작문기술을 개발할 기회를 준다. 줄어들고 있는 열대 우림에 대한 자료를 수집하고, 소집단 혹은 워크숍에서 연구를 토론하고 지역주민을 인터뷰하고 정치대표부에 편지를 보내고, 환경단체와 연계를 갖고 보고서를 작성하는 하는 동안 고등학생들은 과제에 동참하고 더 힘을 얻게 된다.
출처: *Educational Leadership*, *50*(7), pp. 16-18.

> 주: 6장의 참고자료에 포함된 아티클의 요약을 Education Resources Information Center(ERIC)에서 얻을 수 있다.

제목: Taking word problems off the page
저자: Bottage, B. A., & Hasselbring, T. S.
요약: 교과서들이 맥락에서 경험을 기술하지 않기 때문에 전통적인 세계 문제를 자신의 경험과 연합시키지 않고, 피상적으로 특별한 수조작과 단 하나의 정확한 대답에 얽매인다. 주 보조를 받아, 한 미네소타 학군 초등학교 교사는 실제 생활 문제를 사용해서 학생들의 동기를 유발하는데 비디오를 사용하고, 수학을 실제 세계가치에 연계하였다.
출처: *Educational Leadership*, *50*(7), pp. 36-38.

간학문적 프로그램 (Interdisciplinary Progams)
뉴저지 주 Manahawkin에 있는 남부 지역 고등학교 학군은 매년마다 학교전체에서 테마단원을 실시하였다. 교사와 학생들이 테마를 결정하고 일주일 내에 일련의 간학문적 수행을 완성하고 전체 학교 지역사회에 전시한다. 그 프로젝트는 현재 뉴저지 교육부의 지원을 받고 있다. 유사한 프로그램을 실시하고자 하는 사람을 위해서 1년분의 활동을 기술한 지침서, 비디오, 컴퓨터 디스크가 있다.

프로젝트에 대한 정보를 원할 경우: Jane Plenge, Southern Regional High School Distict, 75 Cedar Bridge Avenue, Manahawkin, NJ 08050, (609) 597-9481.

간학문적 연계, 내용 및 과정 기술과 직접 연구조사자의 역할을 강조하는 교육과정 내용 예들

수학과 과학*

Connect는 Teachers' Laboratory 출판사에서 발행하는 전문 수학과 과학 뉴스레터이다. 각 12쪽의 간행판은 핵심적 테마(예: 산출물 테스트, 늪지대, 화폐와 경제, 패턴)별로 조직되며 8개의 연간 발행물은 실제적이며, 교사가 직접 기술한 아티클을 수록한다. 모든 주요 기고자들은 똑같이 단순한 목적을 갖는다: 교사와 교육자를 지원하여 직접 참여하는 학습과 문제해결에 대한 보다 바람직한 접근법을 개발하도록 한다. 따라서 아티클은 테마와 관련된 문제해결 활동에 참여하는 여러 방법을 수록한다. 부가적으로, 구독자들은 매 테마 단원에서 현재 중요한 정보를 얻는다. 각 발행당 있는 연구 연결 사이트를 통해서 테마에 대한 학습을 증진시키고 다른 교과의 이해를 확대할 수 있는 참고 문헌을 찾아볼 수 있다. 마지막으로, 각 발행권은 장비와 내용에 대한 상세한 정보(배포자 등)를 수록하고 있다.
출판: Teacher's Laboratory, Inc., P. O. Box 6480, Brattleboro, VT 05302-6480. 전화: (802) 254-3457, 팩스: (802) 254-5233. 이전 발행권도 구할 수 있음.

Elementary Science Study(ESS)는 과학내용에서 흥미로운 것을 다루는 활동들로 구성된다. 각 활동은 유치원생부터 중학교 3학년 학생에게 적절하며, 개구리 알과 올챙이, 패턴 블럭 및 기구와 가스 등에 대한 예들이 있다. 각 활동시간은 활동마다 다르다. 예를 들어, 기구와 가스는 초등 5학년부터 중학교 2학년까지 적절한 활동으로 10주에서 22주가 걸린다. 단원들은 직접 해 보는 탐색과 발견에 중점을 둔다. 활동 개발자들은 흥미도 수준을 포함하여 진보한 활동의 수에 기초하여 학생을 평가한다.
출판: Delta Education, Inc., P. O. Box M, Nashua, NH 03061-6012, (800) 258-1302.

Great Explorations in math and science(GEMS)는 교육과정 단원으로서 유치원에서 고등학교 1학년 학생의 과학과 수학을 직접 깊게 학습하도록 고안 되었다. 특히, 30개 이상 되는 단원들은 하나의 주제나 테마에 초점을 두고 한 단원 내에 있는 활동들을 서로 연관짓는다. 부가적으로 주요 개념과 기술별로 내용을 구성한다. 예를 들어, 지렁이 단원은 다음과 같은 테마에 초점을 둔다: 체계와 상호작용, 안정성, 기온의 효과, 순환체계와 적응. 학생들은 관찰, 측정, 실험, 예상, 평균 산출, 그래프 그리기, 자료를 해석하고 자료에서 유추하는 등의 활동을 한다.

차트가 있어서 교사들은 모든 단원들의 테마를 확인할 수 있다. 초등 3, 6학년과 중 2학년용 예제 1년 과학프로그램을 통해서 균형 있는 과학 프로그램에 단원을 통합할 수 있다. 출판: Lawrence Hall of Science, University of California, Berkeley, CA 94720, (510) 642-5133.

*주

The College of William and Mary 대학은 교사용, 교육과정 개발자 및 교과서 고증위원회용으로 과학 교육과정 지침서를 개발하였다. 다음의 세 가지 관점에서 과학교육과정 내용을 평가한다. (1) 기준 요소를 수록하고 있는 정도, (2) 과학적 방법 실제를 통합하고 있는 정도와 과학적인 사고를 증진하는 정도, (3) 여러 다양한 대상, 예를 들어 상위능력을 가진 학생, 여학생, 소수민족 및 학습장애에 대한 차별화된 내용을 제공하는 정도.

세 가지 과학 내용 범주를 고찰하는 지침은 기본 교과서(예: 전체 프로그램으로 사용하려고 고안 된 교과서), 단위 단원(예: 보다 큰 주제 및 테마별로 조직된 개별단원) 및 보충자료(예: 교육과정을 풍부하게 하는 연계 활동과 단원)이며, 각 개관은 2개의 섹션으로 이루어진다: 해설적 개관과 소비자 지침 평정. 해설적 개관은 교육과정 교수영역에서 내용의 속성, 예제 과학 교육과정과 관련 있는 문제와 특별한 대상에게 적합한지를 비판적으로 설명하면서 상세히 교육과정 내용을 기술한다. 소비자 지침평정은 범주별로 내용을 비교할 수 있도록 각 교육과정에서 기본적인 발견점을 요약한다.

위에서 추천한 두 가지 과학단원은 과학 교육과정 소비자 지침에서 높게 평정되었다.

보다 많은 정보를 원할 경우: College of William and Mary, Center for Gifted Education, P. O. Box 8795, Williamsburg, VA 23187-8795 (804) 221-2185, 팩스: (804) 221-2184.

Technical Education Research Center(TERC)는 비영리 교육기관과 개발조직체로서, 직접 해 보는 과학과 수학학습을 지향한다. 수학과 과학프로그램을 실제 담당하는 사람을 위해서 워크숍을 개최하고 실제 세계문제에 참여할 수 있도록 하며, 반년마다 뉴스레터, Hand-on!을 발행한다. 학생들을 실제 과학과 수학에서 담당하는 실제가들처럼 뉴스레터를 쓴다. 뉴스레터의 최근 발행판은 어떻게 학생들을 지역환경연구에 참여시킬지, 성층권에서 오존계를 사용하여 과학적인 연구를 실시할지, 고등학교 과학 학생들이 만든 도구를 사용하여 실내 공기의 질을 조사할지 그 방법을 설명한다.

보다 많은 정보를 원할 경우: TERC, 2067 Massachusetts Avenue, Cambridge, MA 02140, (617) 547-0430, 팩스: (617) 349-3535.

간학문적 학습

Problem-based Learning은 일련의 간학문적 단원으로 Problem-Based Learning 센터 교사와 연구자들이 개발하였다. 각 교수 단원은 비구조화된 문제를 제시하여 학생들이 직접 전문적인 연구자가 되어 보는 기회를 제공한다.

보다 많은 정보를 원할 경우 The Center for Problem-Based Learning, Illinois Mathematics and Science Academy, 1500 West Sullivan Road, Aurora, IL 60506-1000, (708) 907-5956, 팩스: (708) 907-5976.

문학

The Great Books Program은 1947년 설립되어 유치원에서 고3, 성인용 독서 및 토론 프로그램을 제공한다. 독서자료에는 학년별로 허구와 비허구 섹션이 있고 인간중요성에 대한 문제를 토론하며 학생지향적이다.: 왜 전쟁이 있는가? 다른 사람에게 보여지는 자아와 별도의 실제 자아가 존재하는가? Great Books 프로그램의 세 가지 목적은 (1) 서로 갖고 있는 의문사항에서 기술을 세우기, (2) 반성적이고 해석적인 독서를 권장하기, (3) 독창적인 사고를 자극하기이다. 특히, 이 프로그램은 교사와 학생들로 하여금 문학을 통해서 그들 자신과 다른 사람의 삶에서 의미를 만들게 돕는다.

보다 많은 정보를 원할 경우: The Great Books Foundation, 35 East Wacker Drive, Suite 3500, Chicago, IL 60601-2298, (800) 222-5870.

사회과목/현재 사건/경제

The Wall Street Journal Classroom Edition은 고등학생의 경제와 경영학 과목을 향상하고자 개발된 프로그램이다. 본 프로그램의 핵심은 학년 동안 매달 발행되는 천연색 학생 신문으로, 거의 전적으로 일간 Wall Street Journal의 아티클로 구성된다. 교사지침서는 비판적 사고, 문제해결, 경영과 경제학 원리를 실제 적용하는 레슨계획과 활동을 수록하고 있다. 일부 스페인어 번역판 또한 교사 지침서에서 볼 수 있다.

특별히 흥미로운 것은 매 발행권마다 수록한 비교적 덜 구조화된 문제들로서, 관련문제들을 통해 학생들은 직접 전문적인 연구조사자처럼 활동한다. 교사지침은 이와 같은 문제들과 관련된 참고자료와 자원목록을 수록하고 있다.

보다 많은 정보를 원할 경우: The Wall Street Journal Classroom Edition, P. O. Box 7019, Chicopee, MA 01021-9940 혹은 (800) 544-0522.

수학

Zillions: Consumer's Report for Kids는 8살에서 14살 학생을 위한 잡지이다. Consumer Reports는 학생들이 보다 책임감 있는 소비자가 될 수 있도록 돕는다. Zillion은 직접 Sneakers: Finding bargains, rating mechanical pencils 및 testing new board games같은 소비문제에 독자들을 참여시킨다. 게다가, 교사들에게는 학생들이 집에서나 교실에서 수행할 수 있는 소비자 문제와 관련된 연구과제를 제공한다.

보다 많은 정보를 원할 경우: Rana Arons, Consumers Union, 101 Truman Avenue, Yonkers, NY 10703-1057, (914) 378-2000, 팩스: (914) 378-2900.

제 7 장

심화학습과 교수

> 미국에서 필요한 것은 학생들이 더 깊이 무언가에 흥미를 갖고, 그것에 몰두하고, 더 알고 싶어 하고; 오랫동안 흥분에 싸여 프로젝트를 수행하고, 스스로 무언가를 찾도록 하는 것이다.
>
> Howard Gardner, in Brandt, 1993

이 장에서는 심화학습과 교수를 학교 프로그램에 접목시키는 실제적인 학습이론에 대해 간단히 살펴볼 것이다. 아래에서 기술할 학습이론에 대한 두 가지 접근법은 학교에서 왜 심화학습과 교수 기회를 만들어야 하는지 그 본질적인 이유를 설명한다. 다음 섹션에서는 3부 심화이론의 기저가 되는 학습이론을 설명하고 학습을 심화하는 방법에 대해 살펴볼 것이다. 그리고 마지막 섹션에서는 3부 심화모델을 어떻게 심화집단(Enrichment Cluster)에 적용하는지 살펴볼 것이다.

심화학습과 교수

두 가지 학습이론 모델

교육학과 심리학에서 학습과정에 대한 많은 연구가 진행되었다. 교수와 교수법 이론 모델에 대한 수많은 자료가 있다고 해서, 놀랄 일이 아니다! 심화학습과 교수에 대한 이들 방대한 문헌을 개관하려는 것이 아니라, 독특한 몇 가지 이론과 학습과정을 유도하는 여러 패러다임의 장단점에 대해 살펴보고자 한다. 그렇지만 학습과 교수이론 모두를 두 가지 일반적인 모델 중 하나로 규정할 수 있는 것은 아니다. 분명히 이 두 모델을 벗어나는 예외가 있다. 그러나 심화학습과 교수의 주요 특징을 분류하려는 목적을 놓고 볼 때, 두 가지 주요 모델은 서로 상충된다고 할 수 있다. 이 두 가지 학습과 교수모델은 전반적인 교육과정에서 중요하며 균형 있는 학교 프로그램을 위해서 이들 접근법 모두를 학습과 교수에 사용해야 한다.

비록 여러 방식으로 두 가지 모델을 기술할 수 있지만, 여기서는 간단히 연역적인 모델(Deductive Model)과 귀납적인 모델(Inductive Model)로 언급할 것이다. 연역적 모델은 많은 교육자들에게 익숙한 것으로 형식적인 학습을 추구하는 상황에서 발생한다. 반면에, 귀납적인 모델은 일종의 형식적인 학교 상황 밖에서 발생하는 학습을 말한다. 이 두 학습유형간 차이를 이해하는 좋은 방법은 전형적으로 교실에서 벌어지는 학습법과 실제상황에서 새로운 내용과 기술을 배우는 방법을 서로 비교하는 것이다. 교실은 상대적으로 정해진 시간표, 배정된 과목과 주제, 미리 결정해 놓은 정보와 활동, 테스트와 점수매기기 및 대개 교실 밖 혹은 위에서 부과된 정보, 기술을 획득하고 조절하도록 요구하는 조직 패턴 등의 특징을 갖는다. 연역적 모델의 주요 가정은 현재 학습이 미래 문제, 과정, 직업선택 혹은 삶에 전이되어야 한다는 것이다.

> 학습은 지식을 사용하는 방법을 획득하는 것이다.
>
> Alfred North Whitehead, 1929

연역적 상황에서 볼 수 있는 학습을 연구실험실, 경영사무실, 영화스튜디오 같은 귀납적 상황에서 발생하는 보다 자연적인 연쇄 사건과 비교해 보자. 이와 같은 상황의 목적은 산출물 혹은 서비스를 만들어 내는 것이다. 자원, 정보, 스케줄과 사건의 순서가 이들 목적을 달성하는 쪽으로 향하게 되고, (점수매기기보다는 오히려) 고객이나 소비자의 눈을 통해 산출물과 서비스의 질이 평가된다. 예를 들어, 연구실험실에서 이루어지는 학습결과는 현재 사용을 위한 것이며, 새로운 정보를 찾고, 실험을 실시하고, 결과를 분석하고 보고서를 작성하는 것은 미래보다는 현재에 초점을 맞춘다. 심지어 특정 프로젝트에 할애할 시간의 양도 문제 속성과 앞으로 직면하게 될 알려지지 않은 장애로 인해 스케줄을 고정할 수 없기 때문에 미리 결정할 수 없다.

연역적 모델은 대부분의 형식적인 교육이 추구하는 방식으로, 모델이 이루어놓은 "실적(Track Record)"은 괄목할 만한 것이 적다. 학생의 학교경험을 반영하는 것으로, 미래상황과 동떨어져 학습된 내용은 실제 활동지도에서는 거의 사용되지 않는다. 기하학 공식, 주기율표와 식물의 부분들은 쉽게 잊혀진다; 그리고 심지어 암기했다고 해도, 대부분 일상생활에서 접하는 문제에 직접 적용되지도 않는다. 이전에 학습한 정보가 중요하지 않다고 말하는 것이 아니라 실제생활과 별개로 학습될 때 학습의 관련성, 학습 지속성이 줄어든다는 것이다.

> 지겨운 것은 훈육보다 더 최악이다… 영리한 학생은 터무니없이 지겨워하고 어리숙한 학생은 재빠르고 열의가 있는 학생 앞에서 거북이같다고 느낀다. … 종종 아침이 되기 전에 학교가 불타버리길 기도하고 잠자리에 들곤 한다. … 교실 생활은 너무 지겹다—아마 생활이 없다고 말하는 것이 더 정확할 것이다.
>
> Sidney Hook, 1987

연역적 학습은 교육의 공장모델이나 인간기술개념에 근거한다. 심리학적 이론의 기저는 행동주의이고 이 이론의 핵심개념은 학교가 학생들이 보다 큰 문화나 사회 일터에서 잘 적응하도록 준비시키는 곳이라는 것이다. 연역적 학습에 기초한 교육과정은 가르치는 것이 무엇이고 어떻게 가르치는지, 이 둘을 통해서 연구되어야 한다. 가르치는 것은 (혹은 가르쳐야 하는 것) 기본 교육과정을 강조하는 보수적인 입장에서부터 현재 지식과 생활 적응 경험(예: 운전교육, 성교육, 컴퓨터 문학)을 포함한 보다 진보적인 관점에 이르기까지 논쟁거리가 되어왔다. 학교는 매우 효과적으로 사회에서 발생하는 변화를 가르치고 있다. 최근 빠르게 변화하는 직업시장의 요구에 따라 교육과정 변화가 가속화되고 있고, 기술 분야의 직업과 사후 산업사회에 학생들을 준비시키게 되었다. 이러한 변화로 인해 분명히 사고기술과 간학문적 접근법이 강조되고 있다. 이상의 변화는 학교전체 심화를 고려할 때, 바람직한 발전으로 생각된다. 그러나 연역적 모델은 여전히 어떻게 내용을 가르칠지 이를 규제한다는 점에서 제한점이 있다.

비록 대부분의 학교가 전통적인 반복과 암기를 넘어서는 교수기술을 도입하고 있지만, 지배적인 교수방법은 계속 학습을 규정하고 제시하고 있다. 교사, 교과서 혹은 교육과정 지침은 학생에게 제시할 내용과 가르칠 방법을 미리 규정해 놓고 있다. 교사들은 사용할 교수방법을 잘 알고 있기 때문에, 발견학습, 시뮬레이션, 협동학습, 연구 훈련, 문제에 집중하는 학습, 개념 학습 및 여러 기본 모델의 변형 등과 같은 접근법을 사용할 것이라고 생각하는 것이 일반적이다. 보다 최근 들어서는 상호작용적 비디오 디스크와 컴퓨터 프로그램을 사용하고 있다. 일부 접근법들은 확실히 전통적이고 내용에 집중된 영역학습보다는 활기차고 즐거운 학습을 진행시킨다. 그렇지만 "그 기저에는" 학생들이 획득해야 하는 미리 결정된 정보와 사고과정이 있다. 연역적인 모델은 규정된 방향으로 학생을 유도함으로써 직접적으로 교수효과를 얻는다. 위에서 지적한 바와 같이, 연역적 방법에 본질적으로 "잘못된" 것은 없다; 그러나 학습자의 역할에 제한점을 두는 개념이 잘못되었고, 학습자의 흥미와 학습스타일의 차이를 고려하지 않고 레슨학습자의 역할을 부여하고 그들을 연구자보다는 연습생으로 규정하는 데 한계가 있다.

> 엄하게(harshness) 학생들을 학습하도록 가르치지 말고 생각을 즐겁게 하면서 학습하도록 유도하라. 그러면 각 재능성향을 발견하게 될 것이다.
>
> Plato

반면에, 귀납적 학습은 보다 지속력이 있는 학습자 레퍼토리 구조에 자료와 사고기술을 통합하는 방식으로 현재 내용과 과정을 사용한다. 지속력이 있는 구조를 통해서 앞으로 전이하여 사용할 수 있도록 가장 많은 양을 수용할 수 있다. 내용과 과정을 맥락에서 학습할 때, 인공적이고 사전에 준비된 상황에서 일어나는 학습보다 정보와 문제해결책략을 보다 심도 있게 사용하게 된다. 만일, 귀납적인 학습경험을 가진 사람에게 참여할 영역과 활동 선택권을 주고, 실제적이고 개별적인 목적을 향해 현재 경험을 사용하도록 한다면, 이와 같은 유형의 학습은 그 자체로 관련성과 중요한 의미를 창출하게 된다.

사실, 사람들이 학교와 교실 밖, "실제 세계"에 있을 때도 학습한다는 점을 감안한다면, 실제세계 학습을 학교 안으로 접목시킬 학습유형과 방법을 연구해야 한다. 그러나 무엇인가를 학교 안으로 "접목한다는"점을 생각할 때, 매우 주의를 기울여야 한다. 선구적인 발견 학습개념(Discovery Learnng)이 어떻게 소위 말하는 "기만하는 이야기"(Sneaky telling)로; 사고기술과 창의적인 사고가 기초 교육과정의 특징과 똑같은 공식, 미리 기술해 놓은 활동으로 변모되었는지 잘 알려져 있다. 심지어 컴퓨터와 비디오디스크에 대한 매력도, 어떤 경우엔, "전자 학습지"에 지나지 않는 것으로 변질되고 있다.

심화학습과 교수는 본질적으로 귀납적인 접근법이다; 그러나 그것은 연역적 학습실제를 선택적으로 받아들인다. 연역적 학습을 비난하는 것이 아니라 오히려 이 두 가지 주요 접근법 간의 균형을 이루자는 것이다. 학교에 연역적인 학습을 도입하는 것은 여러 가지 이유에서 중요하다. 첫째, 학교는 직업시장과 성인세계로 동화해가는 경험과정 중에 거치는 곳이기보다는 학생들이 참여하는 즐거운 장소여야 한다. 둘째, 학교는 지적 · 창의적 · 효과적으로 삶에 참여하고 이를 준비하는 장소가 되어야 한다. 이러한 유형의 삶에는 여러 대안적인 자료 정보와 행동과정을 분석하고, 비판하고, 선택하는 방식; 예견치 않은 사람과의 대인 관계에서 효과적으로 사고하는 방식; 진정한 자신 만의 태도, 신념과 가치체계를 유지하면서도 다른 사람과 조화롭게 지내는 방식; 구조적이고 창의적인 방식으로 문제와 상황에 직면하고 분류하고 행동하는 방식 등이 포함된다. 마지막으로 사회와 민주적인 생활방식은 창의적이고 효율적인 인적 재원에 의존하기 때문에 귀납적 학습은 중요하다. 사고자와 문제해결자로서 사회에 등장하는 사람은 거의 없다. 그렇지만 지도자의 등장가능성 여지를 남겨두지 않을 수 없고 아직 개발되지 않은 학생의 능력이 가난과 부정적인 결과로 인해 희생되지 않도록 해야 한다. 모든 학생들에게 잠재력을 개발할 수 있는 기회와 그 과정에서 다른 사람의 가치를 짓밟거나 줄이지 않고 건설적인 생활을 영유할 수 있게 해 주어야 한다.

> 혁신적인 교수기술을 채택하거나 새로운 학습의 위치를 찾는 것이 아니라 전통적인 교육을 비현실적으로 만드는 두 가지 지속적인 병폐에 대항하는 것이 바로 도전적인 것이다: (1) 학생들이 자신의 생각을 사용해서 학습하도록 허용하지 않고, (2) 학교에서 성공하는 것 그 이상의 내적 의미나 가치를 주는 학습도 아니다.
>
> Fred Newmann & Gary Wehlage, 1993

아마도 연역적 학습과 귀납적 학습의 차이를 요약하는 가장 좋은 방법은 학습활동의 세 가지 주요 요소 면에서 각 모델을 살펴보는 것이다. 만약 이들 각 요소를 왼편의 매우 구조화된 학습에서 오른쪽 비구조화된 학습까지의 연속선상에 놓는다면, [도표 13]에서 볼 수 있는 것처럼 이 두 모델은 대조적으로 나타난다. 분명히, 각 연속선상의 중간점과 각 연속선에 있는 각각의 점은 학습상황을 조직하는 방식에 있어서 시사점을 제시해 준다. [도표 13]의 오른편 학습을 선호해야 한다고 생각하지 않는다. 일부 학습은 확실히 구조화된 상황에서 수행될 때 더 효과적이고 심지어 반복과 활동지로 어떤 학습목적이 달성될 때도 있다. 그러나 학교는 제일 우선적으로 재능개발 장소가 되어야 한다고 생각하기 때문에, 전반적인 교육과정 내에서 심화학습과 교수방법을 지향하는 교육을 의식적으로 적용해야 한다.

연역적 모델 ("직접 정면적인 교수")	귀납적 모델 ("심화학습과 교수")
교사의 역할	
교사는 학습을 주도, 결정, 통제 및 관리한다.	학생은 주제/문제선택과 속도에서 주도적인 역할을 한다.
교사는 규준적 기준에 따라 학점형태로 피드백을 준다.	교사와 학생은 목적달성에 기초하여 형성평가하는 파트너이다.
교사는 instructor(지식전달)의 역할을 한다.	교사는 코치, 후원자, 자료 입수자, 조사자, 편집가, 민원조사관 및 동료의 역할을 한다.
교사는 내용을 객관적인, 개인에 관련되지 않고, 가치에 매이지 않는 것으로 본다.	교사는 내용(예술적 수정)을 개별화하고, 비판하고, 가치가 내재된 특징을 강조한다.
교육과정	
교과서나 과목과정이 미리 결정되어 있다.	개인적 혹은 소집단 학생 관심의 결과로 유도된다.
내용에 집중	과정과 결과에 집중
문제가 사전에 규정, 제시되고 대개 전에 해결된 것이다.	자기선택적, 개방적, 실제 세계에 관련된 문제
정보는 미래에 사용되기 위해 제시된다.	현 문제해결에 도움이 될 때 정보를 찾는다.
지식은 사실적 내용으로서 제시된다.	지식은 사건, 논쟁, 아이디어 및 신념을 다루는 도구이다.
교실조직과 운영	
미리 결정해 놓은 시간표와 주별 시간 배정	시간은 과제, 프로젝트 등의 속성에 따라 결정된다.
교수 단원 크기를 미리 결정한다.	개인과 소집단 활동
전체 집단 활동	흥미, 문제 및 공통과제 집단
연령/학년에 따른 집단구성	교실은 과제 달성 및 과제 완성을 촉진하도록 배치된다.
미리 결정되고 대개 고정된 교실 배치	학습은 적절한 정보가 수집되거나 경험이 쌓일 때면 발생한다.
학생의 역할	
학생은 레슨 학습자와 지식 소비자이다.	학생은 일차 연구조사자이고 지식 생산자이다.
학생은 미래에 사용할 수 있도록 지식을 저장, 축적한다.	학생은 현재 사용하는 지식에 직면하고 구성한다.
학생은 공통 과제와 활동을 추구한다.	학생의 과제와 활동은 작업분화에 근거한다.
학생은 문제에 대해 학습한 지식을 사용한다.	학생은 지식을 사용하여 문제를 찾고 집중하고 반응한다.
학생은 수동적으로 객관적, 사실적 및 정확한 지식을 수용한다.	학생은 지식에 개별적인 의미를 부여하고, 해석하고, 분해한다.

[도표 13] 구조화와 비구조화된 교수실제의 연속선.

[표 1] 심화학습과 교수 접근법에 기여한 이론가들.

이름	나라와 분야	생애	주요 기여점
William James	미국 심리학자	1842–1910	교육목적은 아동의 능력/재능/힘을 조직하는 것임을 주장; 아동의 흥미를 일깨우고, 양육함으로써 시작하는 조직력이 학습의 핵심이다.
John Dewey	미국 철학자	1859–1952	진보주의 교육을 주창; 교육은 아동의 능력/흥미를 이끌어내야 한다; 교육은 사고와 행위의 상호작용이고, 아동이 직접 연구조사자가 될 것을 강조 하였다.
Alfred North Whitehead	영국 철학자	1861–1947	학습은 본질적으로 주기적이고 리듬 있게 진보한다; 로맨스, 정확성, 일반화(1부, 2부와 3부 활동); 3단계 모두를 항상 제시해야 한다. 교사는 과목의 본질적인 아이디어와 방법론에 대한 열정을 이끌어내야 한다.
Maria Montessori	이탈리아 의사 및 교육자	1870–1942	학습은 아동의 자발적인 흥미로 인해 특별히 고안된 자기-학습 장치를 필요로 한다; 아동은 흥미와 호기심을 따라 학습한다; 흥미가 중요하다.
Jean Piaget	스위스 심리학자	1896–1980	인지발달은 4단계로 발달한다; 인지는 동화와 조절을 통해서 내부로 부터 성숙되며, 외부로 향하게 된다; 학습을 촉진하기 위해서는 폭넓은 경험이 필요하다.
Jerome Bruner	미국 심리학자	1915–	귀납적 교수법을 주장; 내용은 어떤 발달 수준, 어떤 학생에게든지 가르칠 수 있다; 아동은 자연적 호기심과 학습과제를 잘 하고픈 욕구를 가지고 있다; 방법론적 훈련을 강조; 교사의 촉진자로서의 역할을 강조하였다.
Philip Phenix	미국 철학자 및 교육자	1915–	인간연구 분야에 근거하여 내용영역을 재개념화; 내용 선택과 조직은 주제가 (1) 과목조사 분야를 대표, (2) 전반적으로 그 분야를 대표, (3) 과목 조사방법과 이해양식을 예증하고, (4) 학생의 상상력에 호소 (다중메뉴모델)하는 정도에 따라야 한다; 교육과정이 이와 같은 지침을 지향하는 정도에 따라 학습이 증가된다.
E. Paul Torrance	미국 심리학자	1915–2003	창의성을 키우고 발달시키는 것은 교육자, 연구자 및 심리학자의 관심; 다양한 그리고 독창적인 아이디어를 창출하는 학생의 능력을 증가시키는 교수 프로그램을 설립하였다; 부화 모델(incubation model); 창의적인 생산성을 강조하였다.
Albert Bandura	미국 심리학자	1925–	자아 효율감(self-efficacy)이론을 개발하여 성취동기면을 설명; 특별히 자아 효율감은 심리학적인 매개자로서 인지와 행동을 중개하며, 활동선택, 과제에 투입하는 에너지량과 과제를 지속하는 기간에 영향을 미친다; 학습은 과제 효율감에 대한 내적 신념의 영향을 받는다; 학생의 창의적인 생산력은 그들이 또래가 직접 연구조사에 참여하는 것을 볼 때 증가된다.
Howard Gardner	미국 심리학자	1943–	지능 개념을 확대; 지능은 단 하나가 아닌 7개: 언어, 논리-수학, 공간, 음악, 신체-역학적, 대인간과 대인 내 요인으로 서로 독립적이다; 지능은 상호작용; 재능 정의를 확대하였다.
Robert Sternberg	미국 심리학자	1948–	지능개념을 확대; 지능의 삼두 이론(Triarchic Theory of Intelligence)을 주창함; 구성적 하위요인(componential subtheory), 경험적 하위요인(experiential subtheory)와 맥락적 하위요인(contextual subtheroy); 지능은 자신의 강점을 재인하고 사용하는 것이며 자신의 약점을 보상하고 교정하는 것; 재능 정의를 확대하였다.

심화학습과 교수 정의

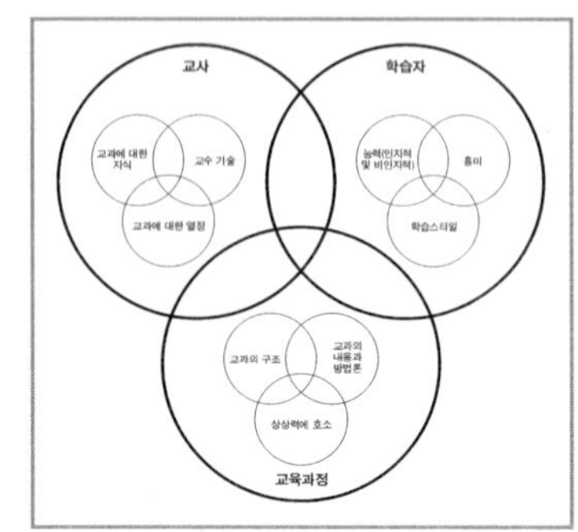

심화학습과 교수는 철학가, 이론가들의 연구에 근거한다. 비록 저명한 사람들의 업적을 개관하는 것이 이 책의 영역을 벗어나는 것이지만, [표 1]에 심화학습과 교수 접근법에 기여한 사람의 주요 개념과 아이디어를 요약하였다.

이들 이론가들의 업적은, 이론과 프로그램 개발 활동이 짝을 이루어, "심화학습과 교수"라고 하는 개념을 낳았다. 이 개념을 정의하는 가장 좋은 방법은 다음의 네 가지 원리이다.

1. 각 학습자는 독특하므로, 모든 학습경험은 개인의 능력, 흥미와 학습스타일을 고려해서 연구해야 한다.
2. 학생들이 하고 싶은 것을 할 때, 학습은 보다 효과적이다. 그러므로 다른 목적과 마찬가지로 학습경험이 즐거운 것인지 평가하고 즐겁게 구성해야 한다.
3. 내용(예: 지식)과 과정(예: 사고기술, 조사방법)을 실제 및 현 문제 맥락에서 학습할 때, 그것이 보다 의미 있고 즐겁게 된다. 그러므로 학생들에게 개별적으로 문제를 선택할 기회를 주고, 문제를 진술하는 시기가 그들에게 적절한지 살피며,[1] 또 선택한 문제를 해결하도록 돕는 책략에 관심을 기울여야 한다.
4. 심화학습과 교수에서 형식적인 교수를 사용할 수 있지만, 이 접근법의 주요 목적은 교사지시를 통해서 획득한 지식과 사고기술을 학생이 스스로 구조화함으로써 결과적으로는 도출된 지식 및 기술을 증진시키고 적용하게 하는데 있다.

> 나는 항상 배우고 싶지만, 항상 가르침을 받고 싶지는 않다(외부에서 오는).
>
> Winston Churchill

궁극적인 목적은 의존적이고 수동적인 학습을 독립적이고 적극적인 참여의 학습으로 대체하는데 있다. 대부분 보수적인 교육자들도 이들 원리에 동의할 것이지만, 어떻게 이들 원리(유사한)를 일상 학교상황에 적용할지에 대해서는 많은 논란이 있다. 위험은 항상 이들 원리를 연역적인 학습 모델이 지배적인 학교에서도 쉽게 적용할 수 없다고 단정해버리는 데 있다. 이들 원리에 근거하여 학교 프로그램을 개발하는 것은 쉬운 과제가 아니다. 그러나 몇 년에 걸쳐서, 각 개념과 서비스 전달 절차와 관련된 자료 및 훈련을 제공함으로써, 이해하기 쉬운 개념과 관련 서비스에 대해 교직원, 행정가와 부모의 동의를 얻을 수 있었다. 처음 2개의 서비스 전달 요소(예: 종합재능 기록표와 교육과정 수정)는 이전 장에서 이미 살펴보았고, 본 장에서는 핵심적인 심화학습과 교수모델을 기술하면서 전반적인 학교전체 심화모델(Schoolwide Enrichment Model)을 살펴볼 것이다. 이 3부 심화모델(Enrichment Triad Model, Renzulli, 1977b)은 본래 재능개발을 지향하던 현학적인 모델들의 대안으로서 1970년대 초에 개발되었다. 그 이후, 수많은 연구(Reis & Renzulli, 1994)와 여러 다양한 인구학적 표본을 대상으로 학교 현장검증을 실시한 결과, 학교상황에 적용할 수 있는 많은 실제적인 방안을 개발하게 되었다.

심화학습을 실시하는 방법

자주 받는 질문 중 하나는 미리 규정 및 구성되어 있는 교사의 업무방식에서 찾을 수 있다. 실제 "자연스런 방식"으로 가르치는 것은 거의 훈련이 필요하지 않다! 그렇지만, 교사들은 지시자로서가 아닌 촉진자로서 담당하는 역할의 중요성을 이해해야 한다. 이와 같은 교수방법은 학교전체 심화모델 중 3부 심화(Type III)에서 보다 상세히 기술될 것이다(Renzulli & Reis, 1985, pp. 395-506). 교사는 의도적으로 레슨 계획, 단원계획 및 다른 유형의 미리 규정된 교수접근법을 피할 수 있는 상황에서 무엇을 할지 알고 있어야 한다. 이 지면 상에서 이와 같은 교수방법을 완전히 설명할 수는 없지만, 몇 가지 질문을 통해, 심화집단(Enrichment Cluster) 시작과 관련된 지침을 생각해 볼 수 있다.

학생연구촉진이 갖는 장점

교사로서, 나에게 장점은 많다. 첫째, 단원 중에 학생과 문제해결을 하면서 6학년생들의 정신적 사고과정에 대한 통찰을 얻을 수 있다. 둘째, 촉진자와 안내자로서의 역할은 보답이 있다. 학생통제를 점차적으로 늦춤으로써 학생모두 기대 이상의 결과를 가져 왔다. 마지막으로, 종종 학생에게 주권을 허용하는 것이 가장 효과적인 교육의 격언중 하나라는 것을 알게 되었다. 학생에게 주권을 주고 잘 수행하도록 돌보는 것은 말로 형언할 수 없는 교수경험이다.

Catherine Doane, 1993

1. 이 영역에 흥미를 가지고 있는 사람은 무엇을 하는가?
2. 무슨 산출물을 만들고 무슨 서비스를 제공할 것인가?
3. 어떻게 그리고 누구와 함께, 자신의 활동결과에 대해 의사소통할 것인가?
4. 질적으로 높은 산출물과 서비스를 만들기 위해서 필요한 자원과 자료는 무엇인가?
5. 의도한 청중에게 영향을 미치기 위해선 무슨 단계가 필요한가?

예를 들어, 작시 집단이 작품 출판을 어디에 의뢰해야 하는지 파악하는 것이 촉진자로서의 교사역할이다. 도서관 사서의 도움으로, 교사는 출판 디렉토리(Directory of Poetry)라고 하는 책을 찾을 수 있다. 시인 작품 출판지를 소개하는 이 책은 전통적인 방식으로 시를 가르치는 교사와 재능개발 촉진자로서의 교사 사이의 차이점을 보여준다.

심화집단 촉진자에게 가장 어려운 점은 전통적인 교수방식을 멘토나 코치처럼 "옆에서 조력하는" 역할로 대체하는 것이다. 이와 같이 역할을 이행하는 사람은 직접적인 필요가 있을 때만 지시를 한다. 연감 조언자, 드라마 클럽 디렉터, 4-H 클럽 상담자, 운동 코치 및 교육과정 외 활동 촉진자의 역할을 하는 교사들은 성공적으로 심화집단을 촉진하는데 필요한 기술을 가지고 있다.

> 뛰어난 것은 영원히 새로운 것이다.
> Ralph Waldo Emerson

교육과정 외 활동의 기본특징은 (1) 학생과 교사가 참여할 영역을 함께 선택하며, (2) 특정 청중에게 영향을 미칠 의도를 갖고 산출물이나 서비스를 만들고, (3) 자신의 산출물이나 서비스를 만들 때 진짜 전문가가 사용하는 방법을 사용한다. 성인 전문가에 비해서 보다 낮은 수준에서 활동을 할지 모르지만, 목적은 정확히 똑같다—경험수준과 자원사용이 가능한 선에서 양질의 산출물과 서비스를 창출한다. 심화집단에서 교사역할은 방법론적 자원을 조달하고, 이 자원 사용방법을 이해하도록 돕는 것이다. 산출물이나 서비스를 창출하고 향상시키는 데 있어 지시가 필요할 때만 지시를 한다. 예를 들어, 사회과학집단에서 지역사회 설문활동을 하는 학생들은 질문지, 평정척도 혹은 설문지 도구를 개발하는 절차에서 직접 지시를 받을 수 있다. 『A Student's guide to conducting social science research』 같은 책을 2부 심화활동에서 사용할 수 있다(본 장 참고 자료 참조).

3부 심화모델

심화학습과 교수를 체계적으로 정규학습과정에 적용하기 위해서, 교사나 학생들이 이해할 수 있는 방식으로 이것을 조직할 필요가 있다. 소위 3부 심화모델(Enrichment Triad Model, Renzulli, 1977)로 불리는 조직적인 패턴을 이와 같은 모델을 위해 사용할 수 있다. 세 가지 유형의 심화모델은 [도표 14]와 같다. 1부 심화(Type I enrichment)는 일반적인 탐색경험으로 구성되어 학생들에게 정규교육과정에서 일반적으로 다루지 않는 주제와 학문영역을 소개한다. 2부 심화(Type II enrichment)는 사회와 정서과정에 대한 집단훈련으로 구성되어, 학습기술과 관계 있는 방법, 연구와 참고문헌 찾는 기술 및 문어적, 구어적 및 시각적 의사소통기술을 훈련한다. 3

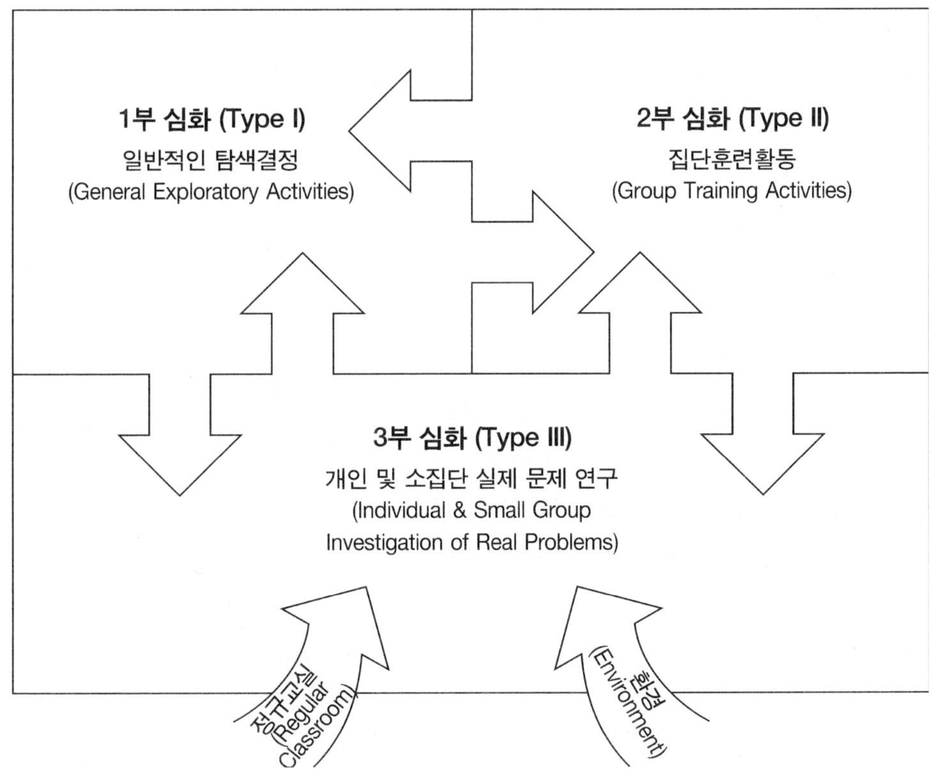

[도표 14] 3부 심화모델.

부 심화(Type III enrichment)는 실제 문제를 직접 연구조사하는 것으로 구성된다. 각 유형의 심화기능과 역할에 대해 살펴보기 전에, 일반적으로 모델과 관련 있는 다음의 세 가지 사항을 살펴볼 필요가 있다.

자연스런 학습방식

3부 심화학습 모델은 대부분 인위적으로 구조화된 교실환경이 아닌 자연스런 환경에서 학습하는 방식에 근거한다. 특별한 문제 유형을 해결하려고 할 때, 한 과학자가 "자연을 들여다 봐라"라고 한 것처럼, 학습과정도 학교 외 세계에서 발현되는 것처럼 연구되어야 한다. 외부 시뮬레이션, 내적 호기심, 필요성 및 이들 3개 출발점이 함께 주제, 문제나 학문영역에서의 흥미를 개발하도록 유도한다. 자연적으로, 인간은 호기심이 있고, 문제를 해결하고자 하는 존재이다; 그렇지만 어느 정도 열의와 열정을 가지고 문제나 호기심에 반응하기 위해서는, 진짜 호기심이 있어야 하며, 그에 따라 행동을 취할 이유가 있어야 한다. 일단 문제나 호기심이 개인적으로 의미를 갖게 되면, 정보, 자원 및 그 문제를 해결하는 데 필요한 책략을 수집해야 한다.

> 많은 교육기관들은 수백만의 예산을 들여서 프로그램을 개혁하고자 하였지만, 눈에 띄는 장기간의 성공을 거두지 못했다. … 그렇지만 부가적인 비용을 들이지 않고도, 의과 학교들은 학생을 소집단으로 구성하고 환자를 치료할 때 접하는 실제 문제를 해결할 수 있도록 도움을 주었다. 연구자료에 의하면, 기본적으로 교실은 변하고 있으며, 전통적인 교실만큼 많은 사실을 학습하며, 일생동안 계속 학습하고자 한다(Kaufman, Mennin, Waterman, & Duban, 1989). 이것은 바로 새로운 학습과정에 대한 연구, 주의 법에 의한 위임이나 많은 예산을 증가하지 않고도 실시할 수 있는 학습접근법이며, 모든 교육자들이 사용할 수 있는 모델이다.
>
> David Aspy, Cheryl Aspy, & Patricia Quinby, 1993

거의 문제해결은 기능적, 예술적 및 인도주의적 가치를 가진 산출물과 서비스를 창출한다. 실제 문제상황에서 발생하는 학습은 산출물이나 서비스를 창출하기 위해 그 문제를 공략하는 데서 비롯되는 부수적인 것(Collateral Learning)이다. 시냇물 혹은 강에 다리를 놓고자 하는 개척자들을(기술자, 보이스카우트 및 걸스카우트)을 생각해 보자. 강둑에 서서 "자, 기하학을 공부해 보자"라고 말하지 않는다. 오히려 문제의 범위, 이미 알고 있는 것이 무엇인지, 다리를 놓기 위해 알아야 될 것이 무엇인지 조사한다. 그 과정에서, 기하학, 자료의 강점, 계획과 계열, 협동,

구조적인 디자인, 공간관계, 미학, 메커니즘, 그 외 필요한 것들에 대해 배우게 된다. 3부 심화학습은 정확히 이와 같은 문제해결 상황을 통해서 이루어진다. 실제 문제상황에서 발생하는 자연적인 학습과 보다 구조적인 학교 상황에서 하는 3부 심화학습의 차이는 산출물에 대한 관점에 있는데, 이 산출물을 통해 폭넓고 지속적이며 전이가능한 과정들이 생기게 된다. 산출물은 현재 노력하도록 하는 실제성, 목적, 희망, 만족과 즐거움을 주기 때문에 중요하다. 학교는 미래를 준비하고 계속적으로 학생들을 발전시키는 곳이므로 이곳에서도 또한 실제 문제학습 맥락에서 개발된 학습과정이 중요하다. 산출물과 과정의 상호작용에 주안점을 두는 학습은 현재와 미래 학습경험을 증진시키는 결과를 가져온다.

각 부분의 총합 그 이상

> 하고 싶은 흥미와 목적을 갖고서, 활동적으로 사물이나 사실을 다루는 훈련을 받은 지적인 사람은 … 학문, 무관심한 지식, 어렵고, 협소하며 단지 '실용적인' 실제에 대한 대안책을 가장 잘 피해갈 수 있는 사람일 것이다. 자연적인 경향성들이 완전하게 무언가를 하는데 투입될 수 있도록 교육을 조직하는 것. … 학교교육을 향상하려고 할 때 가장 필요한 것이다.
>
> John Dewey, 1916

일반적으로 3부 심화에서 고려할 두 번째 사항은 3개 유형의 심화학습 간 상호작용이 각각의 심화학습을 집산적으로 더해놓은 것만큼 중요하다는 것이다. 다시 말해서, [도표 14]에서 볼 수 있는 화살표는 각 심화활동을 개별적으로 추구한다면 결코 달성할 수 없는 것을 보여주기 때문에 각 네모, 즉 심화활동만큼 중요하다. 예를 들어, 1부 심화활동은 그 자체로 가치가 있지만 2부와 3부 심화활동 경험을 이끌어 낸다면 최대효과를 거둔다. 이런 점에서 1부와 2부 심화를 가장 선두적인 심화유형인 3부 심화경험을 유도하는 "협력 상황"(identification situation)으로 생각하는 것이 바람직하다. [도표 14]에서 볼 수 있듯이, 정규교육과정과 일반적인 환경(예: 학교 외 경험) 또한 3부 심화활동으로 가는 길로 생각할 수 있다. 협력 상황은 단순히 일종의 경험으로 학생들과 교사에게 (1) 활동에 참여하고, (2) 흥미를 분석하고 그 활동에서 다루는 주제에 반응하고 그 반응과정을 통해서 활동을 달성하고, (3) 흥미 있는 주제를 의도적으로 결정하고 보다 다양한 방법으로 해 볼 기회를 제공한다. 1부와 2부는 일반적인 심화로서 대개 큰 집단에서 실시하거나 미리 규정해 놓은 심화안의 일부로서 실시할 수 있다. 연역적 학습방법에서부터 귀납적 방법에 이르기까지 제시방안은 연속적이다. 3부 심화는, 반면에, 자발적이고 학생선택에 기초하여 실시하는 방법론이므로 대개 귀납적이다.

3개 유형의 심화들 간의 상호작용은 또한 종종 "역방향 화살표"로 불리는 것에서도 찾아볼 수 있다(예: 3부 심화에서 1부로 가는 화살표). 여러 경우에, 학생의 상급수준의 활동(예: 3부 심화)을 다른 학생을 위한 1부와 2부 심화로 사용할 수 있다. 예를 들어, 점심쓰레기에 대해 포괄적인 연구를 수행한 학생집단은 자각과 교수목적 및 다른 학생이 갖게 될 잠재적인 흥미를 자극할 목적으로 활동을 제시할 수 있다. 이런 점에서, 모델을 다시 새롭게 마련하게 되고 방관자적 입장에서 학습을 바라보게 하는 것이 아니라 오히려 학교교육 "내부"로 개입시키게 된다. 본 모델을 통해 학교가 "학습자들의 지역사회가" 되고 학습자와 교사 모두 진정한 지역사회 구성원의 역할을 담당하게 된다.

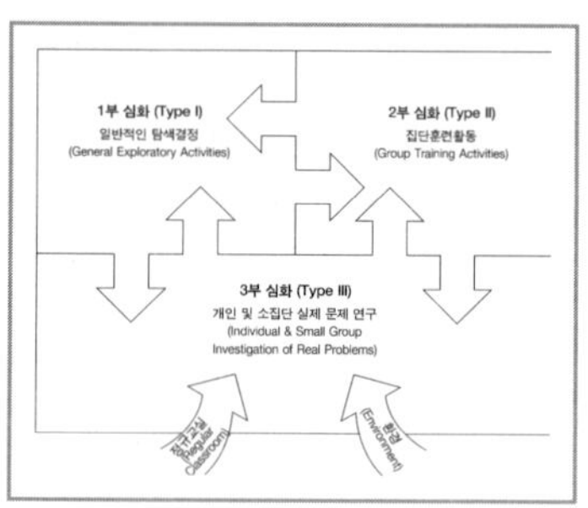

개인적 지식

3부 심화모델에 있어 세 번째 고려점은 학생 스스로 자신의 능력, 흥미와 학습스타일을 알도록 돕는데 있다. "연구되지 않은 생활은 살 가치가 없다"는 소크라테스의 말처럼, 또한 학교생활에서도 이와 같은 원리를 추론해 보아야 한다: "연구되지 않은 레슨은 학습할 가치가 없다!" 이와 같은 추론을 모든 학교경험에 적용하는 것이 바람직한 반면에, 3부 심화에서 옹호하는 심화유형은 학생 스스로 자신을 보다 잘 이해할 수 있도록 돕기 위해 그들의 기호 및 성향을 조사하는 것이다.

이와 같은 추론은 무엇을 배웠는지[소위 상위학습(meta-learning)이라고 하는]와 어떻게 특정 학습부분을 추구했는지 디브리핑(debriefing)하고 사후 학습분석을 함으로써 모델 내에서 작용하게 된다. 예를 들어, 교수 단원 초에 선호하는 학습과 교수 스타일을 이해시킬 수 있는 관련 시나리오를 다음과 같이 시작해 볼 수 있다: "각자 주요 음식 생산집단의 매매를 통제하는 시뮬레이션에 참여하면서 경제적 공급과 수요법칙을 공부할거야." 교사는 무슨 시뮬레이션인지, 주제와 관련하여 왜 이것을 선택했는지 및 어떻게 다른 교수 스타일과 비교되는지 설명해야 한다. 이와 같은 것을 조직하는 사람은 학습할 내용과 과정뿐 아니라 학습상황에 대한 교육에 관심을 기울여야 한다.

Greg는 차이코프스키의 "호두깍이 인형"을 1학년 교실에 가지고 왔다. "나는 궁금했어요. … 이것은 정말 슬프게 보여요. 차이코프스키가 정말 행복했을 때 이 곡을 썼을까요? 아니면 정말 슬플 때 자신을 즐겁게 하려고 즐거운 음악을 썼을까요, 아니면 그 반대로요." 교사는 차이코프스키가 그의 생애 여러 시기 동안에 작곡한 것을 찾아볼 수 있도록 자료실 교사를 찾아가보라고 조언을 했다. 그 해가 다가기 전에, Greg는 대학 수준의 교과서를 사용하여 자신이 궁금해 하던 것에 대한 대답과 연구를 수록한 "이야기" 책과 테이프 연구 프로젝트를 수행하였다.

United States Department of Education, 1993

특정 교수스타일을 접한 다음에, 주의 깊게 사후-학습 분석을 실시하여 의도적으로 선택한 교수기술의 독특한 속성에 집중하게 해야 한다. 학생들은 학습효과와 그 기술에서 느낀 즐거움을 근거로 교수기술에 대한 자신의 반응을 기록하고 토론하도록 권장된다. 사후-학습분석 목적은 선호하는 특정 상황을 이해함으로써 자신을 보다 잘 알 수 있도록 돕는데 있다. 따라서 학습스타일에 대한 집산적인 경험을 통해서 (1) 많은 스타일에 노출되고, (2) 어떤 스타일이 어떤 주제에 가장 잘 적합한지 이해하게 되며, (3) 학습의 효과와 만족을 극대화하기 위해 스타일을 혼합하는 방법을 터득하게 된다. 학습스타일을 가르치는 궁극적인 목적은 미래 학습이나 직업에서 접하게 될 과제에 적합하도록 스타일을 수정할 때 필요한 책략과 레퍼토리를 개발하게 하는데 있다. 골프 선수가 적당한 클럽을 선택하기 전에, 거리, 풍향 조건과 장애물을 조사하는 것처럼, 가장 적당한 스타일을 선택하고 적용하는 눈을 갖고 학습상황을 조사할 수 있도록 가르쳐야 한다.

어떤 의미에서, 스타일을 분석하고 훈련하는 것은 창의적인 사고를 위해 사용하는 융통성 훈련의 한 특정형태로 생각할 수 있다. 비록 확실히 이와 같은 훈련을 조직하는 여러 방식이 있지만, 3부 심화학습에서 추천하는 접근법은 학습할 것이 무엇인가(예: 내용), 어떻게 학습할 것인가(예: 과정) 이 모두를 소급적으로 분석하게 하는데 초점을 맞

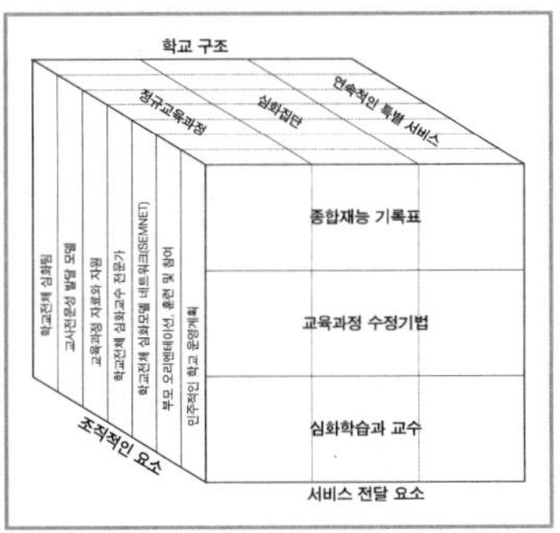

춘다. 학습의 이 두면을 계속 조사함으로써, 보다 흥미를 개발하고 또한 구조화에서부터 비구조화된 학습에 이르기까지 자신의 학습스타일에 대한 평가를 내릴 수 있게 된다.

다음 섹션에서는, 3부 심화모델 각 요소를 제시할 것이다. 본 섹션의 개관에서 기억할 것은 3개 유형의 심화 사이에 상호작용이 있으며, 이 상호작용이 디브리핑과 사후-학습분석을 통해서 고양될 수 있다는 것이다. 아울러, 3부 모델은 3개 학교구조에 초점을 두고 있는 서비스 전달 요소의 일부라는 점이다: 정규교육과정, 심화집단과 연속적인 특별 서비스. 심화학습과 교수는 여러 방법으로 이들 세 가지 학교구조에 겹쳐서 적용될 수 있다.

1부 심화: 일반적인 탐색 경험

아직까지 지속되고 있는 문제들 중 하나는 흥미를 보이는 학생들을 창의적이고 생산적인 방식으로 반응하게 되는 정도까지의 동기를 어떻게 부여할 것인가 하는 것이다. 1부 심화의 주요 목적은 전반적인 학교 프로그램 내에서 동기부여를 위해 의도적으로 경험을 개발하고 선택하게 하는 것이다. 1부 심화유형은 일반 교육과정에서 대개 다루어지지 않는 다양한 과목, 주제, 아이디어, 개념, 문제와 사건에 학생을 노출시키기 위해 고안된 경험과 활동이다. 전통적인 1부 심화방법을 옆 난에 제시하였다. 1부 심화를 정규교육과정 주제나 미리 규정된 주제 중 혁신적인 것에서 찾아낼 수 있지만, 진정한 1부 심화경험이라고 할 수 있으려면, 계획한 활동들이 의도적으로 새로운 혹은 현재의 흥미를 자극하여 개인 혹은 소집단 학생의 보다 집중적인 추후활동을 이끌어낼 수 있어야 한다. 1부 심화경험으로 불릴 수 있는 활동은 다음의 조건을 만족시켜야 한다: (1) 여러 추후활동과 수준을 소개하고 있다는 학생들의 인식, (2) 보다 깊게 탐색하고 추후활동을 하려는 학생을 위한 체계적인 디브리핑 경험유무와 (3) 여러 종류의 추후활동을 할 수

1부 심화전달법

오디오 테이프	컴퓨터 프로그램
논쟁	전시
진열	견학
영화관 견학	흥미센터
학습센터	잡지기사
미니-코스	박물관 프로그램
공연	사진
라디오 프로그램	슬라이드
텔레비전 프로그램	비디오테이프

있도록 다양한 기회, 자원 및 권장이 있어야 한다. 모든 학생들에게 똑같거나 비슷한 방식으로 추후활동을 하게 하는 것은 분명히 1부 심화경험이 아니다. 필수 추후활동도 정규교육과정 실제이며, 미리 규정된 추후활동은 확실히 일반 교육에서 중요한 역할을 하지만, 거의 대부분 학생 홍미와 학습스타일 차이를 반영하지 못한다. 본 장 마지막에서 제시할 참고자료 지침에서 1부 심화활동 실시에 대한 상세한 계획지침과 책략을 살펴볼 것이다.

1부 심화경험에서 다음의 세 가지 문제를 강조할 필요가 있다. 첫째, 1부 심화경험을 주의 깊게 선택하고 계획해서 학생들의 홍미를 유발한다. 예를 들어, 초청강사를 초빙할 때, 강사의 전문성과 학생의 홍미를 돋우고 상상력을 사로잡는 능력을 보고 선정해야 한다. 1부 심화경험을 제시하는 사람에게 충분히 오리엔테이션을 제공한다면 여러 연령과 학년에서 사용할 수 있다. 또한 보다 깊게 참여할 영역과 기회를 가질 수 있도록 위에서 이미 기술한 모델의 목적을 충분히 이해시켜야 한다. 오리엔테이션 없이, 이와 같은 종류의 경험은 단지 정보만을 제시하는 것으로 끝날 수 있다. 따라서 비록 매우 홍미진진한 경험일지라도 1부 심화활동의 진정한 의미를 갖지 못하게 된다.

> 마지막으로 상상력 원리에 대한 비평적인 질문에 대해 살펴볼 필요가 있다. 일반교육의 상상력 유형이라는 것이 정말 모든 사람에게 가능하다고 주장하고 있는가? 매우 부유한 지역 학교에 다니는 영리한 학생처럼 빈곤 지역의 학교에 다니는 평균 이하의 학생에게도 적용가능한가? 그 대답은 바로 상상력을 촉진하는 교수법으로, 모든 학생에게 적당한 것이고 빈곤지역 학교에 필요한 것이다.
>
> Philip Phenix, 1964

두 번째 1부 심화와 관련된 관심사항은 1부 심화 대상자를 위해 경험을 마련하고 그 경험의 복잡성을 점점 높이는 단계적인 것이어야 한다. 1부 심화경험을 교실의 모든 학생, 학년 수준 혹은 혼합학년 집단에게 제시해야 한다. 1부 심화의 주요 목적은 대부분 학생에게 새로운 주제나 활동을 소개하는 것이다. 1부 심화에서 다양한 주제에 노출되지 못한다면, 학생들은 어떤 특정 주제에 대한 홍미를 개발하였는지 그렇지 않았는지 알 수 없다. 따라서 모든 중간 정도 학년 학생에게 컴퓨터 보조 장치(CAD)와 같은 주제를 소개할 때 이 분야 전문가가 직접 소개하거나 전시물을 보여주는 것이 바람직하다. 집단으로 학생의 홍미활동과 평가를 한 다음엔, 매우 홍미를 보이는 학생을 위해서 보다 상급의 1부 심화활동을 계획해야 하는데, 이 경우엔 CAD 기술을 사용하고 있는 회사나 실험실로 견학을 가는 등 한층 더 깊게 그 내용을 추구해 보는 것이다. 매우 능력 있는 학생에게 제공하는 것과 다르게 흥미-기초 원리에 따라 특별집단을 구성하거나 현장 견학을 계획한다. 일반적 혹은 도입적인 1부 심화는 물론, 정해진 학년 수준의 모든 학생을 포함해야 한다.

1부 심화와 관련된 세 번째 문제는 구조화에서 비구조화 연속선상 어디에 경험의 위치를 설정하는가이다. 비록 1부 심화 경험을, 정의대로, 계획하고 제시했지만, 몇 가지 간단한 지침을 따른다면, 많은 융통성을 가질 수 있다. 첫째, 가능할 때면 언제나, 학생의 흥미를 평가해야 한다. 1부 심화경험을 주제별로, 교육과정 범주별로 다양하게 마련해 놓아야 한다. 이와 같은 다양성을 통해 학생의 흥미를 넓힐 가능성이 높아지고, 따라서 많은 학생들이 추후활동을 선택하게 된다. 둘째, 비록 미리 규정해 놓은 1부 심화주제라도 최대한 학생들이 활동에 참여하도록 권장하는 방식으로 계획해야 한다. 심화학습과 경험은 비일상적인 주제를 제시하는 것 그 이상이다. 오히려, 토론, 논쟁과 효과적인 반응을 유발하는 실제 연구, 문제해결 활동 등을 통해, 주제를 내면화하고 보다 집약적인 추후활동을 수행하도록 도울 수 있다. 3부 심화모델에서 1부 심화가 차지하는 차원은 정규교육과정 이외의 지식과 아이디어를 합법적으로 학교 내에서 소개할 수 있다는 점이다. 또한 교사, 학생, 부모가 팀을 이루어서 상대적으로 쉽게 적용할 수 있는 활동을 함께 하는 것도 좋은 방법이다. 예를 들어, 영화만들기 집단활동에서 정해진 시간, 예산과 지원받을 수 있는 장비를 가지고 만들 수 있는 영화의 종류를 찾고 결정할 때 지역 전문가의 조언을 요청할 수 있다. 1부 심화를 조직하고 실시하는 절차와 계획지침에 대한 관련 자료는 본 장 마지막 참고문헌 지침에 수록하였다.

2부 심화: 집단 훈련활동

실제 교육자들이 동의하는 학교개혁 영역이 있다면, 바로 보다 높은 사고기술발달 훈련을 교육과정 속에 혼합해야 한다는 것이다. 본 섹션에서는, 학교전체 심화모델에서 과정기술요소를 조직하는 체계적인 접근법에 대해 살펴볼 것이다. 2부 심화활

다섯 가지 일반적인 과정기술 범주

- Ⅰ. 인지적 훈련
- Ⅱ. 정서적 훈련
- Ⅲ. 학습방법에 대한 훈련
- Ⅳ. 연구와 참고절차
- Ⅴ. 문어, 구어 및 시각적 의사소통 절차

동은 교수방법과 자료로 구성되어, 의도적으로 다음의 다섯 가지 일반 범주에서 폭넓게 과정기술을 개발하고자 한다: (1) 인지적 훈련, (2) 정서적 훈련, (3) 학습방법에 대한 훈련, (4) 연구와 참고절차, (5) 문어, 구어 및 시각적 의사소통 절차. 이들 범주를 포괄하기 위해 "과정 기술"이라는 용어를 사용할 것이다. 네 가지 일반적인 (그리고 관련 하위범주들) 범주 각각에 해당되는 특정기술의 예들을 부록 B에 수록하였다. 8장에서 내용영역, 과정기술과 학년 수준별로 자료를 찾을 때 도움을 줄 심화자료 데이터베이스를 기술할 것이다.

2부 심화는 또한 1부 심화활동과 연관지어볼 때 유사하게 동기적인 목적을 갖는다. 2부 심화활동을 계획할 때 고려해야 하는 일반적인 두 가지 사항을 살펴보기로 하자: 이들 사항은 (1) 2부 심화활동의 수준과 청중, (2) 3부 심화모델(Enrichment Triad Model) 중 본 요소를 실시하는 목적과 책략이다.

수준과 청중

각 2부 심화범주 중에서 초점이 되는 기술을 매우 기본적인 기술에서부터 보다 복잡한 과정을 적용해야 하는 기술까지 연속선상에서 찾을 수 있다. 예를 들어, 원자료에서 조건부 추론을 하거나 자료를 기록하는 것과 같은 기술은 어떤 학년에서도 가르칠 수 있지만, 학생의 발달수준에 따라 활동수준이나 복잡성이 다양하다. 1학년생은 여러 다른 종류의 새가 일정 기간 동안 먹이를 주는 사람에게 찾아온 횟수를 세거나 기록함으로써 관찰 및 자료수집기술을 배울 수 있다. 이와 같은 기술로는 단순히 정(正)자를 써가면서 기록하는 방법이 있다. 보다 나이든 학생들은 똑같은 기술도 높은 수준에서, 예를 들어, 연령/키와 몸무게 비율 및 운동시기 등과 같은 요소를 통제하면서 맥박과 혈압을 측정, 관찰하고 기록한다.

"1학년생은 여러 다른 종류의 새가 일정 기간 동안 먹이를 주는 사람에게 찾아온 횟수를 세거나 기록함으로써 관찰 및 자료수집기술을 배울 수 있다. 이와 같은 기술로는 단순히 정(正)자를 써가면서 기록하는 방법이 있다. 보다 나이든 학생들은 똑같은 기술도 높은 수준에서, 예를 들어, 연령/키와 몸무게 비율 및 운동시기 등과 같은 요소를 통제하면서 맥박과 혈압을 측정, 관찰하고 기록한다."

학생발달수준에 대한 교사의 지식과 특정 사고기술을 함께 사용해 본 경험을 2부 심화훈련 자료와 활동을 선택할 때 신중히 고려해야 한다. SEM을 사용하는 교사와 교육과정 전문가는 정규교육과정 주제를 증진시키고 심화집단 및 특별 서비스

상황의 자료로 사용할 만한 심화자료를 계속 조사한다. 전문저널, 출판 카탈로그와 컨퍼런스 전시물들은 좋은 자료이다.

2부 심화를 제시하는 세 가지 다른 방법이 있다. 첫째 방법은 일반교육과정의 일부로, 어떤 교수 단원이든지 계획적, 체계적인 활동으로 미리 조직될 수 있다. 이와 같은 2부 심화활동은 미리 계획된 것으로, 정규교육과정 주제와 유사한 과정-지향 활동의 "범위와 계열"을 포괄적으로 개발할 때 참고틀로 활용된다. 2부 심화활동을 선택하는 주요 기준은 가르칠 주제와의 직, 간접적인 관계이다. 예를 들어, Gold Rush라는 제목의 활동: 광산 캠프 개척당시의 생활과 모험 시뮬레이션(Flindt, 1978)을 미국 역사 중 서부 개척에 대한 사회과목과 관련지어 사용할 수 있다. 본 활동을 통해 의사결정과 창의적 작문 기술을 개발할 수 있다. 비록 상위수준의 추후활동 학습과 2부 심화훈련에서의 학생흥미와 학습스타일이 고려되어야 하지만, 이 범주에 포함되는 활동은 본래 교실 모든 학생에게 사용될 수 있다.

2부 심화를 제시하는 두 번째 방법은 학교 혹은 학교 외 경험에 대한 학생의 반응으로부터 비롯되는 미리 계획할 수 없는 활동들로 구성하는 것이다. 다시 말해서, 이 차원은 사전계획보다는 학생흥미에 대한 반응성에 초점을 맞춘다는 것이 그 특징이다. 예를 들어, 조사 보고서에 홍미가 있는 학생집단에게는 질문하기, 인터뷰기술, 정보원의 타당성 찾기 관련 기타 기술에서 상위수준의 훈련을 제공해야 한다. 지역 언론인이 제시한 1부 심화에서 흥미가 생길 수도 있지만 또한 언어과목 교육과정 저널리즘에 대한 단원, 중요한 지역 혹은 전국 사건방송 때문에 흥미가 유발될 수도 있다. 본 차원에서 심화는 또한 3부 심화형태의 보다 집약된 추후활동을 할 수 있도록 흥미를 자극한다는 점에서 동기부여의 목적을 갖는다.

2부 심화는 또한 특정 심화집단에 참여하는 학생에게 방향을 제시할 때 사용할 수도 있다. 심화집단은 이미 특정분야에 대해 흥미를 갖고 있는 학생들과 교사로 구성되었기 때문에, 2부 심화훈련을 통해서 문제를 해결하는데 필요한 방법론적 기

> Mark와 Welles는 공동관심사인 총기통제에 대해 연구하고 있다. 학교와 지역 도서관에서 그 주제로 연구를 실시해 왔다. 학교 도서관 사서는 어떻게 컴퓨터 터미널을 사용하고 Info Track을 사용해서 총기통제에 대한 아티클을 찾는지 가르쳐 주었다.
>
> 부가적으로, 지역 경찰, 그 동네에 사는 중간상인을 인터뷰하였다. 그리고 국회의원에게 편지를 보냈다. 교사는 그들에게 인터뷰하는 기술과 서문 작성기술을 제시해 주었다.

술을 제공할 수 있다. 예를 들어, 환경문제에 흥미가 있는 학생집단에게 토질과 수질을 분석하는 방법을 가르치는 미니-코스를 제공할 수 있다. 브레인스토밍과 문제 집중 섹션을 통해서 주기관, 수질 오염전문가와의 면담을 생각하고 결과적으로 산성비에 대한 매우 전문적인 연구를 실시할 수 있다. 이것은 어떻게 먼저 제시한 방법론 학습이 추후 심화집단의 활동을 확대하는 추진력이 되는지 보여주는 좋은 예이다.

2부 심화를 제시하는 세 번째 방법은 이미 시작한 3부 심화조사맥락 중에 사용하는 활동으로 구성된다. 이와 같은 방법으로서 사용하는 활동은 귀납적 학습 적용을 가장 잘 보여준다. 간단히 말해서, 개인 및 집단은 실제와 현재 문제를 해결하기 위해 필요한 과정 기술을 학습한다. 본 장 다음, 3부 심화섹션에서, 3부 심화와 관련된 자료 찾기 방법을 살펴볼 것이다.

2부 심화 훈련 목적과 책략

> 역사를 공부하는 전통적인 방법은 거의 역사가들이 하는 과제를 수행해 보지 않았기 때문에, 대부분 진짜처럼 생각되지 않았다: 문제를 정의하고 유용한 일차자원에 따라 분류하고, 주제를 결정하고, 결론을 도출하고 설득적으로 결과를 제시하는 것이다.
>
> David Kobrin, Ed Abbott, John Ellinwood, & Davis Horton, 1993

2부 심화모델은 대개 학년 교육과정에서는 배울 수 없는 다양한 과정기술을 향상시키는 훈련기회를 제공한다. 여러 목적 때문에 교수책략 및 자료와 함께 2부 심화훈련을 제공한다. 2부 심화에 참여하는 학생을 위한 7개 주요 목적은 다음과 같다:

1. 새로운 정보를 조직, 분석 및 합성하는 상위 수준의 인지기술을 사용할 수 있도록 학생능력을 향상시킨다.
2. 학생의 지도력과 대인간 기술을 향상시킨다.
3. 적절한 일차 및 이차 자료출처지에서 원자료를 수집, 조직하고, 분석하는 학생 능력을 향상시킨다.
4. 개인 연구문제에 답을 찾을 때 폭넓게 참고자료와 기술을 사용할 수 있는 학생 능력을 향상시킨다.
5. 연구, 실험 및 조사를 할 때 보다 조직적이고 체계적인 접근법을 사용하게 한다.
6. 실제 문제해결과 관련 있는 산출물의 질과 적절성을 향상시킨다.

7. 여러 성인 전문가의 방법과 기술을 사용하여 문제를 찾고, 자료 수집 및 분석하고 산출물을 개발하게 한다.

일반적으로, 2부 심화훈련 목적은 학생들에게 과제와 프로젝트 연구의 질뿐 아니라 독립학습기술을 향상시키는 여러 학습기회를 제공하는데 있다. 또한 대인간 및 대인 내 기술을 향상시키는 정서적 훈련과 협동 및 상호존중을 증진시키는 것도 포함한다. 이와 같은 활동을 정규교육과정이나 심화집단의 틀 안에서 실시함으로써, 교사는 훈련 자체로 끝나버리는 위험부담 없이 활동을 제공할 수 있다.

2부 심화 분류학과 자료 데이터베이스

학생마다, 학년마다, 주제영역마다, 여러 2부 심화훈련이 필요하기 때문에, 2부 심화에서 가르쳐야 한다고 정해진 목록은 없다. 학교전체 심화모델 개발자들은 대신 2부 심화분류학이라는 범주를 사용해서 400개가 넘는 과정기술을 수집하고 조직하였다(Renzulli & Reis, 1985). 교사는 이 분류학을 2부 심화에 대한 총체적인 관점을 얻고자 할 때 사용할 수 있다. 교사들은 적절한 2부 기술을 선택할 때 도움을 주는 "메뉴"로서 분류학을 사용할 수도 있다.

어떤 학군에서, 교육위원회는 이 목록을 정규교실, 심화집단 및 여러 혼합연령 집단에서 사용할 수 있는 구체적인 2부 기술범위와 계열을 만드는데 사용하고 있다. 또한 범주와 계열은 SEM 프로그램이 모든 학년의 학생에게 포괄적인 일련의 훈련기회들을 제공하고 있는지 확인할 때 사용될 수 있다. 2부 심화분류학 내에 포함된 17개 기술범주들을 또한 상업적 자료 데이터베이스를 만드는데 사용된다(Burns & Reis, 1991). 비록 대부분의 교사들이 자신의 고유한 2부 레슨과 단원을 만들고 싶어 하지만, 보충자료와 2부 심화교수법에 익숙하지 않은 교사들은 상업자료를 사용할 수 있다.

> Heidi, Mark와 Erica는 홈리스 문제를 연구하고 있다. 이 문제에 권위가 있는 사람을 인터뷰하고 다뤄지지 않은 많은 오개념을 연구하였다. 또한 무료 식사 프로그램에서 자원봉사를 하였다. … 자신의 경험을 평가할 때, 학생들은 배운 것을 자유롭게 프로젝트, 문구나 떠오르는 단어로 이야기 했다: "의미 있는 과제", "나에게 많은 것을 알려준 어려운 과제였다", "도서관과 지역사회에서 방대한 자료를 사용했다", "여러 다른 선생님과 함께 해 보는 기회였다", 그리고 "배운 것을 다른 사람에게 실제 가르칠 수 있는 청중이 있다는 것이 좋다."
>
> Catherine Doane, 1993

누가, 언제, 어디서, 그리고 어떻게 결정을 내리나

학생의 요구가 있을 때 1부 심화 다음에 혹은 학생 흥미결과 이후와 개별 학생의 3부 심화조사과정 중에라도 2부 심화훈련을 제시할 수 있다. 특히 2부 심화기술을 적절한 때에, 적당한 장소에서 적절한 교수책략으로 그리고 적절한 학생에게 제시하는 것이 중요하다. 교사나 교직원은 학생에 대한 지식과 교육과정을 사용해서 어떤 학생이 어떤 종류의 2부 심화훈련을 받을지 가능한 한 올바른 결정을 해야 한다.

교과서-기초 교육과정을 수정하고 자신의 교육과정 단원을 개발했던 일부 교사들(Conn, 1988; Osborne, Jones, & Stein, 1985; Renzulli, 1988)은 2부 심화훈련을 단원 내 과정기술을 가르치는 방식으로 통합하거나 주입해서 사용할 수 있다(예: 단원 중에 베트남 전쟁에 대한 역사적 인터뷰를 실시하는 방법을 가르치기). 처음 2부 심화기술을 배우는 경우, 그 과정기술을 획득하고 사용함에 있어서 보다 명확해지도록 하기 위해 한 개의 2부 기술에만 집중된 독립단원을 개발할 수 있다(예: 창의적 문제해결 단원 교수). 학생들이 연구조사나 프로젝트를 하는 동안에도 다른 2부 심화기술을 중간에 삽입하여 가르칠 수 있다(예: 프로젝트 도중에 학교 뒤 숲에 있는 나무를 알아보는 방법을 배우고자 할 때).

2부 심화기술을 가르칠 때 사용하는 교수책략의 여러 특징 외에도, 이러한 훈련을 받을 학생 또한 다양해야 한다. 몇몇 2부 레슨은 학급 혹은 학년 내 모든 학생에게 가르칠 수 있고 그래야 하지만, 일부 기술들은 아직 기술획득을 못한 학생들만 대상으로 소집단에서 가르치거나 이 기술을 배우고자 하는 학생에게 가르칠 수도 있다. 흥미집단을 후원하고 촉진하는 교사는 또한 학생들의 요구, 주

2부 심화 분류학 기술 목록

인지적 훈련

1. 분석기술
2. 조직기술
3. 비판적 사고기술
4. 창의성 기술

정서훈련

5. 대인내 기술
6. 대인간 기술
7. 결정적인 생활사에 대한 대처

학습방법에 대한 훈련

8. 듣기, 관찰, 지각하기
9. 노트필기와 아웃라인잡기
10. 인터뷰와 설문조사
11. 자료 분석과 조직

상급수준의 연구와 참고절차개발

12. 3부 심화조사 준비
13. 도서관 기술
14. 지역사회 자료 사용

문어, 구어 및 시각적 의사소통 개발

15. 문어적 의사소통 기술
16. 구어적 의사소통 기술
17. 시각적 의사소통 기술

제영역이나 지엽적인 문제에 대한 공통 관심사로 인해 2부 심화훈련이 필요하지 않은지 찾아내야 한다. 저널리즘에 관심 있는 학생집단은 편집, 교정, 구획나누기 및 광고기술 훈련을 받게 된다. 환경문제에 관심 있는 흥미집단은 청원서 작성법, 효과적으로 로비하는 법, 주요 정부관리에게 편지를 쓰는 2부 심화훈련을 받게 된다.

이들 2부 심화기술을 가르칠 때 사용하는 자료 또한 다양하다. 비록 교사들이 모든 학생 및 소집단으로 특정 2부 심화기술을 가르칠 책임이 있다고 생각되지만, 심화교육전문가는 또한 흥미를 가지고 있는 학생을 대상으로 여러 미니-코스를 계획할 수 있다. 이와 같은 접근법은 다중학급과 다중연령 집단 학습을 촉진하며 흥미에 초점을 맞춤으로써 학생을 상급수준으로 유도하게 된다. 지역사회 자원(의사, 정원사, 변호사, 영양사 등)을 소집하여 또한 흥미집단 학생에게 2부 심화훈련을 제공할 수 있다. 교직원 중 내용영역 교사나 전문가, 학생들 또한 2부 심화레슨을 가르칠 수 있다. 그 외, 학습센터, 컴퓨터 소프트웨어, 팸플릿, 비디오와 방법론에 대한 책 또한 2부 심화기술을 혼자 배우고자 하는 개별학생들에게 사용될 수 있다. 그러나 가능한 한 요구사항에 기초하여 2부 심화훈련을 자주 제공해야 한다. 교사는 일부 학생들이 모델링이나 비형식적 학습경험을 통해서 2부 심화기술을 획득하고; 또 어떤 학생의 경우는 새로운 기술을 숙달하려면 보다 많은 시간, 분명한 교수와 코치가 필요하고; 사용해야 하는 필요성이 임박하지 않고는 2부 심화기술을 배우지 않으려는 학생들도 있다는 것을 인식하고 있어야 한다.

2부 심화기술을 내용교육과정에 주입하여 가르치든 학생의 흥미탐색이나 문제해결에 투입하든지 간에, 2부 심화훈련에 참여하는 모든 학생은 학습한 기술을 새로운 학문영역, 그들 자신의 연구문제 및 산출물을 만들 때, 적용하고 전이할 수 있는 기회를 가져야 한다. 과정기술 훈련은 수년 동안 영재교육 프로그램의 주요 지표였지만, 이와 같은 훈련은 모든 학생에게 사용될 수 있다. 모든 학생들이 개인연구에 있어서 새롭게 획득한 기술을 새롭고 도전적인 학문 내용에 적용할 수 있다. 2부 심화훈련에서, 새로운 내용을 보다 빨리 그리고 효과적으로 획득하고 조절하는 방법을 학생들에게 보여줌으로써 학업성취를 향상시킬 수 있

"2부 심화기술을 내용 교육과정에 주입해서 가르치거나 학생의 흥미탐색이나 문제해결에 투입하든지 간에, 2부 심화훈련에 참여하는 모든 학생은 학습한 기술을 새로운 학문영역, 그들 자신의 연구문제 및 산출물 개발 노력에 적용하고 전이할 수 있는 기회를 가져야 한다."

고 이들 기술을 또한 후속 학습과 직업세계로 전이시킬 수 있다.

3부 심화: 개인 및 소집단 실제 문제 연구

생각 조립공장

3부 심화는 조사활동과 창의적인 산출물 개발로 구성되어, 활동을 하는 중에 학생들은 진짜 연구자, 작가, 화가 및 여러 실제 활동 전문가의 역할을 가정하고 해 본다. 비록 학생들이 성인 전문가에 비해 낮은 수준에서 활동하지만, 3부 심화의 목적은 학생들에게 실제 전문가가 산출물과 서비스를 창출하는데서 행하는 그대로 생각하고, 느끼고, 해 볼 수 있는 상황을 제공하는데 있다. 3부 심화경험은 학생홍미, 지식, 사고기술, 창의적인 아이디어와 자신이 선택한 문제 및 연구과제 영역에 집착력을 가질 수 있도록 하는 매개물로 생각되어야 한다. 이와 같은 일반적인 목적 외에, 3부 심화의 네 가지 목적이 있다.

1. 특정과목, 표현예술 및 간학문적 영역에서 사용되는 지식과 방법론을 상급수준에서 이해한다.
2. 한 명 그 이상의 청중에게 바람직한 영향을 가져오는 산출물과 서비스를 개발한다.
3. 계획, 문제를 찾고, 집중, 조직기술, 자원사용, 시간 관리, 협동, 의사결정과 자기 평가영역에서의 자기-주도적인 학습을 개발한다.
4. 공동 목적과 홍미를 가진 사람들과 효과적으로 상호작용하는 능력, 창의적인 성취감, 자

Nadia Ben-Youssef

Sidney Montana 3학년생인 Nadia Ben-Youseff는 8세지만 음악과 시에 열정을 갖고 있었다. 심지어 말을 하기도 전에 혼자서 멜로디를 흥얼거리고 노래를 부르던 그녀를 엄마는 기억하고 있다.

자라면서, Nadia는 즐거운 생각뿐 아니라, 노래에 통찰력을 전달하는 운율이 있는 작사를 덧붙였다. 1991년 6월에 마침내 부모는 그 노래가 Nadia가 만든 것임을 알게 되었다. 부모는 항상 Nadia가 친구나 학교 혹은 텔레비전에서 들었던 것이겠거니 생각했다. 그러나 이것을 알고 나서, 엄마는 Nadia 노래의 운율을 녹음하였다, 지금 이 책의 기초가 된 것인데. 이것은 Nadia의 첫 번째 책이다. 그녀의 꿈은 전문적으로 노래를 부르는 것이며, 그녀의 시, "나의 목소리"에 아름답게 꿈을 담아내는 것이다.

My Voice

When I was a child, God fell into me.
He put his heart into my dignity.
God made me the best that I could be.
When I grow up, I know what I will be.
I'll make him proud of what I should be,
Hoping he will keep on helping me.
I'll try my best, for me to sing.
To make my voice richer than a king.
I'll sing for people, to make the world smile again.
The voice that God gave me, will then not come to an end.

1991년 9월 1일
저자의 허락 하에 인쇄

기확신, 과제 집착력을 개발한다.

학교경험 중, 3부 심화라는 매개물을 통해서, 기본 기술에서부터 상급 수준의 내용과 과정기술까지 모든 것들을 학생들이 개발한 산출물과 서비스 형태로 집약시켜야 한다. 자동차 각 부분이 모두 별개지만 조립공장에서 집약되는 것처럼, 바로 심화는 생각의 조립공장이다. 학습은 내용, 과정 및 개인참여를 합성하고 적용하는 것이다. 학생의 레슨 학습자로서의 역할은 진정한 연구자로 전이되며, 교사는 지시자와 지식배포자에서 코치, 자료전달자, 멘토와 때론 파트너나 동료로 변모된 역할을 담당한다. 비록 산출물이 3부 심화상황을 창출하는 중요한 역할을 하지만, 주요 관심사는 폭넓게 인지, 정서와 동기과정들을 개발하고 적용하는데 있다.

3부 심화를 실제문제를 추구하는 것으로 정의내렸기 때문에, 이 용어를 먼저 정의할 필요가 있다. "실제문제"라는 말은, 교육학의 여러 개념처럼, 너무 중구난방으로 사용되어 진부한 것이 되어 버렸다. 실제문제 의미에 대한 연구(Renzulli, 1982)도 간단하게 정의를 내리지는 못하지만, 여러 용어 조사에 의하면 기초로서 사용될 수 있는 네 가지 특징을 찾을 수 있다. 첫째, 실제 문제는 그 문제를 추구하는 개인이나 집단에게 개인적 참고틀이다. 예를 들어, "실제문제"라고 하는 최근 논쟁거리나 도시 범죄를 언급한다고 해서 개인이나 집단에게 실제감을 만들어주지는 못한다. 즉 그 문제에 대해 무엇인가를 하기로 결정을 내려야 한다는 것이다. 이들 관심사들은 모든 사람에게 영향을 주지만, 그것에 집착하고 행동을 취할 때까지는 아니다. "문제를 가지고 있다"라고 개인이나 집단에게 말하는 것만으로는 부족하다. 그 문제를 내면화하고 어떤 방식으로 행동을 취할 때만이 실제성을 갖게 되고, 비로소 "문제를 가지고 있다"고 할 수 있게 된다.

> 여러 가지 이유로 인해, 좋은 주제를 만들기 위해, 논쟁이 되는 지역 문제를 찾고 있다. 첫째, 그것은 다른 연구들이 할 수 없는 방식으로 학생 흥미에 불을 지핀다. 학생들은 이전에 탐색해 본 적이 없는 정보자료를 갖고 지역사회 요구를 조사하기 시작하고 적극적으로 참여하게 된다.
>
> Jackie Williams & Terry Deal
> Reynolds, 1993

실제문제가 갖는 두 번째 특징은 문제를 언급한 사람이 사전에 혹은 독특한 해결책을 갖고 있지 않다는 점이다. 만약 해결책이나 문제를 해결할 책략이 있다면, 그것은 "훈련 연습"으로 분류하는 것이 보다 정확하다. 이전에 언급한 것처럼, 훈련연습이 갖는 가치를 경시하는 것이 아니다. 3부 심화모델 중 2부 심화차원을 구성하는 많은 활동들은 사고기술과 연구방법을 개발하고자 고안된 것들이다. 그러나 외부에서 부과되고 미리 결정된 기술이나 문제해결 책략이라면 실제 문제라고 할 수 없다. 심지어 실제 세상사에 가까운 시뮬레이션이라고 해도 만약 그 목적이 내용과 사고기술을 가르치는데 있다면, 그것은 훈련연습인 것이다.

실제 문제의 세 번째 특징은 왜 사람이 문제를 추구하는지를 보면 가장 잘 알 수 있다. 초점을 두는 청중의 행동, 태도 및 신념에 변화를 가져오고자 하는 것이거나 과학, 예술 및 인문 분야에 무언가 새로운 기여를 하고자 하는 것이 바로 주요 목적이다. "새롭다"라는 말을 일반적인 것이 아닌 보다 구체적인 것으로 사용한다; 그러므로 반드시 학생들이 "인류를 위해" 새로운 기여를 할 것으로 기대하지 않는다. 심지어 전에 수차례 똑같은 연구를 하였지만 만약 이전에 수집되지 않은 자료에 기초한다면 상대적인 의미에서 새로운 것이다. 만약 어떤 집단이 학교와 지역사회에서 모든 학년을 대상으로 텔레비전 시청 습관에 대한 자료수집을 하였다면, 전에 존재하지 않았다는 의미에서 결과분석은 새로운 것이다.

실제 문제의 마지막 특징은 실제 청중을 대상으로 한다는 점에 있다. 실제 청중은 자발적으로 정보, 사건, 서비스나 대상에 참여하는 사람으로 정의할 수 있다. 실제 청중과 기획된 청중간의 차이를 이해하는 가장 좋은 방법은 학생들이 지역 역사 프로젝트 결과를 갖고 무언가를 하는 그 순간을 생각해 보면 된다. 비록 학급친구들 앞에서 발표하고 싶어 하지만, 진정한 의미에서 청중은 지역 역사학회지나 지역 신문, 잡지나 쇼핑 가이드에서 그 연구를 읽게 될 사람들이다. 3부 심화활동에서 실제 활동 중인 전문가는 청중을 염두에 두고 작업을 시작한다. 청중은 활동이 진행되면서 바뀔 수 있지만, 그 활동에 목적성과 방향성을 부여하는 타겟의 역할을 한다.

> Sean과 Jim이 교실로 돌아왔을 때, 얼굴엔 열정으로 가득했다. 그들은 열대우림에 대한 모든 자료를 나누고 싶은 "어떤 학생"에 대해 말했다. 1년 내내, 이 두 학생은 문학을 공부하고 새로운 작문기술을 배우는 동안 수동적으로 참여했다. 갑자기, 이 프로젝트에 책임이 있다는 것을 알고, 지역사회 "사람"과 의사소통의 필요성을 알게 되면서, 그 안에 푹 빠져서 학습한 것을 나누고 싶어 했다.
>
> Jim Burke, 1993

3부 심화의 본질적인 요소

앞에서 실제 문제가 갖는 특징이 사소한 것 같지만, 실제 문제라는 용어와 그 활동에 대한 오개념을 피하려고 할 때 이것은 매우 중요하다. 예를 들어, 학교상점을 경영하는 학생과 가짜 돈과 빈 깡통을 갖고 하는 상점놀이의 다른 점은 번개와 반디 사이의 차이와 유사하다! 학생에게 수학과 여러 기술을 가르치는데 상점놀이를 사용한다고 잘못될 것은 없지만, 이것을 경영이론과 실제에 따라 성공을 목적으로 하는 비지니스와 혼동하지 말아야 한다. 본 섹션에서는, 실제문제 특징을 귀납적 학습과 연결짓는 방법을 살펴보고, 이것을 3부 심화과정에서의 지침으로 사용할 것이다. 다음은 3부 심화의 다섯 가지 본질적인 요소이다.

> 교육의 총체적 과정을 실제 문제해결을 통해서 생각하는 학습과정으로 인식해야 한다.
>
> John Dewey, 1916

개인적인 참고틀. 첫 번째 요소는 3부 심화경험에서 추구하는 문제는 개인 혹은 집단의 흥미에 기초한다는 것이다. 교사와 다른 사람들은 확실히 문제를 해결하는데 지침과 창의적인 조정방안을 제공할 수 있지만 제안의 선을 넘어서 지시를 내리지 말아야 한다. 만일 문제가 학생에게 강요된 것이라면, 위에서 말한 개인적인 참고틀을 흔들고 창의성과 정서적인 집착력까지 흔들게 된다. 본 장 마지막에 제시할 참고문헌 지침은 학생들이 문제를 선택하고 문제를 찾고 그에 집중할 수 있도록 돕는 특별한 방안에 대한 것이다. 또한 집단별로 똑같은 문제나 문제영역 내에서 다르게 참여하는 방법도 기술할 것이다. 대부분 경우에, 집단 3부 심화상황에서 볼 수 있는 역할분담은 보다 폭넓게 재능을 개발하고 SEM에서 추구하는 실제 세계 협동과 상호존중을 증진하다. 여러 유형에 참여하는 것 외에, 다양한 전문성이 필요한 문제는 또한 집단에서 개인 각자가 보다 깊게 내면화되어 참여하는 역할 활동기회를 만들어 준다. 각 학생들이 그 문제가 "자신의 몫"이라고 느낄 때, 실제 문제의 첫 번째 특징이 충족되는 것이다.

상급수준의 지식에 집중하기. 3부 심화의 두 번째 요소는 진정한, 상급수준의 지식을 유도해야 한다는 것이다. 학생들이 전문가의 역할에 근접하길 원한다면, 중요한 것은 그 전문 지식영역에서 볼 수 있는 특징을 조사하는 것이다. 과거 10년 동안, 인지심리학자들은 전문가 및 전문성을 성취하는데 필요한 지식의 역할에 대해 많은 연구를 하였다. 체스전문가에서부터 별로 전문적인 기술이 필요하지 않은 일상적인 과제(예: 택시기사) 수행에 이르기까지 필요한 특징에 대한 연구들은 일반적인 결과를 보여주고 있다. Glaser(1988)는 전문가의 핵심적인 특징을 요약하면서 이들 특징들을 3부 심화차원 지침으로 사용할 수 있다고 하였다.

대개 전문가는 자신의 영역에서 특출 나며 초보자보다 정보 분석에 많은 시간을 들인다. 또한 패턴을 지각하고 어떻게 그 영역에서 지식을 조직할지 이해한다. 전문가는 표면적, 인위적 특징에 기초한 범주보단, 개념적 범주를 만듦으로써 보다 깊은 수준에서 문제를 표상하는 경향이 있다. 그리고 목표-지향적이며 현 문제에 대한 적용가능성에 비춰서 지식에 접근한다. 마지막으로, 전문가는 문제 난이도를 판단하고, 시간을 분배하고, 질문을 던지고, 지식을 개관하고 결과를 예상하는 등의 자기-규제 기술을 개발한다.

어떤 주제나 영역에서 상위수준의 전문성은 분명히 장기간에 얻은 집약된 경험을 통해 나타난다. 만약 전통적인 학교의 인위적 수준에서 많은 주제들을 빨리 찾아보는 42분 시간과 전문가의 수행을 비교한다면, 전문가의 연구는 개인적으로 참고틀로 삼는 문제에 투입되는 시간이 급진적으로 많아진다는 점이다. 심화집단이나 정규교실에서든지 다른 조직적인 곳에서든지, 개인 혹은 소집단 3부 심화조사활동에 배정된 시간을 동기와 목적을 향해 나아가는 것에 사용하는 것이 분명하다면, 이것을 한정하지 않고 확대해야 한다.

상급수준의 연구를 추구하는 학생이 사용하는 지식의 양과 복잡성 또한 확대해야 한다. 상급수준의 내용과 방법론을 파악하는 지침은 이미 6장 다중메뉴모델에서 살펴보았고 National Council of Teachers of Mathematics 같은 여러 전문학회에서 연구한 과목별 기준을 통해서 상급수준 내용을 파악할 수 있다. 마지막으로, 교사교육 프로그램 내에서도 교육학뿐 아니라 과목영역

> 참여가 미덕이 아닌 환경에 대해, 학생들은 곧 "이것이 다인가요"라고 물었다. 이 쇼크는 영혼에서 맥박 치는 것을 마비시키는 것이었다. 자기혐오로 고통을 받으면서, 친구는 마침내 물었다. "자, 내가 할 것이 무엇인가요?" 학생들은 대부분의 과정들이 똑같이 평범하고, 회색빛 일상적인 것들임을 깨닫게 된다. 학생은 "얼마나 오랫동안 이것을 해야 하나요? 말했다. 농담이지요, 그렇지요? …"
>
> 한 아이가 "이곳은 감옥 같아요"라고 말할 때 난 웃곤 했다. 난 이제 웃지 않는다. 오히려 왜 그렇게 많은 학교들이 아무런 범죄도 저지르지 않은 학생들을 죄수처럼 취급하는지 궁금해 할 뿐이다.
>
> Eliot Wigginton, 1994

유능감을 강조하려는 중요한 움직임이 있다. 말한 바와 같이, 교사가 갖고 있는 상급수준의 지식의 양이 바로 가르치는 과정수준을 결정하는 주요 요소가 될 수 있다.

방법론에 초점. 3부 심화의 3번째 요소는 진짜 방법론을 사용한다는 것이다. 3부 심화목적 중 하나는 교사와 학생들이 "연구"를 단순한 정보 "찾기"로 생각하고 이에 대한 결과보고를 하는 식의 일상적인 것을 넘어서 활동을 보다 확장한다는 점이다. 이미 알려진 정보를 보고하는 것도 중요한 연구부분으로, 새로운 지식추구는 이미 알고 있는 것을 개관함으로써 시작해야 한다. 3부 심화조사의 최종결과는, 그렇지만, 백과사전과 책에서 볼 수 있는 기존 정보를 넘어서 창의적인 기여점을 찾아야 한다.

조직적인 지식분야는 그 방법론 지침서 및 매뉴얼에 있는 방법으로 정의할 수 있다. 이들 "방법론"에 대한 책들은 전통적인 보고서 접근법을 뛰어넘어 연구를 증진시키는 핵심이다. 참고문헌 지침과 SEM 데이터베이스에서 방법론적 지침서를 소개할 것이다.

> 창의적인 생활연구에 대해 이보다 더 신뢰할 만한 사실은 없다: 중요한 창의적 성취는 장기간의 작업과 수행 중인 과제에 창의적인 식견을 갖고 있는 사람을 반복하여 만남으로써 나온 결과이다.
>
> Howard E. Gruber, 1986

모든 지식분야는 또한 부분적으로 "원 자료"를 나타내는 자료종류로 정의될 수 있다. 연구자가 무질서한 정보에 의미를 부여할 때 잘 정의된 방법을 적용한다면 새로운 기여를 하게 된다. 비록 실제 연구자들은 학생 연구자의 수준을 벗어나는 장비를 사용하지만, 대부분 지식 분야에는 자료를 수집하는데 초보 도입 수준이 있기 마련이다.

저학년 학생들이 수행한 음식과 텔레비전 선호에 대한 질문지 연구를 살펴볼 수 있다. 중간학년 학생들은 산성비 효과를 연구하는 지역연구의 일부로서 수질 샘플을 수집하고 분석하였다. 이 활동이 잘 수행되었기 때문에 주 환경부는 학생이 찾아낸 결과를 사용하고자 의뢰하였다. 또 다른 초등학교 학생집단은 지역 케이블 회사가 주마다 발송하는 텔레비전 쇼에 매우 전문적인 기술을 사용하였다. 5학년생은 도시 행정부가 채택하여 사용할 역사산책로 여행 가이드 지침서를 썼다: 고등학생 집단은 지역사회 연구와 시민운동 프로젝트에 참여하여 자전거 전용도로 체제를 위해 200,000 달러 상당을 책정하는 결과를 가져 왔다. 이와 같은 성공적이고 높은 수준의 산출물 개발의 예를 통해서, 비록 학생들이 사용한 기술이 성인 연구자가 사용하는 것보다 약간 낮은 수준이었지만, 방법과 기술의 사용이 매우 적절하였음을 알 수 있다.

방법론적 도움을 제공하는데 있어 교사는 학생들이 연구기술을 사용할 때, 자료와 도움을 줄 만한 사람을 찾아 파악하여, 학생들이 이로부터 도움을 얻도록 돕는 역할을 한다. 어떤 경우에, 어디서 어떻게 방법론적 자료를 찾을 수 있는지 도서관 사서나 전문가에게 조언을 얻을 필요가 있다. 전문적 도움은 또한 복잡한 개념을 학생들이 이해할 수 있는 자료로 바꿀 때 필요하다. 비록 방법론적 도움을 주는 것이 3부 심화에서 주된 교사의 책임이지만, 교사가 많은 연구기술에 정통할 것으로 기대하는 것은 비현실적이며 그럴 필요도 없다. 전반적인 연구속성에 대한 배경과 방향성이 필요하지만 가장 중요한 기술은 학생들이 올바른 자료를 얻을 곳과 자료 수집 방법에 관해서 파악하게 돕는 것이고 기꺼이 일상적인 학교 자료수준을 넘어서는 특별한 종류의 자료와 사람을 찾아 줄 수 있는 능력이다.

청중에 대한 감각. 3부 심화의 4번째 요소는 산출물과 서비스가 실제 청중을 타겟으로 한다는 점이다. 과제를 개발하는데 있어서 3부 심화프로젝트의 성공은 "청중에 대한 감각"과 맞물려 있다. 청중에 대한 감각을 통해 사람들은 자신의 산출을 효과적으로 전달하는 방법을 개발하고 산출물의 질을 향상시키게 된다. 청중에 대한 감각은 또한 3부 심화조사가 훌륭하고 질적으로 우수한 것이 되도록 하는 과제집착력과 관심을 증폭시킨다.

3부 심화 차원이 전반적인 학생발달에 있어서 최대의 가치를 가지려면, 학생의 창의적인 노력에 대한 적절한 출구와 청중을 찾는데 관심을 기울여야 한다. 이와 같은 관심은 바로 창의적이며 생산적인 개인의 운용법(modus operandi)을 모방한 것이다. 몇 마디로 창의적이고 생산적인 사람의 존

3부 심화 활동 지침 단계

1. 학생흥미를 평가, 발견하거나 창출한다.
2. 흥미의 강점을 결정하기 위해 인터뷰를 실시한다.
3. 연구질문을 찾을 수 있도록 돕는다.
4. 문서화된 계획서를 작성한다.
5. 여러 자원을 찾도록 돕는다.
6. 방법론적 도움을 제공한다.
7. 운영적인 도움을 제공한다.
8. 마지막 산출물과 (산출물을 발표할)출구를 파악하도록 돕는다.
9. 피드백을 제공하고 과정을 증진한다.
10. 학생과 함께, 적절한 기준에 따라 과정과 산출물을 평가한다.

재 이유(raison d'etre)를 요약하자면, 확실히 청중에 대한 영향력일 것이다. 3부 심화는 과제에 대한 결실로서 비롯된 개인적 만족과 자아-표현의 자연스런 기회를 제공한다. 작가는 사고와 정서에, 과학자는 자신의 분야에 새로운 지식이 기여할 바람직한 방법을 찾고, 예술가는 자신의 작품을 감상하는 사람의 삶을 풍부하게 하고자 한다. 학생들이 3부 심화 초기단계부터 청중에 대한 감각을 발달시킬 수 있도록 권장함으로써 이와 같은 방향성을 획득하도록 돕는다.

출구와 청중에 대해 교사는 학생들이 산출물 개발 과정에서 첫 번째 단계를 수용하도록 돕는 역할을 한다. 이 단계는 바로 특정분야에서 사람들이 무엇을 만들고, 흥미를 갖고 있는 다른 사람에게 자신의 산출물을 어떻게 전달할지 고려하는 것이다. 일단 다시, 전문가의 활동과 방법론에 대한 지침서를 살펴볼 수 있다. 여러 경우에, 젊은 예술가나 학자들은 지엽적인 출구나 청중에게 제약되지만, 비일상적인 산출물을 보다 많은 청중과 공유하는 경우도 있다. 8장 참고문헌 지침에 수록한 책에서 3부 심화모델을 중심으로 조직된 프로그램 예제들과 출판기회에 대한 데이터베이스를 찾아볼 수 있다.

비록 학교와 지역청중이 출발점이긴 하지만, 교사는 항상 학생들이 지역수준보다 넓게, 포괄적인 출구와 청중에 대한 관점을 얻도록 돕는다. 예를 들어, 신문과 저널을 주나 국가수준에서 준비하는 기관이 많이 있고, 대개 이 기관들은 질적수준이 높은 학생들의 산출물에 대해 수용적이다. 학생들

3부 심화 산출물과 청중 예

문학

학교신문
지역신문
문학잡지
지역 민간전승과 전설
학교/지역 달력
연감
도서관 이야기 시간

미술

감사카드
포장지
상점 포장지
일러스트레이트
동화
만화책

역사/ 사회 과학

학교/지역신문
구전역사 인터뷰 시리즈
도시 역사유적 가이드
전통놀이
논쟁
캠페인 인식

과학

과학저널
일일 기상도
학교 박물관
산성비 연구
지역 나비 연구
정원
지역 자연산책

수학

학교 수학잡지
학교 수학상담자
수학과 관련된 소프트웨어 적용
독창적인 데셀레이션
Fibonacci 수: 전시

이 질적으로 높은 과제를 완성하고 그 과제에 대해 인정을 받으려고 할 때, 폭넓게 청중을 찾도록 권장해야 한다. 외부에서 청중을 찾음으로써 질적기준을 개발하고 또한 청중으로부터 받는 도전과 "실제세계 경험"을 얻게 된다. 외부에서 청중을 찾는 것은 "위험감수"로서 출판이나 자료배포가 허용되지 않을 가능성도 있다. 그러나 지역수준에서 청중을 먼저 찾아봄으로써, 성공가능성을 높일 수 있다.

> 999번 실패하고 한 번 성공하면 발명가는 그 안에 들어서는 것이다. 발명가는 자신의 실패를 단지 실제적인 시도로 생각한다.
>
> Charles Kettering

진정한 평가. 3부 심화의 5번째 요소는 인위적인 방법이 아닌 진짜 방법으로 학습을 평가하는 것이다. 학교 밖 세상에서 받는 질에 대한 궁극적인 평가는 산출물이나 서비스가 청중 및 고객에게 바람직한 영향을 주느냐에 달려 있다. 이와 같은 이유로 인해, 3부 심화 산출물을 학점이나 점수로 매기지 말아야 한다. Student Product Assessment Form(Renzulli, 1981)과 같은 지침을 사용해서 피드백을 범주별로 제공할 수 있지만, 이 도구는 단지 학생의 과제를 향상시키고 개조하여 도움을 줄 때 사용한다. 교사는 "레지던트 촉진자"로서 피드백을 준다. 과제의 어떤 면이 어떻게 향상될 수 있을지 민감하고 구체적인 조언을 주어 학생들이 천천히 그렇지만 점점 높은 수준의 산출물로 옮겨가도록 돕는다. 제시한 변화가 일어날 수 있도록 구체적인 영역에 집중해야 한다. 이와 같은 접근법은 학생들이 낙담하지 않고 그들 노력의 가치에 대한 신념을 확인할 수 있도록 돕는다.

3부 심화과정을 심화집단에 적용

> 좋고, 더 좋고, 가장 좋은 것은 결코 안주하지 않는 것이다. 좋은 것이 더 좋아질 때까지 그리고 더 좋은 것이 가장 좋은 것이 될 때까지.

심화집단은 3부 심화를 적용할 이상적인 곳이다. 종합재능기록 정보를 사용하여 집단을 구성하고, 최소한 여러 집단별로 각 학생들의 공통적인 흥미를 확인한다. 상호흥미는 동기와 조화, 존중과 집단구성원 간 협동을 가속하고 촉진시키는 출발점이다. 이와 같은 귀납적 상황을 이전에 경험한 적이 없는 학생 및 교사가 심화집단을 시작한다는 것은 쉬운 과제가 아니다. 교사는 종종 손에 레슨 계획서를 쥐고 있지 않으면 취약점이 있다고 느끼고 학생은 전통적인 학습역할이 바뀌면 걱정을 한다. 처음 심화집단에서 학생에게 가장 중요한 메시지는 그 집단이 정규교실보단 오

> 선입관 없이 시작할 때, 할 수 있는 것은 정말 놀랍다.
>
> Charles Kettering

히려 클럽이나 교육과정 외 활동과 비슷하다는 것이다. 오리엔테이션 중에 3부 심화 목적, 기본 요소와 실제 문제가 갖는 특징을 강조한다. 만약 교사가 전통적인 지시자보다 코치나 멘토로서 전이된 역할에 일관성을 보인다면, 학생들은 학습에 대한 이와 같은 접근법을 빨리 습득하게 된다.

심화학습실시 시 가장 큰 문제는 시작이다! 3부 심화는 질적으로 다른 학습경험이며, 교사는 전통적인 교사역할을 정의하는 활동과는 다른 활동에 참여한다는 점을 인식하는 것이 중요하다. 이 점을 너무 과대 강조하는 것이 아니다. 보통 교수방법을 사용함으로써 다른 유형의 학습 경험을 촉진하는 것은 불가능하다. 학생들이 실제 전문가들(진짜 연구자)처럼 "생각하고, 느끼고 행하길" 원한다면, 전문가가 자신의 일이 갖는 속성과 기능에 대해 하는 몇 가지 질문방법을 배울 필요가 있다. 다시 말해, 교사는 일반적인 문제해결 상황에서 생기는 질문보다 한 단계만 더 나아가면 된다. 이 단계는 문제에 집중하고 산출물에 집중하는 것이다. 실제 전문가는 자신의 일에 이와 같이 집중한다. 거의 학생들이 전통적인 교실에서 한 것은 레슨 학습자 역할에 얽매인 것이다. 심지어 "연구 보고서"라고 하는 것을 할 때도, 거의 주목적은 "…에 대해서 찾아보기"인 것이다. 학생들에게 왜 보고서를 했는지 질문할 필요가 있다. 회색 다람쥐 식습관에 대해 찾아보기; 브라질 수출에 대해; 케티스버그 전투에 대해 연구를 하지만 실제 전문가와 크게 다른 점은 전문가는 무언가를 단지 찾아내는 것 그 이상의 목적을 갖고 있다. 적용이라고 하는 목적은 3부 심화의 모든 것이다. 따라서 단순히 지식을 흡수하게 하는 것이 아닌 직접 연구자처럼 느끼게 하려면 바로 전문가가 제기하는 질문을 학생과 함께 탐색해 보아야 한다. 심화집단 출구로서 사용할 수 있는 세 가지 주요 질문은 다음과 같다:

> 밤에 오랫동안 타는 초를 가질 수 있다는 것은 가치 있는 게임이다. 성공감과 같은 느낌은 어디에도 없다.
>
> J. Paul Getty

1. (생태학자, 영화감독, 역사학자, 인형작가들)은 무엇을 만들어 내는가?
2. 어떻게 그것을 만드는가?

3. 어떻게 그리고 누구와 산출물에 대해 의사전달하는가?

이와 같은 질문을 여러 방법으로 탐색할 수 있다. 1부 심화경험은 초청연사, 직업교육자료에 대해 토론하기, 현장에서 나온 전형적인 산출물 전시나 전문가의 비디오 시청 형식으로 여러 학문분야의 특징을 보여주는 산출물, 서비스와 활동이 제공될 수 있다. 도서관에 가서 이것저것 찾아보는 것도 연구 분야와 관련된 산출물과 의사소통에 대해 관점을 넓히는 좋은 방법이다.

특정 분야에 대한 직접 혹은 시뮬레이션 경험을 제공하는 2부 심화활동 또한 위 질문의 대답을 찾는 데 유용하다. 특히 방법론에 대한 책은 이와 같은 활동을 찾는 중요한 자원이다. 예를 들어, 사회과학 집단은 여론조사, 관찰 및 A Student's Guide to Conducting Social Science Research(Bunker, Pearlson, & Schultz, 1975) 같은 책에서 볼 수 있는 연구가설을 설정하여 자료수집과 분석방법을 경험할 수 있다. 책 전체를 집단 도입단계에서 사용해서 방법론을 제시하거나 아이디어를 산출하여 연구흥미를 파악할 수 있다. 그러나 중요한 것은 심화집단의 주목적이 자기-선택적이고 귀납적 활동을 준비하는 것이라고 알려주는 것이다.

[도표 15] 같은 브레인스토밍과 웹 기술을 함께 사용해서 또한 학문영역과 주제흥미를 특징짓는 산출물과 의사소통 매개물 유형을 탐색해 볼 수 있다. 이와 같은 활동을 개인 혹은 소집단에서 할 수 있고, 그 후에 전체 집단 반응을 벽에 붙이는 차트에 넣을 수 있다. 학생들에게 지역 전문가를 인터뷰하고, 직업과 관련된 문학을 학회나 협회에서 얻고, 도서관을 탐색해 보도록 함으로써 이와 같은 활동을 증진시킬 수 있다.

위에서 언급한 상황에서 교사는 세 가지 역할을 한다. 첫째, 교사는 조직하고 지침을 주어야 하지

> 나는 교사에게 문제를 안겨 주지 않으며, 학점도 좋다. 매일 학교에 가서 교실에 앉아 수업을 들었다.
>
> 선생님은 내가 보통 학생이라고 생각하고, 부모님도 마찬가지다. 난 내가 하고 싶은 것이 있다는 것을 모르길 바란다.
>
> 난 로켓을 만들고 싶다. 어떻게 하는지 혹은 우표 수집을 어떻게 수집하는지 소개하는 책이 있는데, 글쎄, 지금은 아무 소용없다.
>
> 나한테 기대할 만한 특별한 것이 없다는 것을 충분히 보여줄 정도로 똑똑하다.
>
> 나는 종(bell)의 튀어나온 부분의 일부로서 평범이라는 지옥에서 눈에 띄지 않게 지내고 있다.
>
> 어느 무명 학생

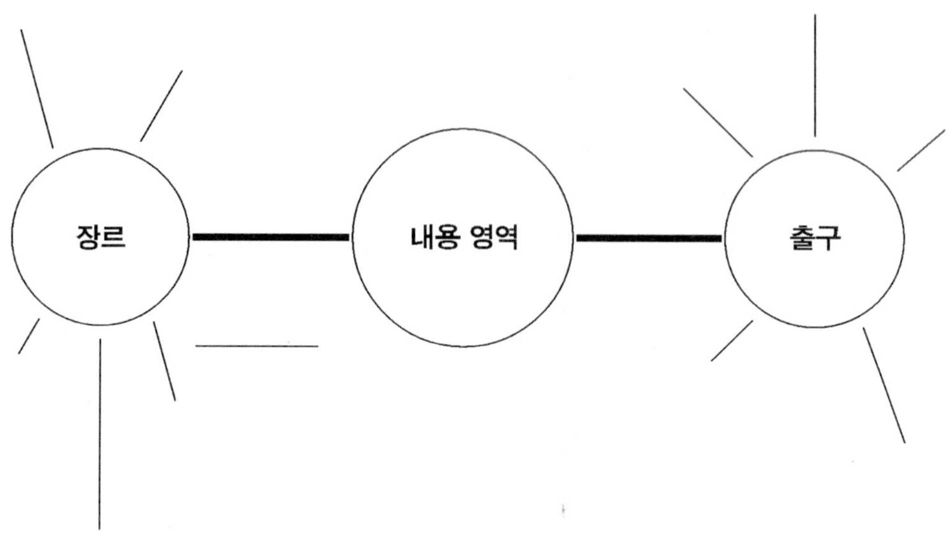

"활동지"로서 브레인스토밍과 웹을 같이 이용한 이 활동으로 매우 쉽게 시나리오를 사용할 수 있다. 이 영역에서 공통적인 흥미를 갖고 있는 학생과 교사는 함께 다음의 5개 질문을 하였다: 이 영역에 흥미를 가진 사람은 무엇을 하는가? 무슨 산출물을 만드는가? 그리고 무슨 서비스를 제공하는가? 어떻게 그리고 누구와 함께 활동 산출물을 의사소통하는가? 많은 탐색 활동들을(예: 인터뷰, 도서관 자료 찾기, 여론조사) 2주 동안 실시하여 위의 질문에 답을 찾아본다. 장르별로 하위집단을 나누고 나서, 다음 마지막 두 가지 질문을 한다: 무슨 자원과 자료가 양질의 산출물과 서비스를 만드는데 필요한가? 의도한 청중에게 영향을 주기 위해 필요한 단계는 무엇인가? 이 마지막 두 질문은 교사(성인) 역할을 정의하는 데 도움이 된다.

[도표 15] 내용영역과 관련된 산출물 및 출구를 파악하는 웹 예제.

만 탐색과정을 지배하는 것은 아니다. 둘째, 교사는 인형만들기 책같은 방법론적 자료를 찾고 그래프나 표로 자료를 제시할 수 있도록 도움을 주어야 한다. 이와 관련하여, 교사는 방법론적 자료인(methodological resource person)으로서 기능을 한다. 세 번째 역할은 학생 산출물을 적절한 청중과 "연결하는" 문을 열어주는 것이다. 이 역할은 다음과 같은 활동에서 볼 수 있다: 탁아소나 노인정에 전화를 해서 인형극을 상연할 수 있을지 물어본다; 쇼핑몰 매니저를 만나서 학생 연극을 할 수 있을지 물어본다; 라디오나 텔레비전 스테이션에 갈 수 있는 교통편을 알아본다; *The*

Directory of Poetry Publishers(Fulton, 1993) 같은 책을 찾을 수 있도록 돕는다. 교사가 이와 같은 여러 종류의 책임을 가정할 때, 학생들은 자신의 과제와 교사에 대해 완전히 새로운 태도를 갖게 된다. 3부 심화개념에 기초하여 학습경험을 개발하는 것이 목적이다. 본 목적은 학생들이 자신의 과제를 추구할 때 학습하는 방법이나 산출물을 획득하는 것보다 더 큰 것이다. 가장 큰 목적은 학생들이 창의적이고 생산적인 개인으로서 사고하고 느끼고 행동하게 하는 것이다. SEM의 이상의 요소들은 과제를 효과적으로 강화하는 태도를 개발하고자 고안되었다: 나는 할 수 있다. … 나는 할 수 있다. … 나는 창조할 수 있다.

1. 다음 섹션에서, 'What makes a problem real'이라는 주제에 대해 간단히 살펴볼 것이다.

참고 자료

본 섹션은 네 부분으로 나뉜다. 각 섹션은 심화학습과 교수 실시에 도움이 되는 특별한 정보를 제공한다. 첫 번째 섹션은 배경 정보로, 3부 심화와 학교전체 심화모델에 익숙하지 않은 사람을 위한 책을 수록하였다. 두 번째 섹션은 1부 심화활동, 탐색경험을 창출하고 실시하는데 관련된 방법론과 정보를 수록하였다. 2부 심화활동을 돕는 방법론적 자료들을 세 번째 섹션에 수록하였다. 방법론에 대한 책을 구입하고자 하는 교사를 위해 처음 부분에 넣었다. 세 번째 섹션은 또한 심화집단을 시작하는데 유용한 방법론에 대한 책을 수록하였다. 마지막 섹션, 3부 심화활동은 학생들이 완성한 3부 심화 예들을 선정하여 수록하였다. 이것들은 SEMNET 데이터베이스, 3부 심화활동의 일부로 8장에서 보다 자세히 다룰 것이다.

배경 정보

제목: The Enrichment Triad Model

저자: Renzulli, J. S.

기술: 본 책에서 Renzulli는 예외적인 학생들을 옹호하는 프로그램을 개발하고자 시도한 사람들이 접하게 되는 질문을 소개한다. 그는 모든 학생과 상위능력을 가진 상대적으로 독특한 학생을 위한 심화활동 간의 차이점에 대해 기술하고, 세 가지 심화활동을 학교 상황에서 사용할 것을 제안한다.

출처: Creative Learning Press, P. O. Box 320, Mansfield Center, CT 06250, (203) 429-8118. 주문 번호. 658.

제목: The Schoolwide Enrichment Model: A Comprehensive Plan for School Change

저자: Renzulli, J. S., & Reis, S. M.

기술: 학교질을 향상하고자 하는 목적 달성을 위한 방법에 관한 책이다. 본질적으로, 상위능력을 가진 학생을 위한 심화개념을 학교전체에서 사용하였다. 이들 프로그램은 교직원의 강점과 흥미에 기초를 두고 학생에게 다섯 가지 서비스 전달에 초점을 둠으로써 좋은 환경을 조성하려고 한다: (1) 학생 강점을 파악한다, (2) 교육과정압축, (3) 일반적인 탐색활동, (4) 보다 높은 사고수준과 정서기술을 개발하는 집단 훈련 활동, (5) 실제문제에 대한 개별 혹은 소집단 연구조사. 본 책의 커다란 특징으로서 실용적이며 모델의 기초인 이론을 실시하는 단계적인 지침이 있다. 저자는 일련의 행동양식과 현재 실시할 수 있는 훈련자료를 개발하고 미국 전역 학교에서 현장검증하였다. 유용한 자료들을 예로 들면 다음

과 같다.

- 장, 단기 계획을 위한 체크리스트
- 학교전체 심화팀 개발을 위한 절차
- 프로그램 주인의식과 참여를 조성하는 책략
- 학생, 부모와 교직원을 위한 안내문, 메모 및 알림장 예
- 학생 강점, 흥미, 학습 스타일 평가 도구
- 흥미개발 센터를 만드는 지침
- 150개 이상 사고기술과 정서과정 분류학
- 평가질문지와 양식 예
- 상위수준의 자료 기술
- 교직원/ 지역사회 멘토 체제 개발을 위한 지침

출처: Creative Learning Press, P.O. Box 320, Mansfield Center, CT 06250, (203) 429-8118. 주문번호 691.

제목: The Schoolwide Enrichment Model: A Videotape Training Program for Teachers
기술: 9개로 이루어진 비디오테이프는 학교전체 심화모델에 기초를 두고 여러 모델의 각 요소를 기술한다. 각 테이프는 대략 25~30분 길이로 쉽게 모든 워크숍 프로그램에 통합될 수 있다.

테이프 1 (26분): 학교전체 심화모델 오리엔테이션과 개관
테이프 2 (35분): 학교전체 심화모델의 영재개념
테이프 3 (23분): 학교전체 심화프로그램의 재능반 편성
테이프 4 (28분): 교육과정압축 소개와 개관
테이프 5 (25분): 교육과정압축에 대한 상세한 조명
테이프 6 (30분): 1부 심화: 일반적인 탐색 활동
테이프 7 (30분): 2부 심화: 집단 훈련 활동
테이프 8 (30분): 3부 심화: 실제문제 연구
테이프 9 (26분): 고등학교 수준의 학교전체 심화모델 실시

출처: Creative Learning Press, P. O. Box 320, Mansfield Center, CT 06250, (203) 429-8118, 주문번호 MR09.

1부 심화

일반적인 1부 심화 계획 접근법*

비록 실제 두 접근법 모두 동시에 진행되지만 일반적으로 두 가지 1부 심화계획 접근법이 있다. 첫 번째 접근법은 전달 방법(예: 비디오테이프, 미니-과정, 초청강사, 흥미센터)을 즉각적으로 고려하지 않고 여러 중요한 1부 심화 주제를 파악하는 것이다. 예를 들어, 교사집단은 남북전쟁을 연구하는 학생들에게 중요한 보충 심화 주제로서 Harriet Beecher Stowe의 책 Uncle Tom's Cabin의 영향을 선정할 수 있다. 주제 목록을 보고 즉각적으로 전달방법이 무엇이 될지 모른다. 여기서 중요한 문제는 남북 전쟁과 관련된 심화주제를 계획하는데 이 주제를 포함할 정도로 중요한 것인지 공감을 형성해야 한다. 나중에, 주제를 학생에게 전달하는 여러 방법에 대해 살펴볼 수 있다. 그 다음에 영화나 비디오 카탈로그를 살펴보거나, 교직원 및 지역사회 사람들을 조사하고 근처 대학 역사학과나 영문학과를 체크하여 이 주제에 대해 전문성을 갖고 있는 사람이 있는지 알아본다.

1부 심화경험을 조직하는 두 번째 접근법은 기존에 있던 전달방법을 가지고 시작하는 것이다. 예를 들어, 미리 마음속에 Uncle Tom's Cabin이라는 주제를 설정하는 것이 아니라 영화카탈로그, 교직원, 지역사회 사람들과 그들의 흥미영역과 전문성을 살펴보면서 주제윤곽을 잡는다. 예를 들어, 근처 대학 교수가 이 주제에 전문가라는 것을 발견하였으면, 심화팀(1부와 2부 경험을 개발, 실시하고 평가하는 교사와 부모로 구성된 소집단)의 책임 중 하나는 이 주제에 강연을 해 줄 사람과 접촉을 하고 시간배정을 하는 것이다. 혹은 남북전쟁을 유발한 사건에서 Harriet Beecher Stowe 소설의 역할에 대한 오디오 테이프를 교실 토론과 논쟁용으로 사용할 수 있다.

어떤 주제나 영역과 관련하여 바람직한 경험을 목적으로 설정하는 것은 유용하며, 이들 목적을 위해서 여러 다양한 전달방법을 사용할 수 있다. 예를 들어, 고등학교 사회과목부서는 가르치기 전에 각 사회과학 교육과정에서 다룰 1부 심화활동을 최소한 하나 지정해 놓을 수 있다. 또한 학생 학습스타일 차이를 수용하기 위해 최소한 6~8개 정도 다양한 전달 방법을 포함하기로 결정할 수 있다. 비록 살펴본 두 가지 접근법이 바람직하지만, 때때로 자원 유효성에 의해 주제 전달 방법이 좌우되는 경우도 있다.

*출처: The Schoolwide Enrichment Model: A Comprehensive Plan for School Change, pp. 255-258.

1부 심화 자원 파악을 위한 지침

1부 심화 교육과정 차원의 성공을 결정짓는 주요 요소는 교사가 얼마나 다양하게 많이 정규교육과정에서 대개 다루지 않는 주제나 영역을 학생에게 의도적으로 소개하느냐에 달려 있다. 다행스럽게도, 1부 심화를 이끌어 내는 많은 자료들이 있다. 그리고 1부 심화 목적을 추구하는데 있어 주요 과제는 학교 각 소단위별로 효과적으로 사용할 수 있도록 이들 자료를 파악하고 조직하는 것이다. 다음 섹션에서, 주요 자료 범주를 파악해 보고 몇 가지 중요한 자료 예를 제시할 것이다.

1부 심화자료를 파악하는 일을 시작할 때 기억해야 할 중요한 요소는 오랜 기간 동안 계속 성취해야 할 발달적인 접근법이라는 것이다. 다시 말해서, 적당한 척도 위에서 시작해서 계속적으로 오랫동안 첨가해야 한다는 것이다. 이것은 특별한 과제의 자료를 파악해 보고자 자원한 심화팀과 하위교사 집단에게 배정함으로써 효과적으로 달성할 수 있다. 예를 들어, 과학 혹은 미술 교사 하위집단에게 그들이 홍미를 갖고 있는 분야에서 1부 심화 자료를 찾아보도록 요청해 볼 수 있다.

1부 심화자료 수가 매년 증가하면서, 이와 같은 교육과정 차원에 대한 정보를 배포하는 절차가 형식화 되어서, "1부 심화 자료 지침"을 발간해서 모든 학군 학교에 정규적으로 배포해야 한다. 1부 심화 차원은 일반 교육과정에서 대개 볼 수 없는 다양한 학습경험을 지역사회에 가져오기 때문에 학교 프로그램에서 매우 홍미진진한 부분이다. 게다가, 그 과정에서, 지역 구성원을 학교에 참여시킴으로써 학교전체 심화 프로그램을 보다 많이 알리는 기회가 된다. 이와 같은 접근법을 통해서 심화 프로그램을 지지하고 옹호하는 사람의 수를 늘릴 수 있고 학생들에게 제공할 많은 교육적 경험뿐 아니라 공공관계와 지원을 확보할 수 있다.

인적 자원

이전 섹션에서, 교직원과 지역사회 자원을 조사하고 이들 자원을 효과적으로 회수하고 배포하기 위해 정보를 기록하는 절차를 살펴보았다. 인적자원을 모집하는 여러 방법이 있으며 다음 내용은 1부 심화 자료를 찾을 수 있는 "장소" 목록이다.

1. 대학 카탈로그. 학과마다 이들 카탈로그를 조직하고 대부분의 경우에, 교수가 가르치는 과정의 제목을 보고 그 전문성을 결정할 수 있다. 많은 대학은 또한 대중 서비스 강사 사무소와 공개적인 대학정보 사무실 전화번호가 있어서 방문, 학과 강의, 미술 전시와 대학에서 후원하는 여러 활동뿐 아니라 강사 확보를 위한 절차에 대해 알 수 있다. 또한 대학 교직원 디렉토리 복사를 요청해서 개별 교직원과 접촉을 할 수 있다. 대부분 대학들은 지역사회 서비스 기능을 수행하고 또한 학생들에게 대학을 소개하여 나중에 학부과정에 등록하도록 하기 때문에, 학교에게 서비스를 제공하는데 홍미를 보인다. 어떤 의미에서, 이와 같은 "모집 기능"을 통해서 인적 자원 도움을 찾는 학교에 중요한 서비스뿐 아니라 대학에 이점을 제공한다. 최근 몇 년에, 대학들은 학생 모집에 보다 경쟁적이 되어서, 학생들에게 대학교육을 소개할 목적으로 지역 사회 서비스

를 확대하고 있다.

2. 전문 조직과 학회. 많은 전문 기관과 학회들은 지엽적 영역이나 주 지역 내에서 인적 자원을 찾을 수 있도록 도움을 제공할 것이다. The Encyclopedia of Associations (Gale Research, Inc., 835 Penobscot Building, Detroit, Michigan 48226)에서 이와 같은 조직명을 얻을 수 있다. 이 책은 대부분 대학 도서관에 소장되어 있으며, 여기에 수록된 전문 조직과 학회와 접촉을 하는 것이 주요 출발점이다. 이 책에 수록된 일부 조직들은 이미 지역사회 자원기회를 범주화하여 목록으로 준비하고 있다. 예를 들어, The American Association for the Advancement of Science(1776 Massachusetts Avenue, N. W., Washington, DC 20036)는 "Out of School Programs in Science"라고 하는 책자를 발행하였다. 이 책자는 주단위를 기초로 조직되어 있어 과학박물관, 환경 교육센터, 고고학 견학지와 주와 지역 과학기관을 명시하고 있다. 도입부는 어떻게 Junior Academy of Science 뿐 아니라 지역, 국가 및 지역 자원을 찾을 때 사용하는 방법을 기술한다. 주과학 아카데미의 조정을 받는 아카데미 프로그램들로, 모든 주에서 학생들에게 여러 기회를 제공한다.

   유사하게, 대부분 주 역사학회, 미술 커미션, 협회와 여러 특별 홍미 집단들은 지역 조직 디렉토리를 갖고 있어 1부 심화 경험 자료로 사용할 수 있다. 주 수준의 조직들이 수도에 있기 때문에, "협회" 아래 전화번호부를 찾아봄으로써 시작할 수 있다. 예를 들어, 하트포드, 코네티컷 전화번호부는 대략 백 개의 전문 조직, 취미집단 및 특별 홍미집단을 수록하고 있다. 여러 정부조직을 수록한 책도 1부 심화경험을 위한 연사, 필름, 전시, 견학기회와 여러 자원을 수록하고 있다.

3. 노인정과 집단. 때때로 간과되었던 홍미와 재능을 가진 인적자원을 노인정에서 찾을 수 있다. 거의 모든 도시, 타운 혹은 지역은 노인정이 있고 전화번호부를 보면 노인정 관리자를 찾을 수 있다. 1부 심화자원으로 노인정을 사용함으로써 다양한 직업, 취미, 재능과 홍미영역뿐 아니라 학생들이 개발한 3부 심화 산출물을 제시할 청중을 찾을 수 있다.

4. 흥미개발센터(IDC). 1부 심화경험의 주요 자원은 새로운 홍미를 자극하고자 특별히 개발된 센터로 구성된다. 홍미개발센터와 전통적인 "학습센터"와 다른 점은 홍미개발센터는 일차적으로 기술개발, 활동지 끝내기, 기본기술 개발을 위해 만들어진 활동에 초점을 두지 않는다는 것이다. 이와 같은 이유로, 홍미개발센터는 본래 과제 카드, 활동지 및 "기술정립(Skill Builders)"을 포함하지 않는다.

   홍미개발센터는 교사들에게 1부 심화목적 달성을 위해 의도적으로 개발된 자료와 활동을 수집함으로써 그들 자신의 홍미와 창의성을 추구하고 연습할 기회를 제공한다. 비록 3부 모델이 교사에게 교육과정을 작성하고 개발하도록 요구하지는 않지만, 홍미개발센터에서 교사는 홍미와 기술을 개발하는 교육과정을 사용할 수 있다. 교육과정 개발과 관련된 활동은 외부에서 부과된 것이 아니라 자발적이며, 홍미와 창의적인 생각을 의도적으로 학생들에게 전이하고자 하는 교사에게 호소력 있는 교육과정을 계획하는 접근법에서 찾을 수 있다.

5. 부가적인 자원. 1부 심화경험 자원을 찾아내는 여러 방법이 있다. 지역 서비스 클럽에서 1부 심화 초청강사가 심화프로그램을 간단히 소개함으로써 1부 심화 디렉토리를 위한 인적 자원을 효과적으로 모집할 수 있다. 신문의 각 섹션을 조사하는 것(지역사회 이벤트, 예술 난, 지역사회 공고와 여러 특별기고난)도 여러 전문적 활동, 미술 전시와 취미 및 레크리에이션 집단과 관련된 여러 사람을 찾을 수 있다. 물론 전화번호부 각 범주를 분석함으로써 여러 직업과 전문분야를 빨리 살펴볼 수 있다. 박물관, 미술 갤러리, 천문관, 옥외 교육센터와 과학센터에도 접촉을 시도해야 한다. 이들 조직에는 대개 정규적으로 계획된 프로그램이 있고, 후원을 받는 주기적인 전시물도 1부 심화경험의 좋은 자료이다. 각 센터나 조직에 접촉을 시도하고 우편 목록에 심화프로그램을 수록하도록 요청해야 한다. 큰 회사, 군시설과 여러 조직(사립이든 공립이든)도 때론 학교와 지역사회 집단에게 무료 혹은 저렴한 서비스를 제공할 수 있는 사람이나 분과가 있다. 대부분 이 곳은 또한 견학지로 좋고 심지어 멘토도 찾을 수 있다.

매체

끊임없이 1부 심화경험을 필름, 필름 스트립, 오디오나 비디오테이프, 슬라이드와 여러 비활자 매체를 기술하는 카탈로그를 주의 깊게 분석함으로써 얻을 수 있다. 모든 주 교육부는 교육텔레비전 프로그램과 자료 지침을 매년 발간하고 있다: 상업적 그리고 공립 텔레비전은 학생들에게 홍미 있는 여러 자사 프로그램 시청자 가이드를 제공한다. 심화팀 구성원들은 정규적으로 시청자 지침을 개관하고 1부 심화경험으로서 전제되는 프로그램을 살펴볼 수 있다.

1부 활동개발과 관련된 책

제목: Change for children

저자: Kaplan, S., Kaplan, J., Madsen, S., & Gould, B.

연령대상: 유치원-초등6

기술: 본 책은 유치원과 초등학교 교사들이 홍미센터를 사용해서 교실 학생을 적절하게 지도할 수 있도록 돕는 지침서이다. 홍미센터는 1부 심화활동을 제공하는 한 방법으로 사용할 수 있으며, 학교 홍미에 기초하여 실제적인 교수를 구성하는 방법뿐 아니라 사용할 수

있는 21개 센터를 수록하고 있다. 이들 지침은 센터를 조정하여 교실 환경을 바꾸고, 학습활동을 개발, 흥미센터에 배치하고, 학생과 교사 시간계획과 스케줄을 개정하는 단계적인 절차를 수록한다. 기록보관과 평가에 대한 아이디어 또한 소개하였다.
출처: Scott, Foresman and Company.

2부 심화

Note: 본 섹션에 수록된 것들은 다음의 출판사에서 구매가 가능하다.
Creative Learning Press P.O. Box 320 Mansfield Center, CT 06250
(203) 429-8118

의사소통

제목: How to make visual presentation
저자: McBride, D.
대상연령: 중1-고3
기술: 본 책은 여러 맥락에서 시각적 프레젠테이션에 대한 정보와 조언을 제공한다. OHP, 차트, 슬라이드와 영화/비디오에 대한 섹션이 있다. 글자 배치 외에, 차트, 그래프, 다이어그램과 삽화에 대해 일반적인 조언을 제공한다. 주문번호 229.

제목: How to write and give a speech
저자: Detz, J.
대상연령: 중1-고3
기술: 본 책을 통해서 초보적인 수준에서 자세한 프레젠테이션 연설문 작성과정까지 소개한다. 청중, 연설문 연구와 작성, 스타일, 유머사용, 발표 및 발표를 준비하는 과정을 수록하고 있다. 주문번호 258.

제목: Joining in: An anthology of audience participation stories & how to tell them
저자: Miller, T.
대상연령: 초등4-고2
기술: 청중 참여 이야기에 흥미 있는 학생을 위한 선집이다. 18개 고전 이야기가 수록되어 있고 각각은 청중 반응을 다룰 행동과 책략에 대한 제안점들도 수록되어 있다. 각 이야기에는 역사적 관점도 제시되어 있다. 주문번호: 253.

제목: The knowhow book of puppets
저자: Philpott, V., & McNeil, M. J.
대상연령: 초등3-6
기술: 본 책은 인형 만드는 법, 작동법, 특별한 효과와 무대 만드는 법을 설명한다. 지시가

자세하여 학생들은 손가락 인형, 양말 인형, 막대 인형 등을 만들 수 있다. 주문번호 231.

제목: Writing for film and television
저자: Bronfeld, S.
대상연령: 초등 3–6
기술: 영화와 텔레비전 스크립트 전문 작가가 쓴 이 책은 시각매체 극본을 쓰는 방법을 수록하고 있다. 이야기, 등장인물, 대화작성법과 스크립트를 포장해서 파는 것뿐 아니라 배경만들기와 카메라에 관한 조언도 제공한다. 주문번호 252.

제목: *Writing for kids*
저자: Benjamin, C. L.
대상연령: 초등 3–6
기술: 아이디어를 잡고, 단어선택, 문장, 문단, 그리고 글을 완성하고 편집하는 방법을 설명한다. 여러 크기로 책 만드는 법도 수록하고 있다. 주문번호 251.

연구 방법론

제목: Chi square, pie charts, and me
저자: Baum, S., Gable, R. K., & List, K.
대상연령: 초등4–고3
기술: 이해하기 쉽게 연구과정, 연구스타일, 운영계획과 통계기술을 기술하였다. 학생들이 한 연구 예들도 수록되어 있다. 주문번호 526.

제목: The craft of interviewing
저자: Brady, J.
대상연령: 중2–고3
기술: 인터뷰에 관한 조언을 제공한다. 배경연구, 녹음과 노트필기에 대한 전통적인 조언에 따라, 저자는 인터뷰하고 라포를 형성하고 흥미로운 반응을 유발하도록 질문하고 마지막 보고서를 작성하는 법을 소개한다. 주문번호 519.

제목: How to conduct surveys: A step-by-step guide
저자: Fink, A., & Kosecoff, J.
대상연령: 중2–고3
기술: 설문지 실시와 관련 있는 모든 정보를 수록하고 있다. 설문지 작성, 자료수집과 결과 보고에 관한 내용도 소개한다. 주문번호 521.

제목: How to think like a scientist
저자: Kramer, S. P.
대상연령: 초등 2–5
기술: 어린 학생을 위한 책으로, 쉬운 용어를 사용하여 과학적 방법의 예들을 소개한다. 과학방법의 5단계 예와 통제집단 개념 설명과 질문을 파악하는 법을 소개한다. 주문번호 513.

제목: Looking for data in all the right places
저자: Starko, A., & Schack, G.
대상연령: 초등3–고3
기술: 실제세계에 관심을 갖고 자료를 수집, 분석하고, 결과를 공유할 수 있도록 돕는다. 장마다 연구과정을 단계적으로 제시한다: 문제 찾기, 문제 초점, 연구문제와 가설설정, 연구디자인 선택, 자료수집과 분석결과 공유하기. 주문번호 958.

제목: A student's guide to conducting social science research
저자: Bunker, B., Pearlson, H. B., & Schultz, J. W.
대상연령: 초등5–고1
기술: 본 책은 실제 생활 경험과 연구를 연관짓는다. 결과적으로, 연구 디자인, 가설 검증, 설문, 관찰 및 실험에 대한 정보를 제시한다. 마지막으로, 여러 직접 사용할 수 있는 활동도 소개한다. 주문번호 508.

제목: Student and research: Practical strategies for science classrooms and competitions
저자: Cothron, J. H., Geise, R. N., & Rezba, R. J.
대상연령: 초등3–고2
기술: 실제 조작해 보는 책으로, 저자는 교사들로 하여금 모든 연령의 학생들이 연구기술을 발전시킬 수 있도록 현장-검증된 책략들을 제시한다. 활동과 활동 후 반성을 통해서, 학생들은 가설 형성, 실험 디자인, 자료 수집과 분석 및 결과를 전달하는 것을 이해하게 된다. 주문번호 530.

사회운동
제목: It's a free country: A young person's guide to politics and elections
저자: Samuels, C. K.
대상연령: 초등5–중3
기술: 두 가지 방법으로 선거와 정치학에 대한 흥미를 제공한다. 첫째, 정치학에서 남성과

여성에 대한 이야기를 제시한다. 둘째, 지명, 캠페인, 선거과정과 관련하여 설명한다. 주문번호 318.

제목: The kid's guide to social action
저자: Lewis, B.
대상연령: 초등4–고3
기술: 본 책은 "여론조성"—투서, 인터뷰, 연설, 기금조성 및 대중매체에 대해서 설명한다. 사회운동 캠페인에 대한 학생 성공 사례와 실제 프로젝트 사례를 수록하고 있다. 주문번호 320.

제목: Like it was: A complete guide to writing oral history
저자: Brown, S. C.
대상연령: 초등6–고3
기술: 시민운동 역사가 본 지침서의 배경이다. 녹음기 사용, 인터뷰 실시, 판서와 아티클로 전기문같은 글을 작성할 수 있도록 자세한 지시가 있다. 주문번호 324.

제목: Save the earth: An action handbook for kids
저자: Miles, B.
대상연령: 초등4–고3
기술: 여러 지역, 기후, 물, 에너지, 식물, 동물과 인류보호에 대한 여러 방법 예제를 제공하는 자료이다. 각 장마다 학생들이 취할 행동뿐 아니라 문제도 수록하고 있다. OHP, 차트, 슬라이드와 영화/비디오에 대한 섹션이 있다. 주문번호 321.

과학

제목: Making your own nature
저자: Alford MacFarlane, R.
대상연령: 초등3–중2
기술: 본 자료서는 유기물을 죽이지 않고, 동물, 식물, 사진, 그림 및 탁본 등의 자료를 사용해서, 전시하는 방법을 설명한다. 부가적으로, 여러 예와 공급처 목록이 있다. 주문번호 434.

제목: Math projects for young scientists
저자: Thomas, D.
대상연령: 중1–고3
기술: 본 책은 100가지 복잡한 연산과 확률 수학문제를 제공한다. Fibonacci 수, 수 이론, 계

열과 시리즈, 기하학과 위상 기하학 및 역학 체계, Julia 세트와 차원 분열 도형들. 주문번호 436.

제목: The whole cosmos catalog of science activities
저자: Abruscato, J., & Hassard, J.
대상연령: 초등3–중3
기술: 보통 책 크기보다 큰 이 책은 여러 과학주제와 관련된 퍼즐과 게임을 수록한다. 생물, 지구과학, 물리, 항공과학 및 과학 소설. 주문번호 440.

심화집단에 적절한 방법론

심화집단: 학생 천문학자 협회(Enrichment Cluster: The young astronomers' society)

제목: Usborne guide: The young astronomer
저자: Snowden, S.
대상연령: 초등5–중3
기술: 천문학자가 되고 싶은 학생에게 둘도 없는 책! 여러 관찰 장비에 대해 간단히 소개한 후에, 별자리, 별, 은하계, 성운, 행성, 혜성, 운석, 달과 일식에 대한 정보를 제공한다. 관찰 조언, 천문도와 천체 차트를 통해서 직접 활동에 참여해 볼 수 있도록 권장한다. 주문번호 423.

심화집단: 학생 기상학자 연구팀(Enrichment Cluster: The young metheorologists' research team)

제목: Making and using your own weather station
저자: Tannenbaum, A. J., & Tannenbaum, H.
대상연령: 초등4–고3
기술: 공기, 습도, 바람, 구름과 폭풍에 대한 정보별로, 각 장은 여러 기상도구: 풍향계, 온도계, 강수량/눈 측정기, 풍력계 등에 대한 활동과 지시사항을 수록하고 있다. 주문번호 437.

심화집단: 환경보호협회(Enrichment Cluster: An environmental protection association)

제목: Usborne guide: The young naturalist
저자: Mitchell, A.
대상연령: 초등 2–6
기술: 식물, 새, 곤충, 포유류, 생태계와 야생동물을 관찰하고 실험하는데 필요한 조언과 지시사항을 수록하고 있다. 또한 생명체 존재와 관련 있는 뼈, 껍질, 소리와 석고틀 등과 같은 수집품을 사용하는 방법을 수록하고 있다. 주문번호 402.

심화집단: 창의적 감사카드지도(Enrichment Cluster: Creative greeting cards guide)

제목: How to make pop-ups

저자: Irvine, J.

대상연령: 초등3-고3

기술: 다양한 입체 카드를 만드는 방법을 자세히 설명하고 지시문을 수록하고 있다. 필요한 자료목록도 처음 조언으로 제공한다. 입체 책을 만드는 보다 높은 수준의 활동도 수록되어 있다. 주문번호 254.

심화집단: 학생지질학자 지도(Enrichment Cluster: The young geologists' guide)

제목: Understanding and collecting rocks and fossils

저자: Branwell, M.

대상연령: 초등6-고3

기술: 계속 변화하는 지구표면을 삽화로 재미있게 설명하는 책이다. 예를 들어, 광물과 화석 확인, 연대기표 만들기 같은 실험 활동을 수록하여, 지질학적 연구과정과 자료 수집을 보여줌으로써 지질학에 대한 관심을 자극한다. 주문번호 420.

심화집단: 건축연구팀(Enrichment Cluster: The architecture for learning research team)

제목: Carpentry for children

저자: Walker, L.

대상연령: 초등4-고3

기술: 도구와 워크숍을 이용하여 도입을 시작한다. 다음 장은 하루에 하는 프로젝트, 즉 예인선 혹은 새집 그리고 레몬레이드 받침같은 주말 프로젝트를 수록한다. 본 책은 학생과 같이 하는 실험활동에 필요한 기초를 제공한다. 주문번호 801.

심화집단: 미래의상연구기관(Enrichment Cluster: The future fashion research institute)

제목: Usborne guide to fashion design

저자: Everett, F.

대상연령: 초등6-고3

기술: 본 책을 통해서 옷을 디자인 하는 법, 만들고 판매하는 것을 배울 수 있다. 패션디자인 사업과 예술적인 면을 학습하는 것 외에, 패션 일러스트레이터들이 사용하는 자료와 기술에 대해서도 배울 수 있다. 주문번호 812.

심화집단: 창의적인 지도제작가 지도(Enrichment Cluster: The creative cartographers' guide)

제목: How maps are made

저자: Baynes, J.

대상연령: 초등4-고3

기술: 여러 지도에 대한 설명과 측정, 디자인, 격자참고, 조사와 지도제작 기술 등 지도 만드는 것과 관련된 것을 살펴볼 수 있다. 칼라 사진과 그림이 수록되어 있다. 주문번호 325.

심화집단: 비디오제작 회사(Enrichment Cluster: The video production company)

제목: Kid vid: Fundamentals of video instruction

저자: Black, K.

대상연령: 초등4-고3

기술: 비디오 제작에 대한 9개 쉬운 레슨이 수록되어 있다. 주제들로는 스크립트, 스토리보딩, 프로그램 처치, 제작, 편집과 평가가 있다. 교실에서 사용할 수 있도록 유용한 항목, 예를 들어 스크립트 예제, 스토리보딩 용지, 비디오 제작 프로포잘과 자료를 부록에 소개한다. 주문번호 255.

심화집단: 시각예술 워크숍(Enrichment Cluster: The visual artists' workshop)

제목: How to draw and paint what you see

저자: Smith, R.

대상연령: 중1-고3

기술: 여러 프로젝트별로 단계적으로 제시한다. 프로젝트에 따른 정확한 지시문이 수록된 프로젝트 예제로: 단색 사용, 컬러와 구성, 풍경 요소, 초생화, 정물화가 있다. 주문번호 810.

제목: Usborne guide to pottery

저자: Potter, T.

대상연령: 초등3-고3

기술: 초보자를 위한 대접, 보석과 경주차 제작이 프로젝트이다. 도자기에 대한 분명한 설명을 들어 기본적인 기술을 가르친다. 나중에 가서는 전문적인 작품 디자인과 작업을 하는 방법과 유약에 대한 정보가 수록되어 있다. 주문번호 821.

제목: The kid's multicultural art book

저자: Terziam, A. M.

대상연령: 유아-초등5

기술: 본 책은 세계 전역의 미술과 공예를 어린 학생에게 소개한다. 집에서 쉽게 볼 수 있는 자료를 사용해서, 아프리카, 아메리카, 에스키모, 인디안, 아시안, 히스패닉과 라틴 문화를 보여주는 100개 이상의 프로젝트를 실시할 수 있는 지시문을 수록하고 있다. 주문번호 443.

교사용 자료: 학생 능력 파악

제목: Thinking smart: A primer of the talents unlimited model

저자: Schlichter, C. L., & Palmer, W. R.

기술: Talents Unlimited는 교실-기초 모델로서 창의적, 비판적 사고력 신장을 위해 개발되었다. Calvin Taylor의 다중재능이론(Multiple talent theory)에 기초하여 학생들이 창의적, 생산적 사고능력, 의사결정, 계획, 예측, 의사소통과 학업적 재능을 가지고 있다고 주장한다. 본 책의 13장에 걸쳐서 모델: 이론과 연구, 교실과 학교 적용, 평가와 모델에 대한 방향 제시 등을 설명한다. 주문 961.

3부 심화

교사용 자료: 문제찾기와 문제 집중하기

제목: Pathways to investigative skills: Instructional lessons for guiding students from problem finding to final product

저자: Burns, D. E.

대상연령: 초등-고등 저학년

기술: 본 책은 사고기술 전문가들이 저술한 포괄적인 교사용 자료이다. 10개 단계적 레슨을 통해서 흥미찾기, 문제찾기, 주제 웹만들기, 주제 집중과 창의적인 문제해결을 가르칠 수 있다. 본 책에 수록된 여러 자료는 다음과 같다:

- 학생들이 완성한 28개 3부 심화프로젝트 슬라이드와 슬라이드 스크립트
- 9개 교실 포스터(11인치 × 17인치)
- 학생들이 자신의 목적을 지향하고 한 눈에 볼 수 있는 경로 계획서
- 각 레슨에 필요한 블랙라인 마스터(blackline master)
- 273 항목으로 구성된 흥미찾기 도구
- 목적 및 중요 아이디어와 필요한 자료가 명시된 한 페이지 분량의 레슨 요약

주문 번호 951.

심화 자료 우편 과학자료

저자 과학박물관 1991

출판사/연락 800 729-3300; 617 589-0437

주소 과학박물관
Boston MA 02114-1099

양식 ☐ 매킨토시 소프트웨어 ☐ 교과서 ☐ 비디오 ☐ 활동 카드
☐ IBM 소프트웨어 ☒ 시뮬레이션 ☐ 책 ☐ 교사 지침서
☐ CD 롬 ☒ 키트 ☐ 게임 ☐ 교육과정 활동

ISBN 번호

가격

대상 ☒ 교육실제가/ 교사 ☐ 부모
☐ 행정가 ☒ 학생
☐ 교육위원회

내용영역 ☐ 독해/ 언어과목 ☐ 수학 ☐ 산업미술/디자인 및 기술
☐ 문학/인본 ☐ 시각예술 ☐ 신체교육
☒ 과학 ☐ 공연예술 ☐ 가정 경제
☐ 사회과학/역사 ☐ 컴퓨터 공학

학년 수준 ☐ 유아원 ☒ 유치원 ☒ 초등학교
☒ 중학교 ☐ 고등학교

지향 ☐ 학생-중심, 내용 ☒ 학생-중심, 과정 ☒ 교사-중심

학생참여 ☒ 요구 참조 ☐ 자기-설명적

집단구성 ☒ 대집단 ☒ 소집단 ☒ 개별

준비과정 ☐ 필요 ☒ 불필요

기술 우편과학은 비경쟁적이고 비판단적인 프로그램으로서 문제해결과 과학적 과정에 초점을 둔다. 본 프로그램의 핵심은 학생과 전문 과학자들 간에 서신 왕래를 할 수 있는 교량적 역할을 하는데 있다. 프로그램 목적 중 하나는 학생들에게 실제 과학자들이 그들의 일에서 무엇을 하는지 소개하고 일상생활에서 과학이 얼마나 중요한지 자각하도록 하는데 있다.

1년에 3번 학생들은 우편 과학에서 개방적인 반응을 허용하는 여러 주제를 다루는 소포물을 받는다. 각 소포물은 사고기술을 개발하는 활동과 그 활동기구 사용법을 알려줄 뿐 아니라 초점을 두는 주제에 대해 더 많이 배울 수 있도록 돕는다.

방법론 학습	☐ 듣기, 관찰 및 지각하기 ☒ 노트필기와 아우트라인 잡기 ☐ 인터뷰와 설문조사 ☒ 자료 조직과 분석
인지와 정서훈련	☒ 분석적 추론 기술 ☒ 조직적인 사고 기술 ☐ 비판적 사고 기술 ☒ 창의적인 사고 기술 ☐ 정서적 사고 기술
높은 수준의 연구기술과 참고 자료 사용	☐ 3부 심화 조사 준비 ☐ 도서관 기술 ☐ 지역사회 자료 사용
문어, 구어 및 시각적 의사소통 기술 개발	☐ 시각적 의사소통 ☐ 구어적 의사소통 ☒ 문어적 의사소통
방법론적 자료	☐ 독해/언어과목 ☐ 문학/인본 ☒ 과학 ☐ 사회학/ 역사 ☐ 수학 ☐ 시각예술 ☐ 공연예술 ☐ 컴퓨터 공학 ☐ 산업예술/디자인 및 기술 ☐ 신체 교육 ☐ 가정 경제

SEMNET 데이터베이스, 심화 자료의 샘플

제 8 장

학교전체 심화모델의 조직적인 요소

> 만일 계획이 1년을 내다보면, 그 식물은 일년생이고; 10년이면 나무이고; 100년이면 교육하는 것이다.
>
> Confucius

본 장에서는 학교전체 심화모델(SEM)의 6개 조직적인 요소를 설명할 것이다: 학교전체 심화교수 전문가; 학교전체 심화팀; 교사전문성 발달 모델; 학교전체 심화모델 네트워크; 부모 오리엔테이션, 훈련 및 참여; 민주적인 학교운영계획이다. 조직적인 요소는 실제적인 책략과 자료들로 구성되어 학생들에게 직접적인 서비스 전달을 지원한다. 수년에 걸쳐 사용한 SEM을 통해, 개발한 프로그램 구성요소를 기술할 것이다. 구성요소는 계획지침, 심화자료 목록, 공문 샘플, SEM 실시에 도움을 주었던 데이터베이스와 출판물에서 볼 수 있는 교사훈련 자료 등이다. 이들 자료는 항상 새롭게 모델을 개발하기 위해 업그레이드, 수정, 보완된다. 예를 들어, 다문화 관점과 환경문제에 대한 미국 교육의 새로운 관심으로 인해 이들 주제에 대한 교육과정을 모색하게 되었다. 교사발달을 위해 전자자료와 위성방송을 이용하게 됨으로써, 모델의 전문성 개발요소에 새로운 국면이 찾아왔다. 일부 조직적인 요소는 다른 것에 비해 보다 성숙한 단계에 있다. 나중에 지적하겠지만, 학교 간에 자료를 얻고 공유하도록 돕는 학교전체 심화모델 네트워크(SEMNET)를 조성하였다.

학교전체 심화교수 전문가

> 창의성, 혁신 및 생산성을 이끌어 내는 곳은 바로 어떤 일에 가장 가까이 있는 사람의 머리이다. 로봇을 쫓아다니고 일본사람처럼 경영법에 대한 책을 읽는 동안 우리 코앞에 왔다.
>
> John F. Welsh, Chairman General Electric Company

성공적인 심화 프로그램을 위해서는 (1) 학생을 위한 직접적인 서비스에 책임지는 사람과 (2) 프로그램 개발, 교사개발과 심화방법론과 자료를 학교에 도입하는 지도성이 필요하다. 학교전체 심화 교수 전문가의 역할은 전통적인 영재프로그램에서 얻은 실질적인 경험을 SEM 프로그램에 확대하는 것이다. 대부분 전문가들은 영재교사들로서 이들 교사의 배경과 훈련은 학교전체 모델의 확장, 전이를 유발하는 귀중한 자산이다. 영재교사를 고용한 학교에서 이들 전문가는 별도의 부가적인 위치를 차지하는 것이 아니다. 오히려 영재교육 전문가의 기술과 책임을 보다 폭넓게 적용하고, 학교구조에 "영재프로그램의 방법론"을 적용하는 포괄적인 위

학생들을 위한 직접적인 서비스		자원과 지도적인 책임	
대면 활동	**다른 사람과 조직배정을 통해 제공하는 서비스**	동료 코칭과 교사개발	데몬스트레이션 교수
• 개별 및 소집단 교수와 멘토 • 직접적 코칭과 정규교실, 심화집단 및 학교가 아닌 (non-school) 상황에서도 주도적으로 흥미를 확장하는 3부 심화프로젝트 감독 • 다잠재성, 미성취와 여러 특별 요구 같은 문제에 대해 상담과 참조	• 특별집단이나 개인과 함께 사용할 수 있는 자료를 교사에게 제공 • 교직원이나 지역사회 인적 자원을 멘토십으로 조정 • Odyssey of the mind나 Artifact box 프로그램 등을 조직 • 학생 재능영역에 따라 여름 프로그램에 참여하도록 주선	심화팀과 작업	자료 개관
		공공 관계	의사소통 (뉴스레터, 부모회의 등)
		프로그램 평가, 관리	일반적인 조정

[도표 16] 학교전체 심화 교수 전문가의 책임 (3/5 해결책).

치로 생각해야 한다.

> **Dateline: Amston, Connecticut**
>
> **행정가에 대한 부담**
>
> 25년 동안 교직에 몸담으면서, 교육에 대항하는 것이 아니라 학생 서비스의 디렉터라는 불필요한 위치가 없어질 때까지 우리 마을 예산안을 지지하지 않을 수 없었다. … 교육에 잘 지원하지 않는 가장 큰 이유 중 하나는 바로 현직 행정가들 때문이다. 교육체계를 향상하는 가장 빠른 방법은 대부분의 행정가를 없애고, 여기서 절약된 돈으로 가르치는 과목을 잘 알고 사랑하는 교사를 보다 많이 고용하고, 교실 당 학생 수를 줄이는 것이다. … 새로운 행정가의 권한 하에 있는, 중학교와 고등학교에서 교육과정을 조정하려 할 때, 장학관은 교사위원회를 구성하고 이 계획에 대해서 의논을 해야 한다. … 충분히 이것을 할 수 있는 교사가 있다. 물론, 교사가 가르칠 것에 대해 이야깃거리가 있다는 생각은 교사월급을 많다는 것을 보여주기 때문에 행정가들에게는 나쁘게 비춰진다.
>
> Allen M. Ward, 1993
>
> 저자와 Willimantic Chronicle의 허락 하에 인용

심화전문가의 시간을 배정하는 5분의 3 해결법

SEM에 대해 가장 자주 질문하는 문제는: 학교전체 심화교수 전문가들이 무엇을 하는가? 그리고 누구와 함께 일을 하는가이다. 학교전체 심화교수 전문가의 역할을 두 가지 범주: 서비스 전달, 자원과 리더십 책임으로 나눠볼 수 있다. [도표 16]은 각 범주에서 그 책임을 담당하는데 소비하는 대략적인 시간비율을 보여준다. 학생에게 서비스를 전달하는 것은 다시 두 가지 하위범주로 나눌 수 있다. 하나는 개별교수, 멘토 및 상담 상황에서 학생과 직접 활동하는 것이고 다른 하나는 다른 교직원, 지역사회 인적자원 및 근처 대학교 직원과 협동하거나 혹은 지도하에 수행하는 활동이다. 이들 활동배정은 연속적인 특별서비스의 일부분, 또한 지역, 주 및 Westinghouse Science Talent Search, Young American Newsmagazine for Kids나 International Science and Engineering Fair같은 국가 수준의 프로그램을 포함한다. 자원과 리더십 범주에 포함된 활동은 일반적인 심화프로그램 행정과 조정, 심화자료와 방법에 대한 정보배포, 교사개발과 데몬스트레이션 교수, 동료 코칭, 공공 관계, 의사소통과 프로그램 관리 및 평가 등이 있다. 이들 폭넓은 의무는 한 사람의 역량을 초과하는 것으로 이러한 이유 때문에 학교전체 심화팀을 형성하여 지원해야 한다. 이들 팀의 역할과 책임에 대해선 다음 섹션에서 기술할 것이다. 비록 심화전문가의 시간배정이 다소 [도표 16]에서 볼 수 있는 시간비율에 따르지만, 지역학교 조건과 심화팀 구성원의 적극적

인 참여정도에 따라 조정된다. 경험상, 심화전문가들은 한 학교 이상을 담당하고 심화팀은 프로그램 성공을 보장하는 결정적인 요소가 된다.

> **영재아들은 특별프로그램이 필요치 않다**
>
> 교육계에서는 가장 참신한 제안들 중의 하나는 영재프로그램을 없애도록 하는 East Lyme의 승인일 것이다. 비록 이 승인의 동기가 예산과 관련해 나온 것이긴 하지만 그 내용은 진보적이다. 전도유망한 소수(익명과 억압의 세대를 거쳐 결국에 확인된)가 브롱스 동물원이나 메트로폴리탄 미술관에 견학을 가지 않고 무엇을 할지는 모른다. 그러나 최소한 나머지 학생들은 자신들이 교외 생활의 최하위 형태를 보인다는 이유—단지 평균이라는 이유—로 교실에 남아 있는 동안 영재아들이 다른 모험이나 견학을 가는 것을 지켜볼 필요가 없을 것이다.
>
> Steven Slosberg, 1990
>
> 저자와 New London Day의 허락하에 인용

학생을 위한 직접적인 서비스

본 섹션에서 전문가의 시간을 배정하고 주요 "기본 규칙"을 기술할 것이다. 기존 교사와 행정가의 위치를 넘어서 학교의 지원을 생각할 때, 많은 실질적이고 정치적인 현실을 고려해야 한다. 예산문제는 항상 주요 관심사이며 상대적으로 학생수가 적은 학교는 특별 서비스 기금을 조성하는 것을 꺼리게 된다. 학교전체에 영향을 미치는 서비스로 정의하지 않는다면, 계속 실시하거나 지지받을 가능성이 적다. 심지어 계속 서비스를 실시하고 지지를 받는다고 해도, 전체 학교 프로그램에 미치는 유용성을 사람들에게 보여주는 것은 간단하지 않다. 이와 같은 이유로, 학교전체 교수전문가의 위치를 학생에게 직접 서비스를 제공하고 일련의 지도적인 책임성을 갖는 것으로 정의하려는 것이다.

또 다른 정치적인 현실은 학교가 행정적으로 "위가 너무 무겁다"는 비난을 받는다는 점이다. 교사 및 일반 여론은 빠듯한 학교예산으로 인해 교실 당 학생수가 늘어나고 서비스는 축소되는 이때에, 부가적인 행정층에 대해 특히 회의적이다. 심화전문가를 묘사할 때 교수(teaching)라는 말을 포함함으로써, 심화전문가의 의무보다는 오히려 교수책임을 강조하고자 한다. 물론 심화교수 전문가가 가능한 한 학생과 직접 접촉을 유지하는 것이 중요하다. 모든 학생의 재능을 개발하기 위해선 집약적인 지원이 필요하다. 이들 지원으로 생각해 볼 수 있는 것으로는 개별 및 소집단 교수, 상담, 견습과정, 멘토십 기회, 학교과정 이외, 문화 기관, 사업체 전문 작업장소 및 기관 참여 등이 있다. 심화교수 전문가가 직접 서비스를 제공할 때 지침이 되는 두 가지 규칙이 있다. 첫째, 서비스는 매우 높은 수준의 재능 잠재성을 분명히 보여주는 특별영역과 관계가 있다. 예를 들어, 학교전체 심화 교수전문가가 일주일에 몇 시간동안 혼합학년 집단을 구성하여 상위 수준의 수학을 가르쳤다면, 이 집단을 구성할 때 합리적인 이론이 필요하다—학생의 높은 수학 잠재성 개발. 만약 학생들을 일반적인 능력 검사점수에 근거하여 사전에 선별해 집단을 구성했다면, 이것은 "영재"(혹은 더 최근에 사용하는 용어로 "진정한 영재")로 집단을 지칭하는 전통적인 예로 돌아가는 것이다.

대부분, 이와 같은 실례를 차별화되지 않은 영재프로그램으로 기술할 수 있다. "차별화 되지 않은(undifferentiated)"이란 그 프로그램이 대개 미리 선별해 놓은 주제나 교수단원, 일반적 과정기술, "재미있는 게임" 활동, 견학과 초정연사 강연을 통해 직접적으로 가르치는 데에 초점을 맞춘다는 것이다. 이들 활동들은 본래 특정 개인 및 소집단의 재능개발에 국한되지 않으므로, 정규교육과정과 심화집단을 통해 모든 학생에게 사용될 수 있다. 예를 들어, 신문사 견학은 언어과목에서 저널리즘을 공부하는 학생이나 실제 신문을 만드는 심화집단에게 좋은 경험이다. 그러나 "영재"로 배정되었다고 견학을 가는 것은 대중뿐 아니라 영재교육 분야 안팎에서 비난을 받게 된다.

심화교수 전문가는 보다 큰 집단상황(예: 정규 교실과 심화집단)에서 실시할 수 없는 특별한 상위수준의 재능개발 활동에 초점을 맞춰야 한다. 심화교수 전문가에 대한 매우 긍정적인 태도를 교사의 업무를 확장하도록 돕는 상황에서 찾아볼 수 있다. 예를 들어, 교사는 심화전문가에게 눈에 띄게 시 작문을 잘하는 학생을 돕는 방안에 대해 물어올지도 모른다. 이 학생은 교육과정압축을 통해서 독해와 언어과목 시간에 정규교실이 아닌 곳에서 활동을 할 수 있다.

> 작은 변화로 큰 결과를 가져올 수 있다—그렇지만 가장 높은 수준의 영역은 가장 덜 눈에 띈다.
>
> Peter M. Senge, 1990

두 번째 기본규칙으로 심화교수 전문가는 교실 문제를 확대, 교정하는 도움보다는 학생들의 "상위-목적" 과제에 대한 재능개발에 중점을 둔다. 가장 나쁜 경우는 교사가 심화전문가를 교사의 보조나 교정 전문가의 역할을 수행하는 사람으로 생각할 때 생긴다. 심화와 교정 전문가는 개별 혹은 소집단 활동을 할 때 공통적인 책략을 공유하므로, 심화전문가의 역할을 교수책략보다는 오히려 산출물 수준에 따라 규정하는 것이 바람직하다. 다음의 두 문장 사이에는 미묘하지만 중요한 차이가 있다:

"요번 학기 보고서에 문제가 있는 학생을 도와줄래요"와 "이 보고서는 주 에세이 경진대회에 출품할 정도지만 여전히 교정하고 다시 써야 할 부분이 많습니다" 이 두 번째 말에서 3부 심화산출물로 발전하도록 도움을 주는 역할을 엿볼 수 있다; 즉 이런 종류의 도움이야말로, 심화 전문가의 주된 책임이다. 정규 교실에서 본래 찾아볼 수 있는 과제활동을 확장해 주는 것은 심화 전문가의 몫이며 특히 이와 같은 확장을 통해 재능 개발을 도모한다.

이상의 두 가지 기본 규칙은 재능개발 전문가로서 학교전체 심화자의 역할을 명확히 하고, 학생과 직접 접촉할 때, 파라미터(매개변수로 작용할 것이다)를 설정해 줄 것이다. 그러나 심화 전문가만이 재능개발에 책임이 있다는 뜻으로 해석하거나 SEM의 목적이 학생 집단선별 자료에 집중하는 것이라고 받아들여서는 안 된다. 많은 교실 교사들은 정규교실에서든 심화집단에서든 뛰어난 3부 심화산출물을 개발할 수 있도록 지도해 왔다. 심화 전문가와 교실 교사 쌍방의 훈련과 경험은 학생에게 최대한 유익한 결과를 가져올 수 있도록 결부되어야 한다. 재능 개발은 모든 사람의 일이며 심화교수 전문가, 교직원은 학생의 가장 높은 수준까지 재능을 개발하도록 할 집산적인 책임이 있다.

자원과 지도성 책임

심화 전문가의 자원과 지도성에 대한 책임을 다음 네 가지 범주로 나눠볼 수 있다:

1. 여러 심화자료에 정통하고 이들 자료를 수집, 개관하고 행정자, 교직원, 학생 및 부모에게 배포한다.
2. 심화학습 및 교수자료와 일반적인 책략 사용을 소개하는 교사개발과 데몬스트레이션 교수 섹션을 제공한다.
3. 부모와 전문가의 의사소통 매개물을 준비하고, 공개적인 관련활동을 지원하고, 학교전체 심화 전문가 네트워크와의 접촉을 유지한다.
4. 조직, 행정가 감독, 프로그램 평가, 모델의 특별요소를 책임지는 여러 하위집단과 학교전체 심화팀을 조직한다.

> 성장, 변화와 궁극적인 진화는 개인, 조직 및 사회가 계속적으로 그들 상호의존적인 관계를 확장하고 강하게 결속하여 관계를 깊게 함으로써 나타난다.
>
> G. Laud & B. Jarman, 1992

Renzulli와 Reis(1985)가 저술한 저서에는(4장, p. 85-177) 학교전체 심화 프로그램을 조정하는 역할과 책임, 교사개발 섹션조직, 부모와 학생 오리엔테이션, 교사용 및 부모용 핸드북과 여러 의사소통 매체 개발, 공공관계와 지역사회 자각을 유도하는 정보 준비 방법 등이 소개되고 있다. 또한 공문과 기술정보를 수록하여 각 지역별 요구에 따라 수정하여 사용하고; 심화전문가의 시간배정; 부모, 학생과 교사 질문지; 교사 훈련 시뮬레이션 샘플을 수록하고 있다. 프로그램 개발의 순차적 단계와 5개년 계획 아우트라인도 포함되어 있다. SEM과 관련된 자료를 개발할 때, 개별 프로그램의 독특한 성격, 자료 이용가능성, 학교전체 심화전문가의 시간 배정 방식에 따라 지역별로 자료를 조정하도록 권장하고 있다. SEM의 이와 같은 면에 대한 정보는 7장과 8장에 수록한 참고자료 지침에서 살펴볼 수 있다.

심화전문가들은 학교의 심화활동을 점화하는 스파크 플러그로서 SEM 학교의 많은 차원들이 개념적으로나 실질적으로 서로 접착력을 갖게 한다. 그러나 이와 같은 업무는 한 사람이 수행하기엔 너무 복잡하므로 조직적인 요소를 모델 내에 만들어서 심화전문가에게 최대한의 서비스를 전달할 수 있는 지원체계를 제공해야 한다. 이 요소는 다음 섹션에서 살펴볼 것이다.

> 사람들은 자신의 비전에, 심지어 그 비전이 분명한데도 이야기하는데 어려워한다. 왜? 왜냐하면 비전과 현실간의 격차를 분명하게 인식하고 있기 때문이다. … 격차는 비전을 비현실적이고 가공적으로 보이게 만든다. 격차는 우리를 낙담케 하고 희망이 없다고 느끼게 한다. 그렇지만 비전과 현재 현실은 또한 에너지 자원이다. 만약 격차가 없다면, 비전은 향상 나아갈 어떤 행동도 필요하지 않다. 정말 격차는 창의적인 에너지 자원이다. 이러한 격차를 우린 창의적인 긴장이라고 부른다.
>
> Peter M. Senge, 1990

학교전체 심화팀

모든 학생에게 심화 서비스를 확장하는 가장 좋은 방법 중 하나는 학교전체 심화팀을 개발하는 것이다. 심화팀은 정책입안의 산물이나 조언 위원회가 아니라 오히려 학교 심화를 전반적으로 조성하는 책임을 갖는 교직원과 부모집단을 지칭한다. 심화팀 구성원은 학년수준 및 각 학과부서 대표자로서 역할을 수행하며 교직원들의 학교전체 심화 활동참여 권장이 그 책임 중 하나이다. 심화팀을 조직함으로써 SEM에 대한 교직원과 지역사회의 주인의식을 고양한다. 교실 교사가 활동적으로 심화팀에 참여할 때, 실제 모든 교직원들은 재능 개발노력에 동참하게 된다. 또한 대개 교직원들은 직접적인 서비스 전달뿐 아니라 심화활동을 조직하고 계획하는데 관심을 갖는다. 지난 몇 년 동안, 탁월한 심화 프로그램을 적용한 여러 학군들과 작업을 해 왔다. SEM을 채택하고 행정적 지원을 받을 것이 확실하면 첫 번째 단계는 모델 구성요소와 심화팀 설립에 대한 교직원 오리엔테이션이다.

누가 심화팀에 참여해야 하는가?

심화팀을 조직하는 가장 효과적인 방법은 학교와 지역사회 여러 분야에서 사람을 모집하는 것이다. 그러므로 심화팀은 부모, 지역사회 인적자원, 행정가, 모든 학년 수준, 미술, 음악, 신체교육 및 여러 특별과목 교사와 도서관 사서 및 매체 전문가를 포함하게 된다. 고등학교 수준에서, 일반적으로 심화팀은 각 학과부서 대표자를 포함시킨다; 개별 심화팀은 물론 학과부서 내에서도 조직할 수 있다. 또한 심화팀에 학생을 포함시키는 것도 매우 효과적이다. 예를 들어, 주저하던 지역사회 사람이 말하길, 45분의 워크숍을 해달라는 성인의 제안을 거절하긴 쉽지만, 5학년생이 했을 때 거절하는 것은 불가능하다!

심화팀에 참여해 달라는 부탁을 모든 교직원에게 확장해야 한다. 어떤 학교체제에서는 모든 교직원이 두 가지 과목을 선택하고 그에 대해 학기 말에 평가를 받고, 교장은 학교심화팀에 참여하도록 교직원들에게 권고한다.

팀 구성원 숫자는 다양하다. 단 3명의 활동적인 구성원(보다 작은 학교에서)으로 구성된 팀이 효과적일 수 있고 10에서 12명(보다 큰 학교에서)의 팀이 효과적일 수도 있다. 교장이나 심화 전문가들이 개인적으로 모집하는 것이 중요하다. 부정적인 태도를 보이는 교사의 부정적인 에너지를 심화팀에 포함시킴으로써 보다 긍정적인 방향으로 돌릴 수 있다. 그러나 두 명 정도로 적은 수의 인원은 그

> 개인적으로 상위수준의 완성도를 보이는 사람은 어떤 학습양식을 계속적으로 보인다. 그들에겐 결코 도달점이란 없다. 때때로, "개인적인 완성"같은 말은 잘못된 결정론, 흑백논리를 만든다. 그러나 개인적인 완성은 소유하는 것이 아니다. 그것은 과정으로 일생동안 계속되는 것이다. 상위수준의 개인적인 완성도를 보이는 사람은 정확히 자신이 무시한 것. … 자신의 성장영역을 인식한다. 그리고 깊은 자기-확신감을 갖는다. 역설적으로 들리는가? 보지 않은 자에게 만이 "여행은 보상"이 있다.
>
> Peter M. Senge, 1990

들 서로서로 힘을 실어 주기 때문에 긍정적인 행동을 방해할 수 있다는 점에 주의해야 한다.

학교 장학사는 심화팀에서 활동하는 개인에게 "임명장"을 주어, 그들의 업무가 얼마나 중요한지 언급하고 자발성에 대해 칭찬하는 것이 바람직하다. 이것은 행정가가 지원을 한다는 사실을 보여주며, 또한 심화팀 구성원들에게 학교 중요 관리자가 그들의 부가적인 노력과 참여를 인식하고 있음을 알려준다. 또한 가능할 때마다, 예산을 이 팀에게 배정해야 한다. 비록 전형적으로 SEM의 대부분 심화 경험에서는 보충적인 기금이 필요하지 않지만, 비용이 필요한 경우가 있다. 만약 심화팀이 적은 예산으로 잘 운영된다면, 여러 가능한 심화활동을 확장할 수 있는 많은 길이 열릴 것이다. 약간의 기금증진으로 학교 지역사회에게 팀의 중요성을 보여줄 수 있다.

마지막으로, 심화팀에서 활동하도록 어느 누구도 강요받지 말아야 한다. 비록 간헐적으로 회의에 참여한다고 해도 교장을 포함하는 것이 바람직하다. 그러나 참여하고 싶지 않은 사람에게 심화팀에서 활동하도록 강요해선 안 된다. 일단 여러 심화경험의 이점이 분명해지면, 더 많은 교직원들이 다음 해 이 팀에 참여하고자 관심을 보일 것이다.

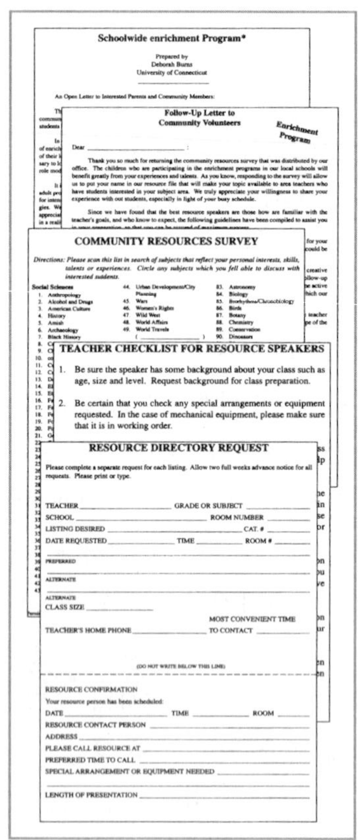

Schoolwide enrichment Program*

Prepared by
Deborah Burns
University of Connecticut

An Open Letter to Interested Parents and Community Members:

Follow-Up Letter to Community Volunteers

Enrichment Program

Dear ____________________ :

Thank you so much for returning the community resources survey that was distributed by our office. The children who are participating in the enrichment programs in our local schools will benefit greatly from your experiences and talents. As you know, responding to the survey will allow us to put your name in our resource file that will make your topic available to area teachers who have students interested in your subject area. We truly appreciate your willingness to share your experience with out students, especially in light of your busy schedule.

Since we have found that the best resource speakers are those how are familiar with the teacher's goals, and who know to expect, the following guidelines have been compiled to assist you

COMMUNITY RESOURCES SURVEY

Directions: Please scan this list in search of subjects that reflect your personal interests, skills, talents or experiences. Circle any subjects which you fell able to discuss with interested sudents.

Social Sciences		
1. Anthropology	44. Urban Development/City Planning	83. Astronomy
2. Alcohol and Drugs	45. Wars	84. Biology
3. American Culture	46. Women's Rights	85. Biorhythms/Chronobiology
4. History	47. Wild West	86. Birds
5. Amish	48. World Affairs	87. Botany
6. Archaeology	49. World Travels	88. Chemistry
7. Black History	(________)	89. Conservation
		90. Dinosaurs

TEACHER CHECKLIST FOR RESOURCE SPEAKERS

1. Be sure the speaker has some background about your class such as age, size and level. Request background for class preparation.

2. Be certain that you check any special arrangements or equipment requested. In the case of mechanical equipment, please make sure that it is in working order.

RESOURCE DIRECTORY REQUEST

Please complete a separate request for each listing. Allow two full weeks advance notice for all requests. Please print or type.

TEACHER ____________ GRADE OR SUBJECT ________
SCHOOL ____________ ROOM NUMBER ________
LISTING DESIRED ____________ CAT. # ________
DATE REQUESTED ________ TIME ________ ROOM # ________
PREFERRED
ALTERNATE
ALTERNATE
CLASS SIZE ________
TEACHER'S HOME PHONE ____________ MOST CONVENIENT TIME TO CONTACT ________

(DO NOT WRITE BELOW THIS LINE)

RESOURCE CONFIRMATION
Your resource person has been scheduled:
DATE ____________ TIME ________ ROOM ________
RESOURCE CONTACT PERSON ____________
ADDRESS ____________
PLEASE CALL RESOURCE AT ____________
PREFERRED TIME TO CALL ____________
SPECIAL ARRANGEMENT OR EQUIPMENT NEEDED ____________
LENGTH OF PRESENTATION ____________

누가 심화팀 회장으로 활동해야 하는가?

학교전체 심화교수 전문가들이 있으면, 이 사람을 심화팀의 회장으로 하고 정규적으로 회의를 갖는 것이 바람직한데, 그 이유는 자료실 교사가 종종 교실 교사보다 시간 면에서 융통적이기 때문이다. 회장은 민주적인 의사결정과정에 따라 회의를 진행하고 팀 구성원들과 일반 교직원들이 담당할 책임을 공유할 수 있도록 업무를 분할한다. 심화팀의 주요 성공적인 기능은 바로 과제를 구체화하고 팀 구성원 간 작업을 분할하는 것이다. 이러한 과정을 돕기 위해 일련의 "행동 양식"(Action Form: Renzulli & Reis, 1985, 옆 난 참조)을 개발하였다. 팀구성원들이 단지 상대적으로 작은 부분의 시간만 할애할 수 있기 때문에, 본질적으로 최소한 시간을 들여서 수행할 수 있는 활동으로 과제를 분담해 주어야 한다. 만약 자료실 교사나 심화 전문가가 학교에 없다면, 교직원과 잘 지내는 사람을 의장으로 선출하는 것이 바람직하다. 의장이 된 사람은 정규적으로 계획된 시간 외에 심화팀의 업무를 조직할 자유시간을 갖는다. 행정가는 일주일에 2~3 시간을 의장에게 배정해 주어 전 교직원에게 중요한 메시지를 전달할 시간적 여유를 배려한다. 메시지는 다음과 같다: 여러분이 하시는 일에 감사드리며 이 과제를 완수하고자 하는 여러분의 노고를 지원합니다.

팀은 얼마나 자주 만나고 무엇을 수행하는가?

처음 팀을 시작할 때, 처음 한 달 혹은 두 달은 주마다 정규적으로 회의를 갖는 것이 바람직하다. 처음 회의에서, 모든 심화팀이 갖는 질문사항을 논의해야 한다. 이들 질문은 다음과 같다.

1. 주중 어느 때가 정규 심화경험을 조직하기 좋은 때인가?
2. 대부분 심화활동을 정규 교실에서 실시해야 하는가? 심화집단에서 실시해야 하는가? 연속적인 특별 서비스에서 실시해야 하는가?
3. 어떻게 교직원들이 심화경험이 폭넓고 다양하며 듣는 것 이상이라고 깨달을 수 있도록 할 것인가?
4. 주제영역마다 똑같은 대표성을 허용할 수 있도록 어떻게 심화경험을 실시할 것인가?
5. 일정 시간 동안 얼마나 많은 심화경험을 조직해야 하는가?
6. 정규 수업일수에 최소한 피해를 미치지 않도록 어떻게 활동을 조직할 것인가?
7. 어떻게 가능한 한 많은 교직원을 참여하도록 할 것인가?

팀 구성원을 선택하는 기준

- 변화에 대한 책임
- 혁신에 대한 명성
- 무언가 일으키는 능력
- 에너지와 지구력
- 과거 수행이나 다른 사람의 지각에 기초한 지도력
- 참을성

Gene Maeroff, 1993

8. 어떻게 부모, 지역사회 구성원과 기관을 모집할 것인가?
9. 어떻게 심화활동의 효과를 평가할 것인가?
10. 어떻게 심화팀을 시작할 수 있는가?

심화팀을 처음으로 시작한 해엔 위의 질문을 다룰 조직적인 시간이 필요하다. 위의 질문에 대한 대답은 학교마다, 학교 크기, 심화 활동공간 이용성, 교직원의 융통성, 심화 프로그램에 대한 행정가의 태도 및 심화팀이 함께 작업할 수 있는 시간에 따라 다양하다. 본 장 끝에서 살펴볼 참조자료 지침은 심화팀의 역할, 기능과 관련된 질문사항에 대해 실질적으로 조언을 제공할 것이다.

전문성 개발 모델

> **학교전체 심화모델의 목적 3**
>
> "모든 학교직원의 연속적, 반성적, 성장 지향적인 전문성을 신장한다."

비록 학교가 주요 형식적 교육기관이라고 하지만, 전문적인 교육에 관한한, 어떻게 가장 효과적으로 학습하는지 그리고 어떤 조건에서 지식을 새로운 상황에 적용하는지 알려진 바와 상치되고 있다. John Goodlad가 지적했듯이, 오늘날 학교는 전환기 학교와 유사한 점이 있다(Goodlad, 1983, 1984). 창출하고자 하는 학교 유형과 직접적인 관련성을 갖는 교사를 준비시키는 방법을 재연구해야 한다. 전문성 개발 모델 원리인 목적 3에서, 개발 모델을 다음과 같이 제시하였다: 기술-지향적인 워크숍에 집중하는 "구식" 훈련은 현실적이고 지속적으로 학교를 향상하는데 부적절하다. 그러나 전문가 개발역사와 전문성을 향상시키는 과제는 변화과정 그 자체에 대한 주의와 이해를 갖고 접근해야 된다. 질적으로 빈약한 훈련에 거의 끊임없이 많은 시간을 들였고, 새로 획득한 기술을 적용할 수 없게 만드는 외적 제한과 이들 훈련에서 의사결정자가 아닌 수용자로서 교사가 담당하는 역할로 인해 전문성 개발문제에 대해 회의적인 입장이 있어 왔다. 교직원의 전문성을 향상시키는 복잡한 문제에 마술적인 해결방안이 있을 것이라 믿지 않기 때문에, 전문성 개발에 대해 "책을 다시 쓰려고" 하지 않는다. 그렇지만 SEM 맥락 안에서 학교향상을 효과적으로 가져올 얼마간의 일반적인 제안점을 제공하고자 한다.

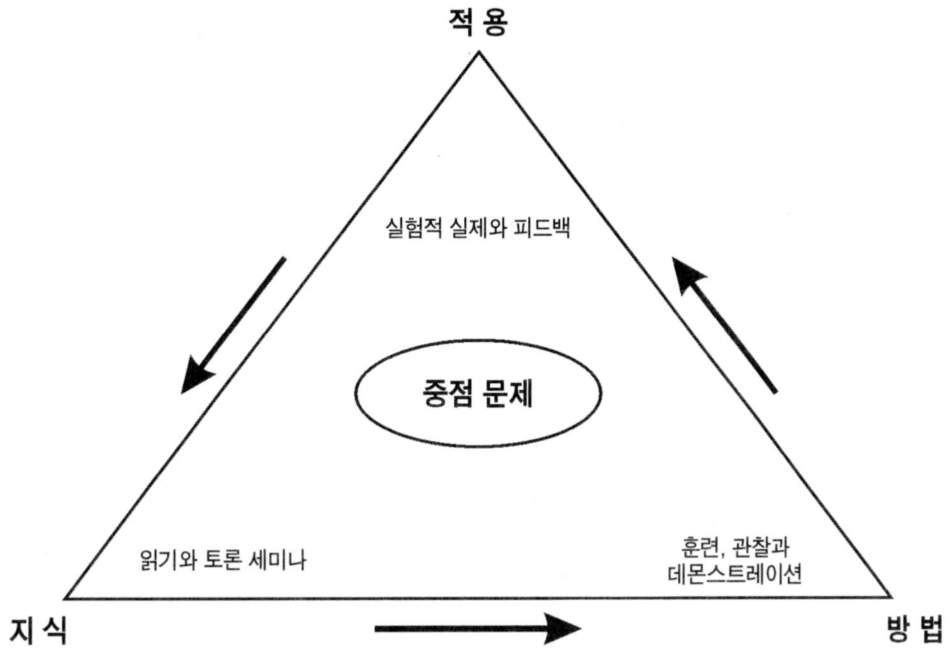

[도표 17] 전문성 개발 삼각형.

SEM의 전문성 개발모델은 다음의 세 가지 과정에 근거한다: (1) 이론, 교육 및 교육과정 지식에 대한 실질적인 연구, (2) 특정 교수 및 교육과정 자료를 실시하는 방법에 주안점을 둔 기술-지향 훈련, (3) 상대적으로 비제한적이고 비위협적인 실험 상황에서 지식과 방법을 적용할 기회. 본 모델을 도식적으로 나타내면 [도표 17]과 같고, 전문성 개발모델을 사용하는 절차는 다음 섹션에서 기술할 것이다. 학교 내 집단은 전문성 개발문제에 대한 의사결정을 내리는 운영위원회의 역할을 하며 이들 집단은 여러 교직원, 행정가와 부모 하위집단을 대표하는 개인 혹은 팀으로부터 의견을 수렴한다. 주안점을 둘 주제를 결정하는 주요 기준은 그 주제가 SEM의 요소와 어떻게 관련되는가 하는 점이다. 예를 들어, 교육과정 수정문제와 교육과정압축에 대한 관련이론과 연구정보는 교직원 토론에서 주제로 사용될 수 있다.

지식 세미나

모델의 지식요소는 본래 교사개발 과정의 출발점으로 아이디어, 주제, 교육과정 문제 및 교수 방법 등 학교향상에 초점을 맞춘 것들이다. 이것은 바로 SEM을 탐색해 보는 것처럼 일종의 거시적 변화의 초기점으로서, 그 다음은 미시적 변화인, 전문성 개발이 뒤를 따른다. 주제를 도입하고 개인적으로 읽을 배경자료를 나눠준 다음에, 소집단 세미나를 실시하여 그 주제가 만들어낼 전반적인 파생물에 대해 토론한다. 세미나를 조직하는 사람은 또한 그 주제와 관련된 연구나 이론들, 자료목록을 쉽게 얻을 수 있도록 방법을 제시하고 선택할 배경자료를 더 알아보도록 유도한다. 세미나는 두 가지 기본 규칙이 있다. 첫째, 세미나를 중점 주제의 이론과 교육적 장점을 함께 조사하는 "전문적인 지역사회"로 생각해야 한다. 주요 질문은: "이것이(예: 방법, 교육과정 자료, 운영절차, 대안적 집단구성 등) 학습을 향상시킬 것인가?" "이것이 학생의 삶에 중요한가?" "이것이 학교를 보다 좋은 곳으로 만들 것인가?"이다. 이론적 문제에 초점을 둠으로써, 글쎄라고 말하는 사람의 말 때문에 새로운 아이디어를 나중에 고려하거나 이에 "지나치게" 연루되는 것을 피할 수 있다. 대부분 교사가 갖고 있는 부정적인 태도는 의사결정을 내릴 주요 문제를 토론해 볼 기회가 없었기 때문이다. 정책 입안자들이 이론적 문제를 고려하고 새롭게 실행해 볼 것을 결정한 후에야 전문성은 변화시도에 책임소재를 갖는 것이 전통이었다. 너무 많은 교사와 행정가들이 변화에 대해 부정적인 입장을 취하고, 어떤 경우엔, 심지어 그들에게 부과된 변화를 손상시키는 것조차도 당연시 한다.

> **Dateline: New York City**
>
> **개혁에서 배재된 교사**
>
> 지난 10년간 학교 개혁을 주장하였지만, 거의 60%의 공립학교 교사들은 중요한 변화를 보지 못하였다고 말했다. 포드 재단 교육과 문화부 디렉터인 Allison Bernstein이 말하길 "이 연구가 보여준 것은 교사가 학교 개혁을 논의하는 자리에 참여해야 한다는 것이다" 그리고 "여론과 상반되게, 교사는 개혁에 저항하지 않는다. 그리고 위에서부터 아래로 내려오는 방법은 성공할 수 없다고 생각한다"라고 말했다.
>
> Samuel Weiss, 1993

또 다른 교육상의 전통은 교사가 "교사 워크숍"에 가고, 행정가는 "행정가 워크숍"에 가는 것이다. 이들 전통은 우리편과 다른편 징후를 영속화하여 서로 의사소통을 약화시키며 문제에 대한 이해결핍을 가져온다. 교사, 행정가와 장학관은 이 전문성 개발 과정의 세 가지 면에 참여해야 한다. Maeroff (1993, 8장 참고 자료 참조)는 최근 연구에서 행정가와 교사 간 협동이 갖는 이점을 보고하였다. 행정가와 교사의 팀웍은 "공통의 확신과 리더십의 과중한 업무를 기꺼이 수용하도록 할 뿐 아니라 또한 잘못된 의사소통 가능성을 줄인다"(p. 87).

효과적인 활동과정을 위한 두 번째 규칙은 모든 사람의 의견을 존중해야 한다는 것이다. 만약, 행정가, 노동연합 대표나 높은 지위에 있는 교사들에게 "위치를 주고", 공개적인 미묘한 메시지를 주어 교사역할을 축소한다면 이러한 과정은 처음부터 잘못될 것이다. 교사가 행정가들이 "실제교실 상황을 이해하지 못한다"는 부정적인 메시지를 갖고 있다면, 이 과정 또한 학교를 향상시키려는 시도를 무색하게 할 것이다.

지식 세미나는 실제문제와 해결책을 언급하는 과정의 일부지만 전문성 개발 과정에서 지식 세미나가 갖는 주요목적은 실제 학교 직원의 업무상에 결핍되어 있는 지적이고 창의적인 사고를 위한 매개물을 제공하는데 있다. SEM과 관련하여 전문성 개발에 참여한 교사와 행정가에게 이런 류의 세미나를 실시하여 다음의 두 가지 반응을 볼 수 있었다. 첫째, 실제가들은 일관적으로 이론적 논지에 대한 아이디어와 개념을 다룸으로써 참신하게 "교사 훈련"을 시작하였다고 말했다. 한 교사는 "누군가 내 생각을 실제 사용할 것이라고 기대한 적은 대학졸업 후 처음이다"라고 말했다. 또 다른 교사는 "항상 무언가 다른 것을 해 보라고 하지만 왜 그것을 하고 있는지 그것을 하면 무엇이 좋은지 보여주는 연구를 볼 기회가 없었다"라고 토로하였다.

둘째, 기대했던 것 이상으로 많은 교사와 행정가들이 이론과 교육적 논지에 대한

Dateline: Louisville, Kentucky

Louisville에 있는 Jefferson County 공립학교/Gheens 전문학교는 직접 각 학교를 혁신하는데 교사와 행정가의 전문성 개발을 연결지었다는 점에서 국가적인 지목을 받았다. 모든 수준의 교육(42개 학교: 18개 초등학교, 12개 중학교와 12개 고등학교)에서 체계적으로 개혁에 참여한 학교(예: 집단 1 학교)는 비교집단보다 월등하였다.

- 집단 1학교는 C.T.B.S.에서 학생점수가 50퍼센타일 그 이상을 상회하였다. 집단 2 학생의 50% 시간과 집단 3 학생의 58%와 비교할 때 집단 1 학생은 88%의 시간이다.
- 집단 2 학생은 2.6% 그리고 집단 3 학생은 5.5%에 비해 집단 1 학생은 C. T. B. S.에서 연간 8.3% 평균이 향상되었다.
- 학생, 부모 참석률 및 학생만족도와 부모 참여가 증가하였다–그리고 학생 정학과 유급률은 집단 1학교에선 83% 감소하였다. 집단 2와 집단 3에서 각각 44%와 50% 증가하였다.

Lynn Olson, 1992

토론에서 지적으로 도전을 받는다. 일반적으로 정책입안자와 행정가들은 교사능력과 관심을 과소평가해 왔고 대학과정이 종종 학교향상 활동과 아무런 상관이 없다고 보아왔다. 확실히 처음엔 이 과정을 쉽게 그리고 자연스럽게 진행할 수 없었다. 그러므로 이와 같은 종류의 상호작용에 참여할 수 있는 경험과 기회 부족으로 교사회의 자리는 전문성 증진에 대하여 투덜거리고 의심하는 곳이 되었던 것이다. 이와 같은 전통을 극복하기 위해선 시간과 노력이 필요하다. 그렇지만 교사들이 보다 넓은 의사결정 맥락에서 이론적 논지 연구를 생각할 때, 지식 세미나는 전문성 개발에서 중요한 역할을 담당하게 된다. 전문성 교육에서 일반적으로 교사의 개념적 역할을 과소평가해 왔다; 그렇게 함으로써, 지적 그리고 창의성을 고양하고 사용할 기회를 박탈했을 뿐 아니라 또한 자신의 동기보다는 위에서 지시하는 감독의 눈치를 보는 일반 대중조직으로 전문성을 바꿔 놓았다. 일부 주와 학군에서 채택한 복잡한 교사평가체제는 창의적, 반응적, 학생 중심 교수보단 이미 기술되어 있는 공식에 따라 가르치는 교사에게 높은 점수를 매겨 왔다. 이와 같은 평가 체제를 채택한 한 주에서, 여러 교사들은 그들이 모든 레슨에서 미리 기술된 단계를 사용하지 않았다는 이유로 낮은 평가를 받았다. 지식 세미나는 실질자들로 하여금 이론적 논지와 그들의 업무기초가 되는 연구물을 연구, 조사하도록 허용함으로써, 교수 전문성을 증진시킨다.

> 교육적 변화를 추구하는 맥락은 모든 것이다. 대부분 정책이 근거하고 가정을 세우는 맥락은 네트워크가 제공하는 대안책을 고려하지 않는다. 개인에 초점을 두고 그들에게 새로운 기술과 관점을 제공하는 대신, 네트워크는 교사와 학습자 간의 의사소통을 세우는 데 주안점을 둔다. 따라서 중요한 것은 운영과 통제가 아닌 서로가 동의하는 관점에서 교사 네트워크에 접근하는 것이다.
>
> Ann Leiberman & Milbrey W. McLaughlin, 1992

방법론 워크숍

전문성 개발 삼각형의 방법론에 대한 워크숍은 교사와 교직원에게 가장 익숙한 것이다. 방법론 워크숍은 대개 새로운 교수와 운영기술을 획득하고 특별한 교수자료 사용에 초점을 맞춘다. 대부분 이 영역에서의 훈련은 워크숍 상황에서 정보를 제공함으로써 이루어진다. 똑같이 중요하면서도 가장 덜 사용되는 접근법은 이들 기술이 교실에 적합한지 관찰하거나 성인 청중이 학생역할을 가정하고 레슨에 참여해 보는 것이다. 이들 세 가지 접근법의 효과는 다른 것과 함께 사용할 때, 증진되며 그 효과는 방법론에 대한 워크숍이 가능할 때마다 시범교수와 참여자들이 특별한 기술을 연습하게 되면 더욱 증진된다.

학교향상의 바람직한 결과 중 하나는 교직원 개발자료가 점차 많아지고 있다는 점이다. 비디오 훈련 테이프와 상호위성 의사소통을 사용함으로써 지역 전문가가 부족한 학교와 값비싼 초청비가 여의치 않는 학교에 높은 수준의 전문성 훈련을 제공할 수 있다. 본 책의 참고자료 지침 또한 방법론 워크숍 자료를 수록하고 있다. 그러나 전문성 개발 위원회는 모든 교직원에게 주제, 초청강사와 훈련 자료를 요청하여 교사가 흥미를 느끼는 분야에서 교사훈련을 마련해야 한다.

> 교사학습에 대한 투자는 궁극적으로 학생 학습에 대한 연료이다.
>
> Ann Leiberman, Linda Darling-Hammond, & Diane Zuckerman, 1991

교사훈련은 방법획득에 초점을 맞추었고 또한 많은 비판을 받아 왔으며 시간을 낭비하였다. 대부분 교사들은 실망스런 워크숍, 지루한 강사, 그리고 관심도 없는 주제훈련 섹션에 강요받아서 참석한 경험이 있다. 비록 현재 훈련이 받고 있는 모든 비난을 극복하기가 어렵더라도, 과거의 실수를 피하고 방법론 차원에서 훈련효과를 증진하려고 할 때 염두에 두어야 할 네 가지 사항이 있다. 첫째, 학교 지역사회 모든 사람들은 현재 훈련을 계획하는데 직접적으로든 간접적으로든 참여해야 한다. 둘째, 훈련자와 훈련자료에 경험이 있는 개인 및 집단은 양질의 훈련자와 훈련자료를 조사해야 한다. 셋째, 훈련 섹션의 과거 학습경험에 대한 분석시간을 마련하여 전반적인 학교 목적 맥락에 따른 훈련의 가치를 생각해 본다. 마지막으로, 교사뿐 아니라 행정가와 부모는 방법론 워크숍에 참석해야 하며 교사와 부모 대표자들은 특히 행정가를 초점으로 한 워크숍에 참여해야 한다.

다음 두 가지 규칙은 모든 방법론 워크숍의 기초이다. 첫째, 학교향상을 위해 이미 채택된 모델이나 계획에 적합한 워크숍을 제공해야 한다. 이 기본규칙은 교사개발 시 허울 좋은 접근법을 피할 수 있도록 돕는다. 지금까지 전문가들은 생각을 행동으로 옮기는데 필요한 방법, 자료나 방법론에 대한 것은 거의 없고, 만병통치약이나 실행하기 어려운 목록을 제시하는 말재간 있는 상담자로부터 피해를 받았다. 기본 규칙을 통해, 임시변통의 교사 개발이 아닌 포괄적인 학교향상을 지향하는 연속성과 통합성을 보장할 수 있다.

두 번째 기본 규칙으로, 운영위원회는 방법론 훈련을 제시하고 대부분의 교직원은 그것을 인정해야 한다는 점이다. 이 기본 규칙을 통해서, 위에서 아래로 내려오는 의사결정으로부터 벗어나 교사가 참여할 수 있게 되고, 지식세미나를 방법론 워크숍과 연계할 수 있다. 전 교직원이 전반적인 계획이나 모델 맥락에서 훈련 기회를 조사하고 이론 및 교육적 논지에 대한 토론에 따라 어떤 요구를 지각하였을 때, 전문성 개발의 성공여지가 높아질 것이다.

> 충분히 점화된 생각들이 어떤 방향으로 집결될 때 체계는 변하게 된다. 이것은 바로 위에서 아래로 내려오는 구조적 변화가 적용되지 않는 이유이다. 체계문화에 변화를 유도하는 지름길은 없기 때문에 어떤 문제도 위임할 수 없다. 그렇지만 똑같은 생각을 가진 변화로 돌진하는 사람들은 서로 뜻이 통한다.
>
> Michael Fullan, 1993

현직 서비스와의 "적합성" 및 요구를 교육자 토론 및 도구의 도움을 받아서 평가할 수 있다. Schlichter와 Olenchak(1992)는 SEM을 사용하는 학교의 현재 요구를 파악할 수 있는 도구를 개발하였다. 광범위한 인터뷰와 모델 및 심화 교수실제에 대한 문헌을 개관함으로써, 항목들을 개발하고 3곳의 학교에서 현장검증하였다. 중앙치와 분산도를 계산하고 요인분석을 실시하여 유의한 요인수를 결정하였다. 4개 영역이 교사개발을 준비할 때 고려할 주요 범주로 확인되었다. 이들 영역은 다음과 같다: 학교 변화 준비하기; 3부 심화 연구에 초점 맞추기; 모든 학생을 위해 심화학습을 조직하고 제공하기; 개별 학생의 흥미를 자극하기. 최종 도구는 5점 리커르트 척도의 24개 항목으로 구성된다. Schoolwide Enrichment Teachers' Ratings of Appraised Inservice Needs (SE-TRAIN)이란 이름의 도구를 부록 C에 수록하였다. 현재 요구를 조사하는 것 외에, Concerns-Based Adoption Model(CBAM; Hall, George, & Rutherford, 1979)과 같은 일반적인 접근법도 교사개발 요구에 방향성을 제공할 수 있다. CBAM은 35개의 항목의 Stages of Concern Questionnaire 설문 도구를 사용하여 새로운 실제를 채택할 때 고려할 7개 단계를 조사한다: 실제에 대한 자각; 실제 수반하게 될 것에 대한 정보; 개인적 관심사와 비확실성; 시간과 논리에 대한 운영적 관심; 학생에게 미칠 영향에 대한 결과관심; 협동에 대한 시사점; 대체하고 변경할 새로운 아이디어에 재집중하기. 개별 프로파일은 새로 채택하거나 실시 중에 필요할 지원에 대한 목적을 진단하는데 사용할 수 있다.

적용상황

> 미국 교사가 얼마나 시간이 없는지 베이징에서 회의하는 동안 직접 교사를 만났을 때, 알게 되었다. 우리는 교사의 업무를 비교하였다. 중국 교사에게 미국 교사가 하루 종일, 단지 하루 한두 시간만 교실 밖에 있고, 교실을 책임지고 있다는 것을 알려주었을 때, 그들은 의심하는 것 같았다. 교실 밖에서 레슨을 준비하고 수정할 시간이 없고, 개별 학생과 활동하고, 다른 교사와 상담하고, 하루 동안 생기는 문제에 관여하지 않고 어떻게 좋은 일을 할 것으로 기대할 수 있는가! … 일본의 상황도 비슷하다. 우리의 평가에 따르면, 일본 초등학교 교사는 단지 학교에 있는 시간의 60%만 교실을 책임진다.
>
> James Stigler & Harold Stevenson, 1991

좋은 교수에 대해 배운 것을 적용할 기회를 교사에게 제공하지 못하기 때문에, 학습에 대해 알고 있는 바를 적용하여 교수를 향상시키지 못하는 것이다. 거의 모든 교사들은 수 백 시간의 훈련을 받았지만, 교실에서 이러한 변화가 지속되는 경우는 드물다. 외적 규제, 교과서와 표준화 검사의 영향 등으로 인해 교사훈련은 그 영향력이 제한될 수밖에 없다. 새롭게 획득한 기술을 오랫동안 사용하지 않는 또 다른 이유는 지지적이고 비위협적인 환경에서 새로운 기술을 실시하고 정련할 기회가 적기 때문이다. "돌을 연마한다"라는 비유처럼, Stigler와 Stevenson(1991)은 가장 성공적인 아시아 교사들의 특징 중 하나가 레슨을 거의 완벽한 수준까지 시간을 들여 닦고 연마하는 것이라고 보고하였다. 게다가 동료교사와 교수법과 방법에 대해 토론할 뿐 아니라 자신의 교수활동에 대해 끊임없이 조사한다. "일본 공공방송은 교사가 어떻게 특정 레슨 및 개념을 다루는지 보여주는 프로그램을 방영한다"(Stigler & Stevenson, 1991, p. 46).

SEM 전문성 개발 3번째 차원은 새롭게 시작한 교수방법과 관련하여 관심과 문제들을 토론하고 적용할 상황 및 기회를 제공하는 것이다. 이와 같은 반성적 교수는 위에서 언급한 지식기초와 방법론을 이용하여, 학생들에게도 똑같은 원리를 적용하는 것이다. 적용상황은 SEM의 심화집단 형식으로 구성된다. 몇 년 동안 함께 작업한 교사를 볼 때, 반성적 교수와 심화집단의 특징인 구조성 부족사이를 연계하는 실마리를 찾을 수 있다. 특별 프로그램(예: 토요일 심화반, 4-H 프로그램, 과학, 연극 및 음악 경진대회 준비)을 지도하거나 교육과정 외 활동의 리더거나 코치인 사람이면 형식적인 교실 교수와는 다른 것을 한다. 첫째, 주요 목적은 높은 질의 산출물과 서비스를 창출하는 것이다. 둘째, 교사 머리 위를 맴도는 완전학습 시험이나 점수매기는 것이 없다. 셋째, 성인은 앞에서 지도하는 지시자가 아니라 인도하는 동반자의 역할을 수행한다. 이와 같은 상황은 학생과 성인 간 질적으로 다른 관계를 지칭하므로,[1] 다른 학습모형을 사용할 필요가 있다. 이와 같은 상황에서 가르침으로써 정규 교실 교수 상황에 적용가능한 기술을 개발할 수 있다. 심화집단은 의도적으로 다른 "류"의 학습을 제공하고자 개발되었으므로, 또한 정규교육과정에 대개 부과되는 강요가 없는 자유로운 분위기에서 새로운 기술을 연습하고 정련해 보는 실험실의 역할을 한다.

> 반성은 행동, 결정 혹은 결과를 분석하고 연습하는 행위를 말한다. … 행위에 대한 반성은 연습에 대한 반성이고 행동과 사고에 대한 반성으로, 행동이 완성된 후에 시작된다. 행동에 대한 반성은 현상과 행동 중간에 생각하고 행동하는 자발적인 방식이다. … 행위에 대한 반성은 이전 반성의 바람직한 결과이다. 과거에 경험한 것을 다시 생각해 보고 상위 인지적으로 과정을 인식하며 미래를 인도할 반성을 시작한다. 그러므로 반성은 모든 시간을 포괄하는 과정으로 우리 미래 행위를 알려주는 지식을 창출한다.
>
> Joellen Killon & Guy Todnem, 1991

그러나 이와 같은 실험 상황을 이용하기 위해선 부가적인 요소와 무분별한 전문성 개발보다는 체계적인 요소가 필요하다. 교사는 자신의 교수 실제에 대해 토론하고 반성할 기회가 필요하다. 그러기 위해선, 시간을 마련하여 서로 교수에 대해 토론하는 솔직한 분위기를 마련해야 한다. 역사적으로 "매우 사적인 교실" 로서 취급할 때 이것은 어렵다. 교수에 대한 두 가지 주요 금기에 대해 살펴보겠다: "교사가 가르치고 있는 동안 그 교사의 교실에 들어가서는 안 된다", "동료 교사와 방법을 토론하지 말라." 이와 같은 옛 금기를 극복할 쉬운 방법은 없다; 그렇지만, 최근 많은 특별한 책략이 있어 교직원들끼리 서로 상담하고 공감을 갖도록 이끌어 주는 집단구성 지침이 있다.

『Team Building for School Change: Equipping Teachers for New Roles』라는 제목의 책에서, Maeroff(1993)는 학교개혁 실패 원인이 변화과정에서 교사의 역할을 간과하는 경향 때문인 것으로 언급하였다. Maeroff는 학교 개혁자들을, "핸들 위에 앉을 사람에게 미칠 영향을 고려하지 않고 자동차를 검사하는" 신형 차 디자이너에 비교하였다(p. 2). 의미 있고 지속적인 교육변화를 시작하기 위해선, Maeroff는 교사와 교장을 한 팀으로 구성하여 학교개혁에 필요한 변화를 도모하도록 훈련할 것을 제안하였다. 본 지침서는 팀 구성원을 어떻게 선택하고 훈련하는지 설명하고, 그들 삶을 개발하는 단계와 새로운 팀이 변화를 도모할 때 직면할 장애를 파악하는 방안을 설명한다. Maeroff의 연구는 교육상에 필요한 실제-관련 연구의 한 예로서; 보다 깊이 있게 교육상황이 갖는 변화의 역동성을 이해하고, 학군에서 변화를 권장하고자 하는 사람을 위해 실질적인 도움을 제공한다. Maeroff의 연구는 학교 향상에서 교사가 중요한 요소임을 인식한 연구 중의 하나이다.

> 모든 사람들은 쇄신할 기회가 필요하지만 사람을 개발하는 책임은 그 모든 것이 필요하다. 우리가 하고 있는 것을 깊이 생각함으로써 보다 낳은 질문을 하고, 아무 결실 없는 일상사를 잘라내고, 예상치 못한 것과 결부하여 신선한 아이디어를 갖고 실험해 보게 된다.
>
> Ron Brandt, 1991

팀을 구성하는 것은 많은 교사들이 경험한 고립감과 비일관성을 극복하는 좋은 방법이다. 동료 코칭 모델에서 제시한 것같이 팀은 2명으로도 구성할 수 있으며(Glatthorn, 1987; Joyce & Showers, 1982; Showers, Joyce, & Bennett, 1987), 개인 선호에 따라 약간 더 커질 수도 있다. 팀을 구성할 때 가장 중요한 사항은 자신의 팀 구성원을 결정할 때 선택권을 갖는다는 것이다. 이와 같은 접근법을 통해 대개 전통적인 입지를 바탕으로 구성된 학교 위원회가 갖는 문제들을 극복할 수 있다. 팀은 개인의 가장 전문적인 부분을 조사하는 기능이 있기 때문에, 팀 구성원은 서로 신뢰하는 것이 중요하다!

이와 같은 접근법의 경영 및 산업의 성공적인 사례는, 즉 능률, 효과, 동기와 관련된 문제를 해결하는 팀에서 찾아볼 수 있다. 비록 민주적 학교운영에 대한 문헌들이 정책과 운영문제에 초점을 맞추고 있지만, 팀 접근법은 특히 직접적으로 교수를 향상시키고자 할 때 적용될 수 있다. 공립 및 사립연구기관이 직면한 주요 현실은 과제를 실행하고 향상시키는 방법을 가장 잘 알고 접근하는 사람에 대한 것이다. 학교와 SEM의 핵심은 바로 학습활동이다. 후에, 민주적 학교 운영과 관련된 구성문제를 살펴볼 것이다. 비록 팀 사용 과정엔 공통점이 있지만, 여기서 주된 관심사는 팀 책략을 학습과정에 적용하는 것이다. 본 장 끝, 참고자료 지침은 특히 교사가 협동적으로 교수법을 향상하고자 할 때 적용할 수 있는 동료 코칭과 팀 구성에 대한 참조자료이다.

또 다른 종류의 전문성

비록 학교향상에 대한 점진적이고 혁신적인 접근법을 옹호해 왔지만, 전문성 개발에 대한 관심사 중 하나는 학교향상에서 자신의 역할을 확장하고자 하는 교사들을 성장시키는 것이다. 전체 질적인 운영과 관련하여 서비스의 효과를 향상하는 기본적인 요소는 보상구조이다. SEM 맥락 내에서 보상구조는 두 가지 운영 원리에 기초한다. 첫 번째 원리로는 업무 수행은 수행하는 그 업무에 가장 가깝게 있는 사람의 경험과 노하우를 이용함으로써 가장 잘 향상된다는 접근법이다. 교사 내에, 인식하지 못하고 아직 조사하지 않은 엄청난 전문성이 있지만, 이런 재능은 대개 교사 역할이 교실 내에서 하는 활동으로 제한되기 때문에 아직 개발되지 않고 남아있다. 많은 교사들은 전문적인 지도성을 공적인 지도성(예: 행정가, 장학사, 교사개발 전문가)을 수행하는 사람이나 전문적인 활동을 하는 사람(예: 연구자, 교수, 외부 상담자)에게 "속한" 것으로 생각한다. 비록 이들이 교수와 학습과정을 향상시킬 전문성을 가지고 있을지라도, 이들은 교실에서 매일 벌어지는 것을 멀리서 담당하는 역할을 한다. 만일 어떤 일에 가장 가까운 사람이 그 일을 향상하고 개선할 방법을 잘 알고 있다면, 교사들이야말로 학습과정에 있어서 주도적인 활동을 추구할 기회를 마련하기 위한 방안을 강구해야 한다.

두 번째 전체 질적인 운영 원리는 조직에 대해 뛰어난 기여를 하면 그에 상응하게 보상을 받아야 한다는 것이다. "뛰어난 기여"란 단순히 자신의 성

교수 전문성 회복: 건조기* 속의 반성

Roland Barth에 의하면 교수병폐는 "무기력, 분노, 좌절과 패배감"으로서, 이것들이 호기심, 열정 및 오늘날 대부분 교사의 자기 확신감을 약화시킨다. 무기력은 부분적으로 교실을 지도하는 사람에게 부가된 과중한 조건과 요구 때문이다. 분노와 패배감은 자신의 환경에 대한 통제상실과 관계가 있으며 패배감과 분노는 자신들이 "뜨겁고, 덜커덩거리고, 어둡고, 혼잡한 건조기 안에 있는 오래된 테니스 신발"같다는 생각에서 비롯된다. 분명히, 교사는 더 이상 학교가 흥미 있고 가치로운 곳이라는 비전을 믿지 않는다. 교사를 재충전하고 교수 전문성을 회복하는 유일한 방법은 스스로 무언가를 하는 것이며, Barth는 이러한 회복을 3 단계 과정으로 기술하였다. 첫째, 교사는 깊은 곳에 봉해진 학교의 비전을 다시 자각할 필요가 있다. 둘째, 교사는 학교에 대해 갖고 있는 개인적인 비전을 교실, 교육과정과 교육학 연구에도 적용해야 한다. 교사는 내용과 교수 책략을 조사하고 위험을 감수하고 심지어 혁명자가 되어야 한다. 교사가 자신의 실제에 대해 반성하고, 조사하고, 도전할 때, 교사가 잃어버렸던 전문성을 풍부하게 할 비전을 만들 수 있다. 셋째, 교사는 자신의 예술적 기교를 공유하고 학교개혁을 알려야 한다.

A. T. Lockwood(1992), Becoming school leaders. In Focus in Change, 9, 8-11에서 인용*

취를 향상시키는 것 그 이상을 의미한다. 오히려 조직의 업무를 보다 좋게 만드는 방안을 생각하거나, 모든 사람의 성취향상 방법을 제안하는 것이다. 교사의 업무나 학교향상을 위해 자료나 조직적인 구조를 높은 수준에서 창출하고자 하는 교사에게 포상을 주는 전통은 없었다. "교사 전문성 성장"을 언급할 때마다, 거의 항상 교실 내로 제한하여 훈련을 받는 수령자로서 교사를 언급해 왔다.

정말, 보너스나 "진급" 형태의 포상을 제공하고자 하는 시도가 전문성 내에 있지만, 이들 시도도 그렇게 성공적이지 않다. 어떤 경우에, 이들 접근법은 교사 도덕성과 교사들의 대인 관계를 악화시키는 결과를 가져올 뿐이다. 교수 복잡성과 의무, 교사와 상호작용하는 사람의 다양성, 관찰 정보의 주관성 및 업무 조건의 다양성으로 인해 교실에서 볼 수 있는 교사의 성취에 근거하여 보상할 수 있는 공정한 체계를 마련하는 것은 불가능하다. 그러나 운동코치나 정규교수 외 보충 업무를 하는 사람들에게 오랫동안 사용해온 보상체계를 모방하여 포상하고자 하는 접근법이 있다. 이와 같은 경우에, 포상체계는 학교 및 학군의 학습의 질을 향상시키는 데 없어서는 안 되는 양질의 전문성을 개발하는 방향을 지향하게 된다.

> 지난 10년 동안 피곤하고 지친 교직원과 교사들의 실제를 스크랩해야 한다. 봉급인상 때만이 교사의 노고를 보상할 것이다. 이와 같은 문제는 개혁안건에 계속 제기되고 있다. 그러나 현재 실상이 진정으로 교수 전문성을 세우고자 하는 노력을 무력하게 하기 때문에, 이것도 해결되지 않을 것이다. 보다 높은 교육에서는, 교수지원자, 여러 학업 순위, 뚜렷이 구분되는 전문성 및 권한 직이 있다. … 지치고 시들한 개인의 패턴은 곧 사라지기 시작할 것이다—빠를수록 좋다.
>
> Terrel H. Bell, 1993

여기서 제시한 절차는 교육분야 내 두 가지 수준의 전문성 조사를 통해서 가장 잘 이해할 수 있다. 수준 1 전문가는 자신 분야의 기술 및 윤리적 기준을 따르는 자격이 충분한 전문가이다. 모든 교사들은 이와 같은 수준의 전문성을 성취해야 하며, 자신 분야의 기술과 윤리적 기준을 따르지 않는 사람은 아마 전문성을 상실했다고 말할 수 있다.

수준 2 전문가는 자신 분야의 기술과 윤리적 기준을 따르지만, 또한 창의적이며 생산적인 방식으로 그 분야에 기여하는 자이다. 교수 전문성 기여를 보여주는 예로는, 혁신적인 교육과정 자료 개발, 새로운 교수 책략을 보여주는 교수 레슨을 시범적으로 실시, 교사개발에서 질적으로 높은 전문성 수준을 개발하고 특별 프로그램과 서비스 개발과 관련하여 지도성을 발휘, 혁신적인 스케줄 기술을 조직, 비학교 조직, 기업 및 문화기관의 협조를 얻어 특별한 매개물을 만드는 것 등이다. 이와 같은 전문성은 3부 심화 활동을 하는 학생들에게 적용되던 업무와 똑같은 종류의 것이다. 위 유형의 활동을 양질의 통제기제 하에서 수행하기 위해선, 경쟁적인 산업세계에서 생산품의 질을 평가할 때 사용되는 "시장 경쟁" 모델을 따라야 한다. 한 가지 부정적인 예로 이와 같은 절차를 지향하지 않는 방식을 지적해 볼 수 있다.

학군은 회계연도 말까지 "이월된(left over)" 교사개발에 책정된 예산을 가지고 있다! 교사들은 사고 기술개발과 관련된 "교육과정을 기술"하는데 여름 급료를 받는다. 교사들은 이 업무를 시작하는데 연구계획서를 작성하여 개관이나 승인을 얻을 필요가 없고, 학군에서 출판하고 배포하기 전에 외부에서 검토, 평가하고 현장 검증에 필요한 아무런 규정도 없다. 이 자료를 거의 사용하지도 않고, 심지어 이것을 개발한 사람조차도 이 자료에 아무런 열정도 없다. 따라서 실제 경쟁적인 출판 상황에서 볼 수 있는 시장의 질에 대한 기준을 고수하고 "실제 저자"의 운영체계를 따라할 동기가 거의 없다.

> 오늘날은 다르다. 연구 보조금을 받는 프로젝트 참여자로서 연구 보조금 지원 계획서를 제출한다. 우리는 너무 흥분해서 똑바로 앞을 보기 힘들다.
>
> Teacher, in Wilson, 1993

교사개발 분야에서 전문적인 지도성을 발휘하고자 하는 교사에게 어떻게 이와 같은 과정을 적용할지 긍정적인 예를 살펴보자. 도전적인 수준을 증가시킬 수 있다고 생각했기 때문에, 교육과정압축에 매우 열정적인 한 중학교 교사가 있었다. 교육과정압축의 기저 원리, 관련 연구와 절차를 약술하는 연구계획서를 준비하고 교사용 유인물, 시각적인 전시자료와 시뮬레이션 훈련 활동을 수록하고 있는 워크숍 시나리오를 저술하였다. 한시간 분량의 워크숍에서 교장과 교육과정 조정자는 이 연구계획서를 검토하였다. 워크숍 끝에 형식적인 평가질문지를 배포하고 참석자 모두의 긍정적인 반응에 기초하여 학군 내 여러 교사들에게 훈련을 실시하도록 그 교사와 "계약"을 체결하였다. 그 훈련을 실시할 시간을 따로 제공받는 것 외

> 우리가 한 것 중에서 가장 중요한 것은 교직원 라운지 밖에서 점심을 먹을 수 있도록 조정한 것이다. … 서로 웃고 울 수 있는 환경 속에서 먹고 이야기한다. 그 결과 신경과민할 때조차도 일을 시도할 수 있도록 공유하고 권장해 주는 관계를 만들 수 있었다.
>
> Teacher, in Wilson, 1993

에, 그 교사는 또한 발표마다 급료를 받았다.

이것은 전문성 신장에 기여하고자 하는 사람에게 동기를 부여하는 좋은 방법을 보여주는 예이다. 교사들끼리 어떻게 교실을 꾸려갈까 서로 경쟁을 붙이는 것보다, 이와 같은 접근법은 학교 개선에 기여하는 외적 기준에 따라 단지 그 기여도를 평가받고 보상을 받는 시장 경쟁 접근법을 따른 것이다. 확실히, 모든 사람들이 수준 2의 기여를 하는 것은 아니다. 만일 전문성에 대해 여러 유형의 기회가 주어진다면 (현직 훈련, 교육과정 개발 등), 보다 많은 교사들이 자신의 강점을 최대한 이용하는 방법을 찾아볼 것이다. 그리고 창의적인 기여가 학교 문화의 일부분이 되고 현실화될수록, 보다 많은 교사들이 참여하고자 할 것이다.

> 나는 교육자료를 만들어서 내 부서에서 그 주제를 가르치는 모든 사람에게 주었다. 나는 다른 사람에게 도움이 된다고 생각되는 정보를 찾아내는데 관심이 있다. 심지어, 내가 어떤 특정한 때에 이것을 사용할 수 없다고 해도 말이다.
>
> Teacher, in Wilson, 1993

이상의 제안점을 학교 직원에게 제시했을 때 받게 되는 질문은 "어떻게 우리가 이에 대해 지급을 할 것인가?"이다. 일부 교사개발 예산과 별도로, 실제 예산을 절약할 수 있다. 외부 강사를 초빙하는데 이례적으로 많은 예산을 들이지만, 우리 자신의 교직원의 재능을 개발하는 데는 똑같은 자원을 지원하지 않는다. 여기서 제안한 접근법은 학군을 도와 지역 전문가의 전문성을 이용할 수 있을 뿐 아니라, 또한 교사의 도덕성과 자아개념을 향상시키고, 교사 스스로 전문성에 투자하도록 동기를 부여하며 가장 중요한 학생의 학습을 신장할 수 있을 것이다.

학교전체 심화모델 네트워크(SEMNET)

> 인공 동굴 그림에서부터 인공위성과 컴퓨터를 이용한 지구촌 의사소통에 이르기까지, 다른 사람과 아이디어와 정보를 공유하는 능력이 바로 인간을 다른 종과 구분짓는다.
>
> 저자 미상

학교 향상과정의 이점 중 하나는 본 모델 사용자들이 조직적인 방식으로 요소들을 서로 공유할 수 있다는 점이다. 이와 같은 과정을 촉진하기 위해, 학교전체 심화모델 네트워크(SEMNET)를 개발하여 교사와 행정가들이 교수 자료, 프로그램 개발 조언과 책략 및 전문성 개발자료 등 여러 SEM 방법론을 공유하도록 권장한다. 뉴스레터, 컴퓨터 게시판, 훈련기관, 비디오테이프, 원격 서신교환과 일련의 모델이 선별된 전자 데이터베이스 등을 포함한다. 데이터베이스는 범주적으로 심화자료를 기술하고 이에 따라 개발하였다: 다중 문화인식을 증진하는 자료; 실제자들의 연구보고; 전문성 개발 자료; 방문지; 지역과 국가 컨설턴트 자료은행; 출판 및 기회; 주와 국가에서 개최하는 여름 프로그램, 경진대회, 인턴십, 사사제와 특별 학교. 그리고 상위 교육에 필요한 재정적 지원을 어떻게 어디서 얻는지에 대한 정보도 제공한다. 여러 SEMNET 데이터베이스에 대해 간단히 기술하면 다음과 같다. 데이터베이스의 일부 인쇄물을 4장과 7장의 참고자료 지침에 수록하였다.

- 심화자료 데이터베이스는 실제자나 부모들로 하여금 교육과정을 증진하고/가정에서 프로젝트를 실시하도록 권장하고 보다 의미 있는 학습을 조장하도록 책, 비디오, 소프트웨어, CD 롬, 시뮬레이션 및 게임명과 설명을 수록하고 있다. 사용자 편의상, 심화자료를 부가적으로 범주별로 분류할 수 있다: 내용영역, 학년 수준, 준비시간, 집단구성(예: 전체학급, 소집단 혹은 개별) 혹은 사고 기술(예: 인지와 정서훈련, 상위수준의 연구기술과 참고자료, 문어, 구어와 시각적 의사소통 기술 개발, 방법론에 대한 학습과 방법론적 훈련).
- 경시, 경진대회 외 출판 데이터베이스는 창의적이고 실제 데이터베이스의 주제이며 학생들이 유사한 산출물을 만들어 보도록 권장할 때 사용할 수 있는 출판 기회명과 기술을 제공한다. 멤버는 다음과 같이 분류되어 있는 데이터베이스에서 정보를 요청할 수 있다: 출판 의뢰 양식(예: 에세이, 단편이야기, 시, 그림, 희곡, 포스터, 사진, 실험), 내용영역, 학년 수준, 집단구성 책략과 유료 및 무료 가입.
- 3부 심화프로젝트 예제, 학생 스스로 선택한

SEMNET 데이터베이스

- 평가
- 전자학습
- 심화자료
- 경시, 경진대회 및 출판 기회
- 부모교육
- 재구조화
- 인공위성 원거리 학습
- 학교와 대학 교류
- 데이터베이스 방문지
- 3부 심화활동들

> 연구는 3부 심화 프로젝트를 시작할 수 있도록 아이디어를 제공한다. 실제가들은 "아하"를 유발하는 활동뿐 아니라, 3부 심화명, 연구 내용영역을 얻을 수 있고 사용할 자원, 방법론적 훈련, 학생들과 교사가 직면하게 될 어려움들과 인적 자원이 제공하는 서비스에 대한 도움을 얻을 수 있다.

SEMNET에 등록한 모든 학교들은 각 데이터베이스에 대한 아무 것도 적혀있지 않은 양식을 받는다. 실제가들의 새 자료와 SEMNET 운영자들이 수집한 정보를 정규적으로 데이터베이스에 수록하고 주기적으로 업그레이드하여 네트워크 멤버가 이를 사용할 수 있다. 뉴스레터와 전자 게시판을 통해서 네트워크 멤버들은 정보교환, 자원 공유와 유사한 연구에 관심이 있는 학생들끼리의 접촉을 주선한다.

부모 오리엔테이션, 훈련과 참여

> 부모가 자녀에게 줄 수 있는 가장 좋은 유산은 매일의 몇 분 되는 자신의 시간이다.
>
> 고대 중국 속담

많은 연구들에 의하면, 부모는 자녀교육에서 결정적인 역할을 한다. 따라서 가정과 학교의 연계를 증진할 때 필요한 부모의 옹호 및 지원 체계를 개발하고 자료와 절차를 획득해야 한다. 교육과정압축, 학습에 대한 흥미 및 노력의 역할과 모델의 전반적인 목적, 요소, 그리고 여러 심화프로그램뿐 아니라 자녀 학습에 부모가 참여할 수 있는 방법 등 SEM의 개념에 대해서 부모 오리엔테이션을 실시할 때 사용할 수 있는 인쇄물과 시청각 자료를 개발하였다. Community Talent Miner(Renzulli & Reis, 1985) 같은 자료는 부모에게 특별 전문영역, 문화적 경험, 심화자료와 방법론에 대해 질문을 제기한다. 지침서와 시청각 자료는 숙제 돕기, 가족 텔레비전 시청과 고등 교육에 대한 재정적 지원을 얻는 방법 등 여러 주제에서 부모훈련을 제공한다. 일부 자료들을 본 섹션 마지막 참고자료 지침에 수록하였고 보다 많은 자료는 학교전체 심화모델을 지지하기 위해 개발된 자원 데이터베이스에서 얻을 수 있다.

> 어머니께서는 내가 군인이 되었음 한다고 말씀하셨다; 나는 장군이 될 것이다; 만일 내가 수도승이 되고 싶다면, 나는 교황이 될 것이고; 미술가가 되고 싶다면 나는 피카소같이 될 것이다.

이 조직적 요소의 목적은 부모와 여러 지역자원

을 교육 프로그램 속에 통합하는 것이다. 부모와의 의사소통은 가정과 학교 문화 간의 연계성을 구축하는 핵심이며 또한 부모가 차지하는 요소를 조직구조 내에 설정해 보는 것도 필요하다. 우리가 개발한 계획은 다음 세 가지 부모 참여에 주안점을 둔다: 학교전체 심화와 자녀교육에 영향을 미치는 의사결정과정에서 부모가 담당할 역할에 대한 오리엔테이션, 가정에서 하는 직접적인 관여와 학교에서 실시하는 심화활동에 참여. 부모참여 프로그램에 기초한 이상의 계획은 여러 학교에서 성공적인 것으로 입증되었다.

이와 같은 계획으로 James Comer의 모델(1988, 1990)은 특히 엄격한 학교구조가 빚어낸 장애와 부모, 학교와 여러 사회 서비스 기관 및 전문가들 간의 협조 부족이 빚어낸 장애를 극복할 방안을 제시한다. 비주류 가족 출신의 가난한 소수 민족 학생은 종종 학교로부터 격리감을 느끼기 때문에, Comer는 교육과정과 교수를 선호하는 전통적인 개혁보다는 심리적 발달과 대인간 요소를 강조한다. 본 프로그램은 학생, 부모와 학교 관련자들 간의 연대를 통해서 학습과 발달을 지원하는 것이다. 사회적 지원은 부모와 교직원 간의 관계를 증진시키고, 생활-기술 훈련 프로그램은 또래 및 성인과 상호작용할 때 필요한 사회적 기술을 발달시킬 수 있도록 돕는다.

Comer의 중점계획은 지역에서 선출된 부모와 교사가 포함되고, 교장, 정신-건강 전문가와 따로 분류한 교직원의 지지를 받는 각 학교의 핵심 운영팀에 있다. 교장은 많은 권위를 갖지만, 의견일치

> **Dateline: Connecticut**
>
> **위원회의 좌절**
>
> 교육위원회 대표자로 선출된, 나는 한 동료로부터 "진심어린 개인적 유감"이라는 편지를 받았다. 지금 나는 그 이유를 안다….
>
> - 주에서 위임한 것은 증가하고 예산은 감소하는 상황에 빠졌다. 만약 의회나 다른 선출기관에서 위임받은 프로그램이 그 값어치대로 이점이 있다는 것을 결정한다면 이것도 견딜 만하겠지만 이와 같은 평가는 이루어지지 않고 있다. 의회와 주는 자신의 책임을 피하고 있다. 그들은 하지 않을 것이고 지역 사무원도 마찬가지다.
> - 교사성취도를 결정하는 문제에서, 학교위원회는 주 법령과 교조와의 계약으로 제한을 받는다.
> - 또 다른 문제는 훈육에 대한 학교의 능력이 줄어드는데 있다. 사립학교와 달리, 이곳은 순응하지 않은 사람을 배출할 수 있는데, 공립학교 체제는 모든 사람을 받아들여야 하기 때문이다….
>
> 변화가 필요함에도 불구하고 그 체계를 존속하는 것은 비일상적인 것도 아니며 대중여론부족 때문도 아니다. 이것은 위원회 구성원들이 종종 느끼는 압도적인 좌절감을 변화시킬 수 없다는 무능력과 욕구부족 때문이다.
>
> Johanne Asslin Presser, 1993
>
> 저자와 뉴스위크지 허락 하에 재인용

를 권장하고 과거 문제에 대해 상대방을 비난하기보다는 문제해결에 초점을 둔다. 각 학교에는 또한 교사, 심리학자와 사회위원으로 구성된 중재팀이 있어서, 개별 학생의 문제행동 유형을 파악하고 학업적 요구는 물론 학생의 개인적, 사회적 요구를 고려하여 전체 팀의 의견을 수렴하여 중재책략을 찾는다. 처음에 이 계획은 문제와 저항에 부딪쳤지만, 부모와 교직원은 가정과 학교와의 잘못된 제휴를 극복함으로써 학교의 문제해결시 갖는 이점을 깨닫게 되었고 긍정적인 결과가 나타나기 시작하였다. Comer 모델을 사용한 학교에 대한 추후연구(Comer, 1988)에 의하면, 참여한 학교의 성취와 참여가 향상되었고 행동 문제발생률이 낮아졌다.

Southwest Educational Development Laboratory에서 실시한 5개 주 연구는 핵심 조사원, 기관방문과 평가 질문지를 사용해서 성공적인 부모참여 프로그램에 기여하는 요인을 설명하였다. "본 프로그램은 '유망한' 여러 부모참여 유형의 특징을 파악하고 여러 부모역할을 언급하였다: 청중, 가정교사, 프로그램 지원자, 협동학습자, 옹호자 및 의사결정자"(Williams & Chavkin, 1989, p. 18). 일부 프로그램들은 National School Volunteer Program같은 프로그램과 제휴되었고, 어떤 프로그램들은 적은 "토착적" 노력으로 기술되었다. 크기나 제휴에 상관없이, 모든 프로그램에는 다음의 7개 기본적인 요소가 있다.

> 성공적인 [부모참여] 프로그램 개발을 방해하는 가장 큰 장애 중 하나는 함께 작업을 해야 하는 집단들이 그 개념에 대해 서로 상이한 이해를 갖는다는 것이다. 행정가들은 종종 부모참여가 기금조성이나 학교 옹호집단 참여와 같다고 생각한다. 교사는 부모참여를 제 시간에 학생을 학교에 보내고 부모/교사 면담에 참석하고, 숙제를 돕고, 교사질문에 답변하는 식으로 생각한다. 부모는 자녀의 발전에 대해 보다 잘 알고 싶고 공개적으로 학교와 교실에서 환영받길 원한다.
>
> Janet Chrispeels, 1991

1. 부모참여를 정책적으로 명문화하고 프로그램 활동을 위한 맥락을 규정;
2. 기금, 자원(자료, 회의장소, 복사와 의사소통 장비)에 대한 행정적 지원과 프로그램을 수행할 인원을 배정;
3. 부모기술개발을 위한 계속적인 훈련과 교사와 부모 협조에 필요한 기술 훈련;
4. 계획참여, 목적설정, 역할규정, 학교기준 설정, 교수와 학교지원 노력을 개발하고 프로그램 평가를 위한 "파트너십 접근법";

5. 부모가 학교 방문시 편안함을 갖고, 아이디어를 공유하고 관심사를 말할 수 있는 상호의사소통;
6. 정보, 자원과 기술 전문성을 공유하기 위하여 부모가 참여하는 학교 네트워크 시작;
7. 학기말까지 기다리기보다는 필요할 때 수정과 개정할 수 있도록 중요 단계마다 실시하는 정규적인(형식적인) 평가활동(Williams & Chavkin, 1989, pp. 18-20).

의사결정 시 부모참여

비록 모든 사람들이 의사결정시 부모참여에 대해 말들 하지만, 부모참여를 증진하는 절차에 대한 문헌은 드물다; 솔직히, 교육 제정은 단지 중요한 결정을 할 때 부모에게 문을 열어 놓았다고 입바른 소리를 할 뿐이다. 교육 위원회는 주요 정책 결정 기관이지만, 실제 여기서 내리는 대부분의 의사결정은 외부 규제와 학군 행정가들이 설정해 놓은 영역 내에서 내려지는 것이다. 주와 학군에서 권력과 권위를 쥐고 있는 사람들이 거의 오늘날 교실에서 발생하는 모든 것을 결정한다. 전반적인 교육에서 이들 권력이 갖는 역할을 줄이고자 하는 것이 의도가 아니다; 그러나 만일 부모참여를 고려한다면, 형식적인 활동뿐 아니라 의사결정에서 부모가 참여할 수 있는 진정한 매개물을 만들 필요가 있다. 마치 부모가 의사결정에 필요한 기술과 책임에 대해 배워야 하는 것처럼, 전문적인 교육자들도 또한 비전문적인 집단 및 개인과 권력을 공유하는 방법을 배워야 한다.

> 소수민족 지역사회가 자녀들의 학업적 노력을 권장하는 세 가지 방법은 다음과 같다:
>
> 1. 학업적 성공을 유도하는 태도와 행동을 학업적 정체감 상실을 유도하는 태도와 행동에서 분리하는 것을 가르친다.
> 2. 지역사회 구성원이 학업적 성공으로서 가치를 두는 구체적인 증거를 제공한다.
> 3. 학교적응과 성취에 대한 책임감을 수용하도록 가르친다.
>
> John Ogbu, 1992

학교 의사결정시 부모에게 보다 많은 역할을 부여하는 "쉬운 방법"은 없지만, 본 장 끝에 수록한 참고자료 지침에 있는 자료를 통해 부모와 전문 교육자들은 부모의 학교참여 기회 및 역할을 열어놓을 수 있다. 이들 자료는 학교와 가정 간의 새로운 파트너십을 구축하는 국가, 주 및 지역수준의 지도자들이 기술한 책과 아티클이다.

학교를 향상시키려는 노력은 부모가 보다 직접적으로 자녀교육에 참여하지 않으면 최고의 효과를 거둘 수 없다. 부모가 가정에서 교사의 역할을 해야 한다고 제안하는 것이 아니며 자녀가 학습하는 과목을 잘 알고 있길 기대하지도 않는다. 그렇지만 부모는 학교성취를 향상시키기 위해 필요한 물리적 환경과 심리적 지지를 가정에서 제공할 수 있다. 분명히 고정된 시간과 공부할 장소, 일상적으로 숙제와 그 날 과제물을 살펴보고 주기적으로 학교를 방문하여 교사와 안면을 갖는 것 등은 100년 전에 비해 우리 사회에서 훨씬 덜하다. 자녀교육에서 부모가 보다 활동적인 역할을 수행하도록 돕기 위해, 학교 또한 부모에게 특별한 서비스와 자원을 제공해야 한다. 이에 관하여, 참고자료 지침에 일부 자료를 수록하였고, SEMNET 데이터베이스에서도 새로운 자료를 계속 업데이트하여 제공할 것이다.

민주적인 학교 운영계획

학교 향상에 대한 국가, 주 및 지역적 관심으로 교육사상 처음으로 민주적인 학교 운영절차를 향해 문을 열어놓았다. 효과적으로 학교에 관련된 사람들을 인적 자원으로 끌어들여, 조직하고 이용하는 실질적인 책략이 성공적인 조직의 특징이다. 책략들은 본래 사립영역과 해외 회사에서 출발하였지만 북미 학교는 빠르게 이것을 수용하고 있다. 학교 운영에 대해 단 한 가지 모델을 채택하지 않고, 민주적으로 운영하기 위해 일련의 기준을 개발하고 있으며(목적 5 참조), 민주적인 학교 운영과정을 시작할 때 필요한 기초적인 계획 요소를 살펴볼 것이다.

학교변화의 일곱 가지 C

기본적인 계획은 소위 말하는 학교변화의 일곱 가지 C라고 불리는 것을 중심으로 생각해 볼 수 있는데, 이들 C는 학교 운영위원회에서 사용하는 것이다. 위원회는 교장, 똑같은 명수로 선출된 교사와 부모, 특별 서비스에 배정된 직원(예: 학교 심리학

> **학교전체 심화모델의 목적 5**
>
> 민주적으로 학교를 운영하기 위해서는 학생, 부모, 교사 및 행정가에게 적절한 의사결정 기회를 주어야 한다.

자, 사회 활동가, 간호원)과 비전문적인 직원(예: 후견인, 안전요원, 카페테리아에서 일하는 사람)으로 구성해야 한다. 교장은 그 위원회의 의장이고 정규적으로 회의를 소집할 책임이 있고 모든 구성원과 학부모의 의견을 수렴해야 한다. 또한 학생과 지역사회 구성원의 의견을 수렴해야 할 때가 있다. 첫째 가장 중요한 위원회의 C는 Consensus(공감)이다. 위원회 각 구성원의 의견을 존중하는 운영집단을 설정함으로써 권력과 의사결정을 공유한다. 둘째 관련된 C는 Compromise(타협)이다. 각 집단(교사, 부모, 행정가)은 나름대로 협의사항과 집단의 한두 가지 축적되어온 비난거리를 "회의 때" 제기한다. 대부분 학교를 향상시키려는 시도는 기본 규칙 하에 운영과정 초기부터 공감과 타협을 설정하지 않았기 때문에, 주춤거리거나 비효과적이었다. 민주적인 운영과정 방법 및 전문적인 도움여부와 무관하게 위원회가 내리는 결정은 공감과 타협에 기초해야 한다. 이와 같은 종류의 도움에 대한 정보를 본 장 마지막 참고자료 지침에 수록하였다.

학교변화의 일곱 가지 C

- Consensus (공감)
- Compromise (타협)
- Communication (의사소통)
- Collegiality (협력관계)
- Commitment (헌신)
- Creativity (창의성)
- Courage (용기)

세 번째 C는 Communication(의사소통)이다. 모든 위원회 회의를 직원과 대중에게 개방해야 하며, 회의내용을 요약해서 정규적으로 뉴스레터를 발행해야 한다. 의사소통, 복사와 배포 서비스에 드는 예산을 책정하고 위원회 활동장소가 있어서 부모들이 학교에 왔을 때 편안함을 느낄 수 있어야 한다. 각 뉴스레터는 위원회 활동에 대한 독자들의 반응을 권장할 수 있도록 오려서 부치는 쿠폰을 만들어, 위원회가 고려하길 바라는 문제나 서비스에 대해 제안할 때 사용할 수 있도록 한다. 네 번째 C는 Collegiality(협력관계)로서, 위원회의 보다 큰 임무를 정의한다. 이 임무는 전통적인 학교조직 후원자(예: 부모 대표자, 교사 대표자 등)를 포괄하여, 위원회 구성원들이 학생의 생활에 중요한 기여를 할 수 있도록 유대관계를 형성하는 것이다. 학생의 흥미에 따라 서로 이야기하고 협동하는 사람들이 동료이다. 너무 많은 학교조직과 입법기관들은 서로 비전을 공유하고 있다고 생각지 않고, 집단의 대표자로서 생각하기 때문에, 중요하고 지속적인 변화를 이루지 못했다. 모든 위원회 활동들은 동료 교사, 부모나 행정가를 만족시킬 질문보다는 "이것이 학생에게 유익한가?" 혹은

> 완벽한 해결방안같은 것은 없다. 아무리 좋다고 해도, 모든 해결방안은 새로운 문제를 만든다.
>
> 작자미상

"학교에 유익한가?"와 같은 생각에 토대를 두어야 한다. 이것은 지도자 입장에 있는 집단이 도달해야 할 어려운 결단이며 전환이고, 학교와 관련 있는 사람들은 위원회가 이와 같은 것을 지향한다는 사실을 알고 있어야 한다.

다섯째와 여섯째 C는 Commitment(헌신)과 Creativity(창의성)이다. 학교위원회에 참여하는 것은 회의가 요구하는 시간보다 많은 시간과 에너지를 필요로 한다. 배경자료 읽기, 하위집단과 회의 갖기, 지도성 훈련 활동에 참여하기, 배포할 자료준비하기, 연구계획서 작성하기, 꺼려하는 사람을 개인적으로 만나기 등, 학교 위원회에서 활동하기로 한 사람이면 기꺼이 시간을 헌신해야 한다. 아무 소용없는 위원회와 회의로 낭비한 시간을 풍자한 유명한 농담이 있다. 그리고 "자리에 앉으면" 말을 잘하지만, 회의 중간엔 거의 아무 것도 말하지 않는 사람도 있다.

학교위원회에 참여한 사람은 또한 기꺼이 자신의 창의성을 확대하는 방법을 모색해야 한다. 학교가 변화하지 않는 주요 원인 중 하나는 끊임없이 똑같은 해결방안을 약간만 바꿔서 현 학교 관심사와 문제를 다루고자 하기 때문이다. 처음에 인용한 Einstein의 말 "문제는 문제를 만들어 낸 것과 같은 똑같은 수준의 의식으론 해결될 수 없다"라는 것을 상기시킨다. 학교가 점점 구조화되고 끊임없이 늘어나는 규제를 받음으로써, 변화에 대응하는 방어기제로서 구조와 규제를 사용해 왔다. "시간표가 주 요구조건을 충족시키지 못하기 때문에 바꿀 수 없다", "교사 노조도 4시 20분까지 끝나지 않는 교사개발섹션을 허가하지 않을 것이다", "토요일 오전에 심화프로그램을 갖는다면 누가 그 후원자에게 지불할 것인가?", "만일 목록에 있는 결과 중 하나도 보여주지 못한다면, 교육과정 디렉터는 그 결과, 그것을 구입하지 않을 것이다." 위의 그 어느 것도 극복할 수 있는 문제지만, 종종 마치 이것이 달의 모든 면에 존재하고 피할 수 없는 것처럼 행동한다! 그것을 변화시키고자 상상력을 사용하는 대신 현상 그 자체만을 만지작거리는 결과가 빚어지고 있다.

본 장 첫 부분에, 회의 효율성을 증가시키는 Edward de Bono의 계획(1985)에 대해 언급하였다(이 장의 마지막 부분에 있는 참고 자료 참조). de Bono의 계획 또한 창의성 훈련영역에 관한 연구에 기초를 두고 있다. 학교위원회가 de Bono의 육색모자 모델 및 참고자료 지침에 수록되어 있는 여러 접근법 같은 창의성 훈련에 참여할 것을 제안하는 바이다. 창의적 사고와 문제해결 요소 없는 재능개발 프로그램을 생각할 수 없으며, 학교개선 방안을 방해하는 전통적인 것을 극복하고 프로그램을 발전시킬 책임이 있는 사람에게 창의성은 중요한 요소이다.

> 결코 가질 수 없는 100%짜리 shot을 놓치고 있다.
>
> Wayne Gretsky, 1991

학교 개선의 일곱 가지 C 중 마지막은 Courage(용기)로서 급진적이거나 혁신적인 것이 아니라, 가장 비타협적이고 관료적인 공공 서비스의 하나로서 대개 인식되어 오던 것을 조사할 용기를 가진 사람이 필요한 것이다. 지구촌 경제와 제조업으로의 전환, 의사소통 체계와 정보기술 발달, 여성운동도래, 다중문화론 및 세계 생태계에 대한 관심으로 대중문화에 변화를 초래하게 되었다. 이와 같은 경향이 가속되면서, 교육체계를 수정하는 방식이 사회를 형성하는 학교의 역할 및 학교가 진부하게 될지 아닐지 결정짓는 가장 중요한 요소 중 하나가 되었다. 몇 세기는 아니더라도 몇 십 년 동안 자동적으로 작동되던 체계를 재고하고 교육적 사고를 지시해 주던 기본가정에 의심을 제기하는 것은 쉽지 않다. 만일 이 체계를 변화하고자 하면, 비록 완화하든지 혁신적인 과정을 통해서든지, 모든 수준에서 참여하는 사람들은 좀 곤란한 방식으로 사고하고 행동할 용기를 가져야 한다.

보다 효과적인 지도성과 운영 기술 창출

학교 지도성과 운영은 학교를 재구조하려는 현 노력에서 출현한 가장 새롭고 뜨거운 주제이다. 실질적 조치보다는 교육적 출판영역과 지도성 훈련에 대해 문제를 언급할 수 있은 다음에야 교사권한 부여, 전반적인 질적 운영, 현장에 기초한 운영과 변화된 지도성과 같은 구조적 변화를 생각하게 된다. 지도성과 운영의 결정적인 중요성에 대해 논쟁할 여지가 없지만, 만일 실제적으로, 지속적으로 변화하려면, 실질적이며 구조적인 변화 실시방안을 강구할 필요가 있다. 이와 같은 문헌에도 불구하고, 대부분의 학교는 과거 몇 십 년 동안 계속해 오던 방식으로 운영되는 것 같다. Murphy(1991)

> 최종 분석에서, 누군가, 형식적이든 비형식적이든지 지도적 역할을 하는 사람은 시작하고, 위험을 수용하고, 마음에 그리는 변화를 주도할 때 필연적으로 생기는 비난을 감수해야 한다.
>
> Martin Maehr, in National Center for School Leadership, 1993

가 지적했듯이:

> 학생의 학습결과와 재구조화의 구조적 요소를 연관짓는 자료가 불충분하다. 여러 모로 볼 때, 놀라운 일이 아니다. 우선, 재조직화 노력은—말로는 일반적이지만—효율성과 질적인 증진보다는 정책과 더 관련이 있다. … 구조적 변화 그 자체로 조직의 성공을 결코 예상할 수 없다, 예를 들어, 이런 경우 학생 학습. … 학생 학습을 증진하든 그렇지 못하든, 구조적 변화를 포괄하는 대신, 학교는 교실 문을 뒤돌아보고 성취를 향상시키는 학생과 교사 간의 상호작용에 기여하는 요소를 결정해야 한다(Murphy, 1991, pp. 76-77).

교육적 지도성 및 운영에 상치되는 비실질적인 접근법으로 확고한 결론을 이끌어내기란 어렵다. 진부한 "원칙"들을 나열해 놓은 것은 많다; 지도성과 학교운영에 대해 쏟아져 나오는 문헌을 주의 깊게 선택함으로써 배울 수 있는 지도성 기능이 있다. 본 장 끝에 수록한 참고자료 지침에서 특히 도움이 되는 문헌을 찾을 수 있다. 이들 문헌을 다시 만들려는 것이 아니라 이미 여러 책, 아티클과 보고서에서 정의된 개념과 실제들에 새로운 이름을 부여하려는 것이다. 그렇지만 SEM 프로그램을 성공적으로 운영하기 위해 필요한 지도성 활동에 대해 언급해야 할 세 가지 주요 고려사항을 기술할 것이다.

학습활동에 집중

> 바로 오늘 우리가 미래 세계를 창출해야 한다.
>
> Eleanor Roosevelt

첫 번째 고려사항은 모든 지도성 활동이 직접적으로 학습활동과 관련이 있어야 한다는 것이다. 2장에서 살펴본 목적에 따라, 학습활동에 집중하는 것은 SEM의 가장 중요한 항목이다. 이 모델을 채택하는 것은 지역사회 대부분이 학습에 대해 공통 목적과 서로 공감에 도달하였다는 것을 의미한다. 모든 결정은 다음과 같은 질문을 통해서 조사해야 한다: 학습자, 교사와 교육과정 간 상호작용에서 발생하는 것에 어떻게 영향을 미칠 것인가? 전통적인 시간표, 예산, 한 교과서 채택, 학교 시간, 대규모 테스트, 점수매기기 정책, 재직기간 규칙, 교직원 개발에 대한 결정과 단체교섭 동의 등의 관습은 행정적인 편의나

학교전체 심화모델의 목적 2

모든 학생의 학업성취를 증진하기 위해서는 학생들을 의미 있고 즐거운 학습에 참여시켜야 한다.

편리보다는 학습 질문활동을 받아야 한다. 심지어 주 규제에도 의문을 제기하고, 만일 학교의 학습활동에 어긋난다면 포기도 생각해 봐야 한다. 학생 성취를 향상하는 책임을 실제 학습이 발생하는 교실에서 찾고자 한다면, 권력과 권위 및 관료주의 손이 아니라 서로 동의를 얻고 책임을 지는 사람의 손에서 찾아야 한다. 마치 다른 사람과 권위, 권력을 공유하는 방법을 학습하려는 사람에게 훈련을 제공해야 하는 것처럼, 지도성 훈련을 제공해야 한다. 위에서 말한 학습에 주안점을 두고 의사결정을 내기기 위해서는 조직의 편리보다 앞에서 언급한 학교변화의 일곱 가지 C 모두가 필요하다.

학교와 광물 비유

두 번째 고려사항은 학교 "성격"과 학교가 학교 자체를 보는 방법이다. 체계적으로

[표 2] 맥락적 수정 능력 이론.

기술	실제 변화에 대한 소망	외적 변화에 대한 소망	자존감	중요 수정 능력	표면 심도 수정능력
녹슨 철	L	L	L	L	L
화강암	L	L	H	L	L
호박(안에 곤충이 있는)	L	H	L	L	ML
오팔	L	H	H	L	ML
3차 지르코늄	H	L	L	L	ML
약간 불완전한 다이아몬드	H	L	H	ML	MH
납	H	H	L	ML	MH
거친 다이아몬드	H	H	H	H	H

L = 낮음 M = 중간 H = 높음

> 강한 장학사나 교장이 있어야 된다는 생각을 바꿀 필요가 있다. 친 남성적 이미지를 수반하던 지도성에 보다 온화하고 여성적인 이미지를 발전시킬 필요가 있다…만일 지역 자율성과 전문성을 신장하고자 한다면, 장학사는 비영웅적인 지도성 차원에 더 주의를 기울여야 한다. 장학사와 교장은 개인적인 비전을 가져야 할 뿐 아니라 또한 다른 사람과 함께 작업하여 서로 공유하는 비전을 개발하고 공통적인 기반을 찾아야 한다; 그들은 대답을 가지고 있어야 하며 또한 올바른 질문을 제기하고, 설득을 할 뿐 아니라 또한 결정을 내리기 전에 주의 깊게 듣고 폭넓게 상담을 해야 한다; 그들은 권위를 사용할뿐 아니라 또한 다른 사람에게 의존하고 서로 돌봐주는 상호관계를 발전시켜야 한다; 지도력을 행사할 뿐 아니라 학군 전역에서 지도성 개발을 권장해야 한다. 이와 같은 관점에서, 실제 영웅은 매우 눈에 띄는 위에 있는 장학관이 아니라 학생과 직접 작업하는 체계에서 눈에 덜 띄는 전문가와 부모인 것이다.
>
> J. T. Murphy, 1989

개선과정을 시작하는 가장 좋은 방법은 학교 구성원을 학교 변화냐 아니면 외양적인 변화에 고정시키느냐이다. Sternberg(인쇄중)는 여러 맥락 내에서 조직의 수정능력을 연구하였다;색변화 잠재력을 연구하기 위해 개별 학교를 광물에 비유하였다. 8개 유형의 학교에 대한 특징요약과 수정능력에 대한 잠재능력을 [표 2]에 제시하였다. 비록 변화확률이 서로 학교마다 다르지만, 학교의 주된 특징을 평가해 보는 것이 학교 향상을 위한 출발점이다.

Sternberg의 비유를 통해서 생각해 봐야 하는 두 가지 병적인 학교증상이 있다. 첫째, 학교 밖에서 기인하는 아이디어에 따라 학교개선 계획을 채택하는 것이다. 높은 자존감을 가졌지만 실제 변화에 대한 소망이 낮은 학교는 만일 이 아이디어가 자신의 것이 아닐 때 "체면을 손상"하게 될 것이다; 학교가 얼마나 효과적일지 관계없이, 다른 학교의 발자국을 따르지 못하게 해야 한다. 이와 같은 증상은 학교사이에 경쟁을 가져온다. 대부분의 경우에, 이와 같이 한발 앞서려는 경쟁은 "보여주기" 위한 것이거나 Sternberg가 외양적인 변화라고 말한 것에 불과하다.

두 번째 병적인 증상은 대개 실제 변화에 대해 낮은 소망을 갖는 낮은 자존감 학교와 높은 자존감을 가진 학교에서 모두 볼 수 있다. 낮은 자존감 학교에서는 "여기서는 잘 적용되지 않아" 증상으로 가장 잘 기술할 수 있다. 높은 자존감 학교에서는 "우리는 벌써 그것을 했어" 증상으로 나타난다. 두 경우 모두, 변화계획을 세우는 사람에게 "너의 아이디어를 비밀로 해라"라는 숨은 메시지를 준다. 가능한 현상 자체 수정에 관심을 기울이면서, "나쁘게 보일까봐" 두려워함으로써 한 개인 혹은 집단 그 이상으로 하여금 감추고, 허위진술하고, 심지어 학교개선 과정을 조사하려는 노력을 뒤엎는다.

학교전체 성격은 쉽게 바뀌지 않는다; 만일 광물 비유에서 그려낸 학교의 누적되어 온 역사를 어느 학교개선 모델이나 계획을 통해 극복하고자 한다면 우리자신을 바보취급하는 것이다. 그러나 Sternberg가 제안한 바와 같이 비유의 맥락 내에서 학교 스스로 그 자체를 조사해 보는 것은 가치가 있다. 비록 실제 변화가능성이 낮더라도, 학교성격과 자존감 수준을 명확하게 평가함으로써 최소한 변화 준비도에 대한 문제를 생각해 볼 수 있다. 문제에 직면하는 것은 항상 대안책을 모색하는 첫번째 단계이므로, 모든 학교는 시간을 들여서 학교가 어떤 광물종류인지 조사해야 한다.

민주적인 운영이 부재할 때 발생하는 것은?

SEM을 실시하기 위해 필요한 세 번째 고려사항은 다음 두 가지 문제, 모든 사람들이 "알고 있는" 문제, 그렇지만 학교개선에 대한 대화나 문서자료에서 볼 수 없는 두 가지 문제를 언급하는 것이다. 이들 문제는 특히 권위와 권력을 가진 개인의 성격과 이기적인 이유로(심지어 병적으로) 자아-보호, 업무 증진과 권력을 행사하는 정책의 성격에 있다. 학교나 관료, 일하는 사람은 유능성, 주도성, 창의성, 고객에 대한 서비스와 조직의 목적에 따라 항상 결정을 내리고 자원을 배정하는 것이 아니라는 점을 알고 있다. 우리가 관찰한 가장 좋은 심화 프로그램 중 하나는 새로운 부장학관이 임의적으로 이 프로그램에 대한 예산을 삭감하기로 결정내렸을 때 없어져 버렸다. 열의있는 교사와 부모가 실시한 후속 조사에 의하면 부장학사에게 프로그램 디렉터에 대한 악의가, 이것은 고등학교 때 생긴 것으로, 잠재되어 있던 것으로 드러났다!

> "그 이름이 의미하는 것처럼, 마지막으로 사용할 책략은 도로 장애물을 돌아가는 것이다; 그리고 그 어떤 것보다, 학교개선 모델을 옹호하는 사람의 입장에서 용기가 필요하다."

불행히도, 자아-보호와 업무 증가 성격의 정책은 항상 조직에 만연해 있을 것이다; 의심할 여지없이, 이것은 변화과정에서 가장 복잡한 변수이다. 슬프지만 심지어 가장 신성한 목적과 실제들도 성격을 변화시키지 못한다는 것이 현실이다. 이런 이유로 인해 민주적인 운영과정이 필요하다. 실험적인 시기에 따라 장점이 있다고 인정을 얻은 프로그램을 정책수준에서 빚어지는 변덕스럽고 임의적인 결정으로부터 보호해야 한다. 민주적인 운영 체계의 본질은 단 한 명의 개인이 대다수의 흥미를 앞지를 수 없고 소수의 흥미가 운영기관을 대표할 수 없다는 것이다. 조직의 원리가 사람들의 일시적인 변덕이나 의지에 좌우되지 않기 위해서는 중요한 문제에 따라 "자리를 정해야 한다." 정책은 연구, 대화와 논쟁을 고려한 후에만 발휘되어야 하며 실제 변화가 현장 검증되고 평가하는 사전검사 시기와 실험을 거쳐 최종 정책으로 채택되어야 한다.

비록 민주적 운영으로 학교에 어떤 변화를 가져오기 위해 필요한 동기와 헌신을 낳는 것이 일종의 목적이지만, 만일 이 목적이 모든 학교와 학군에서 달성되리라 가정한다면 그것은 비현실적이다. 성격, 정책 및 흥미가 좋은 아이디어보다 더 강하기 때문이 아니라, 어떤 면에서 학교와 교실에서 발생하는 것에 영향을 행사하는 통제력을 갖기 때문이다. 학교의 핵심 구성원 대다수가 SEM 실시를 원하지만, 그 계획을 지원하지 않는 권위자의 반대에 부딪힐 때 무슨 일이 발생하는가? 이 시점에서 평상시처럼 단 2개 대안을 사용해서 생각해 볼 수 있다. 첫 번째 대안은 "친근한 설득"이다. 권위자에게 핵심 구성원 대다수가 추구하는 모델의 원리, 편리성과 이점에 대해 알려주고 영향을 미치고자 하는 노력을 배로 늘릴 필요가 있다. 만일 권위자가 최소한 특정 시기동안 실험적으로 계획을 수용하려고 할 때, 모든 것이 보다 효과적, 조화적으로 작용할 것이기 때문에, 이것은 좋은 대안이다.

"마지막으로 사용할 책략"으로 불리는 두 번째 대안은 단지 학교변화의 일곱 가지 C를 사용해서 지지를 얻고자하는 노력이 실패했을 때만 사용할 것을 제안하는 바이다. 그 이름이 의미하는 것처럼, 마지막으로 사용할 책략은 도로 장애물을 돌아가는 것이다; 그리고 그 어떤 것보다 학교개선 모델을 옹호하는 사람의 용기를 필요로 한다. 실제 Moe Steel이라고 부르는 독재적이고 완강한 학교 장학관에 대한 사례 연구를 통해서 마지막으로 사용하는 책략을 소개하고자 한다. Moe는 영리하고 조리 있는 행정가로서 주위에 "Yes men"이 항상 있는 사람이다. 학교 교육 위원회에게 현재 교육적 전문용어와 애매한 용어를 주입함으로써 그들을 통제하에 두는 자를 일컫는다. 많은 교육위원회와 지역사회 구성원들은 Moe가 학교를 질서 정연하게 잘 운영하고 비용과 문제를 줄이고 있기 때문에 그

> "권력의 위치에 있는 사람이 진정으로 구성원들의 흥미에 반응하지 못할 때, 보다 높은 권위자에 의탁하게 된다는 것을 지적해 주는 예이다."

를 존경한다. Moe는 "학교에서" 벌어지는 어떤 변화도 그 자신의 신념, 즉 본질적으로 엄격한 통제를 받고 한 가지만 적용하는 교육과정에만 근거한다고 말한다. "획일화 기준", "교육과정 제휴" 및 현상 그 자체를 정당화하려고 입에 단 말을 하면서 자신의 신념을 방어한다.

학군 내 부모와 교사들이 SEM에 흥미를 표현하고 교사 또한 학교에 이 모델을 시범적으로 적용하는데 관심이 있다고 말했다. 그렇지만 비난을 받을 것이 두려워서, Moe가 그 계획 진행을 허락할 때까지 "나중으로 미루고" 싶다고 말했다. 물론, Moe는 모든 관료적 책략을 사용해서, 이 계획을 딱 멈추게 하였다. 이 시점에서, 부모와 2명의 용기 있는 교사가 학교 교육위원회에 가서 SEM에 대한 정보를 소개하였다. 교육위원회 임원은 열정적으로[2] 그 계획을 지원하고 이 집단의 역할을 인정해 주었다. 교육위원회에 소개를 한 후에, 그들의 지지를 얻었고, 사전 SEM 프로그램에 대한 호의적인 의결을 얻을 정도로 지원을 얻는 것처럼 보였다. Moe가 이 의결이 자신과 상치된다는 것을 알았을 때, 즐겨 사용하는 "정말 이 프로그램이 필요한지 연구해 봅시다!"라는 책략을 끄집어내었다.

교육위원회는 Moe의 조언을 받아들여, 전문 상담자에게 요구평가 연구를 의뢰하였다. 2개 지역 신문이 이 이야기를 보도하였고, 이 시점까지, 언론의 우호적인 반응을 얻었다. 신문사 사설을 통해 또한 보다 많은 부모와 교사가 학교 프로그램 변화를 지지하는 것으로 나타났다. 비록 분명히, 행정가보다는 교육위원회에서 연구를 주도하였지만, Moe는 즉각적으로 그 연구를 다른 방향으로 몰기 위해 계획을 시작했다. 다행스럽게도, 연구책임을 지던 전문 상담자가 Moe의 요구와 위협적인 책략에도 굴복하지 않았지만, Moe는 자신의 위치를 사용해서 연구를 고의로 방해하고 학교 직원을 위협하였다. 자신이 편집하지 않은 질문지를 배포하지 못하게 하였고 행정가가 없을 때는 교사인터뷰를 실시할 수 없게 하였다. 이와 같은 행동들이 후속

> 첫째, 개인적 목적과 비전을 협의사항으로서 강조할 수 없다. 그것은 내부에서 생겨서, 활동에 옮길 의미를 부여하고 특정 기관과 별개로 독립적으로 유지되어야 한다. … 둘째, 교수에 있어서 개인적 비전은 너무 압축적이고 잠복적이다. … 교사는 보다 큰 기술을 갖고 도덕적 목적을 추구해야 하며, 자신의 역할을 현재하고 있는 것보다 높은 단계에서 개념화해야 한다. 셋째, 일단 시작되면, 개인적 목적은 그 말대로 사적이지 않다. 특히 교수와 같은 도덕적 직업에서는 개인적 목적을 표현하는 위험을 감수할수록, 보다 우리가 추구할 영혼에 불을 지피게 된다.
>
> Michael Fullan, 1993

교육위원회 회의 때 전문 상담자에게 보고되었고 교육위원회와 언론 모두 Moe의 행동에 의문을 제기하게 되었다. 징계가 내려지고, 연구는 더 이상의 방해 없이 진행될 수 있었고 SEM은 그 학군의 여러 학교에서 실시되었다. 1년 후에, Moe Steel은 새로운 일자리로 옮겨갔다.

이와 같이 마지막으로 사용하는 책략을 "성공사례"로 생각하지 않는다. 대부분 사람들이 의사소통과 타협을 통해서 의견의 차이를 교섭하고 줄인다. 그러나 이 예를 통해서 볼 수 있듯이, 권위의 위치에 있는 사람이 구성원의 흥미에 진정 반응하지 못할 때, 보다 높은 권위자에게 의지하게 된다는 것을 알 수 있다. 만약 민주적인 운영 계획을 위에서 기술한 사건 이전에 하였다면, 많은 시간 낭비와 불쾌함을 피할 수 있고 성공적인 사례가 되었을 것이다!

결론

Moe Steel의 사례에서 제기된 문제는 민주적인 학교 운영과 관련이 있다. 또한 SEM의 전문성 개발 목적과도 연계된다: 학교 핵심 구성원의 연속적이고, 반성적인 성장을 도모할 필요성과 지역 학습자를 창출할 필요성. 게다가 이들 목적들은 학교개선을 위한 본 계획의 두 가지 처음 목적과 관계가 있다: 학생의 창의적인 생산성과 성취수준 증진(오른쪽 글상자 참조). 특히, 체계적인 계획은 학교 구성원 모두가 공동의 임무를 추구하는 동등한 파트너로서 서로를 생각할 때 시작된다. 동등한 파트너사이의 업무는 모든 사람이 상호협조 하에, 계속 향상되고 활동적으로 그 업무와 관련 있는 지식을 추구하고, 경험과 전문성을 공유한다는 가정에 근거해야 한다. 핵심적인 학교 구성원이 서로 신뢰하고 존중하고, 성취를 최고수준까지 달성하도록 자극하고, 권장하고 도전하며, 함께 작업할 공동의 비전과 선택권을 갖는다면, 학생을 위한 교육기회는 향상될 것이다. 그리고 학생을 위한 교육기회가 향

학교전체 심화모델의 목적 1

(a) 체계적으로 학생의 강점을 평가하고, (b) 강점을 개발하도록 심화기회와 자원을 제공하고, (c) 교육과정 차별화와 학교 시간을 융통적으로 사용함으로써 학생의 재능 잠재력을 개발한다.

학교전체 심화모델의 목적 2

모든 정규교육과정 영역에서 학업성취를 향상하고 표준교육과정 활동 속에서 의미 있고 즐거운 학습에 참여할 수 있도록 한다.

상될 때, 모든 학생의 재능발달은 현실적인 목적이 된다. Roland Barth(1990)는 다음과 같은 글에서 협동의 본질적인 의미에 대해 말하고 있다: 학교에서 관계는 학교 개선을 위한 모든 시도를 허용하고, 에너지를 제공하며 유지하는 기본적, 선결조건이며 필수조건이다. 만약 성인들이 서로 이야기하지 않고, 관찰하지 않고, 돕지 않는다면, 변화는 거의 없을 것이다"(p. 32).

일종의 목적과 과정으로서 협동함으로써 핵심적 학교 구성원은 학교개선을 위한 시간을 마련 및 배정하고 장기간의 체계적인 개혁을 시작할 수 있다: 교사와 학생. 교사는 학교가 재능을 개발하는 장소라는 비전을 다시 창출할 시간과 학생이 참여할 학습활동을 계획할 시간이 필요하다. 학생들은 심화집단 틀 안에서 진짜 연구자의 역할을 채택함으로써 지식을 창출하고 자신을 발견할 시간이 필요하다. 이들 단계로 시작해서, 재능개발을 위한 본 계획은 학교가 통제력을 갖는 학습과 발달국면에 집중할 수 있다.

마지막으로, 체계적인 학교개혁이 직면하는 몇 가지 제약에 대해 살펴볼 것이다. 사람, 개인과 공동체의 조건을 향상시킬 학교능력에 대해 사회가 갖고 있는 믿음은 잘못되었다. 변화하는 가족구조, 현존의 분리, 참을 수 없는 거주 조건, 나쁜 영향과 건강관리, 고용과 경제기회의 제한과 소수민족에 대한 부당한 대우, 이 모든 요소가 열등한 학교를 만든다. 그러므로 사회의 여러 기관에서 모든 학생의 재능을 개발할 때 생기는 여러 문제를 언급하고 책임을 공유해야 한다. 동시에, 학교는 수업시간 시작과 끝 종소리 사이에 핵심적인 학교 구성원에게 제공하는 경험의 질을 향상시키는데 집중하고, 학생 성취에 영향을 미치는 문제에 대해서 부모와 함께 활동해야 한다. 학교는 재편성된 사회에서 많은 힘이 없을지 모르지만 학생의 삶에 영향을 미치는 잠재력을 갖고 있다.

This Bridge

This bridge will only take you
halfway there
To those mysterious lands you
long to see:
Through Gypsy camps and
swirling Arab fairs
And moonlit woods where
unicorns run free.
So come and walk awhile with me
and share
The twisting trails and wondrous
worlds I've known.
But this bridge will only take you
halfway there–
The last few steps you'll have to
take alone.

Shel Silverstein
A light in the Attic, 1981

1. 흥미롭게도, 대학생을 대상으로 한 연구에서, 교육과정 외 활동들이 검사점수, 고등학교 학점과 대학교 학점을 포함하여 전통적인 학업 예언변수보다 성인이 되었을 때 성취를 결정짓는 요인이다(Munday & Davis, 1974).
2. 정치학에 의하면, 의사결정 기관 내 행동은 특히, 만약 그 행동이 현상 그 자체 변화와 관련이 있다면, 한두 사람이 특정한 원인이나 행동의 "주체"가 될 때 보다 잘 발생할 것이다.

참고 자료

본 참고자료는 학교운영, 관리와 관련된 여러 예들을 보여주며 6개 섹션으로 구성된다: 교육적 변화, 팀구성과 협동, 교사개발, 학교전체 심화모델, 부모와 학교 파트너십과 학교운영.

교육적 변화

책

제목: Change forces in education

저자: Fullan, M.

기술: 본 책에서 Fullan은 비약적인 발전시기—변혁의 돌파구—의 변화와 관련된 사고방식과 행동을 제안하였다. 그가 제안한 8개 레슨에서 견제와 균형체제를 통해서 변화의 힘을 이용할 수 있다. 사람들이 체제를 변화시키는 것이지, 그 반대 방향이 아니라는 확신에 근거하여, Fullan은 교사들이 도덕적 변화주체가 되도록 사전-서비스와 현-서비스를 제시한다.

출처: The Falmer Press.

제목: The Copernican plan: Restructuring the American high school

저자: Carroll, J. M.

기술: Carroll의 생각은 고등학교를 재구조화하는 것에 대해 매우 구체적이며 창의적이다. 학교시간표, 더 작은 학급크기, 개별화 학습과 교수방법 변화를 통해서 학교가 시간을 사용하는 방식을 재구조화한다.

출처: The Regional laboratory for educational improvement of the Northeast and Islands.

제목: The fifth discipline: The art and practice of the learning organization

저자: Senge, P. M.

기술: Senge는 새로운 기회를 인식하고 방해하는 장애물을 극복할 학습 조직기관을 설립하는데 관심이 있다. 5개 규율을 주장하여 학습 조직기관과 보다 전통적인 통제기관을 구분하였다: 조직적인 사고, 사람의 마스터리, 정신적 구조, 비전 공유하기 및 팀 학습. 비록 Senge의 책이 철학적이지만, The fifth discipline은 교육자와 학교 지역사회에 중요하다. 만일 학교가 변화를 이루고자 한다면, Senge가 기술한 학습 조직기관에 보다 비슷해져야 한다.

출처: Doubleday/ Currency.

제목: Making school reform happen

저자: Bullard, P., & Taylor, B. O.

기술: 변화과정을 다룬 다른 책과 달리, 본 책은 The National Center for Effective Schools의 도움을 얻어 학교를 개혁할 때 누가 주된 역할을 하는지에 대한 개인적인 이야기를 다룬다. 교사, 교장과 부모가 어떻게 변화과정을 시작할지, 변화가 가져온 동요와 성공에 대해 이야기를 나눈다. 가장 인상적인 것은 학군과 학교에서 어떻게 변화과정이 이루어지는지 순서적으로 설명한다.

출처: Allyn and Bacon.

제목: Restructuring schools: Capturing and assessing the phenomenon

저자: Murphy, J. T.

기술: 본 책의 목적은 재구조화에 대해 배운 것을 순서대로 기록하는 것이다. 처음 두 장은 나중 장에서 다룰 과정의 기초가 되는 모델을 구조화하고 개발하는 원리이다. 3장에서 5장까지는 교육적 주요 재구조화 요소를 조사한다: 업무 재고안 조직과 운영구조와 학교의 핵심적 기술. 마지막 장은 재구조화가 성공적이려면 짚고 넘어가야 할 요소를 다룬다.

출처: Teachers College Press.

아티클

제목: Finding the way: Structure, time, and culture in school improvement

저자: Donahoe, T.

기술: 본 아티클은 학교 재구조화에 참여한 4년간 그 이후에 Donahoe의 숙고를 기술한다. 교육기관과 관련된 실패에 갇혀서 모든 시도들이 "치명적으로 반만 측정한"것으로 결론을 내렸다. 본 아티클의 나머지 부분에서는 학교개혁에 부합하여 조절해야 하는 세 가지 결정적인 요소를 살펴본다: 학교조직, 시간 구조와 학교문화. 저자는 캘리포니아 학군에서 실시된 책략을 기술하여 교육적 변화를 촉진할 수 있도록 교직원과 학생의 시간을 변화하는 방식을 소개한다.

출처: *Phi Delta Kappan*, *75*(4), pp. 298–305.

제목: The time dilemma in school restructuring

저자: Watts, G. D., & Castle, S.

기술: 저자는 재구조화에 참여하는 학교가 시간을 재개념화하기 위해 해야 하는 것을 기술한다. 해결책을 다섯 가지 책략으로 묶었다: 자유시간, 재구조화 혹은 다시 잡은 시간, 공통 시간, 보다 좋게 사용할 시간 및 미리 규정된 시간. 학교시간 문제를 다루는 계획을 수립하는 사람이 고려할 여러 중요한 사항들로 결론을 짓는다. 청중 반응을 다룰 행동과 책

략에 대한 제안점은 물론 각 이야기에는 역사적 관점도 제시되어 있다.
출처: *Phi Delta Kappan*, *75*(4), pp. 306-310.

제목: Unlocking the lockstep high school schedule
저자: Canady, R. L., & Rettig, M. D.
기술: 재구조화한 학교시간에 초점을 둔다. Canady와 Rettig는 3개 계획을 제안한다: 75-75-30계획, 대안적인 일일 단위계획 및 결합된 계획. 이들 계획의 장점을 또한 제시한다.
출처: *Phi Delta Kappan*, *75*(4), pp. 310-314.

도구

Concerns Based Adoption Model (CBAM)
저자: Hord, S. H., Rutherford, W. L., Huling-Austin, L., & Hall, G. E.
대상연령: 성인
목적: 교육 혁신에 대한 교사의 태도 평가
기술: CBAM은 세 가지 진단도구, 즉 Stages of Concern Questionnaire (SoCQ), Levels of Use와 Innovation Configuration을 조합한 것으로, 혁신에 대해 교사가 어떻게 느끼는지 정보를 제공한다. SoCQ는 새로운 실제를 교사가 실시할 때 갖게 되는 일곱 가지 관심사를 평가한다: 인식, 정보, 개인적, 운영, 결과, 협조와 재초점.
출처: Southwest Educational Development Laboratory 211 East Seventh Street, Austin, TX 78701, (512) 476-6861.

Taking charge of change는 ASCD 연감으로 동일한 분량으로 CBAM을 기술한다.
Association for Supervision and Curriculum Development
1250 N. Pitt Street Alexandria, VA 22314-1403, (703) 549-9110.

재구조화 관련 조직기관

The National Center for Effective Schools

The National Center for Effective Schools은 University of Wisconsin-Madison 소재 교육학과에서 조직한 연구기금지원을 받는 조직체로서, 모든 학생들이 양질의 교육을 받도록 돕는다. 본 센터의 목적은 크게 세 가지로: (1) 학교혁신을 시작하고 유지할 학교 지도자에게 힘을 부여하기, (2) 학교와 교실수준에서 학습과 학생발달과 관련된 정보를 사용할 수 있도록 컴퓨터 소프트웨어를 권장하기, (3) 가장 중요한 개혁에 대한 출판물 배포하기.

현 연구들은 센터의 년 4회 간행물인, Focus in Change와 Research in the Classroom에

집약된다. 보다 많은 정보를 원할 경우: National Center for Effective Schools, 1025 West Johnson Street, Suite 685, Madison, WI 53706, (608) 263-4730.

Resource Center for Redesigning Education
본 기관은 두 가지 목적을 갖는데, 산업화 이후의 사회에서 학교교육의 위치를 재고하고, 학습자 중심의 교육에 대해 이해를 제공하기 위해 교육자들 간의 대화를 권장하는 것이다. 본 센터는 초등학교와 고등학교 교육에 대한 혁신적인 접근법을 소개하는 카탈로그 양식의 책과 비디오를 발간하며 교육적 대화의 장을 촉진하기 위해 워크숍을 계획 중이다. 보다 많은 정보를 원할 경우: Great Ideas in Education, P. O. Box 818, Shelburne, VT 05482, (800) 639-4122.

팀 구성과 협동

책

제목: Roadmap to success 2000

저자: Information Technology Foundation

기술: 본 책은 미국 유치원에서 고 3까지 교육을 향상하려는 시도의 결과이다. 본 책의 특징은 사업적 지도자를 위해서 저술되었다는 점으로, 지역 학군과 함께 사업을 시작하고 유지할 때 필요한 지침을 제공한다. 지침서는 직접적이며 실제적인 4개 섹션으로 구성되어 있다: 시작하기, 프로그램 시작을 최적화하기, 프로그램 시작하기와 부록. 가장 잘 개발된, 프로그램 최적화하기 섹션은 지역사회에서 볼 수 있는 4 수준의 협동에 대해 자세히 기술한다: 교육정책, 학생과 함께 작업하기, 교사 및 행정가와 함께 작업하기 그리고 가족과 함께 작업하기. 4개 섹션마다 초점을 두는 대상과 파트너십을 시작할 때 사용할 수 있는 많은 책략을 기술한다. 예를 들어, 저자는 10개 책략을 열거하여 학생학습과 생산성을 촉진하고자 한다: 튜터링과 사사제도, 초청강사 안내소, 기관방문, 과학과 기술경진 대회, 직업과 직장 박람회, 취업 상담, 인턴십과 여름 활동, 장학금, 학생활동과 학생 수상 프로그램 지원.

본 책의 가장 큰 장점 중 하나는 공교육의 변화 속성을 현실적으로 제시하고 있다는 것이다. 저자는 분명히 교육상의 변화가 시간이 걸린다는 점을 언급한다(p. 5). 게다가, 파트너십은 학교교육의 본질적인 요소를 변화하는데 필요한 깊고 체계적인 개혁에 영향을 준다는 가정에 근거한다.

출처: Information Technology Association of America. 복사본은 Diane Greer, Information Technology Foundation, 1616 N. Meyer Drive, Suite 1300, Arlington, VA

22209-3106, (703) 284-5307에서 얻을 수 있음.

제목: Six thinking hats for schools

저자: de Bono, E.

기술: 교육학에서 교수기술 분야의 선구자인 Edward de Bono는 교육과정의 모든 영역에서 사고기술을 위한 일련의 새로운 자료집을 발간하였다. 육색 사고 모자는 서로 다른 사고양식을 말하며, 모두 중요하다; 어떤 것이 보다 선행되는 것이 아니다. 빨간 사고모자는 정서적 사고를 말하며, 노란 모자는 장점 사고를, 검정 모자는 판단적 사고를 말하며, 녹색, 흰색 및 파란 모자는 각각 창의적, 정보적 및 조직적 사고를 나타낸다. 육색 모자 방법은 또한 팀 개념을 이해하는 데 도움이 된다. 특히, 집단의 각 구성원은 그들이 제시하는 관점과 사고양식을 존중해야 한다.

출처: Perfection Learning.

제목: Team building for school change

저자: Maeroff, G. I.

기술: 비록 학생들이 지난 반세기 동안 상당히 변화하였다지만, 학교들은 그동안 같은 방식으로 계속 운영되고 있다. 이와 같은 현상은 지난 몇 십 년 동안 대대적인 학교개혁 노력에도 불구하고 학교 운영이 그대로임을 보여준다. Gene Maeroff는 본 책에서 학교개혁이 실패한 이유는 변화과정에서 교사역할을 간과하려는 개혁자와 개혁노력 경향임을 언급한다. Maeroff는 운전석에 앉을 사람에게 미칠 영향을 고려하지 않고 자동차를 만드려는 신형차 디자이너와 학교개혁자를 비교하였다(p. 2).

의미 있고 지속적인 학교변화를 시작하기 위해, Maeroff는 제안하길, 교사와 교장은 학교 개선에 필요한 변화를 함께 다루는 팀으로서 훈련받아야 된다고 하였다. 이 책은 팀 구성원들을 어떻게 훈련하고 선택할지 설명할 뿐 아니라 또한 직면할 장애물과 장애분석을 단계적으로 살펴본다. 본 책의 장은: 팀 선택, 유대감 조성과 성장, 팀과 원리, 팀 회수, 팀에 부여되는 시간마련과 장애물 등으로 구성되어 있다.

Maeroff는 변화에 대한 심도 있는 이해와 교육상황에서의 역동적인 변화에 대해 이해를 도모하며, 여러 실제적인 제안점을 통해서 학군의 변화를 권장할 수 있도록 한다. 가장 중요한 것은, 교사를 학교개선의 중요 요소로서 인식했다는 점이다.

출처: Teachers College Press.

아티클

제목: Consultation and teaming: Problem-solving among educators, parents, and support personnel

저자: Elliott, S. N., & Sheriden, S. M.

기술: 저자는 장애를 가진 학생의 주류화 교육(mainstreamed handicapped)에 대한 교육적, 심리적 서비스 전달을 위해서 학교의 여러 과목 팀 컨퍼런스와 상담을 연구하였다. 상담 관계에서 생기는 단계적 문제해결 예들을 팀 문제해결에 확대하였다.

출처: *Elementary School Journal*, *92*(3), pp. 315-338.

제목: Designing systems to facilitate collaboration: Collective wisdom from Colorado

저자: Adams, L., & Cessna, K.

기술: 본 아티클은 장애를 가진 학생 요구를 보다 충족시키기 위해 협동관계를 개발하고자 한 콜로라도의 노력을 기술한다. 저자는 공통의 이해를 개발, 서비스 체제 내에서 완전한 서비스를 개발하고, 학교 시간표 문제를 언급하는 것이 중요하다는 점을 강조한다.

출처: *Preventing School Failure*, *35*(4), pp. 37-42.

제목: Essential collaborative consultation competencies for regular and special educators

저자: West, J. F., & Cannon, G. S.

기술: Delphi의 기술을 사용해서, 47개 100명의 간학문적 전문가들이 특별 및 정규교육자 간의 협동적인 상담의 기초인 8개 범주에서 47개의 유능성을 찾아내었다. 가장 높게 평가된 것은 상호 의사소통, 협동적인 문제해결과 개인적인 특징이다.

출처: *Journal of Learning Disabilities*, *21*(1), pp. 56-63, 68.

제목: Principles for the practice of collaboration in schools

저자: Cook, L., & Friend, M.

기술: 저자는 학교 협동영역에서 사용하는 어휘를 명료화하고, 협동의 특징을 기술하고 책략과 관련된 일련의 원리를 설명하였다. 원리들은 대부분 학교 프로그램의 선결조건이 아니라 비형식적으로 발생하며 개발할 시간이 필요하지만 만병통치약은 아니다.

출처: Preventing School Failure, 35(4), pp. 6-9.

도구

제목: Teachers' perceptions toward collaboration

저자: Leppien, J.

대상연령: 성인

목적: 협동에 대한 교사의 태도를 평가한다.

기술: 두 가지 부분으로 구성된 지필식 도구로서 협동에 대한 교사의 태도를 조사한다. 협동은 상호적 과정으로 정의되며, 여러 영역의 전문가들이 정의한 문제에 대해서 창의적인

해결방안을 창출한다. 첫 번째 부분은 9점 리커르트 척도 항목으로, 학교가 어느 정도 협동을 지지하고 있다고 생각하는지 그 정도를 평가한다. 두 번째 부분은 13점 리커르트 척도 항목으로, 협동관련 교사의 자아-효능감을 평가한다. 본 도구의 복사본을 부록 C에 수록하였다.

점수화: 기계

부가적인 정보를 원할 경우: Dr. Jann Leppien, The National Research Center on the Gifted and Talented, 2131 Hillside rd. Unit 3007, University of Connecticut, Storrs, CT 06269-3007, (860)486-6265.

교사 개발

동료 코칭

책/ 아티클

제목: The coaching of teaching

저자: Joyce, B., & Showers, B.

기술: 운동선수처럼, 교사도 만약 코치의 지도를 받는다면 새로운 방법으로 자신의 업무를 수행할 것이다. 본 아티클은 교사의 코칭을 기술하고 운동경기와 유사하다는 것을 보여주기 위해 축구 코치 인터뷰 내용을 수록하였다.

출처: *Educational Leadership*, *40*(1), pp. 4-8, 10.

제목: Cooperative professional development: Peer-centered options for teacher growth

저자: Glatthorn, A. A.

기술: 협동적 전문성 개발은 교사팀이 자신의 전문성을 개발하기 위해 함께 작업하는 과정을 일컫는다. 협동성 개발유형은 다음과 같다: 전문적 대화, 교육과정 개발, 동료 감독, 동료 코칭과 활동연구.

출처: *Educational Leadership*, *45*(3), pp. 31-35.

제목: Synthesis of research on staff development: A framework for future study and a state-of-the art analysis

저자: Showers, B., Joyce, B., & Bennett, B.

기술: 거의 200개 되는 연구를 메타 분석과 교사개발에 대한 문헌 개관을 통해서 교사가 교실에서 사용할 수 있는 통찰력을 제공하고자 개발한 교사개발 프로그램의 중요성을 강조한다.

출처: *Educational Leadership*, *45*(3), pp. 77-87.

반성적인 실제자(The reflective practitioner)

책/아티클

제목: Finding time for collaboration

저자: Raywid, M. A.

기술: 많은 학교들은 반성시간을 공유하기 위해 창의적인 방식을 찾고 있다. 저자는 15개 학군의 예를 제시한다.

출처: *Educational Leadership, 51*(1), pp. 30-34.

제목: *The virtues of not knowing. In E. Duckworth, The having of wonderful ideas and other essays on teaching and learning*

저자: Duckworth, E.

기술: 본 아티클에서, 저자는 정답을 아는 것이 중요한 것이 아니라 (수동적인 미덕), 모르는 것의 미덕을 강조한다. 결국, 저자는 "최종분석에서, 모른다는 것을 알고 있는 것이 궁극적으로 알려고 하는 것을 결정한다"(p. 68)라고 결론을 내렸다. 만일 교육자들이 학생의 지적 사고를 증진하고자 한다면, 하나는 정답을 찾는 것을 버리고 호기심, 참을성, 진정한 시도를 개발할 수 있도록 돕고, 당황과 오답을 학습의 정당한 요소로 수용해야 한다.

출처: Teachers College Press.

제목: The reflective practitioner: How professionals think in action

저자: Schon, D.

기술: 저자는 유능한 실제가들이 실제 말하는 것보다 더 많이 알고 있다고 주장한다. 실제가들이 행동 중에 숙고하고 직관적으로 알고 있음을 보여주는 이야기를 제시한다. 반성이 궁극적으로 학생과 조직적인 학습을 가져오는 교사능력을 증진하기 때문에, 비록 혼란과 불확실성이 있다고 해도, 교사들은 반성적으로 교수실제과정을 시작해야 한다고 주장한다.

출처: Jossey-Bass.

학교전체 심화모델

책

제목: The complete triad trainers in-service manual

저자: Renzulli, J. S., & Reis, S. M.

기술: 3부 심화모델과 학교전체 심화모델에 근거하여, 본 책은 실제가들이 성공적인 워크숍을 실시할 수 있도록 조언과 조직적인 제안을 수록하고 있다.

출처: Creative Learning Press, P. O. Box 320, Mansfield Center, CT 06250, (203) 429-8118. 주문 번호 957.

제목: The triad reader
저자: Renzulli, J. S., & Reis, S. M.
기술: 본 책은 심화프로그램 실시에 대한 여러 아티클, 배경정보와 실질적인 아이디어를 수록하였다. 교사훈련, 교육과정압축, 방법론에 대한 책, 학습스타일, 멘토 프로그램, 지역사회 자원, 프로그램 평가, 고등학교 심화프로그램과 학교전체 심화팀에 대한 아티클을 수록하였다.
출처: Creative Learning Press, P. O. Box 320, Mansfield Center, CT 06250, (203) 429-8118. 주문 번호 957.

도구

제목: Schoolwide enrichment teachers' ratings of appraised in-service needs (SE Train)
저자: Olenchak, F. R., & Schlichter, C. L.
대상연령: 성인
목적: 학교전체 심화프로그램 관련 현재 서비스의 욕구에 대한 교사의 지각을 평가한다.
기술: 학교전체 심화모델의 요소(부록 D 참조)와 관련하여 교사의 지각된 효능감 수준을 평가하는 지필식 도구이다(24항목).
점수화: 평가자
부가적인 정보를 원할 경우: Dr. F. Richard Olenchak, University of Alabama College of Education, P. O. Box 2592, Tuscaloosa, AL 35487-2592, (205) 348-1448.

부모와 학교 파트너십

책/논문

제목: America's smallest school: The family
저자: Barton, P., & Coley, R.
기술: 본 보고서는 학습환경으로서 가정에 대한 연구를 언급한다. 국가 및 국제 자료를 통해서 학생학습과 관련된 8개 가정요인을 제시한다: 부모-학생비율, 가정 도서관, 가정독서, 텔레비전 시청습관, 숙제, 결석, 부모 참여와 가정 자원. 학생의 학업성취를 증진시키는 한 가지 방법은 가정을 탐색하고 발견할 수 있는 아동-중심 환경을 만드는 것이다. 본 보고서는 부모가 가정에서 학습기회를 증진할 때 사용할 수 있는 여러 책략을 설명한다.
출처: Educational Testing Service.

제목: Awakening your child's natural genius

저자: Armstrong, T.

기술: 본 책은 부모들에게 자녀를 위해 할 수 있는 책략을 소개한다. Parenting Magazine의 칼럼리스트인 저자는 본 책을 4개 부분으로 나누었다. 첫째 섹션에서, 가정과 학교 학습환경을 다룬다. 두 번째와 세 번째 섹션, Academics the natural way and growing through arts and leisure에서, 저자는 가정에서 즐겁게 학문 내용을 탐색하고 학습할 수 있는 방법을 찾아본다. 마지막 섹션에서, 저자는 여러 책략을 조사하여 부모가 학교에서 자녀의 고유성을 유지하도록 돕는다. 각 장 끝마다 부모에 대한 조언과 자료를 제시하므로(예: 기관, 책, 아티클), 부모들이 자녀의 재능을 개발하는데 도움을 줄 수 있다.

출처: Jeremy P. Tarcher, Inc.

제목: College comes sooner than you think: The essential planning guide for high school students and their families

저자: Featherstone, B. D., & Reilly, J. M.

기술: 본 책은 대학을 고르고 찾아볼 시간이 거의 없다는 가정에 근거를 둔다. 따라서 학생과 부모로 하여금 사춘기에서 이 중요한 단계를 계획할 때 소비자로서 행동하도록 권장한다. 장들은 우선권을 두어야 할 것에 대해 정의를 내리는 것부터 학생 대학생활의 재정을 계획하는 것까지 다양하다. 계획형식은 특히 유용하여 다음과 같은 주제와 관련된 복잡한 자료목록도 수록한다: 적용, 운동선수의 정보, 직업지침, 재정적 보조, 자기소개서 준비와 검사.

출처: Ohio Psychology Press.

제목: Developing talent in young people

저자: Bloom, B. S.

기술: University of Chicago연구 팀은 자신의 분야에서 최고의 성취수준에 도달한 120명의 남녀를 인터뷰하였다. 음악, 미술, 운동경기와 수학과 과학 영역에서 선택하였다. 연구결과에 기초하여, 저자는 재능개발속성에 대한 관점들을 제시한다.

출처: 절판.

제목: How to help your child with homework

저자: Radencich, M. C., & Schumm, J. S.

기술: 본 저서는 숙제는 재미없다는 가정에 근거하여, 숙제를 보다 재미있는 것으로 만들 수 있는 특별한 조언과 기술을 제시한다. 별도의 장을 학문 영역(예: 읽기, 맞춤법과 글짓기, 수학, 과학과 사회과목)에 할애하였고, 각 장은 그 과목에 맞는 책략을 수록하였다. 부

가적으로, 연구프로젝트와 가정게임도 다룬다. 마지막 장에서 부모가 숙제를 도울 수 있도록 양식, 목록, 차트와 보드게임같은 자료를 제시한다.
출처: Free Spirit Publishing.

제목: The megaskills workshop program
저자: The Home and School Institute
기술: 본 책은 부모와 교사로 하여금 학생의 비판적 학습기술을 개발하도록 도움을 준다. 워크숍 훈련과 활동-학업성취에 관련된 10개 기술 개발을 권장하는 지침서에 근거하여: 확신, 동기, 노력, 책임감, 주도성, 지구력, 보호, 팀웍, 상식과 문제해결 등을 부모와 교사에게 제공한다. 비록 교사, 부모와 학교가 협동적으로 이와 같은 기술을 권장하도록 함께 작업을 하지만, 부모와 교사가 각자 지침서를 사용할 수 있다. 자료는 영어와 스페인어본이 있다. 문제해결 책략을 일상상황에 접목한: 의사소통, 건강, 금전과 가정을 가르치는 만화가 있는 스트립 형식의 책인 Bright Idea가 있다.

『MegaSkills』라는 책의 활동을 통해서 학업성취와 관련된 10개 기술을 가르칠 수 있다. 본 활동을 사용한 부모 및 교사의 반응과 조부모의 중요성에 대한 특별 섹션도 포함되어 있다.

『Special solutions』이란 책은 가정에서 할 수 있는 활동을 소개하는 책으로 아동의 읽기, 쓰기, 수학, 과학 및 사회과학 활동에 도움도 준다.

출처: The Home and School Institute, Special Projects Office, 1201 16th Street, N. W., Washington, DC 20036 (202) 466-3633.

제목: Parenting the very young gifted child (Research Monograph No. 9308)
저자: Robinson, N. M.
기술: 비록 본 연구물이 매우 어린 유아에 대한 것이지만, 저자가 제시한 주제와 제안은 모든 자녀의 재능을 개발하고자 하는 부모가 사용할 수 있다. 특히 다음의 두 가지 섹션이 유용하다: 어떻게 성인이 영재아 발달을 증진할 것인가? 그리고 어떤 발달적인 면에 주의를 기울일 필요가 있는가?
출처: The University of Connecticut, The National Research Center on the Gifted and Telented, 2131 Hillside rd. unit 3007 Storrs, CT 06269-3007.

제목: Reading with young children (Research Monograph No. 9302)
저자: Jackson, N. E., & Roller, C. M.

기술: 본 연구물은 많은 목적을 가진다. 첫째, 읽고 쓰는 지식에 대한 연구문헌을 요약한다. 연구의 가장 중요한 결론 중 하나는 아동의 읽고 쓰는 기술이 똑같이 발달하는 것이 아니라는 것이다. 따라서 본 연구물의 두 번째 부분에서는 모든 단계에서 아동의 읽기 기술을 발달시키는 제안과 조언을 수록한다. 예를 들어, 저자는 다음과 같은 질문에 대답을 한다: 성인들이 아동과 함께 책을 읽을 때 무엇을 해야 하는가? 아동과 책을 읽을 때 말해야 되는 것은 무엇인가? 이야기를 읽는 동안 어떤 류의 이야기를 나누는가? 좋은 독서를 위해 어떤 책을 선택해야 하는가? 아동이 성인과 책을 읽을 때 무엇을 배우는가?
출처: The University of Connecticut, The National Research Center on the Gifted and Talented, 2131 Hillside rd. unit 3007, Storrs, CT 06269-3007.

제목: Some children under some condition: TV and the high potential kid(Research Monograph No. 9206)
저자: Abelman, R.
기술: 본 연구물에서 저자는 논쟁이 되고 있는 문제를 언급한다. 얼마큼 TV를 보면 좋은가? TV는 해로운가? 저자는 본 보고서에서 TV 시청 습관과 상위 능력을 가진 아동간의 관계를 조사하였다. 또한 아동의 TV 시청과 관련된 의사결정 지침서도 제시한다.
출처: The University of Connecticut, The National Research Center on the Gifted and Talented, 2131 Hillside rd, unit 3007, Storrs, CT 06269-3007.

아티클

제목: California's policy on parent involvement
저자: Solomon, Z. P.
기술: 캘리포니아 주는 다음 네 가지 범주에서 부모참여를 시도하였다: 운영, 고객 서비스, 교사로서 부모와 부모로서 부모. 이들 시도는 주 교육과정 개혁 책략과 제휴하여, 모든 가정을 참여시키는 지역 정책과 계획에 대한 5개년 활동이다.
출처: *Phi Delta Kappan*, *72*(5), pp. 359-362.

제목: District leadership in parent involvement: Policies and actions in San Diego
저자: Chrispeels, J. H.
기술: 캘리포니아에서 새롭게 실시된 주 및 학군 정책으로 인해, 효과적으로 부모참여를 권장할 때 학교의 적극적인 노력이 필요하게 되었다. 샌디에이고 교육부는 정보처, 부모를 위한 직접적인 서비스 기관과 교사개발 및 계획 보조자의 역할을 한다.
출처: *Phi Delta Kappan*, *72*(5), pp. 367-371.

제목: Educating poor minority children

저자: Comer, J. P.

기술: 저자는 본 아티클에서 교육개혁에 확대한 재정과 노력이 학생을 언급하지 않는 발전적 사회문제로 남아 있는 한 거의 효과가 없음을 주장하였다. 1968년 초부터 저자는 2개 도시 초등학교에서 학업성취를 증진하고 학생의 요구를 다루려는 연구를 시작하였다. 운영팀, 부모 프로그램 및 정신 건강 팀이 협동적으로 작업을 하면서, 학생의 행동 문제가 줄어들고 부모와 교직원간 상호작용이 증가하고 학생의 성취가 향상되었다.

출처: *Scientific American*, *259*(5), pp. 42–48.

제목: The Illinois experience: State grants to improve schools through parent involvement

저자: Chapman, W.

기술: 1987년, 일리노이 주 교육부는 위험에 처한 아동과 학생들의 문제를 다루는 정책, 절차 및 프로그램을 채택하고 확장하였다. 초기 개입관련 문제로는, 유아교육, 소수민족의 성취, 지방교육, 무단결석 방지 및 대안적인 교육에 대해, 교육위원회는 지방교육 파트너십 기금 프로그램을 설립하였다.

출처: *Phi Delta Kappan*, *72*(5), pp. 355–358.

제목: Parent involvement in the states: How firm is the commitment?

저자: Nardine, F. E., & Morris, R. D.

기술: 최근 2개 주에서 실시한 연구에 의하면, 많은 기존 주 입법은 단지 부모 참여의 중요성에 대해 겉으로만 강조했을 뿐이다. 교직과 기금수준은 부적절하다. 연방입법과 부모참여 지원에도 불구하고, 대부분의 주들은 입법을 통과시키지 않고 있으며, 정책이나 문서로 작성된 지침을 개발하지 않는다.

출처: *Phi Delta Kappan*, *72*(5), pp. 363–366.

제목: Parents in touch: District leadership for parent involvement

저자: Warner, I.

기술: Parents in touch는 인디아나 폴리스 공립학교의 부모참여보장 프로그램으로, 부모를 아동교육의 파트너로 참여할 수 있도록 양방 의사소통을 촉진하고자 설립되었다. 본 프로그램은 부모/교사 면담, 전화 교사도움요청 프로그램 및 과제물 전화상담 서비스를 포함하여 여러 접근법을 사용한다.

출처: *Phi Delta Kappan*, *72*(5), pp. 372–375.

제목: Paths to partnerships: What we can learn from federal, state, district, and school initiatives
저자: Epstein, J.
기술: 국가, 주와 학군 지도자들은 학교와 가정 사이에 파트너십을 증진할 새로운 방도를 강구하고 있다. 대부분 프로그램들이 교사의 업무를 보다 쉽게 만들고, 아동기와 사춘기를 통해 계속되고, 모든 가정을 포함해야 한다.
출처: *Phi Delta Kappan*, *72*(5), pp. 344-349.

제목: Schools reaching out: Family, school, and community partnerships for students success
저자: Davies, D.
기술: 가정지원 운동에서, 세 가지 주제는: 모든 학생들이 성공할 수 있도록 하며, 전체 아동을 대상으로 하며 책임을 공유한다. The Institute for Responsive Education은 이 주제를 사용하여 지방 학교 개혁의 일환으로 부모참여를 재정의하고 확장하고자 국가적 차원의 프로젝트(Schools reaching out)를 개발하였다.
출처: *Phi Delta Kappan*, *72*(5), pp. 376-382.

부모와 학교 파트너십에 대한 보다 많은 정보를 얻을 수 있는 곳

제목: Family education and training: From research to practice. Report No. 14.
저자: Kagan, S. L., Neville, P., & Rustici, J.
정보: Publication Office, Center on Family, Communication, Schools and Children's Learning
The Johns Hopkins University
3505 North Charles Street
Baltimore, MD 21218

Council of the Great City Schools
1413 K Street, N. W., 4th Floor
Washington, DC 20005
(202) 635-5431

National Coalition for Parent Involvement in Education
119 North Payne Street
Alexandria, VA 22314

(703) 683-6232

National Congress of Parents and Teachers
1201 16th Street, N. W., #619
Washington, DC 20036
(202) 822-7878

Parent Involvement Center
Chapter 1 Technical Assistance Center
RMC Research Corporation
400 Lafayette Road
Hampton, NH 03842
(603) 926-8888

Southwest Educational Development Laboratory
211 E. Seventh Street
Austin, TX 78701
(512) 476-6861

학교 운영

아티클

제목: A changing context means school board reform
저자: Kirst, M. W.
기술: 70년 전에 발생한 지역 학교 위원회 역할 변화를 저자는 최근 주요 변화로 보고하면서, 이 원리를 사용하여 지역 교육운영에서 볼 수 있는 최근 연대기적인 경향과 변화를 보여주고 있다. 그가 언급한 변화는 (1) 위원회 소수 민족 대표자 포함, (2) 위원회 선거의 교조참여, (3) 위원회 통제력을 주 입법뿐 아니라 학군 내 특별한 사람에게 양도, (4) 지역 위원회의 통제영역 축소 등이다. 저자는 결론을 내리길 학교 위원회가 더 이상 의사안건을 통제하거나 정책입안 역할을 부흥하려고 하는 것이 아니다.
출처: *Phi Delta Kappan, 72*(5), pp. 378-382.

제목: The changing local community school board
저자: Shannon, T. A.
기술: 저자는 공립학교 통제력을 종식하거나 실질적으로 제한할 수 없음을 주장하였다. 역

으로, 민주적인 사회에서도 지역 대표자 운영이 계속적으로 필요하다. 운영자 위치에 가장 적격자인 사람을 선정하기 위해, 저자는 지역 지도자의 도움을 요청하였다.
출처: *Phi Delta Kappan, 73*(5), pp. 387-390.

제목: Defining the leadership role of school boards in the 21st century
저자: Campbell, D. W., & Greene, D.
기술: 선출된 행정부가 수행할 수 있는 학교교육의 책무성에 기본이 되는 핵심적인 의사소통 과정을 파악하면서 본 아티클을 시작한다. 선출된 행정부의 내용 기능은 다음의 것들을 포함한다: 수월성을 위한 장기간의 비전과 분위기를 고수, 감독 약정과 평가, 예산 책정과 재정적 책무성, 교육과정 발달과 프로그램 책무성, 통제와 정책, 집산적인 협정과 옹호. 위원 임원들이 그들의 내용-관련 기능을 완수하는 정도는 "위원직"에서의 유능성에 좌우된다고 주장한다. 저자는 위원직 신조에 다음과 같은 것들이 포함된다고 제기한다: 위원 임원의 의무나 역할, 팀워크, 위원에서 하는 활동에 대한 존중, 신뢰, 공정성에 대한 분명한 이해와 개방적이고 명료한 의사소통의 중요성에 대한 이해.
출처: *Phi Delta Kappan, 75*(5), pp. 391-395.

제목: Governing the nation's schools
저자: Danzberger, J. P.
기술: 저자는 지역 학교 운영조직의 실패에 대한 비판가들이 공통적으로 일컫는 이유를 조사하였다. 이들 이유를 지지하기 위해, Institute for Educational Leadership(IEL)에서 실시한 세 가지 연구실례를 인용하였다. 아티클 결론섹션에서, 특별책략 지역사회 구성원들로 하여금 특별 지침 주 입법가들이 정책 입안자로서 지역 위원회 역할을 강화할 수 있을 뿐 아니라 학교 위원회 재구조화를 주도할 수 있도록 하였다.
출처: *Phi Delta Kappan, 75*(5), pp. 367-373.

제목: Reinventing urban public education
저자: Hill, P. T.
기술: 대도시 학교체계에 존재하는 교통망의 정체와 "바로 적은 우리"임을 언급하면서 시작한다. 학교는 여러 공사립 조직체가 운영하는 대안적인 운영 양식이 필요하다. 학교 체계는 저자의 주장대로, 여러 계약을 맺고 있다—상급 학교, 등급학교, 매우 탁월한 학교와 매우 보수적인 학교. 나머지 아티클에서 저자는 어떻게 이들 계약이 작용을 하는지 설명하고, 계획의 이점을 기술하고, 계약을 부드럽게 이행할 때 필요한 절차를 일일이 보여준다.
출처: *Phi Delta Kappan, 75*(5), pp. 396-401.

제목: The relationship between school boards and general purpose government
저자: Usdan, M. D.
기술: 학교 운영 변화 필요에 대한 본 아티클은 학교와 지역 운영 조직체가 더 이상 아동과 그 가정이 직면한 복잡하고 상호관련된 문제를 해결할 수 없다는 가정에 근거한다. 저자는 학교 위원회가 대안적인 운영 조직과 더 친밀한 상호지역사회 협동 발전을 도모하여 별 관심을 받지 않는 환경의 아동요구를 충족시키는 것이 중요하다고 역설한다.
출처: *Phi Delta Kappan*, *75*(5), pp. 374-377.

제목: Urban education: A board member's perspective
저자: Wilson, J. C.
기술: 저자의 근본 관심사는 도시 학군을 괴롭히는 문제들이다. 위에서 위임하여 내려온 산 같이 읽을 것들을 헤치고 나아가야 할 필요성이 점점 커지게 되면서, 전보다 학교위원회가 필요하게 되었다. 가장 중요한 것은, 학교위원회 대표자들은 불리한 입장에 처하고 무력한 아동의 요구를 계속적으로 옹호할 수 있는 학교에서 유일한 일원이라는 점이다.
출처: *Phi Delta Kappan*, *75*(5), pp. 382-386.

부록 A

학교전체 심화모델(SEM) 및 관련연구 요약

(예: Enrichment Triad Model, Talents Unlimited Model)*

* 인용: Renzulli, J. S., & Reis, S. M. (1994). Research related to the schoolwide enrichment triad model. *Gifted Child Quarterly, 38*(1), 7-20.

저자와 연도	연구 제목	예*	주요 발견점
교사, 행정가 및 부모들이 지각한 SEM의 효과			
Reis, 1981	회전문 판별 모델을 사용한 프로그램에 참여한 영재아의 생산성을 분석	P, E	교사들은 보다 전통적인 판별 방법보다 회전문 판별절차를 선호한다; 교사는 자신의 교수실제에 영향을 미치는 프로그램에 적극적으로 참여한다고 보고하였다.
Olenchak, 1988	초등학교 학교전체 심화 모델: 교육적 우수성에 대한 실시 단계와 효과 연구	E	SEM은 상위능력을 가진 학생 교육에 대한 교사, 부모 및 행정가의 태도를 향상시켰다.
Cooper, 1983	3부 심화/회전문 판별모형에 근거한 영재 프로그램에 대한 행정가의 태도연구: 의사결정의 사례연구	8개 학군	모델에 대해서 행정가는 상위능력을 가진 학생 교육에 있어서 보다 많은 교직원 참여, 프로그램에 대한 긍정적인 교직원 태도, 판별에 대한 보다 낮은 관심, 지침부서가 학생과 어떻게 작업을 해야 하는지에 대한 긍정적인 변화, 보다 높은 목적을 향해 작업하도록 동기부여 한다고 지각하였다.
창의성과 SEM-결과의 질			
Reis, 1981	회전문 판별 모델에 의한 프로그램에 참여한 영재아의 생산성을 분석	P, E	평균 이상의 능력을 가진 학생의 산출물은 전통적인 방법을 사용하는 프로그램에서 판별된 학생들이 완성한 산출물처럼 좋은 것이다.
Gubbins, 1982	회전문 판별모델: 재능반 학생의 특징	E	스스로 선택한 프로그램(3부 심화)을 창출하지 않은 학생들은 산출물 발전이 부족한 원인으로 아이디어를 생각해낼 때 어렵고 시간관리가 힘들었음을 보고하였다.
창의성과 SEM-훈련 효과			
Burns, 1987	학생의 창의적인 산출물에 대한 집단 훈련활동의 효과	E	과정 기술훈련을 받은 학생은 그렇지 못한 학생에 비해 64% 많이 자기가 선택한 프로젝트(3부 심화)를 주도하였다.
Newman, 1991	Talents Unlimited Model이 학생의 창의적인 생산성에 미치는 효과	E	Talents Unlimited Model 훈련을 받은 학생은 그렇지 않은 학생에 비해 독립조사활동(3부 심화)을 완성하였다.

*P = 저학년, 유치원~2학년; E = 초등학년, 3~5; M = 중학교, 6~8; S = 고등학교, 9~12.

저자와 연도	연구 제목	예*	주요 발견점
SEM과 창의성-학생 창의성과 생산적인 행동 조사			
Delcourt, 1988	고등학생의 높은 수준의 창의성/생산적인 행동과 관련된 특징: 여러 사례 연구	S	자기가 선택한 조사활동(3부 심화)을 완수한 학생들은 다음과 같은 특징을 보였다: 프로젝트 완수에 필요한 개인적 기술(예: 작문), 개인적 특징(예: 참을성, 직업과 관련된 결정).
Starko, 1986	창의적인 생산성과 자아-효능감에 대한 회전문 판별 모델의 효과	E	SEM 프로그램에서 스스로 선택한 독립학습에 참여한 학생은 이와 같은 프로그램을 받을 만한 자격이 없거나 서비스를 받지 못한 학생에 비해 학교 내외에서 보다 자주 창의적인 생산성을 스스로 주도하였다.
SEM과 성격 및 사회성 발달			
Delisle, 1981	회전문 판별 모델과 프로그램 모델: 창의적 생산성과의 상관	E	높은 학문적 자아-개념을 가진 학생은 프로그램에 참여하며, 프로젝트(3부 심화)에 참여하며 학문적 성공을 내면화하는 경향이 나타났다.
Olenchak, 1991	영재아/ 학습장애 학생에 대한 프로그램 효과비교	E	SEM을 중재책으로 사용했을 때, 학습 장애를 가진 초등학생 상위능력 학생들의 학습에 대한 태도가 향상되었다. 게다가 3부 심화프로젝트를 완수하였고 긍정적인 자아개념을 나타내었다.
SEM과 사회적 수용			
Skaught, 1987	SEM 모델을 사용하는 초등학교 재능반 학생의 사회적 수용성 연구	E	SEM 프로그램에서 판별된 학생들은 긍정적인 또래 수용을 받았다.
Heal, 1987	영재로 불리는 것에 대한 학생의 지각: 사례비교 연구	E	SEM은 영재로 불리는 것이 갖는 부정적인 효과를 줄이는 것으로 나타났다.
SEM과 미성취			
Emerick, 1988	영재아의 학업적 미성취: 학업적 미성취 패턴을 뒤엎는 관련 요인에 대한 학생의 지각 연구	H +	학업적 미성취를 뒤엎는 요인으로: 교육과정압축사용, 1부 심화활동소개, 3부 심화 독립조사활동에 참여할 기회와 학생의 독특한 학습 양식과 그 양식을 이해하는 교사 간의 적합도 등으로 나타났다.
Baum, Renzulli, & Hébert 준비중)	학습자의 흥미를 추구함으로써 미성취를 반전	E, M	미성취 학생들이 자기가 선택한 독립조사활동(3부 심화)을 수행함으로써 학업성취에 긍정적인 결과를 가져왔다.
Taylor, 1992	고등학교 3부 심화 모델이 직업-기술학교 학생의 직업 발전에 미치는 효과	S	3부 심화 조사활동을 수행한 고등학교 직업-기술학교 학생들은 졸업 후 대학교육을 받기로 진로계획을 수정하였다.

저자와 연도	연구 제목	예*	주요 발견점
SEM과 상위능력/학습장애 학생			
Baum, 1988	학습장애를 갖는 영재아를 위한 심화 프로그램	E	학생의 잠재력을 증가할 수 있도록 특별한 교수 책략을 개발하기 위해 상위능력을 갖지만 학습장애가 있는 학생에게 3부 심화조사연구를 중재책으로 사용하였을 때, 특히, 과제에 투입하는 시간을 스스로 규제하는 능력이 향상되었다.
SEM과 자아-효능감			
Schack, 1986	아동의 창의적인 생산성과 자아-효능감	E, M	자아-효능감은 주도적인 독립조사연구의 주요 예견요인이며, 처치 말에 3부 심화프로젝트(연구방법에 대한 미니-과정)에 참여한 학생이 보다 높은 자아-효능감을 보였다.
Starko, 1986	창의적인 생산성과 자아-효능감에 미치는 회전문 판별 모델의 효과	E	학교에서 완성하는 창의적인 산출물의 수가 자아-효능감을 예견하는 유의한 요인으로 나타났다.
SEM과 학습스타일			
Stewart, 1979	영재/재능아의 학습스타일: 교수기술에 대한 선호도	E	상위능력을 가진 학생은 독립학습을 강조하는 교수방법을 선호하였고, 반면에 일반 학생들은 보다 구조화된 교수방법을 선호하였다.
SEM과 교육과정압축			
Reis, et al., 1992	교육과정압축 연구에 대한 기술 보고서	P, E	교사의 95%는 교실에서 상위능력을 가진 학생을 파악하고 그들이 보이는 강점요인을 작성할 수 있었다: 내용영역에서 상위능력 학습자를 위해 45~50%의 교육과정을 제거할 수 있는 것으로 나타났다.
SEM과 종단연구			
Delcourt, 1993	고등학교 학생의 창의적인 생산성: 에너지, 흥미와 상상력을 결부		학교 내외에서 3부 심화 프로젝트에 참여한 학생들은 자신의 공립학교 교육동안에 보였던 것과 유사한 대학과 직업에 흥미를 보였다.
Hébert, 1993	졸업에 대한 반성적 사고: 창의적인 생산성에 대한 초등학교 경험이 미치는 장기적 효과		학생의 3부 심화에 대한 흥미는 고등학교 졸업 후를 계획하는데 영향을 미쳤다; 3부 심화과정은 이 후 생산성에 대한 중요한 훈련과 같은 역할을 담당하는 것으로 나타났다.

부록 B

2부 심화 과정기술에 대한 분류학

(Taxonomy of Type II Process Skills)

Deborah E. Burns, 1994

I. 인지적 훈련 (Cognitive Training)

A. 분석 기술 (Analysis Skills)

특징 파악 (Identifying characteristics)
속성 인식 (Recognizing attributes)
관찰하기 (Making an observation)
유사하고 다른 점 구분 (Discriminating between same and different)
비교와 대조 (Comparing and contrasting)
범주화 (Categorizing)
분류 (Classifying)
기준 설정 (Criteria setting)
서열, 우선순위 및 계열화 (Ranking, prioritizing, and sequencing)
관계 찾기 (Seeing relationships)
인과관계 결정 (Determining cause and effect)
패턴 찾기 (Pattern finding)
예측 (Predicting)
유추하기 (Making analogies)

B. 조직 기술 (Organization Skills)

기억하기 (Memorizing)
요약하기 (Summarizing)
상위인지 (Metacognition)
목표 설정 (Goal setting)
질문생성하기 (Formulating questions)
가설설정 (Developing hypotheses)
일반화 (Generalizing)
문제해결 (Problem solving)
의사결정 (Decision making)
계획하기 (Planning)

C. 비판적 사고 기술 (Critical Thinking Skills)

귀납적 사고 (Inductive thinking)

연역적 사고 (Deductive thinking)
현실과 환상 결정 (Determining reality and fantasy)
장점과 약점 결정 (Determining benefits and drawbacks)
가치 진술 파악 (Identifying value statements)
관점 파악 (Identifying points of view)
편견 결정 (Determining bias)
사실과 의견 파악 (Identifying fact and opinion)
제시된 정보의 정확성 결정 (Determining the accuracy of presented information)
본질과 내적 증거판단 (Judging essential and incidental evidence)
관련성 결정 (Determining relevance)
없어진 정보 파악 (Identifying missing information)
정보원 신뢰성 판단 (Judging the credibility of a source)
정당, 비정당한 요구를 결정 (Determining warranted and unwarranted claims)
가정인식 (Recognizing assumptions)
결점 인식 (Recognizing fallacies)
논지의 비일관성 찾기 (Detecting inconsistencies in an argument)
불명확성 파악 (Identifying ambiguity)
논지의 장점을 결정 (Determining the strength of an argument)

D. 창의적인 기술 (Creativity Skills)

유창성 (Fluent thinking)
유연성 (Flexible thinking)
독창성 (Original thinking)
정교성 (Elaborational thinking)
표상 발달 (Developing imagery)
스캠퍼 수정 기술 (SCAMPER modification techniques)
속성 열거법 (Attribute listing)
무작위 투입 (Random input)
브레인스토밍 (Brainstorming)
창의적인 문제해결 (Creative problem solving)

시네틱스 (Synectics)

II. 정서적 훈련(Affective Training)

A. 대인내 기술 (Intrapersonal Skills)

강점 분석 (Analyzing strengths)
가치 명료화 (Clarifying values)
적극적인 개인 행동참조틀 개발 (Developing a personal framework for activism)
윤리적인 참조틀 개발 (Developing an ethical framework)
도덕적 추론 개발 (Developing moral reasoning)
탄력성 개발 (Developing resiliency)
책임감 개발 (Developing responsibility)
자아-효능감 개발 (Developing self-efficacy)
자존감 개발 (Developing self-esteem)
자아-신뢰감 개발 (Developing self-reliance)
과제 집착력 개발 (Developing task commitment)
본연의 모습에 대한 이해 (Understanding integrity)
자기-관리에 대한 이해 (Understanding self-management)
이미지 관리의 이해 (Understanding image management)
학습스타일 이해 (Understanding learning styles)

B. 대인간 기술 (Interpersonal Skills)

환경인식 개발 (Developing environmental awareness)
에티켓과 예절 개발 (Developing etiquette and courtesy)
다중문화 인식 개발 (Developing multicultural awareness)
사회적 기술 개발 (Developing social skills)
주장성 이해 (Understanding assertiveness)
리더십 기술 이해와 개발 (Understanding and developing leadership skills)
갈등 해결 이해 (Understanding conflict resolution)
협동과 협조 이해 (Understanding cooperation and collaboration)
비언어적 의사소통 이해 (Understanding nonverbal communication)

고정관념 이해 (Understanding stereotypes)
관용, 공감과 동정 이해 (Understanding tolerance, empathy, and compassion)

C. 중요한 인생사 대처 (Dealing With Critical Life Incidents)

손실 대응 (Coping with loss)
변화 대처 (Dealing with change)
의존성 대처 (Dealing with dependency)
실패 대처 (Dealing with failure)
스트레스 대처 (Dealing with stress)
성공 대처 (Dealing with success)
선택하기 (Making choices)
미래 계획 (Planning for the future)
완전성 이해 (Understanding perfectionism)
위험-감수 이해 (Understanding risk-taking)

III. 방법론 기술 학습 (Learning How-to Learn Skills)

A. 듣기, 관찰하기 및 지각 기술 (Listening, Observing, and Perceiving Skills)

지시 따르기 (Following directions)
특별 주의 기울이기 (Noting specific details)
요점, 주제 및 계열 이해 (Understanding main points, themes, and sequences)
관련없는 정보에서 관련 있는 것 분리 (Separating relevant from irrelevant information)
전체-부분 관계에 주의 (Paying attention to whole-part relationships)
큰 상 찾기 (Scanning for the "big picture")
특수한 것에 초점 (Focusing on specifics)
명료화하기 (Asking for clarification)
적절한 질문 생성 (Asking appropriate questions)
유추하기 (Making inferences)
세부에 주의 기울이기 (Noting subtleties)

결과 예측 (Predicting outcomes)
강사의 관점 평가 (Evaluating a speaker's point of view)

B. 노트필기와 개요잡기 기술 (Notetaking and Outlining Skills)

노트필기 기술 (Notetaking skills)
- 핵심용어, 개념 및 아이디어 선택 (Selecting key terms, concepts, and ideas)
- 중요하지 않은 정보 무시 (Disregarding unimportant information)
- 기억할 필요가 있는 것에 주의 (Noting what needs to be remembered)
- 기억회수를 위해 단어, 날짜 및 숫자기록 (Recording words, dates, and figures to aid in recall)
- 가장 중요한 항목기록 개관 (Reviewing notes and highlighting the most important items)
- 논리적인 순서로 기록을 범주화 (Categorizing notes in a logical order)
- 나중에 첨가할 여러 자원의 정보 기록을 조직 (Organizing notes so that information from various sources can be added later)

개요잡기와 웹 만들기 (Outlining and webbing)
- 통합성과 일관성을 갖는 자료를 쓰는 개요기술을 사용 (Using outlining skills to write material that has unity and coherence)
- 인용체계를 선택하고 사용 (Selecting and using a system of notation)
- 주제개요나 문단개요를 작성할지 결정 (Deciding whether to write topic outlines or sentence outlines)
- 각 주제와 요점을 명확히 언급 (Stating each topic or point clearly)
- 각 주제를 충분히 개발 (Developing each topic sufficiently)

C. 인터뷰와 설문조사법-개발 및 실질적 사용(Interviewing and Surveying-Developing and Practicing the Use of)

찾는 정보를 파악 (Identifying information being sought)
적절한 도구 결정 (Deciding on appropriate instrument)
기존 도구 파악 (Identifying sources of existing instruments)
도구 만들기 (Designing instruments)
질문 생성 기술 개발 (Developing question wording skills)

질문의 계열화 (Sequencing questions)
대표적 표본 파악 (Identifying representative samples)
현장 테스트와 도구 수정 (Field testing and revising instruments)
피험자와 라포형성 (Developing rapport with subjects)
자료 수집 메트릭스와 스케줄 준비 (Preparing a data-gathering matrix and schedule)
추후 기술 사용 (Using follow-up techniques)

D. 자료 분석과 조직-개발 및 실질적 사용 (Analysing and Organizing Data-Developing and Practicing the Use of)

자료원과 유형 파악 (Identifying types and sources of data)
자료 수집 도구와 기술 파악 및 개발 (Identifying and developing data gathering instruments and techniques)
적절한 표집기술 파악 (Identifying appropriate sampling techniques)
자료기록과 입력 기술 개발 (Developing data-recording and coding techniques)
자료 분류와 도표화 (Classifying and tabulating data)
자료의 기술 통계적 요약 준비 (Preparing descriptive(statistical) summaries of data)
유추통계적 자료 분석 (Analyzing data with inferential statistics)
도표, 그래프와 다이어그램 준비 (Preparing tables, graphs, and diagrams)
결론도출과 일반화 (Drawing conclusions and making generalizations)
결과 작성과 보고 (Writing up and reporting results)

IV. 상위수준의 연구와 참고자료 (Using Advanced Research and Reference Materials)

A. 3부 심화 조사 활동 준비 (Preparing for Type III Investigations)

문제확인과 그 문제에 집중하는 기술 개발 (Developing problem finding and focusing skills)
변인 파악 (Identifying variables)
가정과 연구문제 진술 (Stating hypotheses and research questions)
인적, 물적 자원 파악 (Identifying human and material resources)

운영계획 개발 (Developing a management plan)
시간 운영 기술 개발 (Developing time management skills)
적절한 산출물 양식 선택 (Selecting appropriate product formats)
피드백과 개정 획득 (Obtaining feedback and making revisions)
적절한 발표 출구와 대상 파악 (Identifying appropriate outlets and audiences)
평가 계획 개발 (Developing an assessment plan)

B. 도서관 기술 (Library Skills)

도서관 조직 체계 이해 (Understanding library organizational systems)
정보회수 체계 사용 (Using information retrieval systems)
인터라이브러리 대출 절차 사용 (Using interlibrary loan procedures)
특별 유형의 참고자료 정보에 대한 이해 (Understanding specialized types of information in reference books, such as;)

- 개요 (Abstracts)
- 연감 (Almanacs)
- 연보 (Annuals)
- 명문집 (Anthologies)
- 도해서 (Atlases)
- 서지학 (Bibliographies)
- 인용, 속담, 명언과 친숙한 구절에 대한 책 (Books of quotations, proverbs, maxims, and familiar phrases)
- 용어색인 (Concordances)
- 자료 도표 (Data tables)
- 일기 (Diaries)
- 사전과 용어집 (Dictionaries and glossaries)
- 요약집 (Digests)
- 디렉토리와 등록부 (Directories and registers)
- 백과사전 (Encyclopedias)
- 안내서 (Handbooks)
- 역사, 연대기물 및 조직 (Histories and chronicles of particular fields, organizations)

색인 (Indexes)
지침서 (Manuals)
정기간행물 (Periodicals)
독자 지침 (Reader's guides)
개요 (Reviews)
자료북 (Source books)
설문지 (Surveys)
연감 (Yearbooks)

책이 아닌 특별 유형의 정보 이해 (Understanding the specific types of information in nonbook reference materials, such as;)

미술인쇄물 (Art prints)
청각 테이프 (Audio tapes)
차트 (Charts)
자료 테이프 (Data tapes)
시디 롬 (CD roms)
필름 루프 (Film loops)
필름 (Films)
필름 스트립 (Filmstrips)
음향있는 필름 스트립 (Filmstrips with sound)
프래쉬 카드 (Flashcards)
지구본 (Globes)
지도 (Maps)
미소 축사 (Microforms)
모형 (Models)
그림 (Pictures)
실물교재 (Realia)
레코드 (Records)
슬라이드 (Slides)
학습 인쇄물 (Study prints)
이야기 책 (Talking books)
트랜스페런시 (Transparencies)
비디오테이프, 디스크 (Video tapes, discs)

C. 지역 사회 자원 (Community Resources)

지역사회 자원 파악 (Identifying community resources, such as:)

- 미술 및 극장 집단 (Art and theater groups)
- 클럽, 취미 및 특별한 홍미집단 (Club, hobby, and special interest groups)
- 대학과 대학교 서비스 및 인적자원 (College and university services and persons)
- 정부 및 사회 서비스 기관 (Governmental and social services agencies)
- 박물관, 갤러리, 과학센터, 특별한 홍미나 기능장소 (Museums, galleries, science centers, places of special interest or function)
- 사립 지역 대학 (Private community colleges)
- 사립 사업체와 개인 (Private business and individuals)
- 개인 (Private individuals)
- 전문 학회와 협회 (Professional societies and associations)
- 고령 시민 집단 (Senior citizen groups)
- 서비스 클럽 (Service clubs)
- 대학교 (Universities)

V. 문어, 구어 및 시각적 의사소통 기술 개발 (Developing Written, Oral, and Visual Communication Techniques)

A. 시각적 의사소통-준비단계에서 기술 개발 (Visual Communication-Developing Skills in the Preparation of)

- 시각 테이프 레코드 (Audio tape recordings)
- 필름 스트립 (Filmstrips)
- 활동 사진 (Motion pictures)
- 다중매체 이미지 (Multimedia images)
- OHP (Overhead transparencies)
- 사진 인쇄물 시리즈 (Photographic print series)
- 슬라이드 시리즈 (Slide series)
- 비디오테이프 레코드 (Video tape recordings)

B. 구어적 의사소통-개발과 실제 사용 (Oral Communication-Developing and Practicing the Use of)

구어적 발표를 위한 자료 조직 (Organizing material for an oral presentation)
발표 (Vocal delivery)
적절한 몸짓, 눈움직임, 표정과 움직임 (Appropriate gestures, eye movement, facial expression, and body movement)
다른 사람의 아이디어와 감정 수용 (Acceptance of the ideas and feelings of others)
적절한 단어, 인용, 일화, 개인적 경험, 삽화가 있는 예 및 적절한 정보 (Appropriate words, quotations, anecdotes, personal experiences, illustrative examples, and relevant information)
적절한 최신 기술 사용 (Appropriate use of the latest technology)
피드백 회수와 평가 (Obtaining and evaluating feedback)

C. 문어적 의사소통 (Written Communication)

문서작성 계획 (Planning the written document)
적절하고 생생한 단어 선택 (Choosing appropriate and imaginative words)
통합성, 일치성 및 공감을 유발하는 문단 구상 (Developing paragraphs with unity, coherence, and emphasis)
"기술" 개발 (Developing "technique")
강력한 도입부와 결론 작성 (Writing powerful introductions and conclusions)
작문의 4가지 기본 형식을 사용-도입, 설득, 기술과 설명 (Practicing the four basic forms of writing (exposition, persuation, description, and narration)
기본 양식을 여러 장르에 적용 (Applying the basic forms to a variety of genre-예. 단편소설, 줄거리, 연구보고서 등)
기술개발 (Developing technical skills (교정, 편집, 개작, 주석, 참고문헌목록작성, 요약, 초록작성)

부록 C

협동에 대한 교사 지각

(Teachers’ Perceptions Toward Collaboration)

협동에 대한 교사 지각

Jann H. Leppien
The University of Connecticut

도구설명: 본 연구는 학교 환경에서 협동에 대한 여러분의 지각을 연구하는 것입니다. 여러분의 응답은 철저히 연구목적으로만 사용할 것이며 학년 수준별로 보고될 것이다. 감사합니다.

지시: 다음 질문지 항목은 협동에 대한 교사의 지각에 대한 것입니다. 본 연구의 목적을 위해 협동을 여러 전문성을 소지한 사람들이 문제를 창의적으로 해결하는 상호과정으로 정의하였습니다. 협동은 모든 학생에게 포괄적이고 효과적인 프로그램을 제공하는 데 그 목적이 있습니다.

다음 질문에 응답해 주십시오.

1. 성별 ☐ 남자 ☐ 여자

2. 교수 경력

☐ 0~5년 ☐ 6~10년 ☐ 11~15년
☐ 16~20년 ☐ 21년 이상

3. 현재 담당하는 학교

☐ 초등학교 ☐ 중학교 ☐ 고등학교

4. 학교 지위

☐ 전문가(예: 학교 심리학자, 특별교육, 영재교육, 미술 등)
☐ 기타

Part I

지시문: 아래 질문을 잘 읽고 여러분이 동의하는 정도를 나타내는 번호에 동그라미 해 주십시오.

①	②	③	④	⑤
매우 아니다	아니다	결정하지 않았다	그렇다	아주 그렇다

질문:

질문					
1. 학생의 학습을 증진하기 위해 동료 교사와 함께 작업한다.	①	②	③	④	⑤
2. 학생 문제가 있을 때 교장과 편안하게 그 문제에 대해 이야기 한다.	①	②	③	④	⑤
3. 학생과 문제가 있을 때 다른 교사의 충분한 지원을 받는다.	①	②	③	④	⑤
4. 교장은 학생 문제를 다루는 교사의 노력을 지원한다.	①	②	③	④	⑤
5. 교장은 학생에 대한 의사결정 시 교사재량을 부여한다.	①	②	③	④	⑤
6. 학교에서, 교사들은 서로 협동하는 것을 중요하게 생각한다.	①	②	③	④	⑤
7. 교장은 교사로 하여금 서로 학생문제에 대해 만나서 토의할 시간을 제공한다.	①	②	③	④	⑤
8. 교장은 학생문제에 대해 함께 토의하도록 권장한다.	①	②	③	④	⑤
9. 학교 동료교사는 다른 교사의 의견을 존중한다.	①	②	③	④	⑤

Part II

지시문: 다음은 협동적 과제목록입니다. 이 과제를 실제 하고 있다고 생각하십니까? 여러분이 생각하는 정도를 나타내는 번호에 동그라미 해 주십시오.

①	②	③	④	⑤
매우 아니다				아주 그렇다

질문:

10. 어떤 아이디어의 실시를 조직하고 계획한다.	①	②	③	④	⑤
11. 비언어적 의사소통을 해석한다.	①	②	③	④	⑤
12. 학생문제에 대해 동료교사와 솔직히 생각과 의견을 공유한다.	①	②	③	④	⑤
13. 학생문제에 대한 가능한 해결책의 효과를 평가한다.	①	②	③	④	⑤
14. 동료 교사의 아이디어를 칭찬한다.	①	②	③	④	⑤
15. 동료교사가 표현한 관심사에 귀를 기울인다.	①	②	③	④	⑤
16. 학생문제와 관련하여 의사결정을 내린다.	①	②	③	④	⑤
17. 학생문제를 해결하는 데 많은 아이디어를 창출한다.	①	②	③	④	⑤
18. 학생문제를 분석한다.	①	②	③	④	⑤
19. 특별한 학생문제를 파악한다.	①	②	③	④	⑤
20. 새로운 아이디어를 실시한다.	①	②	③	④	⑤
21. 갈등과 당면문제를 기술적으로 다룬다.	①	②	③	④	⑤
22. 동료교사와 함께 학생에 대한 아이디어를 의사소통한다.	①	②	③	④	⑤

부록 D

학교전체 심화 교사의 현직 서비스의 요구평가

(Schoolwide Enrichment Teachers' Ratings of Appraised In-service Needs-SE Train)

SE-TRAIN

학교전체 심화 교사의 현직 서비스의 평가

지시: 다음 질문은 학교전체 심화프로그램에 관련된 현직 서비스에 대한 여러분의 요구 및 지각에 대한 것입니다. A(매우 동의함)에서 E(매우 반대함) 척도로 각 항목을 평정해 주십시오. 본 연구 결과 분석에서 여러분의 인구학적 정보가 도움이 되지만, 모든 응답은 무명으로 처리할 것입니다. 본 연구에서 사용하는 정보는 실제 교사와 교직원의 요구에 근거하므로 앞으로 학교전체 심화훈련 프로그램을 구안할 때 사용하고자 합니다.

인구학적 정보

학교에서의 여러분의 위치(가장 적당한 것 하나만 표시해 주세요)

☐ 담임교사 ☐ 특별프로그램 교사 ☐ 교수보조
☐ 미디어/도서관사서 ☐ 상담자 ☐ 행정가
☐ 다른 교수 지위 ____________________

일차적으로 담당하는 학년(가장 적당한 것 하나만 표시해 주세요)

☐ 유아원 ☐ 유치원 ☐ 초등 1학년
☐ 초등 2학년 ☐ 초등 3학년 ☐ 초등 4학년
☐ 초등 5학년 ☐ 초등 6학년 ☐ 위의 모든 학년
☐ 유치원~초등 2학년 ☐ 3~5학년 ☐ 3~6학년
☐ 다른 학년 ____________________

교직년수(교사, 행정가, 상담자, 미디어/도서관, 사서, 치료사, 특별교사, 보조자 등)

____________ 년

가장 높은 학위 과정(가장 적당한 것 하나만 표시해 주세요)

☐ 졸업증서 소지(Diploma)	☐ AD	☐ 문학사(BA)
☐ 이학사(BS)	☐ 문학사(BA) 이상	☐ 이학사(BS) 이상
☐ 문학석사(MA) 이상	☐ 이학석사(MS) 이상	☐ 전문가(Specialist)
☐ 전문가 이상	☐ 교육학 박사(Ed D)	☐ 철학 박사(Ph D)

영재교육에서 여러분이 받은 교육(가장 적당한 것 하나만 표시해 주세요)

학부과정	☐ 1과정	☐ 2과정	☐ 3과정 이상
대학원 과정	☐ 1과정	☐ 2과정	☐ 3과정 이상
현직 서비스	☐ 1섹션	☐ 2섹션	☐ 3섹션 이상

학교전체 심화에 대한 과정이나 섹션의 전체 내용 혹은 잠재적인 내용 교육(가장 적당한 것 하나만 표시해 주세요)

학부과정	☐ 1과정	☐ 2과정	☐ 3과정 이상
대학원 과정	☐ 1과정	☐ 2과정	☐ 3과정 이상
현직 서비스	☐ 1섹션	☐ 2석션	☐ 3섹션 이상

매우 그렇다 매우 그렇지 않다

A B C D E

1. 나는 다른 교사에게 어떻게 교육과정을 압축하는지 보여줄 수 있다.	A	B	C	D	E
2. 중요한 독창적인 활동을 하도록 학생을 권장한다.	A	B	C	D	E
3. 좋은 교사는 학생들을 3부 심화활동으로 인도할 수 있다.	A	B	C	D	E
4. 디브리핑 기술은 교실에서 교사가 사용할 중요한 기술이다.	A	B	C	D	E
5. 탐색 활동을 개발할 때 학생의 흥미를 고려한다.	A	B	C	D	E
6. 나는 여러 교수책략을 사용해서 학생의 여러 학습 스타일을 언급하고자 한다.	A	B	C	D	E
7. 영재아는 교사의 많은 관심 없이도 자신의 흥미에 대한 출구를 파악할 수 있다.	A	B	C	D	E
8. 여러 사고기술을 개발하려는 관심을 반영하여 학생들을 지도한다.	A	B	C	D	E
9. 교장은 교육과정압축을 우선사항으로 생각한다.	A	B	C	D	E
10. 특별한 사고기술모델을 사용하는데 있어 나의 지식과 기술은 2부 심화활동을 성공적으로 이끄는 핵심이다.	A	B	C	D	E
11. 행동정보 메시지의 필요성을 보여주는 학생행동을 파악할 수 있다.	A	B	C	D	E
12. 학생들이 독립연구 프로젝트에 대한 여러 출구를 찾도록 도울 수 있다.	A	B	C	D	E

매우 그렇다 매우 그렇지 않다

A B C D E

13. 3부 심화활동을 할 때 종종 특별한 과정 기술에 대한 지도가 필요하다.	A	B	C	D	E
14. 1부 심화활동은 탐색이상을 할 수 있도록 학생을 초대하는데 목적이 있다.	A	B	C	D	E
15. 별 어려움 없이 재능반 학생을 파악할 수 있다.	A	B	C	D	E
16. 2부 심화활동은 여러 기술을 포함하는데, 그 중 몇 개는 몇 년 동안 학교에서 실시되어온 것들이다.	A	B	C	D	E
17. 나는 1부 심화 활동의 속성과 목적을 다른 사람에게 설명할 수 있다.	A	B	C	D	E
18. 비록 향상할 여지가 있지만, 도입수준을 넘어서 학생들이 자신의 흥미를 추구하도록 돕는 방법을 알고 있다.	A	B	C	D	E
19. 사고기술을 지도하는 것은 학생에게 유익하다.	A	B	C	D	E
20. 교사와 부모가 함께 할 때, 영재프로그램에 참여할 학생을 가장 잘 판별할 수 있다.	A	B	C	D	E
21. 3고리 영재개념을 설명하는 것이 중요하다고 생각한다.	A	B	C	D	E
22. 나의 학생들은 의사결정과 계획 및 예측에 대한 과정을 파악할 수 있다.	A	B	C	D	E
23. 어떤 교육과정 영역에서든지 완전학습을 보이는 학생에게 교육과정압축을 제공해야 한다.	A	B	C	D	E
24. 나는 학생들이 그들의 과제를 계속하도록 돕는 몇 가지 방법을 개발하고 있다.	A	B	C	D	E

참고문헌

Adler, M. J., & Hutchins, R. M. (1952). *The great ideas: A syntopicon of great books of the western world.* Chicago: Encyclopedia Britannica.

Albert, R. S., & Runco, M. A. (1986). The achievement of eminence: A model based on a longitudinal study of exceptionally gifted boys and their families. In R. J. Sternberg & J. E. Davidson (Eds.), *Conceptions of giftedness* (pp. 332-357). Cambridge: Cambridge University Press.

Altbach, P. G., Kelly, G. P., Petrie, H. G., & Weis, L. (1991). *Textbooks in American society.* Albany, NY: State University of New York Press.

Amabile, T. M. (1983). *The social psychology of creativity.* New York: Springer-Verlag.

Apple, M. (1992). The text and cultural politics. *Educational Researcher, 21*(7), 4-11.

Applebee, A. N., Langer, J. A., & Mullis, I. V. S. (1989). *Crossroads in American education.* Princeton: Educational Testing Service.

Archambault, F. X., Westberg, K. L., Brown, S., Hallmark, B. W., Zhang, W., & Emmons, C. (1992). Regular classroom practices with gifted students. *Journal for the Education of the Gifted, 16*(2), 103-119.

Armbruster, B. B. (1984). The problem of inconsiderate text. In G. Duffy, L. Roehler, & J. Mason (Eds.), *Comprehension instruction* (pp. 202-217). New York: Longman.

Armbruster, B. B., & Anderson, T. H. (1984). Structures of explanation in history text-books, or so what if Governor Stanford missed the spike and hit the rail? *Educational Leadership, 41*(2), 18-20.

Aspy, D., Aspy, C., & Quinby, P. (1993). What doctors can teach teachers about problem-based learning. *Educational Leadership, 50*(7), 22-24.

Atkin, J. M., & Karplus, R. (1962). Discovery or invention. *Science Teacher, 29*(5), 45-51.

Ausubel, D. P. (1968). *Educational psychology: A cognitive view.* New York: Holt, Rinehart and Winston.

Bandura, A. (1977). Self efficacy: Toward a unifying theory of behavioral change. *Psychology Review, 84*(2), 191-215.

Baron, J. B., Carlyon, E., Greig, J., & Lomask, M. (1992). *What do our students know? Assessing students' abilities to think and act like scientists through performance assessment.* Hartford, CT: The Connecticut State Department of Education.

Barth, R. (1990). *Improving schools from within: Teachers, parents, principals can make a difference.* San Francisco, CA: Jossey-Bass.

Baum, S. (1988). An enrichment program for the gifted learning disabled students. *Gifted Child Quarterly, 32*(1), 226-230.

Baum, S., Renzulli, J. S., & Hébert, T. P. (in preparation). Reversing underachievement through pursuit of student interests.

Bell, T. H. (1993). Reflections one decade after-A nation at risk. *Phi Delta Kappan, 74*(8), 592-600.

Bishop, J. H. (1989). Is the test score decline responsible for the productivity growth decline? *The American Economic Review, 79*(1), 178-179.

Blanton, M. (1993, October 7). Parent's Odyssey. *Education Week,* 33.

Bloom, B. S. (1985). *Developing talent in young people.* New York: Ballantine Books.

Bloom, B. S. (Ed.). (1954). *Taxonomy of educational objectives. Handbook I: Cognitive domain.* New York: Longman.

Boyd, W. L. (1987). Public education's last hurrah?: Schizophrenia, amnesia, and ignorance in school politics. *Educational Evaluation and Policy Analysis, 9*(2), 85-100.

Bracey, G. W. (1993). Elementary curriculum materials: Still a long way to go. *Phi Delta Kappan, 74*(8), 654-656.

Brandt, R. (1993). On teaching for understanding: A conversation with Howard Gardner. *Educational Leadership, 50*(7), 4-7.

Brophy, J. E., & Good, T. L. (1974). *Teacher-student relationships: Causes and consequences.* New York: Holt, Rinehart & Winston.

Bruner, J. S. (1960). *The process of education.* Cambridge, MA: Harvard University Press.

Bruner, J. S. (1966). *Toward a theory of instruction.* Cambridge, MA: Harvard University Press.

Bunge, M. (1967). *Scientific research 1: The search for system.* New York: Springer-Verlag.

Bunker, B. B., Pearlson, H. B., & Schultz, J. W. (1975). *A student's guide to conducting social science research.* New York: Human Sciences Press.

Burke, J. (1993). Tackling society's problems in English class. *Educational Leadership, 50*(7), 16-18.

Burns, D. E. (1987). *The effects of group training activities on students' creative productivity.* Unpublished doctoral dissertation, The University of Connecticut, Storrs, CT.

Burns, D. E., & Reis, S. M. (1991). Developing a thinking skills component in the gifted education program. *Roeper Review, 12*(2), 72-78.

Carroll, J. M. (1989). *The Copernican Plan: Restructuring the American high school.* Andover, MA: The Regional Laboratory for Educational Improvement of the Northeast and the Islands.

Chall, J. S. (1967). *Learning to read: The great debate.* New York: McGraw-Hill.

Chall, J. S. (1983). *Learning to read: The great debate* (2nd ed.). New York: McGraw-Hill.

Chall, J. S., & Conard, S. S. (1991). *Should textbooks challenge students?: The case for easier or harder textbooks.* New York: Teachers College Press.

Chall, J. S., Conard, S. S., & Harris, S. H. (1981). *An analysis of textbooks in relation to decline in SAT scores.* New York: College Entrance Examination Board.

Chrispeels, J. H. (1991). District leadership in parent involvement: Policies and actions in San Diego. *Phi Delta Kappan, 72*(5), 367-371

Clay, M. M., & Cazden, C. B. (1992). A Vygotskian interpretation of reading recovery. In C. B. Cazden (Ed.), *Whole language plus* (pp. 114-135). New York: Teachers College Press.

Clune, W. H. (1993). Systemic educational policy: A conceptual framework. In S. H. Fuhrman (Ed.), *Designing coherent educational policy: Improving the system* (pp. 125-140). San Francisco: Jossey-Bass.

Comer, J. P. (1988). Educating poor minority children. *Scientific American, 259*(5), 42-48.

Comer, J. P. (1990). Home, school, and academic learning. In J. I. Goodlad & P. Keating (Eds.), *Access to knowledge: An agenda for our nation's schools* (pp. 23-42). New York: College Entrance Examination Board.

Conn, S. (1988). Textbooks: Defining new criteria. *Media and Methods, 24*(4), 30-31.

Cooper, C. (1983). *Administrator's attitudes toward gifted programs based on the enrichment triad/revolving door identification model: Case studies in decision-making.* Unpublished doctoral dissertation, The University of Connecticut, Storrs, CT.

Corbett, H. D., & Wilson, B. (1990). *Testing, reform, and rebellion.* Norwood, NY: Albex.

Csikszentmihalyi, M. (1993). *The evolving self: A psychology for the third millennium.* New York: Harper Collins Publishers.

Cuban, L. (1990). Four stories: About national goals for American education. *Phi Delta Kappan, 72*(4), 265-271.

Darling-Hammond, L., & Goodwin, L. (1993). Progress toward professionalism in teaching. In G. Cawelti, (Ed.), *Challenges and achievements of American education* (pp. 19-52). Alexandria, VA: 1993 Yearbook of the Association of Supervision and Curriculum Development.

de Bono, E. (1985). *Six thinking hats.* Boston: Little Brown and Company.

Delcourt, M. A. B. (1988). *Characteristics related to high levels of creative/product behavior in secondary school students: A multi-case study.* Unpublished doctoral dissertation, The University of Connecticut, Storrs, CT.

Delcourt, M. A. B. (1993). Creative productivity among secondary school students: Combining energy, interest, and imagination. *Gifted Child Quarterly, 37*(1), 23-31.

Delisle, J. R. (1981). *The revolving door identification and programming model: Correlates of creative production of behavioral change*. Unpublished doctoral dissertation, The University of Connecticut, Storrs, CT.

Dewey, J. (1913). *Interest and effort in education*. New York: Houghton Mifflin.

Dewey, J. (1916). *Democracy and education*. New York: The Free Press.

Dismuke, D. (1992, November). Four-Day week comes to school. *NEA Today*, 15.

Doane, C. (1993). Global issues in 6th grade? Yes! *Educational Leadership*, *50*(7), 19-22.

Downey, M. T. (1980). Speaking of textbooks: Putting pressure on the publishers. *History Teacher*, *14*(1), 61-72.

Dunn, R., & Dunn, K. (1978). *Teaching students through their individual learning styles: A practical approach*. Englewood Cliffs, NJ: Prentice-Hall.

Dunn, R., & Dunn, K. (1992). *Teaching elementary students through their individual learning styles: Practical approaches for grades 3-6*. Boston: Allyn and Bacon.

Dunn, R., & Dunn, K. (1993). *Teaching secondary students through their individual learning styles: Practical approaches for grades 7-12*. Boston: Allyn and Bacon.

Dunn, R., Dunn, K., & Price, G. E. (1975). *Learning style inventory*. Lawrence, KS: Price Systems.

Educational Testing Service. (1991). *Performance at the top*. Princeton: Educational Testing Service.

Elliott, D. L., & Woodward, A. (1990). *Textbook and schooling in the United States. Eighty-ninth yearbook of the National Society for the Study of Education*. Chicago, IL: The University of Chicago Press.

Ellis, D. (1992, June 8). Knowledge for sale. *Time*, 69-71.

Emerick, L. J. (1988). *Academic underachievement among the gifted: Students' perceptions of factors relating to the reversal of the academic underachievement pattern*. Unpublished doctoral dissertation, The University of Connecticut, Storrs, CT.

Feldhusen, J. F. (1989). Why the public schools will continue to neglect the gifted. *Gifted Child Today*, *12*(2), 55-59.

Flanders, J. R. (1987). How much of the content in mathematics textbooks is new? *Arithmetic Teacher*, *35*(1), 18-23.

Flindt, M. (1978). *Gold Rush: A simulation of life and adventure in a frontier mining camp*. Lakeside, CA: INTERACT.

Floden, R. E., Porter, A. C., Schmidt, W. H., Freeman, D. J., & Schwille, J. R. (1981). Responses to curriculum pressures: A policy-capturing study of teacher decisions about content. *Journal of Educational Psychology*, *73*(2), 129-141.

Flynn, J. R. (1984). The mean IQ of Americans: Massive gains 1932 to 1978. *Psychological Bulletin*, *95*(1), 29-51.

Fostnot C. T. (1993). Preface. In J. G. Brooks & M. G. Brooks (Eds.), *In search of under-*

standing: The case for constructivist classrooms. Alexandria, VA: Association for Supervision and Curriculum Development.

Fraser, J. W. (1989). Agents in democracy: Urban elementary schools teachers and the conditions of teaching. In D. Warner (Ed.), *American teachers: History of the profession at work* (pp. 118-156). New York: MacMillan.

Frymier, J. (1987). Bureaucracy and the neutering of teachers. *Phi Delta Kappan*, *69*(1), 9-14.

Fullan, M. G. (1993). *Change forces*. New York: Falmer Press.

Fullan, M. G. (1991). *The meaning of educational change*. New York: Teachers College Press.

Fullan, M. G., & Miles, M. B. (1992). Getting reform right: What works and what doesn't. *Phi Delta Kappan*, *73*(10), 745-752.

Fulton, L. (Ed.), (annual). *Directory of Poetry Publishers* (9th ed.). 1993-1994. Paradise, CA: Dustbooks.

Gagné, R. M., & Briggs, L. J. (1979). *Principles of instructional design* (2nd ed.). New York: Holt, Rinehart and Winston.

Gagnon, P. (1988). *Why study history? Atlantic*, *262*, 43-66.

Gardner, H. (1983). *Frames of mind*. New York: Basic Books.

Gates, A. I. (1961). Vocabulary control in basal reading material. *Reading Teacher*, *15*(2), 81-85.

Gearhart, M., Herman, J. L., Baker, E. L., & Whittaker, A. K. (1992). *Writing portfolios at the elementary level: A study of methods for writing assessment*. (Report No. 337). Los Angeles, CA: National Center for the Study of Evaluation, Standards, and Student Testing (CRESST).

George, P. S. (1988). Tracking and ability grouping: Which way for the middle school? *The Middle School Journal*, *20*(1), 21-28.

Glaser, R. (1990). Expert knowledge and the thinking process. *Chemtech*, *20*, 394-397.

Glatthorn, A. A. (1987). Cooperative professional development: Peer-centered options for teacher growth. *Educational Leadership*, *45*(3), 31-35.

Glazer, S. M., & Brown, C. S. (1993). *Collaborative assessment in reading and writing*. Christopher-Gordon, Norwood: MA.

Goodlad, J. I. (1984). *A place called school*. New York: McGraw Hill.

Gruber, H. E. (1986). The self construction of the extraordinary. In R. J. Sternberg & J. E. Davidson (Eds.), *Conceptions of giftedness* (pp. 247-263). Cambridge: Cambridge University Press.

Gubbins, E. J. (1982). *Revolving door identification model: Characteristics of talent pool students*. Unpublished doctoral dissertation, The University of Connecticut, Storrs, CT.

Gutiérrez, R., & Slavin, R. E. (1992). *Achievement effects of the non graded elementary school: A retrospective review.* Baltimore, MD: Center for Research on Effective Schooling for Disadvantaged Students. (ERIC Document Reproduction Service No. ED 346 996)

Hall, G. E., George, A. A., & Rutherford, W. L. (1979). *Measuring stages of concern: A manual for the use of the Stages of Concern Questionnaire.* Austin: Research and Development Center for Teacher Education, University of Texas.

Hayes-Jacobs, H. (1989). The Interdisciplinary Model: A step-by-step approach for developing integrated units of study. In H. Hayes-Jacobs (Ed.), *Interdisciplinary curriculum: Design and implementation* (pp. 53-66). Alexandria, VA: Association for Supervision and Curriculum Development.

Heal, M. M. (1989). *Student perceptions of labeling the gifted: A comparative case study analysis.* Unpublished doctoral dissertation, The University of Connecticut, Storrs, CT.

Hébert, T. P. (1993). *An ethnographic description of the high school experiences of high ability males in an urban environment.* Unpublished doctoral dissertation, The University of Connecticut, Storrs, CT.

Hébert, T. P. (1993). Reflections at graduations: The long-term impact of elementary school experiences in creative productivity. *Roeper Review, 16*(1), 22-28.

Henderson, H., & Conrath, J. M. (1991). *CAPSOL style of learning assessment.* Mansfield, OH: Process Associates.

Henderson, H., Hartnett, W., & Wair, R. (1982). *Learning styles... An alternative for achievement. A guide to implementation.* Mansfield, OH: Madison Local Schools.

Hennessey, B. A., & Amabile, T. M. (1988). The conditions of creativity. In R. J. Sternberg (Ed.), *The nature of creativity* (pp. 11-37). Cambridge: Cambridge University Press.

Herbart, J. F. (1965) General theory of pedagogy, derived from the purpose of education. In J. F. Herbart (Ed.), *Writing an education, Vol. 2* (pp. 9-155). Dusseldorf: Kuepper (Original work published in 1806).

Herbart, J. F. (1965) Outline of education lectures. In J. F. Herbart (Ed.), *Writing an education, Vol. 1* (pp. 157-300). Dusseldorf: Kuepper (Original work published in 1841).

Hockett, J. A. (1938). The vocabularies of recent primers and first readers. *Elementary School Journal, 39*, 112-115.

Hook, S. (1987). *Out of step: An unquiet life in the twentieth century.* New York: HarperCollins.

Hoover, S. M., Sayler, M., & Feldhusen, J. F. (1993). Cluster grouping of gifted students at the elementary level. *Roeper Review, 16*(1), pp. 13-15.

Horn, E. (1937). *Methods of instruction in the social studies.* New York: Charles Scribner's Sons.

Hunt, D. E. (1971). *Matching models in education: The coordination of teaching methods with student characteristics*. Canada: Ontario Institute for Studies in Education.

Husén, T., & Tuijnman, A. (1991). The contribution of formal schooling to the increase in intellectual capital. *Educational Researcher*, *20*(7), 17-25.

Jaeger, R. M. (1992). World class standards, choice, and privatization: Weak measurement serving presumptive policy. *Phi Delta Kappan*, *74*(2), 118-128.

James, W. (1890). *The principles of psychology*. London: MacMillan.

Joyce, B., & Showers, B. (1987). The coaching of teaching. *Educational Leadership*, *45*(3), 4-10.

Kagan, J. (1966). Reflection-impulsivity: The generality and dynamics of conceptual tempo. *Journal of Abnormal Psychology*, *71*(1), 17-24.

Kantor, R. N., Anderson, T. H., & Armbruster, B. B. (1983). How inconsiderate are children's textbooks? *Journal of Curriculum Studies*, *15*(1), 61-72.

Kaplan, S. N. (1986). The Grid: A model to construct differentiated curriculum for the gifted. In J. S. Renzulli (Ed.), *Systems and models for developing programs for the gifted and talented* (pp. 180-193). Mansfield, CT: Creative Learning Press.

Kaufman, A. S., Mennin, S., Waterman, R., & Duban, S. (1989). The New Mexico Experiment: Educational innovation and institutional change. *Academic Medicine*, *64*(6), 285-294.

Killon, J. P., & Todnem, G. R. (1991). A process for personal theory building. *Educational Leadership*, *48*(6), 14-17.

Kirst, M. W. (1982). How to improve schools without spending more money. *Phi Delta Kappan*, *64*(1), 6-8.

Kobrin, D., Abbott, E., Ellinwood, J., & Horton, D. (1993). Learning history by doing history. *Educational Leadership*, *50*(7), 39-41.

Krapp, A. (1989). The importance of the concept of interest in education research. *Empirische Paedagogik*, *3*, 233-255.

Kulik, J. A. (1992). *An analysis of the research on ability grouping: Historical and contemporary perspectives*. (Research Monograph No. 9204). Storrs, CT: The National Research Center on the Gifted and Talented.

Kulik, J. A., & Kulik, C.-L. C. (1982). Effects of ability grouping on secondary school students: A meta-analysis of evaluation findings. *American Educational Research Journal*, *19*(3), 415-428.

Kulik, J. A., & Kulik, C.-L. C. (1987). Effects of ability grouping on student achievement. *Equity and Excellence*, *23*(1-2), 22-30.

Lampert, M. (1984). Thinking about teaching and teaching about thinking. *Journal of Curriculum Studies*, *16*(1),1-18.

Laud, G., & Jarman, B. (1992). *Break-point and beyond.* New York: Harper Business.

Lawson, A. E. (1978). The development and validation of a classroom test of formal reasoning. *Journal of Research in Science Teaching, 15*(1), 11-24.

Le Carre, J. (1989). *The Russia House.* New York: Knopf.

Leiberman, A., Darling-Hammond, L., & Zuckerman, D. (1991). *Early lessons in restructuring schools.* New York: National Center for Restructuring Education, Schools, and Teaching / Teachers College.

Leiberman, A., & McLaughlin, M. W. (1992). Networks for educational change: Powerful and problematic. *Phi Delta Kappan, 73*(9), 73-77.

Leming, J. S. (1992). The influence of contemporary issues curricula on school-aged youth. *Review of Research in Education, 18,* 111-161.

Linn, M., Chen, B., & Thier, H. (1977). Teaching children to control variables: Investigation of a free choice environment. *Journal of Research on Science Teaching, 14*(3), 249-255.

Lockwood, A. T. (1992). Whose knowledge do we teach? *Focus in Change, 6,* 3-7.

Madaus, G. F., West, M. M., Harmon, M. E., Lomax, R. G., & Viator, K. A. (1992). *The influence of testing on teaching math and science in grades 4-12.* Chestnut Hill, MA: Center for the Study of Testing, Evaluation, and Educational Policy.

Maeroff, G. I. (1993). *Team building for school change: Equipping teachers for new roles.* New York: Teachers College Press.

Mathematical Sciences Education Board (1986). Report prepared for fall meeting, mimeo.

McCaslin, M., & Good, T. (1992). Compliant cognition: The misalliance of management and instructional goals in current school reform. *Educational Researcher, 21*(4), 4-17.

McGreevey, A. (1982). *My book of things and stuff: An interest questionnaire for young children.* Mansfield Center, CT: Creative Learning Press.

McKnight, C. C., Crosswhite, F. J., Dossey, J. A., Kifer, E., Swafford, J. O., Travers, K. J., & Cooney, T. J. (1987). *The underachieving curriculum: Assessing the U.S. mathematics from an international perspective.* Champaign, IL: Stipes.

McLaughlin, M. W., & Talbert, J. E. (1993). *Contexts that matter for teaching and learning.* Stanford, CA: Center for Research on the Context of Secondary School Teaching.

Mehlinger, H. (1989). American textbook reform: What we can learn from the Soviet experience? *Phi Delta Kappan, 71*(1), 29-35.

Meisels, S. J. (1993). Remaking classroom assessment with the Work Sampling System. *Young Children, 48*(5), 34-40.

Munday, L. A., & Davis, J. C. (1974). *Varieties of accomplishment after college: Perspectives on the meaning of academic talent.* Research Report No. 62. Iowa City, IA: American College Testing Program.

Murphy, J. T. (1989). The paradox of decentralizing schools: Lessons from business, government, and the Catholic Church. *Phi Delta Kappan, 70*(10), 808-812.

Murphy, J. T. (1991). *Restructuring schools: Capturing and assessing the phenomenon.* New York: Teachers College Press.

National Center for School Leadership. (1993, Summer). It begins with a question: What is the role of school leadership? Urbana, IL: Author.

National Commission on Excellence in Education. (1983). *A nation at risk: The imperative of educational reform.* Report to the nation and the Secretary of Education. Washington, DC: U.S. Government Printing Office.

National Council on Education Standards and Testing. (1992). *Raising Standards for American Education: A report to Congress, the Secretary of Education, the National Goals Panel, and the American People.* Washington, DC: U.S. Government Printing Office.

Newman, J. L. (1991). *The effects of the talents unlimited model on students' creative productivity.* Unpublished doctoral dissertation, The University of Alabama, Tuscaloosa, AL.

Newmann, F. M., & Wehlag, G. G. (1993). Five standards of authentic instruction. *Educational Leadership, 50*(7), 8-12.

O'Neil, J. (1993). Can separate be equal? *Curriculum Update*, June 1993. Alexandria, VA: Association for Supervision and Curriculum Development, 1-2.

Oakes, J. (1985). *Keeping track: How schools structure inequality.* New Haven, CT: Yale University Press.

Ogbu, J. U. (1974). *The next generation: An ethnography of education in an urban neighborhood.* New York: Academic Press.

Ogbu, J. U. (1985). Research currents: Cultural-ecological influences on minority school learning. *Language Arts, 62*(8), 860-868.

Ogbu, J. U. (1987). Variability in minority school performance: A problem in search of an explanation. *Anthropology and Education Quarterly, 18*(4), 312-334.

Ogbu, J. U. (1991). Immigrant and involuntary minorities in comparative perspective. In M. A. Gibson & J. U. Ogbu (Eds.), *Minority status and schooling: A comparative study of immigrant and involuntary minorities* (pp. 3-33). New York: Garland Publishing.

Ogbu, J. U. (1992). Understanding cultural diversity and learning. *Educational Researcher, 21*(8), 5-14.

Ohanian, S. (1987). Ruffles and flourishes. *Atlantic, 260*, 20-22.

Olenchak, F. R. (1988). The schoolwide enrichment model in the elementary schools: A study of implementation stages and effects on educational excellence. In J. S. Renzulli (Ed.), *Technical report on research studies relating to the Revolving Door Identification*

Model (2nd ed.). Storrs, CT: Bureau of Educational Research, The University of Connecticut.

Olenchak, F. R. (1991). *Assessing program effects for gifted/learning disabled students.* In R. Swassing & A. Robinson (Eds.), NAGC 1991 research briefs. Washington, DC: National Association for Gifted Students.

Olson, L. (1992, September 9). Fed up with tinkering, reformers now touting "systemic" approach. *Education Week*, 1, 30.

Osborne, J. H., Jones, B. F., & Stein, M. (1985). The case for improving textbooks. *Educational Leadership, 42*(7), 9-16.

Paine, S. C., Bellamy, G. T., & Wilcox, B. (1984). *Human services that work: From innovation to standard practice.* Baltimore, MD: Brooks Publishing.

Paris, S., Lawton, T., Turner, J., & Roth, J. (1991). A developmental perspective on standardized achievement tests. *Educational Researcher, 20*(5), 12-20.

Passow, A. H. (1982). *Differentiated curricula for the gifted/ talented.* Ventura, CA: Leadership Training Institute on the Gifted and Talented.

Pea, R. D. (1987). Socializing the knowledge transfer problem. *International Journal of Educational Research, 11*(6), 639-663.

Phenix, P. H. (1964). *Realms of meaning.* New York: McGraw-Hill.

Piaget, J. (Ed.).(1981). *Intelligence and affectivity: Their relationship during child development.* (Trans.) Annual Reviews Monograph. Palo Alto, CA: Annual Review.

Pogrow, S. (1993). Where's the beef: Looking for exemplary materials. *Educational Leadership, 50*(8), 39-45.

Porter, A. (1989). A curriculum out of balance: The case of elementary mathematics. *Educational Researcher, 18*(5), 9-15.

Prager, K. (1992, Fall). Estimating the extent of school restructuring. *Brief to Policy Makers, 4.* Madison, WI: Center on Organization and Restructuring Schools.

Purcell, J. H. (1993a). *The program status study: An analysis of the factors that influence the retention and elimination of programs for high ability students in a sample of twenty states.* Unpublished doctoral dissertation, The University of Connecticut, Stons, CT.

Purcell, J. H. (1993b). The effects of the elimination of gifted and talented programs on participating students and their parents. *Gifted Child Quarterly, 37*(4), 177-187.

Raywid, M. A. (1993). Finding time for collaboration. *Educational Leadership, 51*(1), 30-35.

Reis, S. M. (1981). *An analysis of the productivity of gifted students participating in programs using the Revolving Door Identification Model.* Unpublished doctoral dissertation, The University of Connecticut, Storrs, CT.

Renninger, K. A. (1989). Individual patterns in children's play interests. In L. T. Winegar (Ed.), *Social interaction and the development of children's understanding* (pp 147-172).

Norword, NJ: Ablex.

Renninger, K. A. (1990). Children's play interests, representations, and activity. In R. Fivush & J. Hudson (Eds.), *Knowing and remembering in young children* (pp. 127-165). Emory Cognition Series (Vol. 3). Cambridge, MA: Cambridge University Press.

Renzulli, J. S. (1977a). *The enrichment triad model: A guide for developing defensible programs for the gifted.* Mansfield Center, CT: Creative Learning Press.

Renzulli, J. S. (1977b). *The Adult Interest-A-Lyzer.* Mansfield Center, CT: Creative Learning Press.

Renzulli, J. S. (1978). What makes giftedness? Reexamining a definition. *Phi Delta Kappan, 60*(3), 180-184, 261.

Renzulli, J. S. (1988). The Multiple Menu Model for developing differentiated curriculum for the gifted and talented. *Gifted Child Quarterly, 32*(3), 298-309.

Renzulli, J. S. (1992). A general theory for the development of creative productivity through the pursuit of ideal acts of learning. *Gifted Child Quarterly, 36*(4), 170-181.

Renzulli, J. S., & Reis, S. M. (1985). *The schoolwide enrichment model: A comprehensive plan for educational excellence.* Mansfield Center, CT: Creative Learning Press.

Renzulli, J. S., & Reis, S. M. (1994). Research related to the schoolwide enrichment model. *Gifted Child Quarterly, 38*(1), 7-20.

Renzulli, J. S., & Smith, L. H. (1978). *The learning styles inventory: A measure of student preference for instructional techniques.* Mansfield Center, CT: Creative Learning Press.

Renzulli, J. S., Hébert, T. P., & Sorenson, M. F. (1994). *Secondary Interest-A-Lyzer.* Mansfield Center, CT: Creative Learning Press.

Renzulli, J. S., Smith, L. H., Callahan, C., White, A., & Hartman, R. (1977). *Scales for rating the behavioral characteristics of superior students.* Mansfield Center, CT: Creative Learning Press.

Rogers, K. B. (1991). *The relationship of grouping practices to the education of the gifted and talented learner.* (Research Monograph No. 9101). Storrs, CT: The National Research Center on the Gifted and Talented.

Rothman, R. (1990, March 7). Choice claims overstated, A.S.C.D. panel concludes. *Education Week,* 8.

Schack, G. D. (1993). Involving students in authentic research. *Educational Leadership, 50*(7), 29-31.

Schack, G. D. (1986). *Creative productivity and self-efficacy in children.* Unpublished doctoral dissertation, The University of Connecticut, Storrs, CT.

Schiefele, U. (1989). Motivated conditions of text comprehension. *Zeitschrift Paeodgogik, 34,* 687-708.

Schlichter C. L., & Olenchak, F. R. (1992). Identification of in-service needs among

Schoolwide Enrichment schools. *Roeper Review, 14*(3), 159-162.

Sedlack, M., Wheeler, C., Pullin, D., & Cusick, P. (1986). *Selling students short: Classroom bargains and academic reform in the American high school.* New York: Teachers College Press.

Senge, P. M. (1990). *The Fifth Discipline.* New York: Doubleday.

Sewall, G. T. (1988). American history textbooks: Where do we go from here? *Phi Delta Kappan, 69*(8), 554-558.

Shanker, A. (1993, January 31). Where we stand: The debate on grouping. *The New York Times,* 7.

Showers, B., Joyce, B., & Bennett, B. (1987). Synthesis of research on staff development: A framework for future study and a state-of-the-art analysis. *Educational Leadership, 45*(3), 77-87.

Silverstein, S. (1981). *Light in the attic.* New York: Harper & Row.

Singal, D. J. (1991). The other crisis in American education. *The Atlantic Monthly, 268*(5), 59-74.

Sizer, T. R. (1992). *Horace's compromise: The dilemma of the American school.* Boston, MA: Houghton Mifflin.

Skaught, B. J. (1987). *The social acceptability of talent pool students in an elementary school using the schoolwide enrichment model.* Unpublished doctoral dissertation, The University of Connecticut, Storrs, CT.

Slavin, R. E. (1987). Ability grouping and school achievement in elementary schools: A best-evidence synthesis. *Review of Educational Research, 57*(3), 293-336.

Slavin, R. E. (1990). Ability grouping in secondary schools: A response to Hallinian. *Review of Educational Research, 60*(3), 505-507.

Smith, L. H. (1976). *Learning styles: Measurement and educational significance.* Unpublished doctoral dissertation, University of Connecticut, Storrs, CT.

Smith, M. (1991). Put to the test: The effects of external testing on teachers. *Educational Researcher, 21*(4), 4-17.

Smith, M. S., & O'Day, J. (1990). Systemic school reform. In S. H. Fuhrman & B. Malen (Eds.), *The politics of curriculum and testing* (1990 Yearbook of the Politics of Educational Association, pp. 233-267). London: Taylor & Francis.

Stacy, R. D. (1990). *Managing the unknowable.* San Francisco, CA: Jossey-Bass.

Starko, A. J. (1986). *The effects of the revolving door identification model on creative productivity and self-efficacy.* Unpublished doctoral dissertation, The University of Connecticut, Storrs, CT.

Steen, L. A. (1989). *Everybody counts: A report to the nation on the future of mathematics education.* Washington, DC: National Research Council of the National Academy of

Sciences.

Sternberg, R. J. (1988). Mental self-government: A theory of intellectual styles and their development. *Human Development, 31*, 197-224.

Sternberg, R. J. (in press). Human intelligence: Its nature, use, and interaction with context. In D. Detterman (Ed.), *Current directions in human intelligence.* Norwood, NJ: Ablex.

Sternberg, R. J. (1984). Toward a triarchic theory of human intelligence. *Behavioral and Brain Sciences, 7*, 269-287.

Sternberg, R. J. (1990). Thinking styles: Keys to understanding student performance. *Phi Delta Kappan, 71*(5), 366-371.

Sternberg, R. J., & Wagner, R. K. (1991). *Mental self-government thinking styles inventory.* New Haven, CT: Authors.

Stevenson, H. W., & Stigler, J. W. (1992). *The learning gap: Why our schools are failing and what we can learn from Japanese and Chinese education.* New York: Summit Books.

Stevenson, H. W., Chen, C., & Lee, S. Y. (1993). Mathematics achievement of Chinese, Japanese, and American children: Ten years later. *Science, 259*, 53-58.

Stevenson, H. W., Lee, S. Y., & Stigler, J. W. (1986). Mathematics achievement of Chinese, Japanese, and American children. *Science, 231*, 693-696.

Stewart, E. D. (1979). *Learning styles among gifted/talented students: Preferences for instructional techniques.* Unpublished doctoral dissertation, The University of Connecticut, Storrs, CT.

Stigler, J. W., & Stevenson, H. W. (1991). How Asian teachers polish each lesson to perfection. *American Educator, 15*(1), 12-20, 43-47.

Taylor, B. M., & Frye, B. J. (1988). Pretesting: Minimize time spent on skill work for intermediate readers. *The Reading Teacher, 42*(2), 100-103.

Thorndike, E. L. (1935). *Adult interests.* New York: MacMillan.

Tittle, B. M. (1992, Winter). From drop-out to out-standing. *Educating Able Learners*, 14-16.

Toepfer, C. F. (1990). Heterogeneous grouping in middle school levels: Leadership responsibilities for principals. *Schools in the middle: A report on trends and practices.* Reston, VA: National Association of Secondary School Principals.

Tolstoy, L. (1967). On teaching rudiments. In L. Weiner (Ed.), *Tolstoy on education* (pp. 34-62). Chicago: University of Chicago Press.

Torrance, E. P. (1965). *Rewarding creative behavior.* Englewood Cliffs, NJ: Prentice-Hall.

Tyson-Bernstein, H. (1985). The new policies of textbook adoption. *Phi Delta Kappan, 66*(7), 463-466.

Tyson-Bernstein, H. (1988). *A conspiracy of good intentions: America's text book fiasco.* Washington, DC: Council for Basic Education.

Tyson-Bernstein, H., & Woodward, A. (1989). Nineteenth century policies for 21st century practice: The textbook reform dilemma. *Educational Policy*, *3*(2), 95-106.

United States Department of Education. (1993). *National Excellence: A case for developing America's talent.* Washington, DC: Office of Educational Research and Improvement, U.S. Department of Education.

Usiskin, Z. (1987). Why elementary algebra can, should, and must be an eighth-grade course for average students. *Mathematics Teacher*, *80*(6), 428-438.

Vermont Department of Education. (199la). *"This is my best": Vermont's writing assessment program*, pilot year 1990-1991. Montpelier, VT: Author.

Vermont Department of Education. (1991b). *Vermont mathematics portfolio project: Resource book.* Montpelier, VT: Author.

Vermont Department of Education. (1991c). *Vermont mathematics portfolio project: Teacher's guide.* Montpelier, VT: Author.

Vygotsky, L. S. (1962). *Thought and language.* Cambridge, MA: M.I.T. Press.

Walberg, H. W. (1984). Improving the productivity of America's schools. *Educational Leadership*, *41*(8), 19-27.

Ward, V. S. (1961). *Educating the gifted: An axiomatic approach.* Columbus, OH: Merrill.

Wechsler, D. (1990). Parkinson's Law 101. *Forbes*, *145*(13), 52-56.

Weiss, S. (1993, September 26). Teachers feel left out of reform, study says. *The New York Times*, 34.

Westberg, K. L., Archambault, F. X., Dobyns, S. M., & Salvin, T. J. (1992). The classroom practices observational study. *Journal for the Education of the Gifted*, *16*(2), 120-146.

Whitehead, A. N. (1929). The rhythm of education. In A. N. Whitehead (Ed.), *The aims of education* (pp. 46-59). New York: MacMillan.

Wiener, P. P. (Ed.). (1973). *Dictionary of the history of ideas* (Vol. 1). New York: Charles Scribner.

Wigginton, E. C. (1993). A song of inmates. *Educational Leadership*, *51*(4), 64-71.

Williams, D. L., & Chavkin, N. F. (1989). Essential elements of strong parental involvement programs. *Educational Leadership*, *47*(2), 18-20.

Williams, J., & Reynolds, T. D. (1993). Courting controversy: How to build interdisciplinary units. *Educational Leadership*, *50*(7), 13-15.

Willis, S. (1993). Curriculum integration: Chemistry of art. *ASCD Update*, *35*(5), 2.

Willows, D. M., Borwick, D., & Hayvren, M. (1981). The content of school readers. In G. E. MacKinnon & T. G. Waller (Eds.), *Reading research: Advances in theory and practice* (pp. 100-175). New York: Academic Press.

Wohlstetter, P., & Mohrman, S. A. (1993). School-based management: Strategies for success. *Consortium for Policy Research in Education Finance Briefs*. FB-02-1/93. 1-9.

Yakes, N., & Akey, D. (Eds.). (annual). *Encyclopedia of associations*. Detroit, MI: Gale Research Company.

◘ 역자 소개

이미순 (uconnmisoon@gmail.com)

University of Connecticut 교육심리(철학박사, 영재교육 전공)

♣ 저 · 역서 및 논문

교육과정 압축: 우수학생을 위한 정규교육과정 수정지침(2007)
다중메뉴모델: 차별화된 교육과정 개발을 위한 실제적인 지침(2007)
심화집단: 실제세계, 학생-주도적인 학습을 위한 실제적인 지침(2007)
영재아 행동특성 평정척도(2007)
종합재능기록표: 영재아 판별과 교육을 위한 체계적인 계획(2007)
학습스타일 검사도구, 3판: 학생이 선호하는 교수방법 측정도구(2007)
흥미도구들: 교사용 지침(2007)
소외 영재 지도교사의 성공적인 지능 교수효능감(2006)
조기진급 및 조기졸업 유무에 따른 학업 동기와 자기조절적인 학습능력(2006)
Effects of Cultural Orientation on Psychosocial Adaptation of Korean Americans(2007) 외

재능개발을 위한 학교: 학교의 전반적인 개선을 위한 실제적인 계획

Schools for Talent Development:
A Practical Plan for Total School Improvement

인 쇄 일 2007년 6월 15일 초판 인쇄
발 행 일 2007년 6월 20일 초판 발행
저 자 Joseph S. Renzulli 지음
역 자 이미순 옮김
발 행 인 구본하
발 행 처 도서출판 박학사
주 소 서울시 마포구 서교동 476-53 세화회관
전 화 (02)3142-3765
팩 스 (02)3142-3766
E-mail pakhaksa@kornet.net
웹사이트 www.pakhaksa.co.kr
등록번호 제10-2230호

정가 15,000원 ISBN 978-89-91633-30-8